马克思主义稀有文献
《译书汇编》

第三册

张远航 主编

中央编译出版社
CCTP Central Compilation & Translation Press

目録

譯書彙編

一九〇二年第二卷第一期

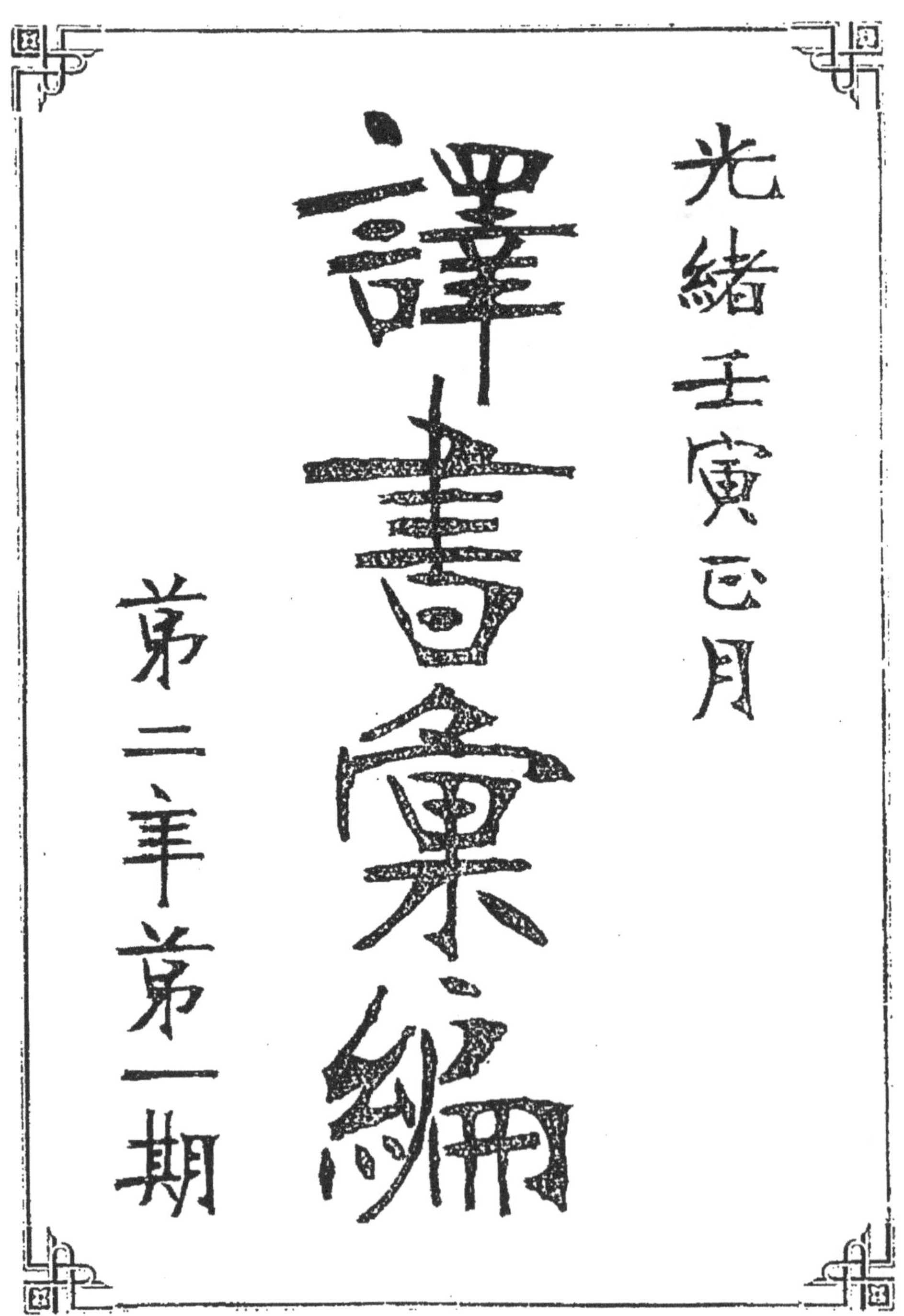

光緒壬寅正月

譯書彙編

第二年第一期

譯書彙編第二年第一期

目錄

本編價目表

全年十二册	半年十二册	每册
二元六角	一元三角	二角六分

外準郵費視路遠近照加

總理兩江營務處軍記處存記二品銜江蘇補用道陶

札知事照得本道會同

總統南洋常備右軍杜　詳請飭購譯書彙編緣由

玆奉

兩江總督部堂劉　批開據詳留學日本法科大學

校學生吳振麟等於程課餘陰譯錄有關政治學術

之書印刷成編稟由該道等詳請飭屬購閱以期廣

開民智等情候札飭寧蘇兩藩司轉飭所屬一體購

閱可也仰即知照等因奉此合就札知札到該生等

即便遵照毋違切々此札

光緒廿七年十二月初五日

壬寅年本編賛助員芳名錄左

姓氏　官階　捐數

錢恂字念劬　三品銜即選知府　助銀六拾圓

COLLEGES OF LAW AND LITERATURE, TOKYO, JAPAN.

日本東京法文科大學

College of Engineering, Tokyo, Japan.

日本東京工科大學

東京築木活版所寫眞部製版印刷

FIRST HOSPITAL, TOKYO, JAPAN.

日本東京醫科大學第一醫院

譯書彙編發行之趣意

夫立國之要素有三曰土地曰人民曰生產此三者譬若邑營造之方譬之造築有木石也有場所也苟使匠人拙於經營之法安見門戶堂奧之秩然有序乎故治天下者首重乎中央行政地方行政市町村行政之制度也撮行政之大端莫如財政教育軍制警察等邇來各國交通而外交一事尤爲政務上之一大要件今日上下倡言孜孜於理財興學整軍經武設警察訂邦交概以言之非即所謂改革行政乎於是朝野之有志者莫不知宜取法歐美日本之制度似矣然各國之制度非可徒求諸形迹要當進探乎『學理』否則僅知其當然仍不知其所以然蓋其各種之經營結搆莫不本乎『學理』之推定而所謂學理者蓋幾經彼國之鉅儒碩學朝考夕稽以得之眞諦也日本明治維新之初鉅儒中之有功於國家者若加藤氏福澤氏固嘗讀其書攷其事莫不以『學理』倡導天下誠使此理貫徹乎朝野則游刃有餘矣我國維新先於日本者幾三十年一則若斷若續一則一往直前推原其故未始非『學理』解否之別也今則時機之不可再逸也覆轍之不可重蹈也巡回有其人游覽有其人惟言『學理』之書尚稀若晨星同人等負笈他邦輸入文明義不容辭課

稽餘陰勉力從事爰將歐美日本『學理』最新之書有關於行政理財者彙輯成編餉遺海內夫中央行政者閣臣之所有事地方行政者督撫司道州縣之所分任市町村行政者紳耆故老之所當攷求也然則此編豈僅爲書生家報館家政治家參觀之伴侶議論之材料而已耶抑聊以爲當道鉅公紳耆故老之顧問也乎

二

本編改良規則

第一條　本編所譯輯者以歐美日本之政治法律爲主尤側重於外交財政教育警察等類每册中不能具備則挨期輪刻

第二條　本編鑒於去年取書多而成書少之弊今年重加改良每月每册增至百四十餘頁之多以四箇月爲一結束第四期之書不與第五期相連第八期之書不與第九期相連一結束之間務成全書厚則二三部薄則四五部不等四箇月之期不爲遠庶幾讀者不致成書無期之嘆

第三條　凡遇書籍過厚原訂爲上下二册者則第一結束之內刻上卷第二結束之內刻

下卷。

第四條　本編每册卷首冠以寫眞銅版二三頁。如學校議院官衙等圖。卷末則附以同人隨筆見聞。務以輸入文明。增廣智識。爲目的。

第五條　海內能通英文之士不爲少。故每册附以歐美政治經濟新書目錄一門。以爲介紹。

第六條　購閱本編者。應得之利益如左。

一學術上之質疑。無不備答。

一本社發行之圖書。照定價九折。以訂在本編內之圖書劵爲憑。但每劵以一部爲限。

第七條　本編尙望內外朝野達人鉅公之指導及贊助。

第八條　彙編按月一册之外。尙有政法叢書。每本單行。惟不按期。

第九條　本社發行之圖書皆經存案。不得翻刻。

本編改良告白

一本社去年所出十二期。因書類太多而厚。故僅出完現行法制大意。近時政治史。各國々民公私權考。 物競論等。其他已刻未竣之近時外交史。 政治學。 理財學。 十九世紀歐洲政治史論。 政治學提綱等書。務須赶緊譯畢付印。別出號外以補足之。庶成完璧。不負閱者。俟出版後。再登廣告。

一今年本編改良頁數既增。又附以寫眞銅版。存本過大。售價亦不得不加。每册定價二角五份。全年定價二元五角。半年定價一元三角。郵費則視遠近照加。

一內地各代派處皆由上海總發行所分配。以便簡捷而歸劃一。如長崎大坂神戶橫濱等處。則仍由東京本社分寄。

一內地各代派處之報資。請悉滙經上海總發行所王君培孫手。務取王君收條爲憑。否則與本社無涉。若長崎大坂神戶橫濱等處。請仍交東京本社。

一有願代派本編者。乞函告上海總發行所。自當按址寄送。

一代派處至五份以上者。提一成半爲酬勞。十份以上者提二成爲酬勞。

一如欲購閱本編。乞先將報費郵寄前來。乃爲作實。各代派處。亦必須於本報既出第二期後。即向閱報諸君收取報資。在內地則彙寄上海總發行所。若神坂等處。則彙寄東京本社。否則一概停寄。仍追取前費。

本編之特色

一、閱本編四箇月。即得全書。厚則三四部。薄則四五部。雜誌中成書之捷。爲空前未有之舉。

二、世界各國之行政組織。及政體之異同。未有如本編之條舉縷析者。

三、大學校及專門學校諸名家之新說。採錄無遺。輸入海內。是爲其他書籍所未揚者。乃本編獨有之光彩。

四、本編寫眞悉募原版。鮮麗精美。以視模糊不辨者不同。全年後分拆而裝潢之。既成佳書十餘種。又得畫圖數十幅。

五、本編全冊皆經同人精心探擇。參互考訂。從無直譯之文。

六、調查英美德法及日本等國。政法經濟最新之書。悉爲介紹。以爲志士購取之便。

七、初學者。驟語以遠大。每屬茫然。本編所述。悉從最初講起。有循序漸進之益。

八、裝訂精良。頁數加厚。現在雜誌中所未有。

譯書彙編社社員姓氏

戢翼翬　字元成東京專門學校卒業生

王植善　字培孫上海育材學堂總理

陸世芬　字仲芳東京高等商業學校學生

雷奮　字繼興東京專門學校學生

楊蔭杭　字補塘東京專門學校學生

楊廷棟　字翼之東京專門學校學生

周祖培　字仲蔭前東京專門學校學生

金邦平　字伯平東京專門學校學生

富士英　字意誠東京專門學校學生

章宗祥　字仲和帝國法科大學校學生

汪榮寶　字袞甫慶應義塾學生

曹汝霖　字潤田明治法學院學生

錢承誌　字念慈帝國法科大學校學生

吳振麟　字止欺帝國法科大學校學生

壬寅年譯書彙編擔任譯員及幹事之姓氏

王植善　字培孫

陸世芬　字仲芳

金邦平　字伯平

汪榮寶　字袞甫

曹汝霖　字潤田

富士英　字意誠

錢承誌　字念慈

章宗祥　字仲和

吳振麟　字止欺

外交通義

緒論

第一章　外交之觀念

大地之上。列國並峙。其關係也日以密。其交通也日以繁。於是有外交。外交者處理國與國相交涉之事。故外交二字之定義。可一言以蔽之曰處理國與國相關係之事之術也。而外交之觀念中必二國。或二國以上之國家相與交通往來可知也。使各國而守鎖國主義。則國孤立。孤立者無外交。使各國而混合統一。則宇內合成一大聯邦。又不必有外交。然鎖國而不相往來。是大反乎人類天性之本然。自上古至今。凡鎖國之君臣。數行其術。卒爲强鄰所迫。不能遂其目的。蓋人類之天性。本具社會相交通之性質。由男女相愛之情而成一家。由一家而成一族。此太古家族組織之情狀。有人類即有此血族組織。有人類即有此小社會。此人類天性之一。人性本微弱。智識不能萬全。有時其力不足以敵洪水猛獸。欲利用其智識。而與造物自然之勢相競爭。非團結社會不可。此人類天性之二。人性多欲多嗜好。此欲念與生俱來。經濟上之大原則也。充其願。飽其欲。非團結社會不能臻於完美之域。此人類天性之三。具此三性。而人類之不能與社會相離。有人類即有社會。蓋可知已。但人類之初。其社會不過一漂泊血族團体。其後滋生以繁。文化以進。而國家之團体組織。於是乎成。國家之組織。既爲人類之自然。而國家與國家之交通往來。又成一大社會。而基於人類自然之天性也。

積家而成國。積國而成世界。世界即一大社會。彼國家者。不過社會中之一員。社會中之一分子也。此一分子之國家與彼一分子之國家相交通。於是有外交。外交之政策。固因時代而異。隨國勢而不同。古以外交爲權術。專謀己國之利益。而他國之權利可以不計。或因君主之功名心。或因臣民之利欲心。無端而與他國干才相見。此無論歐亞。其揆一也。迨後世政治之進化。此種政策。已爲各國所不容。至十九世紀。諸種學術之發明。及諸家學說之勢力。遂以外交爲維持社會之秩序。保全世界之和平。而外交之政策。在利用調和手段。以謀己國之利益。余謂以外交爲處理國與國相關係之事之術。即此義也。世界之大勢。既以外交爲維持社會相互之秩序。有善用其術者國日以昌。有背其術者國日以削。亦自然之道矣。試觀十九世紀之往事。澳大利之宰相。梅脫尼西。在職三十八年。外交之手腕。機敏過人。

列國之受其播弄者不少。然其心不過欲掌握歐州之霸權。以自鳴人傑已耳。及一旦去位。而澳遂不振。翻尼斯爲伊大利所得。而聯邦之霸權。遂落於普魯士之手。國內人心之腐敗。財政之紊乱。今日歐州大國中稱最焉。又若俄土之戰。而俄人之不能遂其利已心。又不可知已。是役也俄人以罷耳合利亞虐殺事件爲口實。陰行擴張其領土之計。卒至伯林公會。而其功如水泡幻夢。受英國之抑制。蓋露則出於利已之功名心。英則以輔導世界文明爲口實。故有此結果也。善夫英之總理大臣。俾根司非爾特之言曰。吾人之帝國。自由公正信義之國也。(Our Emprie is an Emprie of liberty, of justice and of truth) 俾根氏之取此以間政策。可謂適合今日之大勢矣。再徵之拿破崙三世之事。彼於墨西哥。其失信爲何如也。彼於普魯士議定賠款一事。懷抱利已又何如也。卒爲列國屏棄。終亦必失敗而已矣。由是觀之。近世外交之目的。在維持世界之秩序。增進萬民之福利。國家依此而定政策。則國必隆盛。然世人往往誤認外征之手段爲外交之政策。以啓發他國之文化爲籍口。出師遠征未開之國。以爲近世外交根本政策。謬誤亦甚矣。夫輸入文化爲他國開明之先導。何得事用兵力爭戰者破壞秩序之具也秩序之義指安寧之狀態而言以維持秩序啓發文化。為。口。實。卒。至。無。端。而。執。干。才。是維。持。平。和。者。適。為。平。和。之。擾。亂。者。而。已。麥既耶畋利 Machiavelli 氏之學說。今日非難之聲甚高。主張以上之學說者。亦不免受其餘波也。所謂導他國於開明之權利。余輩之所不能從其說者此也。

外交為處理國與國相交涉之事之術。然術與學固分兩事耶。其區別其非易易。余輩從其所信而言。學也。術也。必兩々相待。其用始全。學如本之根幹。術如木之果實。處理國與國相關緊之事。國。際。法。其。學。也。外。交。其。術。也。二者之關係。如車之有兩輪。鳥之有双翼。失其一而不可用也。

第二章　論國際法

列國並峙。不能無規則以行於其間。國際法者。維持國家生成上所不可少之規則。其為法律耶。非法律耶。則學者間之大疑問。而不易論定之也。然國際法之通行於列國。則為各國之所承認。而無疑意。今試舉其承認之條約二三於下。如千八百十八年十一月十五日。愛排司來雪伯爾。Congresed' Aix-la chapelle 公會之宣言曰。各國政府之獨立。及維持全歐之現狀。舍萬國公法而外。別無維持之道。故當此萬國來仝。各國之君主。必嚴守萬國公法之原則。而萬國相互之關係。其基礎於以鞏固。云云。又如千八百五十六年。四月十三日之巴里條約。第七條。法蘭西大統領陛下。與大利國皇帝陛下。英國女皇帝陛下。普魯士國王陛下。俄羅斯皇帝陛下。及塞比尼亞國王陛下。皆認土耳其爲加入公法之國。及享有歐州連合之利益。又若千八百七十八年七月十三日。伯林條約。第四十條。土耳其與塞比尼亞條約締結完成之日以前。凡塞比尼亞臣民。在土耳其旅行。及住居於土耳其者。皆照國際法待之。以上數則。國際法之存在。列國皆公認之。遵守之。昭昭無疑。千八百十四年十月八日維也納公會之時。會議條項中。有佛蘭西全權委員。他列蘭公(Prince de Tallegrand)提出之一條。曰本公會之決議。得以國際公法之原則爲準。彼時普魯士全權委員亨孛爾男。(Baron de Humboldt)冷嘲之曰。公法今果何所用耶。他列蘭公詰之曰。閣下之列席此公會。即是公法。安得謂公法無所用耶。於是亨孛爾男。遂爲列席諸委員所嘲笑。今日而疑國際法不曾行於列國間也。亦亨孛爾之流亞矣。

觀以上之實例。及今日各國遵守國際條規之事實。國際法之存在。已昭然無疑。然國際法之果爲法律與否。則又學者間之一大問題。今日多數學者。以國際法爲不過道德上之規則。非具有法律之性質。蓋國際間之關係。非有最高權力以執行其法。而効力甚少。主此說者。皆澳斯汀（J. Austin）流派。澳斯汀之言曰。法律者。主權者之命令也。其解釋法律二字之定義。如此其狹。凡與此定義相異之規則。皆目之謂道德上之規則。而非法律之規則。法律之性質。有立法者。有裁判所。有執行力。國際法。不能具此三種要素。故澳斯汀稱之謂制定國際道德法(Positive international morality)云。法律之性質。果如氏所言。若是其狹。耶余讀之。不能無疑也。不經立法者之手定。即不得謂之法律。則現行之習慣法。皆法律家所公認。爲法律。豈經立法者之手定耶。不認習慣法爲法律。則與今日之法理不相容。裁判所與執行力。二者。不過法律之擔保而已。必先有法律之存在。而後有法律之擔保。非先有法律之擔保。然後立法也。氏之說。與必先有訴權。而後有權利之學說。相同。不可謂非本末之倒置耶。法律之定義。大抵失之一偏。欲求完全無缺之定義。甚非易事。此今日多數學者之所知也。至法律與道德區別之要點。諸家學說紛岐。尚未出於一途。蓋諸學說之歸於一。其時代。尚未到也。余雖欲求一最中肯綮之學說而未得。玆先引證惠斯脫力蠢氏 Aestlake 之說。擇其爲諸家所贊同者。以闡明法律與國際法之性質。（以下惠氏之說） 法律與道德。其本原之性質。非有相異之處。惟其範圍有廣狹之分而已。二千年前愛力斯脫脫耳之言曰。人類者社交之動物。有人類必有社會。有社會則有社會之交通。交通者社會之上人人相互而生關係。因人人交互之關係而有一定之規則。必然之結果也。凡人類當遵守之規則。可大別爲二。一曰道德。一曰法律。道德上之規則。人類一時之不遵守。其貽害於社會之生存者猶淺。至法律則維持社會之秩序。社會中無一定之法律。則社會必不能存。故人類當遵守之限度。至徵至嚴。法律二字之語源。出秩序(ju, ru)二字而出。故法律者社會上至要之規則也。其範圍之大小廣狹。雖與時俱變。無一定之理。時勢進步。法律亦因之進步。至其維持社會之秩序。其程度實較道德爲尤嚴。此道德與法律分界之標準也。思斯脫力蓋之言如此。其區別之處。亦不免失之漠然。然其不免失之漠然者。道德與法律其性質相近。不易定其分界之故。吾人今日智識之程度。尙未能劃然定其區別。就其顯著之現象而下以定義。不免有缺漏之譏。如澳斯汀氏者。殆不免也。

社會必賴法律之力。始有一定之秩序。故有社會必有法律(ubi societas ibi jus est)古語洵不易也。然如前章所云。今日地球各國。往來交通。已成一大社會。故不可無法律以定其秩序。此國際法所以爲國家社會上不可少之規則。國際法與他種法律相同。與世進步。前日之新法。今日爲陳規矣。今日之新法。易一時又成簡陋矣。今日萬國遵守定爲明文視爲至要之規則者。制定國際法是也。(droit international positiv) 國際法學家腦中之法理發論提倡視爲至要之規則而萬國尚未定爲明文者。理想國際法是也 (droit international natured) 然理想國際法亦足以喚起輿論漸爲萬國之所遵行。亦有志斯學者之義務。故研究國際法不可不併論及之。本書之主眼專論外交之規則。故凡涉論國際法處。皆取事實。不偏於理論。而援用之國際法。亦皆實地現行之原則。至理論學說。俟他日國際法專書內論之。國際法爲處理國家交涉之事。所不可少之規則。無此規則。而國家即不能相互生成也。此定義從裏面觀察之。國際法爲國際間共守之規則。各國如不共守此規則。國與國即不能並立。而國與國相合而成之大社會。必漸致滅亡。然國與國相合而成之社會並無至高之權力。以使各國之遵守。而各國之遵之守之。皆慿於國際法爲維持國家生成之要則相互而承認之遵守之也。

以上所論國際法之主旨。皆與余輩所謂外交之目的相一致。國際法在維持國家相互生成之秩序。而外交亦在維持國家相互生成之秩序。故謂外交爲活用國際法之一術。無不可。凡外交能參酌國際法之規則。以維持世界之和平。是謂完全無缺之外交。雖然。不得謂外交僅能謹守國際法之原則而已。使墨守國際法競々業々以求無事。是苟且姑息之策亦無能無爲之外交而已。外交者。保世界之和平。增已國之福利。其實不外兩國交換利益無害於彼而有益於已。換之國際法又不馳不背。是爲達於外交圓滿之域。欲交換利益而遂吾所欲。不可無外交之憑藉。不可無外交之資源 (resources de ladiplomatie) 資源者何。能制外國政府從吾之所要求之手段而已。彼我交涉瀕繁。利害相感之事愈多。則外交之材料愈富。此敏腕外交家所由蒐集材料。以爲交換利益之地位。斷不至求無事已也。然揮其手腕之時。又須事々確守公法。否則即爲外交破裂之源。因孫子曰。我欲戰。敵雖高壘深溝。不得不與我戰者。攻其所必救也。我不欲戰。雖畫地而守之。敵不得與我戰者。乖其所之也。此即外交之微妙處。而實一至難之事也。

第一章　國家之性質

外交爲處理國家交涉之事之術。故本論篇首。不可不先論國家之性質。國家之性質。法理上一至難之問題。詳細而論。非本書篇幅之所及。亦非本書宗旨之所在。故擇其簡當適切者論之。

國家有四種要素。失其一而即無以成立。曰領土。曰人民。曰共同政權。曰人格。以下就各要素而解釋之。

一　國家不可無一定之領土。

國家與領土。則不能生存。而國家相互之權利。相互之義務。無從明其所在。與他國之關係。亦失其根據之地。此多數學者之說也。然國家而無領土。即失其權利義務之根據。此何故耶。彼人與人相結之團体。其團結果能堅固。有爲治之人。有被治之人。爲之明其權利。定其義務。而團体之中更有至高之主格。此種團体不得名之爲國家者。果何所據而云然耶。余輩從理論上言之。國家雖無領土。亦不失其爲國家。從實際上立論。則領土爲國家之一要素。蓋從歷史沿革而來也。中古封建之世。土地之所有權與統治權混而不分。曰國王。曰諸侯皆如一大地主以土地爲私有之物而人民不過一土地之附屬物而已視土地爲重視人民爲輕至近世中央集權之世雖漸脫此思想然猶留存於人之腦中而未盡去有爲折衷之説者或以領土爲國家主權所行之範圍或以領土爲國家之物權畢竟近世進化之國家無不以領土爲國家之要素焉

二　國家者人之集合体也

人爲社交之動物多數相團結而成一國家各國家相交通相往來又成一大社會而外交以起故國家爲外交之主体（國際法上之主体）而人類之集合又爲國家之性格不明人類集合之觀念不特法之基礎失其所在而國家之所以存在亦無以明之矣但人類之集合爲國家之要素至其數之多寡在所不問如莫奈古（Monaco）之人口僅三千二百人不失其爲國家也

三　國家不可無人格

國家不可無人格及國家之爲法人（人格及法人皆法學上專門語人格者有自主自存之權利飛牛馬奴隸比也）法人者非人而擬之爲人法律上當以人格待之者也二語其意相

同國與國交際而有國際法由是而各國有各國當享之權利各國有各國當盡之義務此現今之通則也國家之權力本屬無限不必盡從他國之主張故古來國家一事之起無不以實力相爭當此時代國家與國家之交涉皆事實上之交涉而無法律之秩序及後世文化進步此等無法律無秩序之事爲人道所不許各國遂有國際法明認他國之權利惟不侵犯他國之權利始得享自國之權利於是國與國之交涉遂有一定之法律夫法律者所以定人格與人格之關係彼牛馬與人無法律以行其間也國家既相互而有法律之關係則國家之有人格無疑此人格所以爲國家之要素也

四　國家不可無共同政權

國家既具有人格則與自然之人無異有意思有目的以保國家之生存然國家之有人格爲法律上之擬制一無形人而已欲發表其意思遂其目的非設備各種機關不可政府議會國之元首皆國家之機關也余號之所謂共同政權者即此意矣一以明國家不可無獨立之意思一以明國家不可無各種机關以行其意思蓋國家對內而有命令強制之權對內外而與各種權力相抵抗設各種機關以行此共同政權洵國家之成立上一至要之事也

第二章　國家之創設滅亡及承認

如前章所論國學成立之要素須具有領土、人民、人格、政權、四者具此四要素而國家即以成立失其一而國家即以滅亡但其滅亡之道雖種々不同可大別爲二一滅亡出於人爲一滅亡出於自然人爲之滅亡更可別之爲平和及强制二種至國家成立之如何與國家之所以爲國家毫無關係當構成國家之要素具備之時而國家即以成立至喪失之時而國家即以滅亡

國家成立之要素能具備之時即不失其爲國家固也然他國之承認其爲國家否則又當分別論之國家之構成要素理論上固有一定至他國認其爲國家而與之交通往來則屬於他國之自由彼新立之國家無强制他國承認之權利他國認新立之國家爲國家謂之國家之承認 (reconnaissance de l' Etat, recognetion of state Anerkenung neuer staaten) 又謂之獨立之承認 (reconnaissance de l' independance) 故不經他國之承認於國家之存在固無妨礙至欲他國以國家之道待遇之非有他國之承認不可

獨立之承認有不可分之性質認新團体爲國家與否只有認不認之兩端而無一部承認

一部不承認之理至承認之效力能追溯既往如叛亂之團体新與母國分離而創造國家之時一旦承認其効力能追及團体宣告獨立之時國家之承認一經成立無廢止之理但國若有此等舉動畢竟蔑視新國家之存在而有敵視之意也。

古代遊牧團体當具備國家諸要素之時。其國家之成立出於自然。出於平和。而他國之承認。亦非難事。至近世新國家之成立。大半與母國相分離出於獨立爭戰之結果者多。故承認之時期母國與新國家之關係上頗有牽涉今舉其承認之大原則如左

第一　母國之承認與第三國之承認。其効力毫無相異。然獨立新創之國家。必先經母國之承認。第三國然後起而承認。殆無妨礙否則母國未經承認之先新團体之獨立其根基尚未强固第三國即起而承認之母國得以抗議或以第三國爲不正之干涉惟既經母國承認之後第三國起而承認之始無抗議之處然事實上觀之新國家之創設利害相感之深莫如母國故母國先起而承認爲先例所無如葡萄牙之離西班牙獨立也千六百四十年列國已皆承認惟母國至千六百六十四年殆承認之美之離英向獨立也法國已於千七百七十八年時認爲獨立之國母國於千七百八十三年時殆承認之皆其例也

第二　母國未曾承認之時。第三國起而承認之。全屬政策上之問題。詳細議論。茲不能盡述。大旨有三。(一)新團体之倡獨立也。當勝敗未決之時。母國正欲竭力鎮定之。策他國起而承認之。此明與母國有抗敵之情。(二)母國既無鎮撫新團体之力。僅設種々口實。以相維繫。而新團体之獨立根基。已强固不可動。此時他國之承認。母國不得以抗敵行爲爲口實。(三)列國既承認新團体之獨立。而母國尚依然拒絕之。此時新國家可以此爲開戰原因。而明告母國。

南米諸邦之獨立。英美兩國承認之時期。可謂不先不後。適得其宜。今略述之。以備參考。千八百十年。白露及立司(Buenos Ayres)之獨立爭戰。至十六年而宣告獨立。即今日之亞傑勤登共和國(Republique Argentine)是也。爭戰經數年之久。雖互有勝敗。然至八百十五年。而西班牙母國已無鎮撫之力。千八百十八年。智利亦宣告獨立。於是合衆國國會議員亨利克來(Hnrye clay)之提出獨立承認之議於議會。但歐州各國。猶以西班牙母國爲有鎮撫之力。未曾承認。卒至氏之提議。亦未採決。至二十二年。西班牙軍隊。已盡逐之於國境之外。智利及白露及立司。依然堅固不折。獨立之勢。日以强固。於是大統領孟綠氏(Monroe)因西班牙之鎮撫。無成功之可望。同年四月六日。詢之議會。可否承認。彼時外交委員。亦以此等共和國之獨立爲已確定。決意承認。英國於千八百廿五年。承認白露及立司可倫比亞及墨西哥之獨立而締結條約。則內情尙未强固。承認之期。因而延遲。當時利佛浦耳(Liverpool)卿之演說曰。西班牙南美之爭戰。尙在繼續之時。英國不能享有自由承認之權利。蓋當兩國兵力未決之時。即起而承認之。其對母國利害之感情。不免有仇敵之意。此余之所不取也。此說也。堪任卿(Lord canning)及當時英國之外交家。無不採用。(Hall, international low, 4th ed, 1895, & 26, p. 89—92) 要之獨立之外交。關乎利害之問題。及政策上之問題。故與獨立軍主義相同之國。自然速於承認。與母國有同情之國。承認之遲疑。亦勢之必至也。

承認之形式有二種。一默許之承認。一明示之承認。默許之承認。如國家與新獨立國往來交涉。並不宣布明文。暗守國際上之規則。如簡派公使。締結條得等事。則已得此國默許之承認。可知。明示之承認。則一國或數國宣布承認之明文。或訂承認之條約。如日韓修好條約第一款。朝鮮國爲自主之邦。享有與日本平等之權。日清媾和條約第一條。清國確認朝鮮國爲完全無缺獨立自主之國。此等規約皆明示之承認也。

國家之承認。只有承認及不承認之兩端。無一部承認一部不承認之理。前章既詳言之。然或謂當承認之時。附加以承認之條件。亦無不可。主張是說者不少。且往々引用千八七十八年之伯林條約以爲證。伯林條約之第二十六條。承認孟的奈古洛（Montenegro）爲獨立之國。其次條即爲附加之條件。如不得以宗教之異。削減私法上及政治上當有之權利。及官職榮典之享受經營商業之權利。并信教之自由。亦爲條件之一。第三十五條及四十四條之承認塞耳維亞（Servie）及羅馬尼亞（Roumanie）之獨立。亦附加同一之條件。然此種條件。不得謂承認時附加之條件。蓋條件之性質。只有二種。一停止條件。一解除條件。上之條約。既非停止條件。又非解除條件。（停止條件解除條件。皆法律上專門之語。停止條件。謂該條件未照行之先。而法律之効力暫時停止。解除條件。謂不照行此條件。而法律之効力。因之解除。）此條約未履行之先。而國家之承認業已成立。此非停止條件。可知。其非解除條件。更昭然矣。蓋即不照行此條件。而國家承認之効力。並不因此而廢。條件之觀念與國家承認之性質。本不相容。上之條約。不過一保護之附則已耳。被承認國能履行此條

一七

件承認國即與以相當之利益而助其獨立權之行使故此等條件之附加與否皆利害上之問題與國際公法毫無關係也

國家之承認與加入國際團體之承認事有區別不得相混今日之制定國際公法各國之遵守此法規皆彼此各盡其責之事故國家之程度未進於文明及不明權利之觀念者往往此盡其責而彼不能盡其責者有之此等國家承認其獨立則可承認其爲國際團体之一員則不可則加入國際團体之國家必其爲進化之國家也可知土耳其於千八百五十六年巴黎條約第七條始認爲國際團体之一員而獨立之承認則已久矣然國際法爲國際社會上適用之規則而獨立之承認又有絕對不可分之性質是國家之承認與加入國際團体之承認此中設以區別論理上有不能一貫之憾但徵之今日之實際欲加入國際之團体必稍稍進化之國家始可然國家進化之程度無一定之標準故加入國際團体之承認專屬政策上之問題任外交官之意見以爲定論而已

與獨立之認承有似是而實非者如交戰主体之承認及一國政体之承認是

一國之中當叛亂之起他國不以內亂視之而以國際法上之戰爭視之則叛亂團体一如

一八

交戰之對手國。此謂交戰主体之承認。(Reconnaissance de belligerant, recognition of belligerent.)一經交戰主体之承認。則叛黨可援用戰時國際公法。而母國亦由此可使他國守局外中立之義務。且叛黨之行爲。與母國之責任無關。第三國既守局外中立之例。亦可享有一切之利益。而叛亂團体。母國又當以敵人之道待之。由是觀之。交戰主体之承認。亦取國之利害上之問題而已。

故承認之時期。頗難概括論。之僅舉其一二原則如左。

母國承認叛黨爲交戰之主体。必在已經遭遇非常困苦之後。斷無失之過早之處。故母國之承認。又斷無侵害他國權利之理。

若第三國先起而承認。則事理甚繁。當詳細論之。(其一)如叛亂之起。僅在一國之內地。則與第三國之利害毫無關涉。第三國亦斷無先起而承認之理。(其二)叛亂之起。雖在一國之陸地。苟與第三國壤地相接。則有利害之關係。第三國不妨先起而承認之。但陸戰所關係之範圍必狹小。無疑可隨事之發生而交涉之。先起而承認爲交戰主体。不招免母國以應援之疑。(其三)叛亂而出於海戰。則與第三國之利害關係必極繁重。第三國之承認母

國不能峻拒之但事勢無論如何其承認苟出於不正有侵害母國權利之處母國之抗議亦自然之道也

然叛亂團体無要求母國承認之權利。亦無要求第三國承認之權利。何也。叛亂團体並未有成立一國之資格而構成一國之要素種々尚未完備在承認之者不過因己國利害上之關係或對團体道義上之感情而已然當叛黨猖獗已甚獨立之機運已熟第三國尚援助母國拒其獨立一朝及其獨立亦爲失計及叛黨獨立之日第三國於外交上不免大失其利益故承認交戰主体必熟思將來對母國及叛亂團体之情勢不得徒拘目前之利害而斷於拒絕或輕於承認也

承認交戰主体之形式種々不一。第三國之承認。其最普通之方法。莫如宣告局外中立至母國則承認之形式。無若是之明白易見。故他國欲知母國果承認與否有時其事極難。今日一般之標準。大概視母國對團体之舉動如何。如母國對團体之舉動其所行之事已與對交戰團体無異且是種舉動皆與第三國有利害相關係之處斯時第三國可定爲母國已經承認如母國捕獲第三國運搬戰時禁制品。及破鎖港船舶。等是但其行爲僅與叛

亂團体相關係。與第三國毫無利害相關之事。尚不得定爲母國已有默示之承認。如母國與叛黨締結捕虜交換之條約。此不過國際公法上所謂類於爭戰之事。故結此條約。並無承認交戰主体之意思。第三國不得據此而定爲母國之承認也。

交戰主体之承認。雖或因自國之利益而承認之。或因對團体之道義而承認之。但一旦承認之後。則權利義務之關係即由即而生。承認國若專計己國之利益而蔑視母國及交戰主体之既得權。又爲道義上所不許。若取消承認之約（取消即解除之意）不免貽後日之悔。即使取消之後。或有利益可占。以道義論之。亦爲進化之國家所不爲也。故承認交戰主体。當慎之於始。無洞見後來之識者。不免有噬臍之悔。但如與利害相關之國合意之後。而取消之。則又當別論矣。

今舉關乎承認交戰主体之一例以證明之。當合衆國南北戰爭之時。千八百六十一年二月八日。南部諸州以美利堅聯邦之名。組織新政府。發布憲法。舉爵非遜台俾始 (Jefferson Dabis) 爲大統領。至四月十一日。攻撒他城 (forlicffation of sumter) 而陷之。於是合衆國大統領林克 (Lincoln) 遂招募國民軍七萬五千人。并召集臨時議會。兩軍之交戰可謂堂々之陣正々之旗國際法上以爭戰視之殆無不可但其交戰之地域只在內地各國並不承認爲交戰之主体至四月中旬南軍占據海岸故合衆國大統領遂宣言封鎖沿岸而成海上之交戰英國政府以大統領之宣言爲承認南軍爲交戰主体況沿海之戰與英國之利害有極大之關係五月十八日英政府遂承認米利堅聯邦爲交戰主体合衆國政府以英之承認爲不正之干涉抗議數次其最初抗議之要旨則曰一國境域之內能合法以維持主權而於此境域內所起之叛亂只可謂之內亂不得謂之國際上之爭戰更申言其意曰未曾承認爲獨立之國而即承認爲交戰之主体不免於義務有背然國際公法之事實上能專行其權力者即可視之爲獨立國即對叛黨而言從其外部關係視之亦不得有彼厚此薄彼之意且合衆國之裁判例亦其此抗議之主旨相反對故合衆國政府更改其前日抗議之詞曰承認交戰主体雖屬諸第三國之自由然承認苟非出自緊急至要之時及有道義上之根據畢竟不正之干涉而已英國當布告局外中立之時不得謂之出自緊急至要之事此美之抗議也然英國不僅辨明其承認爲至要之所在而更加以說曰其承認之時機果出自緊急至要耶抑非緊急至要耶皆委之承認國之見解以認定而已第三國因

母國法權之不及而蒙其損害思避其損害而承認之此時母國之抗議除非常緊急之外亦不正之抗議也。(Hall, International law, 1895, 4th ed. & 5, P 39—42)

承認一國之新政体全屬政策上之問題與法律上之根據毫無關係蓋國際公法所以規定國家與國家際涉之事。國家內部制度之變更則非國際法之所論及也。新政体之組織既已確定猶無故而拒絕承認則對此新政府不免有抗敵之舉然當政府未失其權力之時尚在盡力維持而第三國即承認新政府之政体則或釀後日紛之爭亦所不免近年智利當叛亂之時。法蘭西之承認失之過早。遂釀成天紛議。其適例也。

承認一國之政體。亦有明示默示之兩途。默示之承認如與新政府往來交涉。一如舊時。遣派使臣。及處理國際關係之事。繼續如前皆默示之承認也。

第三章　國家之種類

國家之種別。可從國家之組織上及所享有之權利上之二點觀察之分類從其組織上論之可分單純國及複雜國之二種單純國蓋不與他國相聯合之國如今之英法等國是也。複雜國則結合二國以上之國家共其君主共其中央政府如今之德澳諸國是也。從其所享有之權利而分類之。則有主權國（獨立國）及半主權國（不完全獨立國）之二種國家。之主權有圓滿無缺獨立不羈之性質。若受他國之制限及據有一部之主權。不得謂之主權。其結果遂不得謂之國家。然解釋詞意。不得以言害意。國家之主權。必圓滿無缺。不受他國之制限。他國欲制限之。即蔑視其國之獨立權。而爲抗敵行爲固也。然一國當出諸自己之自由意思。而停止主權之行使。則謂之自國獨立權之作用。亦無不可。蓋主權一部之停止行使。本於自己自由之意思。而非受他國之制限者也。故兩國非締結條約。則半主權國無存在之理。余茲從第二之分類。而論國家之種別於下。

第一節　主權國

主權國更分之爲二。一單純主權國。一複雜主權國。

第一　單純主權國。　即單純不相聯合之國家。而有完全無缺之主權者是也。現今普通之國家。皆屬此類。如日本法國皆是。

第二　複雜主權國。　即合聯之國家。而有完全無缺之主權者是也。身上合同國。亦屬此類。（Union personnelle, personal union）身上合同國者。二國以上之國。一代之間。或王統存續之間。奉戴一共同之君主。然此兩國家。其對內對外之主權。毫無制限。故從法學上之純理言之。謂之爲複雜國。倘未愜當。身上合共國之例。如千七百十四年至八百三十七年。英國與哈怒伐(Hanovre)之連結。千七百七十三年至千八百六年。丁抹國與夏烈司非好耳司登之連結。(Schleswig Holstein)及今之白耳義國與康果國之連結。(Conge) 皆是。

第二節　半主權國

半主權國之中。亦有單純國。複雜國之二種。

第一　複雜半主權國。

複雜半主權國者。連結二國以上之國家。組織一中央政府。其主權一部之行使。則委任之中央政府。故中央政府所有之政權。及各連結國留保之政權。兩者相合始成一完全無缺之主權。僅就此連結之各國家觀之。則主權之一部。不免缺如。余輩之所謂複雜半主權國者。即指此連結之各國家言之。非就連結國全體言之也。

一　聯邦

聯邦爲半主權國中留保主權最多之國家。指連合國內之各邦而言。連合國者。指二國以上之國家。連合而行政務之一部。乃政治上之合共。其共同以外之事項。則各聯邦有完全之主權。其共同之政務。悉服聯邦條約所定。連合國有設立聯邦議會。以商議共同事件。各聯邦皆得派委員列席。故多數決議之制度。其性質不能用之於聯邦會議。其議決之効力。亦不能直接羈束聯邦。必待各聯邦公布法律勅令。始有法律之作用。故各聯邦殆與主權國無異。

完全之聯邦組織。今日未有其例。昔時則偶一有之。如千六百九年至千七百九年之紐齋蘭特（Nietherland）共和國。千七百八十一年至千七百八十七年之北米合衆國。千八百十五年至千八百六十六年之德意志。德意志聯邦爲最近之例。故揭其組織之大要於下。

德意志聯邦爲內外安全之計。維持各邦獨立之策。於千八百十五年六月八日維也納公會之時。經各邦之議決。而設立者也。合四十之自主國。四自由市。王國六。大公國十一。公國九。侯國十一。及屬於丁抹和蘭之三州而成。設聯邦議會於弗郎克福爾脫（Frankfurt）以澳大利之大使爲議長。其共同事項中主要之事。如簡派或接受使臣。宣戰講和。以及締結條約等是。然各聯邦亦有簡派使臣。締結條約之權利。惟各聯邦之權利。不得與聯邦國分離。聯邦議會之宣戰。各聯邦不得有反對行爲。如有反對行爲。聯邦議會。經他聯邦之承認後。可用兵力强制之。各聯邦之臣民。仍爲各聯邦之臣民。爲聯邦國政府主權之所不及。要之各聯邦之連合。所以計內外之安全。維持各邦之獨立。不過二三主要之政務。爲聯邦國共同事項而已也。

二　合衆國及物上合共國

數多之國家。其對內有完全自主之權。唯對外之獨立權。則盡委之合衆政府。各邦無隨意解此連結之權利。是謂合衆國。(Etats Unis,) (United States) 二國以上之國家。永遠同戴一君主。外交上之事。又爲各國共通之事。唯內部之自主權。則各邦皆留保此權利。毫不受共通之制限。是謂物上合同國。(Union re'elle, real union) 合衆國與物上合同國之區別。只有枝葉上之區別。至根本上論之。則同爲復雜之半主權也。

合衆國與物上合同國。今日不乏其例。如北美合衆國。瑞西聯邦。及德意志帝國皆是。北米合衆國之憲法。中央政府。有授受使臣。締結條約。宣戰講和之權利。及國防上之設備。貿易上之整理。權限皆屬之中央政府。如無議會之承認。則各州 (State) 不得與外國締結條約。

又不能有宣戰之權。至各州之住民。則皆隸屬於北美合衆國之共同國籍。而名爲聯邦。實則一合衆國也。千八百七十四年。五月十九日之改正憲法。中央政府有宣戰講和締結條約之權限。至經濟交通警察諸事。則屬於各邦。(Canton)之自由意志。於千八百七十一年之時。發布憲法。組織合衆國。然其帝國內之數國。如敗埃耳恩 Bayern 者有接受外國使臣之特權。凡不屬中央政府權限中之事。皆得派遣公使。商議。與尋常之合衆國組織有稍異之處。故伯倫知理、賽意特耳、馬爾登司、(Blutschli, Seyder, Martins) 諸氏以德意志爲非合衆國之說。然中央政府。可以締結各種條約。帝國內之一國。如違反憲法上義務之時。中央政府有强制之權力。此外帝國內之人民。皆隸於帝國共同之國籍。謂之爲合衆國。亦甚恰當。

物上合共國。如澳地利、匈牙利、瑞典、諾威、諸國皆是。澳匈兩國之外交軍務。及外交軍務上之財政。爲兩國共同事項。瑞典諾威之制度。則彷彿相同。

第二　單獨半主權國

單獨半主權國。分之爲永世中立國。破保護國。及從國之三種。

一　永世中立國 (Permanently neutralized states)

中世中立國者。即永守局外中立之國。不得與他國啓釁開戰。此義務。雖由自國之合意許可。但此種國家。其對外主權之一部。已受制限。此中立國之制度。始於近世。其原因有二。其一。一國。如有侵掠他國土地之事。則列國之權力不能平均。故設此永世中立國。以爲豫防之地。其二。兩强國。如因侵掠而國境相觸。則易生紛擾。故設此永世中立國以避之。永世中立國。又謂之避觸國。(Pays de tampon)所以避反動之義也。故永世中立國大半皆小國。而介合於列國鼎立之衝者也。

永世中立國。與强國合意結約。永守平和之義務。固也。然如攻守同盟等事。直接間接。可爲交戰媒介之行爲。亦在義務之中。當避之而不爲。而彼擔保國者。不僅守平和之義務。不與此中立國開戰已也。如中立國受他國攻擊之時。當守互相防禦之責。故永世中立國之義務。乃相對之義務也。

永世中立國之制度。爲豫防他國之侵掠而設。故爲擔保國而負此義務者。必有二國以上之强國。可知。然其擔保之法。蓋有二種。或數國合同而盡擔保之責任。或數國獨立而盡擔保之責任共同之擔保當爭戰侵掠之起條約國當共守保護之義務獨立之擔保則共同盡保護之責或僅一國守保護條均得爲擔保國之自由然從事實上而論共同擔保於永世中立國之制度收效較徵蓋擔保國之一不盡此義務之時他之擔保國亦不免弛其責任從道義上論之無論一國不盡義務他之擔保國不得藉爲口實而弛其保護之責然今日世界之道義心其進步尙遠不能持此高論以責備本全故共同擔保之政策適足以破壞永世中立國之處亦復不少試千八百六十七年之倫敦會議承認洛克散倍耳 (Luxemburg) 爲永世中立國之次日英對外務大臣對議會之報告書可以思過半矣至獨立之擔保則一國即弛其保護之責而他國擔保之於國際法上尙有保護之義務於永世中之立國利益不爲少也

歐州之永世中立國如瑞西、白耳義、洛克散倍耳、皆是瑞西於千八百十五年、維也納公會時承認之白耳義於千八百三十一年倫敦條約承認之洛克散倍耳於於八百六十七年倫敦條約承認之

二 被保護國 (Protectrats, protected states).

被保護國者。弱國欲維持其獨立。與強國訂立條約。并遵守條約中之條件。條件大意與條款相同而受強國之保護云爾。故被保護國之主權。必受幾分之制限。其制限之程度如何。則視保護國之條約如何以爲定。然如主權之全部均已喪失。則已不得爲國家。所以被保護國之人民必得保有自國之國籍。及僅對自國有忠實之義務。保護國與他國交戰。被保護國可宣告局外中立。以上三者皆必不可少之權利也。要之被保護國。留保一部之主權。他之部分。則訂立條約。使強國行使之。其報酬之利益。則在保護自國之存立而已。故保護國。如強其保護之責。被保護國不僅有要求保護之權利。并有要求廢去條約之權利。被保護國於保護事項。不待強國之保護而專斷行之。保護國亦有強制之權利。但保護國於保護事項以外。肆其權力。則謂之干涉。不得謂之保護。被保護國可隨意拒絕之。被保護國今日不乏其例。如法蘭西之於安南幹薄地挨Cambodia。英之於馬來半島。皆被保護國之類也。今摘錄法蘭見與馬達加斯加（Madagascar）之條約於下。以備參加。

第一條　馬國女王陛下之政府。承認馬國爲法蘭西之被保護國。承認之後。遂有種種結果。女王陛下之政府。均一律承諾。

第二條　法國政府。可派外交官駐劄於馬國。以爲法蘭西共和國之代表。

第三條　凡對外之關係。法蘭西共和國政府。可爲馬國之代表。

駐劄馬國之佛國外交官。有與他國外交官辨理交涉之權限。凡居留馬國之外國人。一切事務。均歸佛國駐劄馬國之外交官處辦。

在外國之馬國人民。及一切保護之事。均歸當該國駐劄之佛國外交官。或領事官管理。

第四條　法蘭西共和政府。可派保護軍隊。駐劄馬國。當馬國擾亂之時。以盡救援之責。

第五條　馬國女王陛下。可使駐劄馬國之外交官。掌管內政。凡保護上所當行之改革。如整理財政。啓發文化諸事。皆有處理之權。

第六條　馬國之行政費及負債。以該島之歲入充用。

馬國政府。無法國之同意。不得募集公債。

右之條約。可謂保護條約中好模範。今日各國之認定也。但法國於條約上。加以牽強附會。

故兩國之關係。馬國幾降爲從國之地位矣。

三　從國 (L' Etat vassal, vassal state)

從國者。或因主國制度之廢弛。或因好誼之退讓。於一定之範圍內。對內外得享自由之行動。故國際法上正格論之。所謂國家者非也。主國之一部而已。凡諸種政務。非經主國許可。從國無行使之權利。凡涉權利稍有疑意之處。皆須仰承主國之意見。至被保護國則不然。本爲獨立之國。不過欲維持其獨立而受強國之保護。或因新創之國。其獨立之勢力尙未強固而依賴他國之保護。凡涉權利有疑問之時。可從寬推定之也。

今日列於從國之地位者。亦不會其例。如埃及之知事。於千八百三十三年。叛土耳其而自立。於千八百四十年七月十五日之倫敦條約。遂明定其地位。(一) 凡關內政之事。埃及知事梅海默德埃利 (Mehemet Ali) 及其男統之親族。有處理之全權。但順隸屬於土耳其皇帝之名下。(二) 埃及軍隊及艦隊。以土耳其軍隊艦隊之一部視之。(三) 埃及貨幣須鐫以土帝之肖像。(四) 埃及須年年納一定之貢金於土耳其。(五) 埃及外交事務。皆須經過孔司坦丁怒泊爾政府 (Constantinople) 該政府所訂之條約。有拘束埃及之權力。降至千八百七十三年。埃及王於商業上之事。得與外國訂結條約之權利。
濮耳合利亞(Bulgarie)於千八百七十八年伯林條約。認爲土耳其之從國。其條約之大旨。(一)濮耳合利亞爲土耳其帝之從國。(二)濮耳合利亞有自治之權。可建設基督教之政府。并操練自國之民兵。(三)濮耳合利亞藩王。歸其邦人自由投票選舉。土耳其政府。則詢之列國之同意。而認可之。(四)通商航海條約。及其他土國與列國所結之種種條約。濮耳合利亞當一律遵行。無論對何國。如無土耳其之承認。不得變更。(五)濮耳合利亞當每年納貢金於土國。

被保護與從國。皆國家之變體。不能永久存續。如被保護國。雖依賴強國之保護。有時不能延其國祚。終至滅亡者有之。至從國往往乘獨立之機運。而恢復國祚者有之。如孟的奈古洛塞爾維亞羅馬尼亞。皆爲土耳其之從國。至千八百七十八年伯林條約。後得獨立之承認。

第四章　國家之權利義務

國家之權利有二種。一絕對之權利。一相對之權利。絕對之權利。即國家所應有之權利。又謂之國家因有之權利相對之權利並非無論何種國家皆應有之權利或由國家與國家合意協商而取得之或因用不法之手段而取得之故此種權利不能一一而盡舉之與相對之權利相伴而生之義務亦有二種一消極之義務（如不侵他國之主權等是）一積極之義務（如盡保護之責任）絕對之權利則常與消極之義務相伴本章所論者國家固有之權利及國家固有之義務為國家者不明此權利守此義務則必致有傷邦交或招他國之侮然僅論國家固有之權利而義務即可從裏面推測而知之也

第一　國家平等權

國際法上所謂既成立一國家則於享有權利之事無一毫之差別國家皆平等也如民法上無論何人皆得享有私權同然國家本極平等或此國與彼國訂結條約而使彼國之地位不能與彼國平等此則條約使之然而國家則本自平等也

今日之國家於享有權利無等差之別此劃定國際法上明白認定者也然譬之於人體力有強弱之差腦力有智鈍之殊國家則有強弱文野之分亦事實上之不免也此事實上之懸隔於國際禮式上或因而分別差等至國家之權利則毫無影響之及

第二　國家自主權

國家自主權者。國家可隨自已之意思發布政令不受他國之制限者也。故自主權者。國家主權上所當有之權能也

主權行使之形式。分之爲二。一對內主權。一對外主權。對內主權。即國家內部之關係對外主權。即國家外部之關係國家有對內主權。故得制定國法以施行於領土之內設立裁判。所以維持此國法。凡獨立國於自國領土之內皆行用自國之法律領事裁判權之類於主權之一部已受制限國家有對外主權故得授受使臣交通往來對外主權又謂之獨立權。

多數之學者。於國家自主權之外。更列舉種々之權利。如國家維持權。國家交際權。國家通商權。然余輩以此種分類。爲不免蛇足。

國家維持權者。所以維持一國之領土。一國之政府。一國之地位。使他國不侵害其權利云。然以上所舉之權利。不過主權作用之主要者非有特種之權利也對內主權之行使即所以保其疆土維持國家之地位他國有侵害之者即侵害其主權當求所以救濟之策此對內主權之外無所謂國家維持權也

國家交際權。及國家通商權。皆對外主權之一部。如授受使臣。訂結條約。通商往來。非有特種權利也。

余輩以通商交際訂結條約爲對外主權之作用。然此種權利。並非能强他國以必行之意也。他國亦有對外主權。有對外主權之國。不過能拒絕他國之請求而已。且行此權利之事時。一國苟得他國之同意。第三國不得爲無理之容喙。蓋第三國對一國之自主權。有消極之義務。至一國拒絕他國通商之事。爲其國自主權自由之活動。他國無强求開放之權利。

第三　國家自衛權

國家自衛權者。他國之行爲。有危害自國存立之時。則自國有防衛之權利。故嚴正以論之。國家自衛權亦不過國家自主權之一作用而已。然從自衛權發生之根源觀之。其間自有差別。自主權與平等權。必國際法完備之後。而始有此種權利。古昔弱國與强國。不能享有同一之權利。强國往々肆其威力。干涉弱國之內治外交。此歷史上顯著之事。至今日國際法進步已後。不因國家之强弱而分別等差。大國不得擅侵小國。所謂平等自主已成一定之原則。此國際法之發達而始有此原則。至國家之自衛權。轉由國際法之不完不備而生。

國際法如較今日而更進步更發達有確實之制裁力則國家之自衛權已爲無用刑法上吾人有正當防衛之權蓋以國家之保護或有不及之時吾人如無此權利社會之秩序或有紊亂之虞。然國內法有制裁之力。有强制之權更有上長權國際法國家皆平等。故無上長權。國內法則有命令有服從。是謂上長權。當緊急至要之時。猶不能不明認此權利況國際法無上長權無制裁之力一國如蔑視他國之權利而肆其威力若無自衛權則國家之秩序因而紊亂故平等權。自主權。皆因國際法之制定。而後有此種權利自衛權則轉因國際法之不完不備而始生也此自衛權與自主權之所以有區別也

國家自衛權之行使有二種之形式。一豫防。一鎮壓。國家之修明軍備。攻守同盟。及退去有害之外國人。皆豫防之自衛權也。鎮壓者。如宣戰復仇。準爭戰。準爭戰者。非爭戰而類於爭戰也。準爭戰者。如外國臣民。於外國領土。對我國有危險行爲及陰行傾覆我國家之事。而外國政府。不加以停止之命。或不能鎮壓之。則我國可進而自爲防止之。此準爭戰之謂也。因今日之國際法。不完不備。故國家有自衛權。以維持國家之生存。然往々藉口於自衛權。以濫其權力者不少。亦世界之賊也已。

第二編　國家之外交機關

第一章　國家外交機關之類別

國家一無形之法人。其意思其行爲皆賴機關以發表之。國家無機關則不能一日生存。元首議會以及執國政之人皆國家之機關也。然機關之意思非爲元首一人國會一團体而發。乃爲國家全体而發。故機關於權限內所發表之意思即國家之意思。有直接羈束國家之力。一旦其意思既表示以後國家如無反對之表示。其機關雖失其權限而於意思表示之效力無影響之及

國家外交上主要之機關。有三。一元首。二外務大臣。三外交官。

第一節　元首

元首爲國家最高之機關。握有何種之權限。視其國憲法之規定如何。

第二節　外務大臣

外務大臣。隸屬於元首之下。擔任國政之官吏也。元首爲總攬國家行政權之機關。然一人之力。不能遍理萬機。故設官吏。及補助機關。以襄理政務之一部。故官吏直接間接。皆隸屬

於君主之下。君主與官吏之關係。一種公法上之行爲。然外務大臣。爲處理國家外政最高之官吏。其權限則視各國國內法之規定如何。我國外務省官制。外務大臣。凡關乎外政之事。及保護外國商事。幷在留外國之日本臣民。皆外務大臣之職權。外務大臣。幷有監督外交官領事官之職權。（外務省官制第一條參照）今綜合行政法規及各種規定。列舉外務大臣之職權如左。

第一　外務大臣。有輔弼元首。發揚國威。與外國修好。及維持交誼之職。

第二　外務大臣。承元首之命令。與外國訂結條約。經閣議之後。須請元首批準。

第三　外務大臣於既訂結之條約。有執行之權。

第四　外務大臣。於勅任外交官。經閣議之後。於奏任外交官。經內閣總理大臣裁奪之後。其任命進退。當上奏元首。至判任外交官之任命進退。則有專行之權。

第五　外務大臣可發訓令與於外交官。指導各種機宜。

第六　外務大臣。當盡力維持外交官之特權。

第七　帝國駐劄外交官之特權。須尊視之。其所行之事。又當加意稽察。

第八　國家內外之利益。商業上之利益。在留外國之我國臣民。源加意保護。

第三節　外交官

所謂外交官者。指屬於外務大臣監督之下。派遣至外國之大使、公使、公使館書記生而言。其因協商特別事務。而派遣之。與駐在外國。有一定之任務者。皆謂之外交官。無所區別也。

第一款　外交官之沿革

外交官者。經元首之委任。國家之外交機關也。為自國之代表。與外國辦理交涉事務。兼以擴充己國之利益。故國家當幼稚之時。孤立一隅。不與外國相往來。有事則以干戈相見。當是時也。必無外交官。講明外交官之沿革。須先知國家必既與外國交通。內國政事而外國家更有外交事務。當斯時代。國家始有外交官。希臘時外交關係已發達。派遣外交官之事。驗之歷史。徵徵古詩。皆信而可據。當時亞歷斯脫脫耳 Aristotles 有關於外交官之著述。但其書散逸。無由知其詳細。為遺憾耳。至羅馬時。外交官之存在。又為歷史上無疑之事。但當時之外交官。必待特命。無長時駐劄外國之理。每當每一事之起。然後派赴外國。及事務看落之後。奉命返國。若常時駐劄外國。或於己國有不利益之虞。其特命外交官。又必三人以上。通常之數。大都十人。交涉事件之小者。則以一人爲長官。其他輔之。若議和訂約之事。稍重大者。必以數人爲長官。一以數之多而宣揚國威。一以數人則可以相互商議。不至勢孤而生畏憚之心。自希臘羅馬以迄中古所謂外交官者。不過特派之官吏而已。非如今日之有常駐外交官也。常駐外交官之萌芽。始於十五世紀之前後。東羅馬帝國殺沒以前羅馬法王派遣常駐使臣於康斯登丁怒薄爾。及巴黎。稱之謂(Resonsales on appocrisiarii)雖不過宗教上之使臣。實爲今日外交官之起原。當十五世紀之前後。正世界文化日漸發達人民之交通。日以繁。國家與國家交涉之事。亦日以多。當有事之日。而始派遣外交官。必至不堪其煩。不如常駐外交官之便。且得以體察外國情事。於是外交官之制度。漸爲各國之所承認。此時代之外交中心。以伊大利諸邦爲首。如弗洛林司、貝呢司 Florence, Venise 羅馬、自十三世紀以來。即爲各外交家輩出之邦。脫司康、鄧脫、派脫臘克、蒲楷司、忌希雅爾及尼、麻氣雅貝爾、(Toscane Dante, Pelrarque, Boccaca, Guicciardini, Machiavel) 其中麻氣雅貝爾尤爲聲望卓著。至今猶嘖嘖人口。麻氣雅貝爾時痕 (Machiavellisme) 外交政策。爲世界之所欽仰也。麻氏政策。只在遂其目的。而不問其手段如何。能遂其目的。即陰險欺詐。亦年不辭。廉氏此主義。爲當時所歡迎。故外交之事。專重權謀術數。視仁義道德爲迂遠。及後世人智進化。權利義務。及道義諸觀念。爲各國所當遵守。而廉氏政策。不免反乎世道人心。遂爲舉世之所排斥焉。外交之事。由漸而發達。法國至十六世紀。設外務大臣之官制。以示內政外政之區別。幷建設公使館於利稀流 Richelieu 以後外交官制。更日有進步。至千六百八十四年。惠斯脫否利亞 Westphalia 平和會議之時。定歐州列國之境界。守國勢平均之主義。而駐劄外交官於各國首府一事。亦同時議決。

第二欵　使臣

所謂使臣者。派至外國政府。或列國會議。以處理政治上之事之官吏也。必據國際法上所定之信任狀。或委任狀。即國書是。而本國政府。必授以至要之權限。可爲本國政府。權利利益代表之人。而爲外國政府。或列國會議之所承認者。如大使、特命全權公使、辦理公使、代理公使、政治上公會之全權委員、皆是。

第一項　使臣之授受拒絕及其數

使臣爲開明國家。維持國交上至要之機關。故國際法於授受使臣之權利。爲一國自主權當然之發動而國家之遣使權，猶可分為自動及他動二種。國家之自動遣使權，國家之派遣使臣第三國不得容喙，此所謂消極之權利也。如一國得他國之同意而派遣使臣於其國則可，他國強而使之派遣使臣則不可。且他國雖因自主權之發動而有自由拒絕之權，然一旦既得他國之同意而派遣之，則第三國又不能無故而妨害之，此即自動遣使權之意也。至他動遣使權則有積極有消極。一國而拒絕他國之使臣，是謂積極他動遣使權。一國而接受他國之使臣，是謂消極他動遣使權。

由是觀之，一國如無特別之條約，可永遠拒絕他國之使臣，或因使臣一身上之理由而拒絕之，亦無不可。推之一國並不派遣使臣於他國，亦屬一國之自主權，而無何不可。然使臣之制度，為外交上之要職。一國既與他國交通，則派遣使臣之事又為事務之當然，苟無重大理由而拒絕他國使臣，或永遠拒絕他國使臣，則對其國不免為抗敵行為，事實上所不可行之事也。然一國必如何而後可拒絕他國使臣，且其拒絕為出於當然，則答之如下：

第一　試設一可永遠拒絕他國使臣之例。如一國接待他國使臣，而於自國權利有不能相容之處，則可永遠拒絕之。如英國愛烈斯排斯 Ellisabeth 女王時代，俗界主權者所派遣之使臣。羅馬法王。嘗拒絕之。其例一也。又如德意志之新教諸邦。及丁抹國。嘗拒絕羅馬使臣。亦其例也。

第二　因使臣一身上之理由而拒絕之。其例不少。試引證之。使臣可享有特權。故本國臣民。不得爲他國使臣。其當然拒絕之理由。爲今日各國之承認。普魯士國於千八百十六年之法律宣言之曰。普國臣民而爲他國使臣。普國無接受之責。又如千八百六十八年。中國與列國訂結通商航海條約。而簡派合衆國人安遜白林乾Anson burlgame爲使臣。列國欲以使臣之禮遇之。而合衆國則以本國臣民之故。拒以使臣之特權。只以外交上無權限之使者待之。又使臣所以辦兩國交際之事。以圓滑穩適爲主。如所派之使臣。與駐在國政府。從前或有仇隙。或不敬之事。則於駐在國政府之權利。有妨礙之處。亦當在拒絕之例。如千八百二十年。縈衛及呢亞王Sardinia爲男爵馬耳頓斯(Baron de martens)之妻。即刑戮路易十六世者之女之人。普魯士遂不認爲公使而拒絕之。最近之例。則如開利Kelly當羅馬法王衰落之時。嘗誹謗伊大利國皇帝愛馬呢愛耳Emanuel因此不認爲駐劄羅馬之美國公使而拒絕之有相當之理由而拒絕之。各國之所明認也。故今日之慣例。當派遣使臣之時。其使臣之氏名。履歷。先通告於其政府。得其承認。然後派遣之。既經該國承認之後。雖有相當之理由。亦不能再行拒絕其通告之法。各國各異其例。古羅馬法王當派遣大使於墺法西葡諸邦。必列記候補者三人。使接受國選擇之。今日則已無此例。派遣國政府。常指定一人。以待接受國之承認。或接受國政府先指定之。以待派遣國之派遣。如奈破崙三世。請之伊大利政府。派遣棐果辣 Nigra 爲使臣。請之土耳其政府。派遣怕夏 Pacha 爲使臣等是。

其承認之法。亦各異其例。如澳法俄諸國。則先行通告。請其承認而已。他國如拒絕之。亦置而勿聽也。自國當拒絕之時。亦未嘗明言之。丁抹國則守相互主義。英國恐明許他國以容喙之權。或於自國之權利有害。故以不求他國承認爲主義。然當派遣使臣之時。英國外務大臣。嘗以使臣之氏名。告知接受國。惟不求該國之返答。然當使臣出發之日。必延引時日。以爲接受國拒絕地位。接受國政府而果拒絕之。必再三嚴詢理由。如無相當之理由。則更不派遣使臣於其國。其事務以公使館書記官代理之。如千八百三十二年。俄皇呢可拉斯拒絕英國公使斯脫拉特福特堪寧。(Stratford Canning) 英國以無拒絕之理由。仍命斯氏爲俄國駐剳英國公使三年之職。而並不再派遣之。其事務則以書記官代理云。

一國當新獨立之時。或當改革政體之後。他國派使臣於其國。或接受其使臣。是即默認其國之獨立。及默認其國之政體可知。

以上專就獨立國言之。至不完全之獨立國。則不能有完全之遣使權。如合衆國。及物上合同國。派遣共同使臣。或接受外國使臣。惟聯邦之中央政府。有此權利。至聯邦內之各國。除特別使臣而外。凡關乎共同政務之使臣。皆屬之聯邦政府。各國無接受之權。被保護國之遣使權。則視兩國之條約如何。然保護條約。於被保護國之對外主權。大概加以制限。故授受使臣之權。諸屬保護國之權限內。以爲常。若從國則隸屬於主國之下。爲主國之一部而已。授受使臣之權。必待主國之許可。固無論矣。

交戰與遣使權之關係如何。則又當詳論之。夫兩國之爭戰。其戰禍愈烈。則謀恢復之道。又愈要。而恢復平和之事。又必待使臣之商議。然後能迅速奏功。故交戰國之一國。僅以爭戰爲口實。而拒絕對手國之使臣。是爲非理。然一國於作戰上。有可以拒絕之事。亦不少。差遣國。當派使臣之時。必先豫告對手國。豫告之法。或由修存國。即彼時之中立國使臣之紹介或由戰時國際法上有特權之使者請之敵國給發使臣通行劵 (Sauf-conduit) 通行劵者。當交戰時保護使臣身體安全一種之旅行劵也。敵國如給發此劵即默示接受使臣之意。中立國派至敵國之使臣。交戰國之一國有拒其通行之權。此無他恐軍事上有與敵國以利益之處。若無此處而猶拒其通行。是亦無謀之甚。轉招中立國以感情之害也。若交戰國之一國派至修收國之使臣。如無敵國之許可而通行於敵國之領土。無論接受國與派遣國之交誼如何。敵國可捕虜之拘禁之。蓋此種之交通於敵國有極大之危險。若必宜告拘禁之理由。則敵國之所受之損害又不少也。如千七百四十四年澳大利相續問題爭戰時。倍立司耳簡爲法國大使伯林赴任之途次。因先導者不經意。通行於哈魯倍耳選舉侯國。遂爲侯國所捕。蓋當時哈魯倍耳與英國爲身上合同國。而英國與法國又正交戰之時也。

以上論國家之遣使權。至使臣之數。則今日慣例。大概一國一使臣以爲常。或因財政上及他之關係。不接受他國使臣及不派遣使臣者有之。如瑞西聯邦是也。或數國合同而派一人。如古之德意志聯邦及今之南美諸邦是也。或一人而兼數國之使臣。如日本駐剳伊大利之公使。兼爲希臘公使是也。不獨日本。南美及支那。專以此法而節減經費。一國而派遣數人。利益甚少。今日未見其例。但派至列國會議之使臣。大概一人以上。此事於列國會議章論之。

第二項 使臣之類別

使臣之類別。因其職務。權限。任期等級而分。

第一 因職務之性質而分別之。

因使臣所任之職務而分之爲外交上之使臣。及儀式上之使臣。外交上之使臣。任政治上之事務。儀式上之使臣。其所任之職。皇室或接受國舉行典禮之時。參列其側。以全兩國友誼。故從理論上觀之。儀式上之使臣。稱之爲外交官。未甚恰當。然其派至他國。所以表尊敬之意。全兩國之交誼。授以使臣之特權。其席次亦列於普通使臣之上。此儀式上之使臣。亦可謂之外交官也。

第二 因權限之廣狹而分別之

使臣之中。其權限有制限者。有無制限者。無制限者。謂之全權使臣 (Plénipotentiaire) 等列奈條約締結之時。法國談判委員。廉若蘭利司位克公會之時。瑞典大使利恩勞脫男爵。皆是今則二級使臣。皆謂之普通特命全權公使。(Envoyé extraordinaire et ministre plénpotentiaire) 此則沿革上之名稱。其權限皆有制限。非上所謂全權使臣也。

第三　因任期之長短而分別之

使臣之任期。其期限有一定者。有不一定者。因此遂有通常使臣。特別使臣之分。通常使臣即今日各國之駐劄使臣皆是。特別使臣。則因列國會議。或因專務而派之使臣。古之特別使臣。其對通常使臣有上席權。自千八百十五年維也納公會決議之後。遂廢此上席權。然於特別使臣慣例上。仍與以上席權。因此而列國之虛榮心。於通常使臣。亦冠以特命二字。今日駐在各國之使臣。皆帶有永久之任務。無一定之任期。雖各國因在職過久。勞於職事。且於本國情形漸疎。故有請假歸朝之制。日本外交官領事官請假及赴任規則。凡在外國服官滿四年以上。可得請假歸朝。其請假日數。除往返之日數。服官滿四年以上者。六個月以內。服官年數每增一年。假期加一月。但通算不得過十個月。惟從來之慣習。請假歸朝之使臣。不再赴任。故任期與請假。不免有混仝之虞矣。

第四　因等級而分別之

使臣之有等級。其源起於近代。古惟有大使。或一種之代表使臣而已。凡關乎不甚重大之事。則僅派普通之紳士。而此種紳士。既不備使臣之性質。又不能受使臣之禮式。至第十五世紀以後。十六世紀之間。列國各抱尊榮之心。相互爭勝。於是對大使。設以非常莊嚴之禮式。其費用。亦日以增。及其後各國遣派駐劄使臣。因費用之過大。不能持久。遂設下級使臣駐劄各國。其禮式亦簡略。蓋大使所以代表君主。故禮式亦當從君主之禮式。駐劄使臣。則爲政府之代表。禮式亦因而省略。至十七世紀。對紳士亦用使臣之禮式矣。至十八世紀之初年。禮式遂有一定。大都在大使及駐劄使臣之中間。駐劄使臣。其初爲大使以外使臣之總稱。其榮譽亦甚微。後遂與紳士有同等之位。然對使臣之禮式。因而有繁雜之虞。遂於使臣附以種々名稱。曰全權公使。辨理公使。代理公使等。以示區別。

使臣之有等級。實近代之事。而其爲國家之代表機關。則無分別之處。今日定爲國際法規。列國共遵守之等級。則基於千八百十五年維也納公會之決議。及千八百十八年愛格斯來莎伯衛會合之會議錄。

千八百十五年三月十九日維也納公會之決議。

因豫防數國使臣席次之爭議。巴里條約調印國之全權委員議定以下數條。使未曾加入此約之君主。採用此等條項。

第一條　使臣當分左之三等

第一　大使

第二　君主信任之公使。

第三　外務大臣信任之代理公使。

第二條　惟大使可代表君主或羅馬法王。

第三條　使臣之爲特命與否。其席次無優劣之分。

第四條　同一等級之使臣。其席次則因着任公報之時日先後而定。但法王代表者之席次則不在此限。

第五條　待遇各等級使臣之方法。各國當有一定。

第六條　使臣之席次。不因兩國朝庭親屬上之關係或政治上之同盟而有上下之別。

第七條　各國間之條約。可用順次交換主義者。則使臣之署名順序。以抽籤決之。

以上之規則。於千八百十五年三月十九日。刻入巴里條約八國調印全權委員之會議錄中。

" Pour prévenir les embarras qui se sont souvent présentes et qui pourraient naitre encore des prétentions de préséance entre les différents agents diplomatiques, les plénipotentiaires des Puissances signataires du traité de Paris sont convenus des articles qui suivent, et ils croient devoir inviter ceux des autres têtes couronnées à adopter le même réglement.

Article 1er.—Les employés diplomatiques sont partagés en trois classes :

" In order to prevent the defficulties which have frequently arisen, and which might occur again, with reference to the pretensions to precedence between different diplomatic agents, the plenipotentiaties of the Powers which have signed the treaty of Paris have agreed to the following articles, and they consider it to be their duty to invite the representatives of other crowned heads to adopt the same regulations.

Art. 1.—Diplomatic agents are divided into three classes :

卅三

Celle des ambassadeurs, légats ou nouces ;	Ambassadors, legates, or nuncios ;
Celle des envoyés, ministres ou autres, accorédités auprès des souverains ;	Envoys, ministers, or others, accredited to Sovereigns ;
Celle des chargés d' affaires, accrédités auprès des ministre chargés des affaires étrangères.	Chargés d' Affaires, accredited to ministers of Foreign Affairs.
Aaticle 2.—Les ambassadeurs, légats ou nonces, ont seuls li caractère représantatif.	Art. 2.—Ambassadors, legates, or nuncios alone possess a representative character.
Article 3.—Les employés diplomatiques en mission extraordinaire n' ont, à ce titre, aucune supériorité de rang.	Art. 3.—Diplomatic agents employed on extraordinary missions have no superiority of rank on that account.
Article 4.—Les employés diplomatiques prendront rang entre eux dans chaque classe, d' après la date de la notification officielle de leur arrivée. Le présent réglement n' apportera aucune innovation relativement aux rerésentants du pape.	Art. 4.—Diplomatic agents take rank between themselves, in each class, according to the date of the official notification of their arrival. This regulation does not, however, introduce any innovation with respect to the representatives of the Pope.

卅四

Article 5.—Il sera déterminé, dans chaque Etat, un mode uniforme pour la réception des employés diplomatiques de chaque classe.

Article 6.—Les liens de parenté ou d' alliance de famille entre les cours ne donnent aucun rang à leurs employés diplomatiques. Il en est de même des alliances politiques.

Article 7.—Dans les actes ou traités entre plusieurs Puissances qui admettent l'alternat, le sort décidera entre les ministres, de l' ordre qui devra être suivi dans les signatuies.

Le présent réglement est inséré au protocole des plénipotentiaires des hnit puissances signataires du traité do Paris dans leur séance du 19 mars 1815."

Art. 5.—A uniform mode shall be adopted in each State for the reception of diplomatic envoys of each class.

Art. 6.—The ties os relationship cr of family alliance between Courts give no rank to their diplomatic agents. The same applies to political alliances.

Art. 7.—In the acts or trdaties between several Powers which adopt the 'alternat,' the order to be followed in the signaturo of Ministers shall bo decided by lot.

The present regulations shall be inserted in the protocol of the plenipotentiaries of tho eight Powers who signed the Treaty of Paris, in their sitting of 19th march 1815."

(巴里條約調印之八國墺、西班牙、法、英、葡萄牙、普魯士、俄、瑞典、是也照上之決議。使臣分爲三等。第一級使臣。爲君主之代表。第二級及第三級使臣。爲國家之代表。禮式亦有一定之等差。然此決議以前。有所謂辦理公使者(原語謂之Ministre résident)譯語頗未恰當。然日本外交官官制用此語。改用他語。或有紛雜之患。故暫從之原語謂駐劄公使之義耳)除法奥二國之外。以公使同一視之。從維也納公會之決議。當然編入第二級使臣中。然其禮式。大有疑問。且其位置亦不甚明晰。故千八百十八年。愛格司來娑伯爵會合之時。有以決定之。是年十一月二十一日。會合會議錄之言曰。

維也納決議之附錄書。於使臣席次之問題。有未周到之處。於外交上之禮式。將來或不免紛雜之虞。今五國會議。議決之如下。

派遣他國之辦理公使。其等級於第二級使臣。及代理公使之中間。別設一等級。

" Pour éviter des dicussions désagréables qui pourraient avoir lieu à l'avenir sur un point d'étiquette diplomatique que l'annexe du recès de Vienne, par laquelle les quesions de rang ont été réglées, ne paraît pas avoir prévu, il est arrêté entre les cinq

"In order to avoid the disagreeable discussions which might occur hereafter on a point of diplomatic etiquette which seems not to have been foreseen by the annex of the Congress of Vienna which regulated questions of presedence, it is decided between the five cours que les ministres résidents accrédités auprēs d' elles fomeront, par rappoit ā leur rang, une classe intermédiaire entre les ministres de second ordre et les chargés d' affaires."

Courts that the ministers Resident accredited to them shall form, as regards their rank, an intermediate class between ministers of the second class and chargés d' Affaires."

(五國者澳法普英俄是也。

照以上之二決議。第一級則大使是也。第二級使臣。則公使、特命公使、全權公使、法王公使等是。第三級使臣。則辨理公使。第四級使臣。則代理公使是也。第一級公使。爲國家之代表。同時又爲元首身體之代表。故待遇之禮。當與元首同其尊嚴。第二及等三級使臣。則爲國家之代表。其信任狀由元首授之。至代理公使。雖爲國家之代表。然其信任狀由外務大臣發之。其禮式亦極簡略。

今日使臣之等級。惟禮式上之分別而已。權利則無大小之分。故各國派遣何種使臣。皆各國之自由。然派上級使臣。其禮式以及費用。使舘設備諸事。皆極繁重。故小國大概派遣第二級以下之使臣。以爲常例。列國終亦行此常例。今日大使之授受。惟一等國有之。國際關係以相互爲原則。此國若派遣大。使彼國不應之。反以招非常之恥。況置設大使舘而無大使相當之人物。亦何利益之有。徒以派遣大使。爲刷新外交之手段。亦誤謬之見矣。但大國於外交上。與小國有重大之關係。而派遣大使。小國因財政所限。而以公使應。則非恥辱之事。如法蘭西派大使於瑞西。而瑞西以特命全權公使應之是。

要之以理論言之。使臣雖一種已足。然今日等級之存。不過沿革上之習慣而已。然既有習慣之存。則就此種等級而考察之。亦非無用之勞也。

第一級使臣

（一）(Ambassadeur, Ambassador)

大使爲君主身體禮之代表。所以設此制度者。出自古來君權政治之餘波。蓋在古昔君主之代表者。與駐劄國君主。可以直接交涉。有非常之利益。然在今日責任內閣之世界。此種相異之處。但各國每以第一流之外交家。當大使之任。故今日大使與公使之間。實質上不免有差異之處。然公使如有非常之敏腕。以處理交涉之事。則亦不難與之比肩。

（二）（力蓋及能司 (legat, legae, nonce, nunces.)）

此二種使臣。爲羅馬法王之大使。其所任之事。及於宗教上而止。非政治外交官也。但古來之習慣。此二使臣得享有上席權。

力蓋從君牧師(cardina)中選任之。爲羅馬舊教教會之長。凡處理宗教上重大事件則派遣。故謂之特命大使。如今世紀之始。因決定法蘭西革命以後羅馬舊教再興之問題。派遣至法國之力蓋是。關乎宗教上之權限。頗極重大也。

能司亦羅馬法王之大使。然非從君牧師中選任之。所以代表法王。駐劄於羅馬舊教國政府處理宗教上之交涉。一普通使臣也。

第二級使臣

(一) 公使。特命全權公使等。(Envoyé, enoty; ministre, minister.)

關於公使等。無他可述之事。蓋爲國家之代表。而元首之所信任也。其禮式則在大使之下。

(二) 因透耳能司 (Internounce; internuncio.)

因透耳能司。爲羅馬法王之使臣。處理宗教上之事務。然對第二級使臣。不得享特別上席權。

第三級使臣

辨理公使。在古時爲駐劄使臣之總稱。至後而漸成一階級。其權限則與第二級使臣無異。

第四級使臣

代理公使。有二種。一則永久代理。一則半途代理。前者則單謂之代理公使。後者則謂之臨時代理公使。(charge' d' affaires pai interim)

前者之代理公使。國家當不欲派遣上級使臣。或不得派遣上級使臣。則任命之。其信任狀由本國外務大臣授之。交付於駐劄國外務大臣。然其任務則與普通之公使無異。維也納決議之時。所謂代理公使。即指此種之代理公使而言。然派遣此種公使。其例甚少。以千八百七十四年。瑞典國派至康司登丁努白耳之代理公使爲嚆矢。日本則於明治二十年九月派近藤眞鋤氏爲朝鮮國駐劄代理公使爲始。

上級公使及大使當歸國。或旅行。以及他之故障。不能處理事務之時。則以公使館參事官。或書記官爲臨時代理公使。或以文書。或以口頭。通告於駐劄國外務大臣。其公使館員。因此享有公使之職權。故臨時代理公使。並無信任狀。至其席次。則有第一種代理公使之上席權。然未有確然一定之慣例。如千八百八十年駐劄白義耳法國臨時代理公使。可其密

耳配利 (Casimir périer) 氏。不屑列於駐劄該國之墺地利代理公使之次。遂啓爭議。後亦列於同等之席。

要之使臣之等級。唯禮式上之差異而已。至權限則無輕重之別也。

第三項　使臣之任命終任及職務之停止

任命使臣之權。隨各國國法之規定而異。日本則任命使臣之權。屬諸日皇。授以信任狀。（Lettre de créance, letter of credence.) 或委任狀。(Plein ponvoir, full powers) 使臣呈之駐劄國政府。或列國會議。經該國政府。或會議。承認其權限之後。然後可行使其職權。第三級以上之使臣。其捧呈信任狀。可行謁見之式。至代理使臣。則呈之駐劄國外務大臣而已。

凡使臣必携有本國政府所發之旅券。(Passe-port, Passport.) 留置於駐劄國外務省。當職務終了之時。然後返還。

使臣職務之終了。亦隨各國國法之規定而異。其國法上有任免使臣之權者。始得命令之。然所謂職務之終了。非僅免職之時而已。凡使臣職務終了之原因有七。

第一　目的之終了

因一事件而派遣之使臣則此事件目的之終了而使臣之職務亦因之而終了如因列國會議而派遣使臣則列國會議閉會之後使臣亦當然終其職務或因儀式之參列而遣派之使臣則儀式之終結使臣之職務亦因之終了

第二　任期之滿

有一定任期之使臣則任期限滿之日使臣之職務當然終了如臨時代理公使當上級使臣復任之日臨時代理使臣當然任滿

第三　使臣之死

官吏之關係專屬諸官吏之一身而止故其死去之日即爲終了之期其葬儀往々行國賓之禮以爲常使臣死去之時書記官可將館內之官文書及緊要之私文書速加封印如書記官不在之時同盟國或交親國之使臣行之

第四　使臣之辭職

使臣當接有辭職許可之命令即爲職務終了之期然新任公使來着以前或臨時代理公使就職以前該公使仍當繼其職務

第五 本國政府之召還

本國政府因其國自主權之作用有自由召還使臣之權然其召還之原因不能一一枚舉可大別爲二一爲平和之原因而召還之一因不和之原因而召還之

(一) 因平和之原因而召還

因平和之原因而召還者如使臣職務既遂之時或其職務無可望遂之時或因使臣一身上之理由或因本國政府之意思此等平和召還本國政府發解任狀告知駐劄國政府使臣受解任狀之後行最后之謁見式而駐劄國政府往往因答其解任狀頒發解任狀答翰(letter of recredence)

(二) 因不和之原因而召還

因不和之原因而召還如兩國談議破裂之時或駐劄國政府請求召還皆是其談議破裂時之召還大概不發解任狀使臣亦不待解任狀而自退去此時不行謁見之禮又無解任狀答翰惟從前留置外務省之旅劵則當請求返還

駐劄國政府請求召還亦有二種之區別

一　因兩國間不和之原因而請求召還。

因兩國間不和之原因而請求召還。此殆有爭戰開始之意。駐劄國因此一決輸贏。事至此。蓋所謂外交關係破裂之時期也。

二　因使臣一身之理由而請求召還。

駐劄國政府。因使臣一身上之理由而有請求召還之權。固也。然輕易行之。不免破兩兩國平和而釀不測之變。故不明示其理由。漫然而有請求召還之舉。是直蔑視外外之關係派遣國無應其請求之義務。即明示其理由。而理由或非出於至當。或有不足之處。或全出於虛僞。派遣國政府可調查其理由之實否。如使臣無重大之缺點。亦可拒絕其請求。有時直以此請求爲侮辱行爲。大反乎外交上之原則。駐劄國當然請求召還之事。如使臣干涉駐劄國內政。或有犯罪行爲。只此二者而已。然列國間因有請求而卒然容之。其例亦不多見。千八百四年。駐劄合衆國之西班牙公使伊利由拒。Yrujo 因兩國間紛議之事。而贈某新聞社以賄賂。及有他種不正之事。美國政府。遂有請求召還之舉。西國政府。種々抗議之後。而始應其請求。然猶命使臣以隨其便宜而退去該使臣至千八百七年十月尚未去其任地又千八百九年駐劄美國之英國公使嚼克遜(Jackson)因抗拒美國而發虛詐欺瞞之語美政府遂請英政府召還且宣言曰英政府回答到達以前即與該公使中止交涉英政府雖未認有十分召還之理由然因表其友誼遂容其請求至其外交記錄中即大記之曰英國女皇陛下對嚼克遜之行爲並無不快之感(以上二實例之交涉顛末詳見(Wharton: International law digest. Inded, 1887. vol. I, § 84, P 605—609, § 105, P 698. vol. III. Appendix § 106. P. 868—880)

第六　駐劄國政府退去之命令

駐劄國政府退去使臣之命令亦有二種原因一則因兩國政府間之不和一則因使臣一身上之理由因兩政府間之不和而有退去之命此則一種開戰之宣言也因一身之理由而有退去之命則其關係之及於兩國必非常之重大蓋退去之命比之請求召還其手段尤爲野蠻其足以釀不和之端亦愈甚故雖使臣有干涉內政之舉或其他犯罪行爲而非出於緊急至要之時則不如用請求召還手段之爲得策

駐劄國政府。有退去使臣之命則必交付從前留置於外務省之旅劵旅劵之交付。實即拒絕使臣駐劄之意。使臣受此旅劵。即有可去之道。否則拒之。或受強制退去之命。則不僅使臣一身上之恥辱而已。實派遣國之大恥辱。然其退去之命未有十分之理由。則雖退去之後。亦可提議抗拒。謀救濟之道。西班牙女皇伊殺倍拉 Isaballa 之即位也。有賴英國之扶植。於其國行立憲政體之條件。後其政府方針。與此條件。有違反之意。時之英國外務大臣。巴麻斯通 Palmerston 使駐劄西國之英公使。白耳華 Bulwer 通告其意見。西國政府。雖此意見與當時之國是相一致。然以英之通告。爲加盟於擾亂秩序之政黨。遂返還英公使之旅劵。使四十八時內退去西班牙京城。此種虛僞口實。不能滿足英國政府之意。巴麻斯通遂有退去西班牙公使之命。此千八百四十八年春季。英西交涉事件之顛末也。故退去使臣之命。不可輕易發之。以招復仇之禍。而失國家之威信。因一時之感情而輕舉妄動。外交官之所深戒也。

第七　元首之更迭

元首之更迭有二。一自然之更迭。一因事變而更迭。

一自然之更迭

元首之崩御或讓位是謂自然之更迭因元首一身之事派遣之使臣則因此事實使臣之職務當然終了然其他一般之使臣則不因此而變動蓋元首者一無形之機關不因一身之死亡牽涉國家外交上之關係惟今日之慣例當元首更迭之時或發新信任狀或送通知書然此非表彰使臣再任之意不過藉以表明新元首維持舊誼而已(差遣國元首更迭之時)或證明交際之益以親密(駐劄國元首更迭之時)

以上專指君主國之元首更迭而言。至共和國。則大統領之更迭。不必再發新信任狀。使臣之權限。亦無再生疑意之處。

代理公使之信任狀。由外務大臣發之。交付於駐劄國外務大臣。然兩國外務大臣之更迭。於信任狀毫無關係。

二因事變而更迭

元首因事變而更迭者。或因革命或因他之事變反乎元首之意以更迭元首之謂也。差遣國遇此等事變常例當發信任狀然駐劄國之政府如無請求召還退去之事則僅發元首更迭通知書已足矣駐劄國接受此通知書即爲默認此新政體之證如駐劄國之元首有此種之更迭差遣國欲繼續舊來之好誼發新信任狀以留任使臣亦即默任新政体之意也

要之元首因事變而更迭之時常例當發新信任狀此信任狀之更新所以表使臣再任之意蓋使臣之職務與元首之更迭同時終了因信任之更新表明第二次就任之意事變之更迭與自然之更迭其趣相異使臣任命權之根本因此而生變動（指差遣國而言）或使臣接受權之基礎因此而生變動（指駐劄國而言）

使臣職務之停止

所以設置官吏之目的使之擔任職務也然官吏之地位並非與職務不相分離本國政府或因他之事宜停止其職務毫無妨礙然此停止不僅本國政府之命令一端已也或因對駐劄國政府之事故亦包括在內其停止之事故可分之爲三

第一　因本國政府之命令而停止

如請假歸國或旅行中之停止是然此時其停止當告知駐劄國政府

譯書彙編社發行書目

（已刊）

- 憂亞子增訂　再版和文漢讀法　全一冊 定價大洋三角
- 房縣戢翼翬 香山唐寶鍔 合著　再版增廣　東語正規　全一冊 定價大洋一元
- 憂亞子譯　政治小說　累卵東洋　全一冊 定價大洋二角
- 無錫楊廕杭譯　物競論　全一冊 定價大洋四角
- 烏程章宗祥譯　日本遊學指南　全一冊 定價大洋二角
- 本社同人譯　波蘭衰亡戰史　第一冊（全書二冊）定價大洋二角五分
- 無錫嵇鏡譯　國家學原理　全一冊 定價大洋三角

- 吳縣楊廷棟 周祖培 合譯　女子教育論　全一冊 定價大洋四角
- 本社同人譯　日本制度提要　全一冊 定價大洋五角
- 本社同人編輯　和文奇字解　全一冊 定價大洋一元
- 無錫楊廕杭　名學　全一冊 定價大洋四角
- 本社同人編輯　政學入門　全一冊 定價大洋二角五分
- 烏程章宗祥譯　國法學　全一冊 定價大洋七角五分
- 烏程章宗祥譯　各國國民公私權考　全一冊 定價大洋一角

歸安錢太守輯

財政四綱

全一冊定價
每冊售大洋壹元

本社譯

最近支那論

全一冊定價
每冊大洋七角

攄涯生編輯

歐美日本

政體通覽

全一冊定價
每部大洋五角

攄涯生譯

法律學論綱

全一冊定價
每部大洋一角

攄涯生編

外國國勢一覽

全一摺定價
每冊大洋一角五分

本社譯

歐美各國

最近財政及組織

全一冊定價
每冊大洋四角

歐洲財政史

第一章　概論

凡欲論一國之財政。不可不知各國之財政。欲論各國之財政。不可不知各國財政之歷史。夫關乎歐洲各國之財政。固有所謂財政學史者矣。雖然。此不過集錄財政學說之變遷。而非序論財政之沿革也。財政之沿革。與國家之生存發達。有密接之關係。故其所以變化發達者有六事。曰國民文明之趨勢。曰經濟（經濟者利用厚生之謂日文通用此字故仍之）之發達。曰社會（即人羣）之變遷。曰憲法及行政之改定。曰各國之形勢及事變。曰財政學說之進步也。其與財政沿革之關係。紛糾錯綜。不易考論。吾人亦知非此一小冊所能詳言。然際當今財政問題（討論財政之原因結果曰財政問題）盛起之時。不可無以便研究歐洲財政之概要者。爰按年敘事。分述各國財政之沿革。以明以上之事實與學說之互為因果互相維繫。以致現今財政發達之所以然。并略述最近時財政之一斑焉。

財政為國家富庶之源。乃經濟之一部。此吾人今日之智識所不容疑者也。雖然。此惟近世始然。其前則尚未知此。故財政之發達。不免遲々。古代及中世各國之財政。及關乎財政之智識。所以濡滯不進者。蓋職是故耳。

第二章　古代（羅馬、希臘）之財政

太古茫昧。其歷史不可得而徵。洎乎希臘羅馬之時代。仄挪丰及亞利斯特脫諸哲士。始偶論及財政事項。然不過遺存其斷片而已。當時所以爲建國之基礎者。有妨於經濟及財政之發達。故其於經濟及財政之密接關係。殆毫無所覺也。蓋希臘羅馬之建國。由於征服外國人及奴隸。及其掠奪之物。故國家爲征服者。而個人（國民之一人曰個人）爲服從者。國家爲權力無限之強者。而個人爲到處服從之弱者。此種思想。蔽乎一世。夫惟國家爲權力無限之征服者。故君主得以其私怨發爲戰爭。而不恤個人之產業衰敗。途有餓莩。且其莫大戰費之所出。多係捕沒貢獻之財。縱偶有雜種稅名。而徵收之稅率及其種類方法。舉惟君主所欲爲。至民力負擔之輕重若何。租稅之公正與否。則皆非所問也。

試先以希臘證之。雅典之全盛時代。其歲入之五分之三。實係同盟諸邦之貢獻。且一切之下級官吏。皆爲國家之奴隸。無俸而服從者。更徵其別項之歲入。則有若官地之租金鑛業關稅市稅裁判費（裁判訴訟之費）及罰金等之經常收入。并伯羅宏尼沙戰爭之後爲備非常之財

二

七四

產稅。然其課稅之法。毫無定章。一任強者之意。夫希臘爲共和政之國。猶且如是。矧論夫羅馬之時代也哉。

羅馬之財源。戰爭是也。戰爭之所捕獲。國家與將士分之。又國家於此戰利品之外。略取戰敗國所占之領土。而移爲已有。若夫內亂之際。則務使叛黨無再能自立之地。而沒收其全部財產。由是所得之巨欵。以爲歲入之途焉。是時所謂經濟。無非強凌弱。衆暴寡。主役奴人工之効用。殆無可施。農業則被侵擾。而不能自由。工業則獎勵無方。而歸於怠惰。商業則視爲卑賤。而擯斥無餘。蓋對乎無限全能之國權。殆不見人權之片影矣。夫如是。故一國之財力日益萎靡。加之國家爲外戰內亂之故。需費浩繁。彼一時之戰利品及沒收地。終非國家永久之財源。於是增課什一稅牧畜稅及入港稅等。惟貴族則仍得保其免稅權。後以維種租稅不足維持其國用。乃以人丁稅及地租。付之包攬者徵收。而政府坐收巨額之入欵。豈知其結果乃生種々之弊竇。個人之財產受迫過重。無能完者。其究也。羅馬帝國之財政。陷於困乏。雖有明君如俄革斯塔斯者。銳意極力。以整理財政。仍不免於土崩瓦解之終局。即紀元後三百七十五年事也。

無限全能之羅馬帝國。既於三百七十五年以分裂瓦解而亡。東羅馬都於君士但丁。雖仍得保存告朔之餼羊。而時勢變遷。已入於中世紀。條頓人種（古日耳曼人種）於北方哥爾之地。（今法國）建設佛蘭克王國。（七百五十一年）襲用古羅馬之稅法。及八百年。佛蘭克王統查爾曼帝主覇歐洲。其所管轄之地。西自西班牙之愛兒波。北東至愛爾伯河畔。南東達匈牙利。并包括意大利之過半。領土之廣。殆與古羅馬匹敵。八百十四年帝崩。其國分裂。爲其子孫所割據。互尋干戈爭鬭頗久。迨八百四十三年。始於伯爾丹締結和約。因此法蘭西德意志及意大利。蜂起而建獨立之國家。六十二年。德意志國王被舉爲西羅馬皇帝之時。意大利之羅馬教皇。亦漸握權勢。於是歐洲大陸。成鼎立之勢。即東羅馬帝國。西羅馬日耳曼帝國。及意大利之羅馬教皇領土。是也。當是時。歐洲大陸諸國。皆開始封建制度之時代。曾經襲用之羅馬稅制。因封建制度之發達而歸於衰頹。或大爲變遷。不啻惟是。一切收入。專出於君主之所有地。其地之一部。乃君主曾爲封建諸侯而傳來之財產。而其大部。則係由舊羅馬領地取得之羅馬國庫財產。或奪諸侯之因敗滅而被略收之財產。故是時之日耳曼皇帝。不啻一大地主。其所謂財政。亦專在於土地。沒收買入。則以之增加。贈與賣却。則以之減少。無異於私家財產也。別種之收入。則有若關稅市稅道路稅入港稅橋梁稅贖罪金沒收金無主物及森林原野之物產。然斯時帝王之權力。既無別於私法（法律之定民間互相關係者曰私法）上之權利。故此種之公共收入。其屬於帝王之地主權者。與屬於其統治權者。毫無區別。國家之庫藏。與君主之私橐。混而不分。國庫之權利及財產。不外乎君主之權利及財產也。然日耳曼帝國。爲查爾曼帝之子孫加羅賓江一族所統治者。不及百年。至九百十一年。日耳曼帝王之位。歸當時握實權之諸侯等互相推舉。撒克孫侯首先被舉爲德意志國王。傳至義特大王。合併上部意大利。乃以羅馬敎皇之認許。進爲日耳曼帝。又稱西部羅馬皇帝。傳至千〇二十四年。王統斷絕。佛蘭克仰王朝代之。合併巴爾康地王國。傳至享利三世。謀制敎皇之權。其子孫反爲敎皇所屈。至千百二十五年。此王統亦絕。仍照例由諸侯互選繼位之君。迨千二百五十四年。弗勒德力克二世崩。日耳曼帝王之權力。日即衰頹。移歸貴族所有。封建制度之發達。於斯爲盛。而財政之發達。亦見於諸洲。帝王之領地減少。移歸諸侯及寺院。諸侯加以世襲之財產職祿。而爲其財源之大宗。又繼襲羅馬法制所定爲王者獨

六

古之收入特權。如課商工業之行爲稅。徵收道路橋梁港灣船渠市場等稅。及入藉出藉醫官假權并一切有害民財之賦課。國家公共之物。移爲割據諸侯所私有。君臣之關係。同於父子。宮中府中混爲一體。即官吏之俸給。亦屬於王家之經費。收入多係實物。鮮用貨幣。國家豫算。不啻王家私帳。此財政歷史所以稱之爲王侯管理財產時代也。

然羅馬教皇之權力。自古利哥力七世以來。益臻隆盛。諸國之王侯。至欲窺其鼻息。爲救東方之聖地也。（猶太也）俾免於異教者（指回回教）之蹂躪。乃興彼有名之十字軍。是舉也。實爲歐州文明之源泉。起千九十一年。止千二百七十年。凡二百年間。戰至八役。其間歐洲諸國之王侯。及尤著之日耳曼帝弗勒德力克二世（千二百二十八年）拿巴利王及英王利楂（千二百二十八年）等。指揮其武士。爭先恐後。來往馳驅。及其結果。歐洲之政治經濟及財政。俱不得不爲之一變。

自十一世至十三世紀二百年間。十字軍之結果及其影響。歷史家之所歷舉者。固有多種。而其尤於財政有密接之關係者。則有以下四端。一曰封建制度之破壞。二曰商工業之發達。三曰貨幣及銀行之發達。四曰都市之發達是也。蓋因此戰役。歐洲列國之諸侯。遺盡其封建之財產。昔日之勢力。今無以維持之。自不得不至於崩潰。地方各種之制限。漸行廢弛。而東方遠征之結果。所傳來異族之物產及技藝之見聞。足以助長其技術及製造。又爲運輸軍糧兵器所費之苦心。使之發明運輸利器。（如鐵道輪船等）於是商工及航海之業。自因之而發達。其商工業之地。十一世紀中。爲意大利之陸巴底市。其後千百八十三年。伯尼士及基尼瓦創都市之共和政而獨立。十三世紀之半。德意志建八大都市。互相同盟。以防武士之掠奪。共同防護。以備貴族之誅求。且謀商業之發達。及都市之獨立焉。都市既臻安固。商業亦漸發達。不啻惟是。戰役中市民深苦貨物交易之不便。今乃切望貨幣之施行。於是向所禁止之貨幣貸借。不復適行貨幣商業。（使用貨幣之商業）遂起於陸巴底及法國之南部。匯票及貸借之制度。亦俱發達。以漸進於貨幣計財之時代。

都市之獨立富盛。既益增進。其自治之經費。亦不得不增。計其所包。如關乎防衛都市保護市民及公共工事之久暫費。并關乎交通交易之行政費。其收入之財源。雖有耕地森林水車及石橋等。然以此等收入及舊來之特權收入。究竟不敷支出之費。於是不得不酌取民間之補助金。即補助共同經費。徵之於享有都市之利益者。近世租稅之義。所謂市民應各

八

謀其力。以負擔補助金之義務者。於斯已見發達。當是時。常年經費。則有經常稅。平時需用則徵特別稅。臨時急需。則課附加稅。經常稅課之於靡費品（如烟酒及食物等）及交換事業（如各種商業）。附加稅課之於財產及丁口。此外尚有地租及房屋稅。後以經費增加。不特附加稅多改爲經常稅。即收入抵借之流動公債。并年付利息之確定公債。亦臨時撥用。至若都市之無進步者。如德意志各州。則租稅之義務及貨幣制度。通行甚遲。諸侯尙無課稅之權利。僅能於領地收入及特權收入所不敷之額。要求臨時之補助於豪族。豪族會議之後。或如其所請。或修正其額而自行管理。國會照其徵收之額。分配於有納稅之義務者。而定一稅率及稅額以徵收之。其所受納之貨幣。貯於特別之金庫。有委員以管理之。政府非得其承諾。不得擅支欵項。豪族之補助金承認權。其後成爲法制。因須常置陸軍及官吏。并償還公債。且諸侯之財產減少。公共之經費增多故也。迨其後豪族之權利漸衰。此承認權遂不過成一空文焉。

當是時。彼於五六世紀之際。由下部日耳曼移住遠方之安古羅撒克遜人種。至査爾曼帝之時。渡海而建一王國。即所謂英國者。反地方分權之大陸封建制度。而維持其國家統一之制度。千六十六年。威廉王自諾偁曼渡海而克服其國。王家所占土地增多。其後沒收武士之采邑。廢除寺邑寺院。改歸王有者亦不少。又徵收各種經理費及免役金與所得稅等。（所得稅者計每戶之歲入而徵其若干）土地籍簿。一歸王家掌握。租稅彙納於國家之收入司。故歐洲之有統一財務部。自英國始。此財務部於支付國王及政府之費用。及收入租稅之數目。皆記載於國家統計錄。又兼轄收入裁判所。一切關乎租稅之爭論。皆由其判決。（此制度之實行迄乎千七百八十三年。為現行制度之基礎）迨入十三世紀。英國初定憲法制度之基礎。其第一事為千二百十五年非王欽定之大憲章。第二為千二百六十四年間設上下兩院之國會。而下議院為真正代議政治之基礎。（代議政治者應民選舉議員使之代己參議政治也）其進步最為可驚。大憲章所載。有國王不得於以下三種世襲金。即國王之贖身金。（當時國王常親征若遇為敵國所虜則須以金贖之）王儲之武士金。及王長女之嫁資金以外。別自徵收他項賦課之規條。國會之租稅承認權。乃萌芽於此。然國王常不踐此規條。仍藉端徵收地方稅貢及抵借之款。以致為國會極力抗拒。加之戰禍頻仍。財政紊亂。國王之財產日益減消。國王乃愈不得不賴國會之承認。斯時國會已分為兩院。下院代表都市。要求關乎租稅之決議發言權。愛德華二世。乃定下院之權利。同於上院。

一〇

利槎二世(自一三七七年至一三九九年)則反其所爲。以專權強課人丁稅。遂致騷亂紛起。王位被黜。千三百八十二年。下院當承認賦稅之際。議決凡爲一定目的而經承認之款項。不得移支他用。後世所謂特別支給科目。乃開端於此。

統觀以上之事。可知十字軍役之後。都市之勢力既日益隆盛。而市民獨立之思想。亦頗見增加。且英國則已開憲法政治之端。而大陸諸國互相吞併。封建制度。亦漸行破壞。彼僅存告朔之餼羊。而株守君士但丁之東羅馬帝國。乃於此際爲土耳其人所侵畧而不克抵禦。遂於千四百五十三年五月二十九日滅亡。中世紀之時代。亦於是告終。

第四章　近世之財政

第一節　十七世紀以前之財政

據政治史之記載。以千四百五十三年東羅馬帝國之滅亡。爲中世紀之終。爾後十五世之後半及十六世紀之前半。爲由中世入近世之過渡時代。然以財政史上之要點觀之。則當以迄乎十七世紀末爲過渡時代。何以言之。蓋此二百五十年間所起之重要事件。無非基於都市之勃興。及封建制度之摧壞。而勃興摧壞之由來。則仍係中世紀內十字軍戰亂之結果也。茲試列舉其變遷之事故如左。

第一、商業及航海之發達

十字軍役之際。爲供諸侯之軍費。遠地來往之間。商品之販路。大爲擴張。都市於以勃興。市民因之獨立。於是當時社會之組織。不過貴族僧侶及耕奴二等級者。今更加以有恆產之市民。而別爲一級矣。此等市民。爲防掠奪及封建武士。互相同盟。以獲政治上之自由。又交相通商。於是往往有謀遠涉異土者。意大利之市民名廉科波羅者。遠客支那二十年之久。攜有名之紀行而歸。英人曼德比勒。亦於千三百年時。環遊東洋。歸獻其紀文於愛德華三世。當是時。因羅盤針之發明。航海術漸見發達。於是千四百八十六年。葡萄牙人巴梭羅密爾周航亞非利加洲。千四百九十八年。巴斯科達格瑪航東印度海。熱尼瓦人科倫布以千四百九十二年發見美國。千四百九十八年。戎喀布特航太平海。千五百二十年。廉格蘭航抵比律賓。其後西班牙人遂征服墨西哥及秘魯。而其結果。不特促歐洲諸國商工業之進步。自美國發見以來。墨西哥波利斐亞及秘魯等處。發見銀鑛。多所因從事採掘。歐洲始見銀塊巨額之輸入焉。

第二、貨幣經濟（以貨幣計財曰貨幣經濟）之發達

千五百二十二年。西班牙人發見墨西哥之塔斯科銀鑛而開掘之。巨額之銀塊。始輸入於歐洲。自此以後。南北美洲之貴金屬。盛行輸入。使歐洲之實物經濟。一變而爲貨幣經濟。各國政府。以之富裕。遂謂一國之繁盛。在貿易上之財貨。因互相爭競。獎勵其貿易。於是所謂貿易政策主義。勃焉以興。

第三、貿易政策主義之勃興

此主義唱之於脫瑪斯曼之貿易差額論。（一七三五年）弗蘭梭阿獸隆之商業政策論（一七三五年）及戎羅之貨幣及貿易論。（一七〇七年）而其政策。則實行之於英相闊隆維爾之航海條例。（一六五一年）及法相科比爾（一六六〇至一六八六年）之財政。

封建制度之廢頹。基於十三世紀時彈藥之發明。蓋戰術既變。諸侯及武士自隨之而失其勢。於是代以中央集權之君主國家。并創定常備軍制。

第四、中央集權君主國家之興盛

千五百年。德意志於瑪克希密利安一世皇帝之下。設立帝國高等法院及帝國政府。帝國

政府。以選舉侯七人。全國六區之議員。及皇帝簡派之委員等充之。惟七大選舉侯之勢力。尙頗強大。法國則不然。路易十四世之時。即已擴張王權。乘大諸侯之無嗣。而沒收其土地。至利塞留爲相之時。乃全滅之。而爲君主制。英國則自薔薇戰爭之結果。大貴族槪歸斷絕。故不置常備軍。惟嚴禁貴族之蓄兵。設法廷裁判國事罪犯。以監督貴族之舉動。西班牙則自女王伊札伯拉與阿拉恭王浮爾南結婚之後。於千四百九十二年。滅革拉那達王國。一統西班牙。編纂全國通行之法典。藉諸市府之援助而厲行之。以制貴族之專橫。又親臨當時權勢赫赫之三宗教騎士團體。而爲其長老。以防制之。又迫教皇畀以任命僧侶之權。王權於以大張。王崩。外孫喀爾一世繼之。會德意志皇帝崩。與法王弗蘭梭阿爭繼其位。遂以多數之推選而得之。

第五、常備軍制之新設

封建之世。國王若從事戰爭。必先諮詢於貴族諸侯。而後得徵用其陪臣武士。若諸侯不甘承諾。則雖國王亦無如之何。法王杳爾七世。始創設常備軍。各國先後倣之。除英國外。皆採用常備軍制。軍費亦由國王支給。及武士勢衰。諸侯貴族失其所恃。君權擴張。更加一層矣。

然其用兵。往往出於國王之私意。彼改革宗教及侵畧他國之戰爭。實不外乎專制君主國之興起及常備軍制新設之結果也。

第六、宗教改革之亂

宗教改革戰爭之起源。乃德意志皇帝喀爾（西班牙國王）以瑪丁路得一派爲異端。於千五百二十一年。以勅令停止其法律上之保護。然此固不過宗教上之爭議而已。苟使西班牙王喀爾帝非爲離間法王於教皇。則喀爾帝何須助教皇以鎭壓新教徒。又使無諸國忌西班牙者之應援。則千五百四十七年塞瑪開登戰爭之際。一敗塗地之新教徒。何能得法王赫奴利二世（一五四七至一五七九）之助。仍抗西班牙王之帝權。且以拔左之和議（一五一二）獲取新舊兩教同等之權乎。況其後能忍於西王非立魄（一五五六至一九五八）之壓迫。而獨抗德意志帝瑪憂斯（一六一二至一六一九）之抑制。至開三十年之戰爭。尤非無故乎。要之宗教改革之變。爲各國擴張君權之政略。故戰亂蔓延至此也。

第七、侵畧戰爭（平權均勢）

中央集權之結果。君權以之鞏固。常備軍制亦於以設立。焉貴族之勢力墜地。君主之意思。

即爲法令。國家之常備軍。獨供君主之用。或以之破壞舊時之自由制度。或以之滅削寺院之勢力。甚至爲君主一身之私慾私故。與他君主從事彊埸。內則謀擴充君權。外則圖侵奪他國王位及土地。故十六及十七世紀之全期間。歷史記載之事項。無非王室之內事。王位之繼承。王位及國土之侵畧及君主之一舉一動而已。各國之中央集權。既漸告厥成。意大利乃爲彼等侵畧運動之中心。其運動之第一着。爲千四百九十四年法王查爾八世之侵畧意大利。對此運動。德意志帝瑪克布密利安一世。羅馬教皇亞力山德六世。及西班牙王浮爾南五世。互結同盟。以抵制法國。其後英王亨利八世加入。更結神聖同盟。然其時教皇及德帝之威權。已失其力。實權專歸於西王。是以千五百十九年。德帝瑪克希密利安崩。西王與法王爭德意志之帝位。西王勝之。遂稱喀爾五世。而西法之葛籐。遂基於此。適遇宗教改革之事起。法王欲與教皇相結。以敵西王。西王乃先賺教皇之歡心。發鎮壓新教之勅令。此後西王概從事於壓抑新教。迨菲立魄二世之時。其海軍於千五百七十二年。爲新教徒之和蘭軍所破。繼而英王以利沙伯斯。又助和蘭。於千五百八十八年。全滅西國之大艦隊。遂掌握海上之覇權。千六百四十八年。以惠斯德亞連條約。定和蘭爲獨立國。不復屬於西王之權下。西班牙之權威。由是衰。法國即因此而伸其勢力。法國得勢。則德意志聯邦不免爲其所侵畧。於是德意志聯邦。乃依賴奥國之勢力。以備法國之侵畧。因其時奥國於千六百九十七年。大破土耳其之軍。國勢方盛故也。會西王喀爾羅斯崩。無嗣。於是王位繼承之亂起。法王魯意十四世冀得其位。與英和德諸國及新皇帝非力魄五世爲敵。至千七百四年。乃爲同盟軍大敗於赫克斯達。要之十六及十七世紀歐洲之情形。不外乎宗教及王位之侵畧。幷平均此等權力之戰爭而已。

以上之事實。互相倚賴而致財政於發達。貴金屬之輸入及貨幣之通行。頗便於整理及監督財政。而公債制度。亦得因此發達。加之中央集權之制。既已確立。財務俱集於中央金庫制度。乃漸漸統一。遂至新設財務部及會計檢查院。英國國會之租稅承諾權。因查爾斯一世（一六二五至一六四九）之專斷船稅。一時幾將破壞。議會內有名阜普登者。援愛德華三世之成法。以抵抗之。迨千六百二十七年。遂議決凡自由民之贈與貸借及貢獻等。苟非由議會議決者。無納付之義務。查爾斯二世之時。特別支給料目之施行更嚴。傳至於今未改。千六百八十八年。英國王位變更。國會之財政權。遂臻鞏固。租稅非經國會承認者。不得新自徵收。又爲保護此禁制。議定有効之豫防。國會之召集。選舉及言論之自由。平時之不得置陸軍。相反法律之廢止。幷施行不實之禁令焉。

普魯士自三十年戰爭之後。始去實物經濟及官地經濟之時代。而入貨幣及租稅經濟之時代。千六百二十四年。徵收地稅之類。皆採用注籍制度。斯時財政管理之法。分爲文事財務及兵事財務二大部。文事財務者。掌收入舊來官地之出產。及王公特權之入欵。而計宮廷及內務費之支出者也。兵事財務者。由常備軍制之發達而生。掌收入定額之租稅補助金及消費物稅等之新財源。而計軍事費之支出者也。千六百四十年大選舉侯當權之時。各地之行政。欠於統一。金庫制度。亦分裂爲二。其一爲供選舉侯一身之費用。受納森林入欵之金庫。其二爲充伯林官廳之經費。受納侯國內王有地之產業及關稅鹽政等入欵之金庫。而此種森林及王有地入欵之大部。係以實物充之。而供之王室及官吏。其餘則王侯各自對其金庫。擅命支取。故致弊竇叢生也。況其後又以國家入欵。增設第三之特別金庫以補充第二金庫不敷支辨之王室費。夫如是故管理事務及金庫制度皆欠統一。幸千六百八十三年。有枯尼和先其人者。以其才能精勵統一管理事務於中央。（其後千七百十三年置總財務都督府以統轄之）金庫制度。亦從根本改革。關乎王有地之人欵。皆編製精密之總豫算表及核計簿。以制限王侯直接支取之命令。而各州入欵之剩餘。均使歸入於總金庫。

法國亦抑制貴族。以圖國家之統一。國王總攬財權。并定租稅制度。惜君權過盛。不免有所偏私。下級人民。遂爲所苦。然其爲統一國家。則固無間然也。亨利四世（一五八九至一六一〇年）之朝。休勒氏著有蓄積財政一書。（一五九八年）梨塞留氏著有光明政治一書。（一六四二年）路易十四世（一六四三至一七一三年）之初年。科比爾氏又整理財政。由是苛稅以減。而國內關稅及他有害之賦課。亦均廢止。且設公債金庫。以償還公債。千六百六十三年。即路易十四世在位之際。三千萬聿布之年金公債。減至八百萬聿布。新稅不加增。而一歲出入之數。得保均衡云。

以上爲貨幣經濟及君權擴張之結果。其影響之及於財政者。雖不無裨益。然爲君權擴張之故。常備軍之濫用實多。如改革宗教及侵略國土之紛亂。生產爲之妨害。戰費爲之增加者。不知凡幾。加之各國所行貿易政策。衒詐我虞。徒費國庫之奬勵金。而貿易反形減少。又宗教改革之後。舊寺院之領地。已移歸私家所有。於是貧民救助之費。無所從出。而國費乃不得不增貨幣之增加。雖顯政府一時之富裕。然而貨幣充溢於國內。其價格必至低落。國費乃膨脹而無所底止。且其收入之欵。如官地及特權收入。雖尚不失為重要之財源。而為數有限。終不敷膨脹之國費。於時租稅及國債制度乃興。如德意志則於官地出產及特權收入之外。徵收村落之地稅。（始自十六世紀）都市之消費物稅。（始自千四百四十一年課飲食服器等物品）及國內關稅并印稅。（始行於千六百八十二年）惟公債則尚未與。法國則售却官領地。以充國費。若猶不足。則補以租稅及公債。租稅分為直接稅及間接稅。（直接稅為確實不移之稅間接稅為隨時適變之稅）直接稅中有所謂農利稅（始行於千四百四十四年喀爾七世在位之時。乃課耕地農具及其贏餘。以充常備兵費及戰費之稅）及人丁稅。（此為支辨斯維克和約所生之費用而始行於千六百九十五年者。原係臨時稅。故至千六百九十八年。曾經費止。及千七百一年。又重徵之云）間接稅中有關稅製鹽稅飲料稅烟草販賣稅（一七六四年）等。皆係新設增補者。然因歲出有加無已。此等賦課所入。終不敷國費之額。乃不得不興公債。其始法王亦如他地主。以其土地之一部為公債之擔保。以取信於人。惟如是辦法所得公債。必額輕而利重。官地不免大減。以是為擔保。頗不適宜。故千五百二十三年。佛朗埠一世以克服麥朗德公國為言。取信於巴黎市民。

得募集終身年金公債二萬五千聿布。年息一分。以一定之賦課擔保之。此公債之外。又於十七世紀中募集有期年金公債及餘生年金公債等云。二〇

英國之收入財源。向乏官地之收入。惟租稅則自昔發達。此所以有千二百十五年大憲章之發布也。十四世紀之末。始徵人丁稅。由是而直接稅則有沙布希底所創之什一稅及十五分一稅。間接稅則有千六百四十三年所課於數種商品如飲料類之消費物稅。其後楂爾斯一世。爲要求軍費。以兵威臨議會。關隆維爾以所率議會軍抗之。卒破王軍。而爲一六四九年一月卅日之第一革命。關隆維爾建立公和政府。於英國租稅制度之根本上大加更張。廢止沙布希底之直接稅。易以財產及贏餘之月稅。視所需而定月額分賦之。間接稅則除關稅外一律廢止。自一六六〇年至一六八八年之間。王政復古。舊朝之直接稅及間接稅。亦有復古之勢。然大體仍係維持共和政之稅制。惟新徵丁口稅及銀行稅等。而關稅則更訂稅表。包括葡萄酒火酒砂糖烟草等特種稅在內。又重徵舊時之消費稅（飲料稅）及其附加稅。作爲王室費之特別賦課。

綜考以上情形而要言之。凡所謂財務行政。如豫算制度金庫制度及財務監督制度。無不

因中央集權及貨幣制度之發達。而漸就統一整理之緒。雖然。金庫統一之制。尚未確立。君主專權之結果。往往任國王得支取自由。而毫無制限。如德意志是也。至法國則紊亂尤甚。加之爲擴張君權改革宗教侵略戰爭及保護貿易等。需費浩繁。法國至鬻售官地。德國雖擴張之。而不足以充國費。於是各國爲補充之計。皆新設增定粗雜之稅制及公債制度。以爲收入之計。汲汲然惟恐不足焉。

夫如是。故當時財政上之學說。亦多關於收入計畫之著作。且明認租稅爲補助財源。如法國之波丹氏於千五百七十七年著一書。論官地之經營及關稅與直接稅。唱導製造料之輸出稅及製造品之輸入稅必應增加。直接稅當比例財產而徵收之。奢侈稅必當重課云云。德國之國家學者尤斯奇氏千五百五十五年著有國家學。論君主特權收入之重要。及國富與民力之關係。他如枯羅克氏千六百三十四年所著之直接稅論。遮鏗多夫氏千六百五十六年所著之德意志侯國論等。皆論租稅爲官地收入之補助方法者也。

第二節　十八世紀之財政

歐洲之知經濟與財政有密接之關係。而研究合理財政之方針者。厥在十八世紀。概在十八世之後半期。在前半期仍係君主專制之戰亂。保護貿易之競爭。租稅之濫徵。公債之强募。以及財務行政之放弛而已。然後半期之大改革。即原因於此。所謂改大革改者。自由放任主義之發達。美國之獨立。及法國之革命是也。茲略舉關乎十八世紀財政發達之事實及學說。分項述之如左。

第一、普俄君主制之勃興

十七世紀之後半。西班牙國勢墜地。和蘭獨立。英握海上之覇權。法則主覇大陸。以干涉英國之革命於其北。而侵畧德意聯邦志於其南。斯時與奧國漸露頭角者。又有二國。即東歐之俄國與中歐之普國（即普魯士）也。俄於千六百八十二年。得英主彼得大帝而勃興。帝於千六百九十六年。親遊和蘭及英國而歸。改革全國制度。整備陸海軍。掌握政教兩大權。漸切西圖之志。於時普王弗勒德力三世。（由布蘭登伯侯國起爲大選擧侯名弗德功威廉者之子）以有功於助日耳曼帝半西班牙王位繼承之亂。得登普王之位。改稱弗勒德力一世。由是布蘭登伯侯國。一躍而成普魯士王國。其子弗勒德力威廉一世（一七一三至一七四〇年）勤儉尚武。以其蓄積之國庫金及精練之將士。與俄帝彼得一世相結。過瑞典之南下。千七百三十三年。干涉波脱蘭王位之繼承。與俄共敵法國。至千七百三十八年。始結維因條約。得割地頗多。以鞏固其國土擴張之基礎。嗣其位者。爲大王弗勒德力二世。務致國力於充實。乘日耳曼帝系奧國王位繼承之亂。占領奧國所屬休勒加土地。所謂休勒加戰爭。即由是結局也。此後普奧國間。又開彼著名之七年戰爭。是役也。與普結者。僅英一國。俄法及撒克遜諸國。則陰爲奧援。而爲分割普國之計畫。其後大勢一變。奧國亦成孤立。千七百六十四年。遂以扶伯斯伯爾利議。結七年戰爭之局。而使普國得振其國威。以定他日主勒德意志帝國之基礎。於是普國得與英法俄奧併稱爲歐洲五大强國。自此以後。古羅馬日耳曼帝國之實權。分掌於普奧二大勢力之下。其爭衡之歷史。直至法國革命之時。

第二、租稅及公債之紊亂

繼前世紀而來之政策。如君主專制之擴張。國土王位之爭奪。及保護貿易之進行。無不足致國費於澎脹。而應需之收入。或於官地。或於公課。或於王侯特權。或於庶民公債。隨時而定所需。隨需而謀所入。多方籌畫。誠非得已。然爲此而租稅公債。一無正當之規則。殊不能爲其理財之愚拙諱也。惟此財政紊亂之情形。各國固異。其深淺。因別論之。

德國尙存有官地及特權收入。而國庫貯蓄。亦復不少。據千七百十三年八月二十三日之布告。官有地及王有地當合而爲一。嚴禁賣買。弗勒德力威廉一世。以勤儉著名。故擴充此官地尤力。特權收入所包甚廣。如鹽烟鑄貨郵便鑛山富籤及許可稅等。皆重要之收入也。自王勵行勤儉以來。蓄積之國庫金。大半用之於休勒加戰爭。然尙存餘千三百三十八萬泰累。加以公債收入金三百五十七萬泰累。故千七百五十七年末（七年戰爭之始）現存千八百萬泰累（一泰累各洋一元五角）云。然一用兵於過瑞典之南下。幷干涉波脫蘭之王位繼承。再出師於奧國。以孤力敵全歐。至七年之久。國費浩繁。斷非此等入款及存金所能支辦。於是爲補助官地收入之不足。擴張從來之賦稅。千七百十五年。雖爲貴族所反對。仍新加全國田園稅。視其面積耕度地質及收穫而分別賦課之。無土地之人民。別課以丁口及家畜稅。迨至十八世紀。又新設騎兵稅乘馬稅馬蹄稅小麥稅及猶太人稅。關乎都市之消費稅。則於千七百三十六年。制定一般消費稅條例。至千七百八十七年。乃統一各州之各種稅表。並增加其額。國內關稅仍未廢止。印稅制度以千七百六十五年五月十六日之報告。及千七百六十六年五月十三日之條例。施行於從來無稅之地。又同時課以下各

警察學（總論之部）

日本　宮國忠吉著

緒論

立憲國家之目的。其主要在計臣民之生存發達而已。然社會事物之中。於臣民之生存發達。有足爲助成之原因者。亦有足爲阻礙之原因者。阻礙之端。是謂公共之危害。天下有無數之危害。常圍繞於吾人之心身。故欲計吾人生存之安全。必以防止危害爲要義。防止之法。若危害止及於一身者。則可以獨力任之。至若與他人相關係者。則非一人之力所能勝。於是國家不能不以其公權力而爲干涉之舉。此警察制度之所由起也。今欲講明警察學。當先就其沿革略述之。次及其制度之原則與其利害得失焉。

第一章　警察之沿革

凡欲明警察之性質。及其現行制度之精神。不可不先知其沿革之大畧。然沿革頗不易言。以警察制度。殆與行政全部相聯結。故其沿革亦與行政全部之沿革。有密接之關繫也。警察制度之發達。實以第十八世紀爲始。上古之世。自國家政務之性質上觀之。固非無與警察相類者。唯其制度之目的。在維持國家之安寧。而不在增進人民之幸福。其範圍所在。或與軍務相關聯。或與裁判相混合。未嘗有全然分立者也。故古代之制度。其實質與現今之警察異。希臘羅馬之時。所謂警察事務。大抵如此。

中古之時。國家之觀念尚屬幼稚。國家之政務又甚簡少。當時之國家。一以法爲保護。其所謂政務者。不外軍事與司法二項。維持國家之安寧。與計畫國權之伸張。實爲政法之一大目的。故如捕縛罪人鎮定危害等事。皆與軍務或裁判相混合。無所謂警察之特別行政。至第十三世紀及十四世紀。伊大利諸市府大擴張其治權。凡市場或諸市營業（謂經商又有生資之意）事務。以及警察事務。均以爲市之行政事項。從前市裁判官所司之保安警察、亦以爲市之行政事項。軍事及裁判事務之外。於市府官廳更設貿易、交通、及關乎一般營業之警察制度焉。第十五世紀之末。社會之開化大進。於是經濟事項以及其他行政事項。均屬國家之行政事務。凡對乎國家之行政事務及宗教事務。總稱之曰Politia（政治之意）。故當時羅馬帝國所發之命令。謂之帝國警察命令。然此命令與現今之警察命令。其實質不同。當時之警察命令。包括私法、刑法、出版條例、商法、營業條例在內。各國均執行帝國警察令。而各國警察令。

又包括國家行政之全部焉。其後羅馬帝國權力漸衰。唯貨幣及買賣等一定事項。由帝國規定。循以為例。其他事項各國。均以警察權之名義行之。要之歐州中古之羅馬自由市府。以警察事務為行政事務之一區域。已稍開其端矣。

降至十六世紀。封建制度漸衰。各國君主之權力漸次伸張。凡百政務。悉歸中央政府之掌中。是時警察事務之範圍。亦大加擴張。苟有關於國家進步之事務。均屬警察之職分焉。然自十七世紀半以來。警察之意義稍狹。德意志各州以外交及軍務二項。不歸入警察之內。繼又以司法之性質。與國家之行政大異。故亦與警察分離。蓋當時列國交涉事件頗煩。戰爭不已。各國各盡力於外交軍務。以維持國家之獨立及其秩序故也。

是後警察之意義。益加制限。其重大原因。在財政學 Kammeral wissenshaft之進步。財政學之興。由勿來特立克威廉一世 Friedrich William I. 獎勵而成。威廉以為國家之目的。在增加軍隊。及養此軍隊之收入。其他之行政事務。皆所以助成此目的者。故以財政為最緊要之事項。立特別之學科研究之。與警察相對待。於是所謂警察者。於國家行為之中。舉凡外交司法財政及軍務等項。均不屬其範圍焉。至十八世紀半以來。警察之意義益狹。國家

四

以警察權爲干涉內務行政全部之具。一面在保持公共之安寧秩序。及豫防危害之事。一面又在增進人民之幸福。故學者有警察者。乃安寧幸福之警察也之說。延及近世。遂以此爲警察之範圍焉。

要之古代制度。雖有現今所謂保安警察之實質。然就其形式上言之。與其他行政事務。初無區別。又其執行刑罰及裁判訴訟等類。與司法之職掌相混合。所謂警察者在行政事務中。無特別之範圍。常與國政之全部。互相關聯。而其目的。惟在保全國家之存立。及維持國家之權力。非以人民之安寧幸福爲主義。而執行警察行政也。蓋於國家之保護重。個人之保護輕也。然至近世。人智大啓。個人思想漸次發達。百般制度。遂亦大改舊觀。而警察之觀念。其影響亦有所及。警察行政之主義。遂以個人之安寧幸福爲重焉。

警察之沿革。既如上所述。而警察學之因之變遷。亦不言而明。今請就警察學之歷史畧述之。

德語所謂警察 Polizei 云者。起源於希臘語 Politia。上古希臘。稱國政學曰 Politia。國政學者。包括國家之一切事務言之。而當時國家之政務。凡奉神祭祀。均含在內。故其範圍頗廣。

降至十六世紀。歐州各國間。交際煩劇。於是凡對外政略。稱之曰 Politik。而內國政治之全體。則稱之曰警察學。其後自十七世紀之末至十八世紀之初葉。當時之學者。以爲國家政務之目的。不僅以消極（消極對積極而言。積極者。猶言陽極。有之謂也。消極者。猶言陰極。無之謂也。）爲務。蓋國家除防害之外。不可不爲人民增進幸福。於是遂爲實際上及學理上研究之問題。其說曰。中世之國家。往往與人民以方便。以期將來之幸福。今政治之方針一變。國家當以現在與人民以幸福爲已任。設種種方法。以養成撫育之。此非特政理所認定。亦國家之義務應爾也。云云。其論旨所在。謂國家創立之目的。爲人民將來達幸福計。始與以必要之保護。未免迂遠。國家當爲人民之後見。（此爲民法上習用之語。其意猶言監督）用強制主義。使人民現在得達幸福之地位。首創此論者。爲呼鬧格洛秋司 Hugo. Grotius。約而言之。蓋謂國家非但爲人民除其危害。又當引起其慈愛心。及發達其智識。使人民之生活。得增進現實之幸福是也。華耳夫者。Cristian von Wolff. 復創各人生計有富饒、靜謐、幸福三大綱。以此爲國家之目的。其首綱之意。謂資財爲生計之本。必使人民充積。而後可。而增殖人口。改良風俗。啓發人民之宗敎心。計畫人民之建康。及貯蓄飲食物。獎勵農工商等。皆國家之義務也。此種議論之結果。遂使當時之政務主義。專以

六

壓抑人民爲事。凡事必受國家之後見。而始能增進其幸福。蓋當時施政之要旨。在使現在之社會。頓然開化。進於極樂世界。而其極端之弊。遂致當時之社會及其人民。失其能力。事事任之國家。而不能有獨立自營之作動。各人之權利。爲國家權力所掩沒。故當時國家之政權。即壓抑權也。國政學與警察學。視爲一義。所謂警察學者。以國家之壓抑權。增進人民之幸福。而計畫其當行之方法是也。其後反對此主義之學者輩出。康脫 Kant 實爲其首。康氏當十八世紀之末。著法理學一書。務在制限國家權力所及之區域。使人民於國家中。亦有定分之權利。不致如無能力者然。必待國家之監督而後行。其意蓋謂增進安寧幸福之計畫。爲人民獨立自營之事。國家無所用其干涉。其所當干涉者。唯爲人民除其危害而已。白耳希 Heinrich von Bergh 及斯密司 Adam Smith 等。均主此說。務在保護人民獨立自主之權利。使國家不得用過度之干涉。白氏以爲人民之安寧幸福。非國家所得制而治。乃人民所當獨立自營者也。要之。華氏之主義。在國家之干涉過度。致人民失其獨立不羈之精神。有萎靡不振之慮。康氏及白氏等之主義。在過於放任。社會人民。不免有流於放蕩。而國家權力。有不振之慮。均未足爲得其當也。

於是蘇耳者 Schulze 起而論之曰。以上二主義。非盡不當容認。然若僅取其一。以爲國家政務之目的。則鮮有得其當者。必二主義相合。而後國家之目的。始得完全也。其意蓋謂國家當認定社會人民之權利。而對之之權力。宜有制限。故所謂二主義相合者。指立憲政體創立時而言也。蓋立憲政體之國家。爲人民增進安寧幸福計。不可不使人民之權利。服從國家之權力。而於防止國家之過用壓抑。其方法亦極完備。所謂方法者。即使人民得參政之權利是也。其後屢經學者之論究。及實際之經驗。國家政務之主義。雖大得進步。而於警察學之正當區域。仍未一定。蓋當時所謂警察學者。即指內國政務之全體而言也。

其後一千七百六十五年。泛耳司 Felse 以警察學爲研究維持國內安寧之學。定爲原則。而其所謂安寧之意義。極爲廣汎。凡處理民生豐樂之制度。均包含其中。又一千八百七年陸克 Rock 以警察學爲國家達其目的之學。一千八百十七年。杳騰 Soden 以增進共同生活之利益。而豫防其弊害。爲警察唯一之目的。而教育經濟等事。爲國家本來之事務。警察惟補助之而已。補助警察之外。復有獨立警察。其所謂補助警察者。與其後。斯當 Stein 所唱行政各部之交際警察相類。所謂獨立警察者。即保安警察是也。要之自杳氏後。警察之區域大有制限。蓋稍得正當之地位矣。故蘇氏謂警察與其他諸事之相離。自李氏之說闡其論也。

其後伯倫知理 Bluntschli. 著國法汎論。其中論警察之觀念。包括警察之事務及行政事務二項。行政事務謂之增安警察。警察事務謂之保安警察。論之甚詳。然蘇氏以爲增安警察。僅足爲內務行政事務。不足爲警察事務。其言曰。國家之勸誘人民而扶助之。示以有益之經營。使人民得蒙其利益。如修理河川。整頓水利。建造燈臺。通行船舶。設立學校、病院、救貧院等類。此皆國家之養成事務。而非警察事務也。內務行政之全部。宜分養成事務與警察事務二項。若以教育救貧修築道路等事。爲警察事務。則學校教員、驛遞人員均爲警察官吏。與警察之眞意矛盾甚矣。其論如是。而其以警察爲國家強制權之全體。則彼嘗評查氏之語曰。國家強制權之事務。即謂之警察。使警察爲非國家強制權之施行。此必無之理也。且此強制權之施行。不但維持公私之安寧。即人民之教育等事。亦非此不能奏効。云云。其論警察之有強制權。斯固然矣。至謂由強制權所行之事務。均謂之警察。此未可謂得其當也。何也。國家於警察之外。尚有各種之行政事務。均得藉強制權以行故也。斯當氏嘗有言曰。以國家之强制權。即謂之警察權。此未免大誤。不過强制權之執行。往往經警察官及憲兵等警察機關。故國家之强制權。特現於警察權耳。以上諸學者之研究。於警察之觀念。非不粗定。而尙未得其全。自斯當氏出後。警察學乃爲秩然之一學科。而警察之性質亦益明確矣。

第二章　警察之觀念

關乎警察觀念之學說。種種不一。今列舉其重要有如左。

第一說、此說以警察爲包括內務行政之全部。創之者爲德國有名警察學者莫而 Mohl 又陸近 Regin 解釋普國現行法時。亦主此說。然此說與現今所用警察之字義相反。今日諸國學者間。無有復唱之者。蓋近世行政之實質。大異其組織故也。近世之行政。於內務行政之區域。大別爲二。一消極主義。以維持公共之安甯秩序爲目的。一積極主義。以增進公益爲目的。二者均屬乎行政之範圍。故今日學者。以警察爲內務行政之一部焉。

第二說　此說以警察爲一種行政之目的。而與內務行政區別。蓋謂警察者。以防制公共危害爲目的。而其他事項。均非警察之範圍。然以防制危害爲目的之行政。均謂之警察亦有未當。如設置路燈、修築堤防等類。非不爲防止危害之事。然由近世之觀念論之。不得謂之警察也。蓋警察者因達其目的之故。得用命令强制之權。反是者非警察也。

第三說。 此說由警察之意義而立論。以爲警察者。與內務行政非爲一體。又非爲內務行政特別之一部。蓋統內務行政全部中之一部行政行爲。於人民身體財產之自由。設爲種種制限。以達其豫防危害之目的者也。創此說者。爲斯當 Stain 而斯登及耳 Stenger. 及麻而 Otto Meyer 等。贊成之。據此說之意。所謂警察行爲者。指豫防危害時。得用命令强制權。干涉個人之自由而言。故命令强制權不適用之時。即不得謂之警察。由是言之。警察者。專以消極主義爲務。而於積極主義所謂增進公共利益之事。即用强制權行之。亦非屬乎警察之範圍矣。然積極主義與消極主義此二者之目的。其限界極難定。若就廣義言之。國家用强制權之時。均有豫防危害之目的。譬如設立學校。乃豫防人民無教育所生之危害。救助貧民。乃豫防人民無衣食所生之危害。由是觀之。以豫防危害之消極行政。與以增進幸福之積極行政。其區別果安在乎。

第四說。 此說由警察之手段。以定警察之觀念。以爲警察者。因保護公共利益之故。得制限個人之自由。且於緊要之時。得用強制權之國家行爲也。然國家之達其目的。非不待命令強制權者。殆無其例。譬如征收租稅。及徵召兵役等類。均制限人民自由之顯而易見者。就通常之觀念而論。不得謂之警察事項。故雖爲對乎人民之強制行爲。而由狹義言之。租稅等類不能用此觀念。而停止危險之建築等類。乃警察對乎物體之強制行爲。而非直接制限人民之自由。故不得謂之警察。於是學者有以警察爲限於內務行政之範圍者。此說由前述之警察沿革觀之。毫無價値。蓋此說非但於警察何以限於內務行政之故。不能說明。即彼等所認爲內務行政之事項。雖用命令強制權。尚有不屬於警察之範圍者。如擔任名譽職之義務。其一例也。

第五說。　此說以爲因公共利益之故。得制限民人之自由。並得用強制權以行者。謂之警察。然如征收租稅等類。亦間接有裨於公共之幸福。雖用命令強制權而非屬乎警察之範圍。唯用命令強權而直接爲公益計者。則謂之警察。庶幾近之。

此外尚有種種之學說。不及備述。茲就普通所認爲最正當者。舉其說如左。

警察者。以直接除去公共危害（謂對乎公共安寧幸福之危害）爲目的。得直接制限個人之自由。且於必要（言將要緊）之時。得以强制行之。蓋國家命令權之行爲也。

是故警察之要素有三。不可不備。三要素維何。

(一)、警察者國家命令權之行爲是也。　凡命令云者。國家以其權力。强制人民可行與不可行之作用。警察之所以爲警察。在因一定之目的。而以强制權加之個人是也。故國家與個人之間。因特別之服從義務。而强制個人者。不得謂之警察。如國家與個人相結之契約。其結果或足以除去危害者之類。非警察也。

(二)、警察者得直接制限個人之自由。且於必要之時。得以强制行之是也。　凡制限及强制云者。權力之行爲也。故無權力關係之時。無所謂警察。又國家與國家之間。全無警察之作用。唯由外交上之必要。有時當用警察處分。又在外國非無當用警察之行動者。然習慣上以此爲內務行政。故不屬乎外務行政之範圍。又國家非爲制限個人自由計。而有時有妨於個人之利益者。此不過一種之特別行政。非警察之行爲也。如因豫防水害之故。而修築堤防。因便利交通之故。而開闢道路等類。均不得謂之警察。且警察於制限個人之自由。不可不直接。假令行政事項。其間接之結果。有制限個人之自由者。亦不得謂之警察。如因修築提防設置水管等之故。而有妨於道路通行之類是也。唯爲公共安寧計。禁止道路之通行。此乃直接制限個人自由之特別行爲。故亦得謂之警察行爲。

(三)、警察者。以直接除公共危害爲目的是也。　司法事務之範圍。用命令强制者居多而其目的、則在執行法律。非以增進公共之安寧幸福爲事也。故不得謂之警察之作用。蓋國家以其命令權制限個人之自由。若其目的不在排除公共之危害。不得謂之警察。又其目的不可不直接。如國家因普及教育之故。强制人民之就學。又或因軍事上必要之故。占有人民之所有地及徵發物品賦課租稅等事。又或因設備國家機關之故。使個人有負擔名譽職之義務。凡此等類。均以命令强制。制限個人之自由。而其直接之目的。在達國家之目的。不在增進公共之安寧幸福也。故均不得謂屬乎警察之範圍。所謂直接排除公共危害云者。或豫防於既發。或補救於既發。可不必問。要之均爲增進公益而已

要之警察者。國家命令權之行使也。而其命令權有强制權隨之而行。凡行政均爲命令權之行使。故僅曰命令權之行使。其範圍不明。故曰制限個人之自由也。而其制限自由以有維持公安之目的者爲限。始得謂之警察。即因防禦危害之故。以命令權制限個人之自

由必其效力直接及於公安之謂也。如租稅滯納處分。及起土木築堤坊等類。雖皆爲防禦危害之手段。而非直接制限個人之自由。故不得謂警察行爲。然如水害之時。使近傍居民。盡力防禦。此乃警察命令也。雖同是防禦危害之方法。而有直接與否之別也。又制限自由之行動。如軍事時征收租稅等類。亦非警察事項。何也。以其非直接之作用。因國家整理財政之目的而行之故也。

由是觀之。警察之目的。在維持安寧幸福。其手段在防禦危害。其形式在制限自由。具此三者。而後謂之警察。又警察爲內務行政之一部。此不可忽。凡整理軍隊。充實國庫之類。無論直接間接。均所以維持安寧幸福。然軍務財政等之不屬於內務行政甚明。故如軍隊之防禦敵人。保護人民之身體財產。不得謂之警察。若巡查行之。斯謂之警察可矣。安寧幸福云者。不外乎公共之秩序。警察即以保持公共之秩序爲目的。公共之秩序云者。指於社會生存上。最適合之事物狀態而言也。即使社會之現象。無危害及之之謂也。社會生存上。有種種之力妨害之。或由人爲。或由自然。國家有防禦社會上危害之職分。故有除去此危害之責任也。維持安寧秩序云者。即防禦此危害之謂。危害云者。謂阻止社會發達之事也。所謂公共之秩序者。有由自無。有由人爲。防止由人爲所生之危害。此現今警察之作用也。故害公共之秩序一語。當從狹義言之。即由人爲而擾亂社會秩序之意也。

第三章　警察之分類

警察得由種種之標準而下觀察之法。故學者之分類法。亦種種不一。茲就普通之分類法列舉之。

第一節　普通警察及地方警察

普通警察與地方警察之區別。德國飽倫赫克Bornhak以爲僅指機關而言。非指實質而言。二者之區別。不能由警察事項之性質而定。惟由官廳之種類決定之。故地方警察官廳所司之警察事務。謂之地方警察。中央官廳所司之警察事務。謂之普通警察。然信如此說。當中央官廳兼掌地方警察之時。則二者之區別。全相混淆。故此說未爲得當。據一般學說。普通警察與地方警察之區別。在視其所關係之利益範圍何如。關乎全國公共利益之警察。謂之普通警察。關乎一地方公共利益之警察。謂之地方警察。即由土地之區別爲基礎者也。然警察事務中。何者爲關乎全國公共利益。何者爲關乎一地方公共利益。非臨時不能決定。無由豫爲區別。於是有謂從實質上之標準不如從形式上之標準者。此說不外以中央官廳之警察爲普通警察。地方官廳之警察爲地方警察。然即就實際言之。地方警察往往以市町村範圍以內之事爲主。普通警察則不以市町村爲限。觀諸國現行法。以此形式爲區別者。甚多其例。如普國於地方警察之定義。雖未規定。而一千八百五十年四月二日之法律。發布警察規則。其中列舉地方警察之事項。極爲明確。觀此亦足以知地方警察事務之範圍。茲列舉如左。

(一)保護身體及財產之事。
(二)公共道路、公園、橋梁、河岸、河川等交通之事。
(三)市場及販賣飲食物之事。
(四)多數人會合之處。維持其秩序。使之適法之事。
(五)外國人(旅人)宿泊之事。及酒店茶屋飲食店之事。
(六)生命保險之事。
(七)建築時注意大災之事。及其他危險行爲害及公衆等注意之事、

(八)保護田野、牧畜、森林、葡萄園之事

此外凡關乎市町村及住民特別利益之事項。須警察上規定者。得以地方警察規則定之。其法文如此。據此法文。市町村以關乎住民特別利益之事。爲地方警察之要素。不言而明。法國亦與普國大畧相同。據一千七百九十年四月十六日之法律。規定地方警察事務。共有十條。(一)道路之安全利便。(二)道路之掃除點燈。及危險物之除去。(三)危險家屋之拆卸及修繕。(四)危險物拋棄之禁止。(五)維持往來之秩序及禁止往來之喧嘩。(六)小賣買者之管理。(七)飲食店之管理。(八)火災及其災害之豫防與救助。(九)狂人及獸疫之防禦。(十)原野之管理等是也。墺國亦與普法二國同。以列舉法規定地方警察事務。日本仿普法二國之制。以地方警察爲中央警察官廳應掌之行政。雖地方警察事務。委任之於市町村。而中央行政機關仍得干涉之。故謂日本有普通警察。而無地方警察。亦無不可。地方警察與中央警察之區別。在視其權限之何如。國家一般之警察事務。中央官廳司之。反之地方警察事務。由法令所定。使市町村長管理之而已。由此二者之區別。於是關乎警察處分之救濟方法。其結果亦自不同。據日本訴願法。凡訴願(訴願者、請求之意、如有不平之事或不便之事、請政府設法處理等類、均謂之訴願)以關乎地方警察事務爲。限至於普通警察。則明文不言及之。故由此區別。而受理訴願與否之差別。亦自此生焉。

第二節　司法警察及行政警察

司法警察與行政警察之區別。在警察事務施行之形式而已。司法警察者。謂搜索犯罪之證據。與逮捕犯罪之人。及其他附屬於刑事裁判之一切事務。而司法警察中。又有單執行裁判上之判決。與通常司法警察二種。單執行判決者。則爲一部。謂之監獄制度。不包含於司法警察之中。行政警察者。謂豫防對乎人民之危害。及保持其安甯幸福等類是也。抑警察者。本以除去國家及個人之危害爲目的。故司法警察與行政警察。於豫防危害之點。無所區別。惟當其實行之際。一則爲行政之補助。一則爲司法之補助而已。凡危害之事既起。犯罪者不能發見。或無以處罰。則於國家及人民之安甯。大受其害。且足爲犯罪者增加之原因。故裁判所不但於既發之犯。必加以刑罰。又須搜索犯罪之證據。而盡力於未發之案。此裁判所所以特設檢事之職。而又有一定之官吏或一定之公吏。以同一之職權補佐之。故司法警察事務。謂爲處罰犯罪者之準備可也。此爲司法警察防害之行爲。至其對乎司法。無獨立之地位。不過爲其補助而隸屬之而已。若論行政警察。則其對乎司法。有獨立之地位。非如司法警察。在制禦既發之危害。凡於違犯法律之行爲。必先事豫防之。以保護公共之安寧秩序。此二者之區別。法國之制度首創明之。近時德墺諸國及日本等。亦均仿行。法國之所以發生此制度者。皆由當時三權分立之思想。深入人心。行政與司法。各相獨立。不能相侵。故警察事務。亦遂有此分界。一以爲行政之補助而隸屬之於行政官。一以爲司法之補助而隸屬之於刑事裁判所焉。

第三節　高等警察及通常警察

通常警察者。或謂之個人警察。又曰私人警察。又日本現行法。則謂之行政警察。高等警察與通常警察之區別。亦淵源於法國。或謂此區別由於危害之原因而生。其說以爲除去個人所行之危害者。謂之通常警察。除去多數人相結合所行之危害者。謂之高等警察。然就普通之學說言之。二者之區別。在行警察之目的。凡危害之事。不論其起於何人。苟因其對乎國家或國家之機關者。其防禦之目的。謂之高等警察。若對乎個人之安寧幸福者。其防禦之目的。謂之通常警察。故凡集會結社等類。以高等警察防制之。雖爲通例。然多數人所行之事。其危害未必及於國家。而個人所行之事。其危害未必限於個人。故前說以危害之原因爲區別者。未爲得當。日本現行法。蓋從後說者也。

第四節　保安警察行政警察及司法警察

以上所述。均學者通常之分類法。其他尚有豫防警察、壓制警察、政治警察、各人警察、市府警察、田野警察等種種名目。以警察事務之範圍、方法、與目的爲標準。而下種種之觀察。今姑從省略。唯就現今各國之法制及學說。其傾向相同之分類法畧述之。現今歐州各國。大都分警察爲三種(一)保安警察。(二)行政警察。(三)司法警察是也。

凡人類相聚而營共同之生活。即有天然或人爲之危害。隨之而生。此實不可避之數也。當此危害之未發而豫防之。或既發而抑制之。以保持共同之生活。而謀其進步。此爲警察之目的。警察之達此目的。統乎國家行政之全部。而不以一部爲限。前既畧述之。所謂保安警察者。以豫防人爲之危害爲目的。惟其爲警察之一種。故謂爲行政之一部。此種警察。由昔時之觀念論之。在保護國家及人民之現狀。專爲消極作用。若增進人民之幸福。所謂積極作用者。別有幸福警察。至近時之保安警察。其意義益狹。警察之作用。專以保持法律上之

新民叢報告白

本報倣外國大叢報之例以教育爲主腦以政論爲附從採合中西道德以爲德育之方針廣羅政學理論以爲智育之本原務在考中國所以不振之故對症發藥使國民知所觀感備列各種門類如政治法律教育兵事財政等總計二十餘門撰述精美材料豐富洵爲中國報界中別開生面者也月出二冊每冊定價二角五分

日本橫濱山下町一百五十二番

發行所 新民叢報社

東京教育報主筆
東亞同文會員 日本 辻武雄 著

新編東亞三國地誌

全兩冊 定價 一元二角

此書係日本名士劍堂辻先生所著識見高超叙事確實書中入彩色地圖數幅紙章潔白印刷精工發售以來流傳中國有志通時務者無不携備一卷以資研究是以出版未久而售銷者已及萬卷之多今重版新成校對更細四方君子請速賜顧遲恐售磬倘蒙 惠購請就發售處或代售處函詢或面議可也

發售處 日本東京市日本橋區吳服町壹番地 株式會社普及舍

代售處 上海英四馬路老巡捕房隔壁 同文滬報館

法律學綱領序

老子之文。有五千言。莊子之書。有三十三編。皆成不朽之文字。爲後世學者所爭誦。踶跂蹩躠。惟以不得其書之本旨爲懼。今世人事紛紜。以視老莊之時代。不知幾千百倍。然則今人著書。非如岳山之堆積。鮮不遭人之藐視。以爲不足讀也。今以初學之故。著法律學綱領一書。但紙數簡單。厚不滿寸。能無遭人藐視之慮乎。然非余所介意也。余猶慮學者讀之。不悟書中之本旨。或人戲之曰。豈僅爲初學所不解。即專攻法律哲學者。未必輙能會意也。不覺爲之輾然。

明治三十三年十月下旬

戶水寬人識

法律學綱領

法律學綱領

東京法科大學敎授 法學士 法學博士 戶水寬人著

第一章 法律學者何

羅馬國之碩儒。烏羅畢奴士氏曰。法律學者。神事與人事。及正與不正之識別耳。

此爲士脫阿派哲學家主張之定義。故士脫阿派之學者。以此爲至正至當之論。雖然今日以論法律學。亦難言之矣。就私見所及。所謂學者。萬物組織之知識。所謂法律學者。即法律之過去、現在、及未來之學耳。容於後段法律學之分類備述之。

第二章

法律學之分類

英國之大家。賓塞爾氏著一書曰。道德及立法之原理。論法律學、有二大綱。一曰說明的法律學。(Expository jurisprudence) 一曰批判的法律學 (Censorial jurisprudence) 一則說明既制之法律。一則論法律之如何制定。賓氏之說。洵足資學者之參考也。

德意志國之鴻儒。喇蒲泥制氏。二十二歲之時。即著法律學教授新法。區別法律學之種類。以備研究法律學之方法。文才卓犖。議論雄渾。先進諸公莫不嘆服。

喇蒲泥制氏之書。分法律學爲四。一曰教授的法律學。(Jurisprudentia didactica) 二曰歷史的法律學。(Juriprudentia historica) 三曰解釋的法律學。(Jurisprudentia Exegetica) 四曰辯論的法律學。(Jurisprudentia polemica) 等是也。

敎授的法律學者。講明法律語之定義。推定法律之大原。喇蒲泥制氏之偏重法律字義。蓋其精於數學。好爲探源之論。亦受阿利士脫派哲學之影響也。法律之類別。從來學者往々宗尙油士季泥阿恩氏之法學階梯。喇蒲泥制氏。文取其書。批難而分論之也。

歷史的法律學者。法律之歷史。喇蒲氏有內外二者之別。今日德意志國之學者。著法律學歷史。往々曰內紀。曰外紀。皆宗喇蒲氏之說也。法律之內紀。敘各國法律之規則。法律之外紀。溯法律之起由。以及政治宗敎之關係也。

解釋的法律學者。純爲法律註解是也。喇蒲氏亦別以二類。一則不拘法律成文之順序。專論其原理。一則依法律成文之順序。逐條解釋以明之。

辯論的法律學者。法律之原理。及運用相關之理。尙爲世間未決之問題。有時法律之不規則者。則取決於自然法。(Just Naturale) 有時法律之

八

規則者。則用比考類推之法。

拔喇蒲氏自然法之說。恐不免入於誤謬。試述吾簡單之論。余於法律學分三者。曰法律之歷史。曰現行法律之解釋。曰法律哲學。是即過去、現在未來之區別也。蓋法律之歷史。過去之相關也。現在法律之解釋。現在事物之相關也。法律哲學。能左右未來之哲學也。以此對照喇蒲氏之說。非兩歧也。蓋法律之歷史。即歷史的法律學是也。現行法律學之解釋。即解釋的法律學是也。法律哲學。實該教授的法律學。及辯論的法律學之二者是也。喇蒲之說。畧備於玆。然未盡學術之蘊也。

法律之歷史。有實紀與沿革之別。而實紀中又有內外之別。但歐洲語言中。僅有歷史之稱。無實紀及沿革之名也。余所謂實紀者。一般之歷史是也。所謂沿革者。若述英國之古代法。及古昔制度之沿革是也。又如英人富喇讀氏所著人類婚姻之沿革。又如法人路制路氏所著婚姻進化記。生人之初。强娶奪婚。繼則賣買。以及今日通行之婚制。法律之沿革。亦猶是術。研究沿革之方。不能徒恃一國之法律。必合各國之法律。參互比較。方知經過變遷之理也。

法律實紀中。猶有內紀外紀之別。前段既詳。茲不復贅。

附法律學圖解如左。

- 法律學
  - 法律之歷史（過去）
    - 實紀
      - 內紀
      - 外紀
    - 沿革
  - 現行法律之解釋（現在）
  - 法律哲學（未來）

第三章

法律哲學者何

法律哲學之學派甚多。故其說多異。批論者又紛々擾々。茲僅舉其簡明之說法律哲學者。曰論法律當然之學。曰研究法律根據之原理之學。曰探考立法家之主義方針之學。推驗未來法律之運命之具。及批判現行法律之善惡之金針。亦足以當未來法律之標準也。

法律哲學之學派。既千差萬別。然十八世紀以前之學者。往々多屬於自然法。(lex naturae)。是等學者之說曰。是爲人類日用周旋。恒久不變之法則。又曰定法律。方成政治。天地之常經也。

是等學者之中。以主張君爲輕。社稷次之。民爲重之說者。爲多也。其意若曰人類始生之時。何嘗有君主臣民之別。皆自然人爾。此爲自然之狀態也。持此自然之狀態以立論。由是有唱社會契約之說者。彼批難自然法派者。曰單純復古之主義。不啻一野蠻主義耳。實則自然法派不盡偏重

一三

於復古主義亦不盡排斥復古主義也譬如和蘭國之俄洛季烏士氏曰人生天地間組成社會亦具天然自然之性質也俄洛氏雖不明指何等社會要指秩序社會而言也保持社會之秩序以自然法爲基礎則契約其急務矣蓋契約既結凡有損害不可不償洵如俄洛氏之言即自然法之說矣然而俄洛氏著平和及戰爭之法律一書嘖嘖宇內實爲國際公法之嚆矢此書原理多採自然法然則自然法派之學者中取復古主義者固有其人要不爲之拘囿也亦有主自然法之說以闡明新理者故概斥爲復古主義非確評也但今日以論自然法之學說豈無遺憾之處乎自然法派之說不免簡薄故十七世紀研究哲學之深遠者不能躊躇滿意也從來自然法派諸人未嘗不思導法律哲學以臻於完全之域德意志之哲學者喀恩脫氏已然矣喀恩脫氏之著書出版於十八世紀之末葉也

十七八世紀之交有革派起焉有若伊太利之還苦氏德意志之殺還泥

氏等皆是也。殺還泥氏之議論。折衷於歷史者多。還苦氏之議論。有時亦本於自然法之說也。茲試述其事。

俄洛季烏士氏所著平和及戰爭之法律之序文曰。吾人雖不顧自然及國際法之常存也。不可不徵哲學家歷史家詩家及演說家之言。非以共說之尊榮而存之也。殆亦以取裁於衆愈足表其共同之原因而為互相一致之確據蓋自然法即出於自然的原理也。國際法即基於共同一致。也。

此論大為還苦氏所樂聞。還苦氏以為洵如此說。則國之風俗習慣及議論。不但今日一致。亦昔日一致也。自然法之使用。不惟其今。亦惟其昔也。雖經諸國之變遷。不無猶有相似之處乎。

還苦氏因此立論。謂諸國法律制度之變遷。惟一定之法則是從。遂稱沿革派之鼻祖也。

統而觀之。俄洛季烏士氏及還苦氏等。皆為舊派新派之連鎖。而還苦氏尤兼自然法派沿革派之連鎖者也。

十八世紀以前之學者。屬於自然法派者多。迨十八世紀本於哲學上之研究。有改良自然法之圖矣。尚有一種沿革派。在十七八世紀相交之後。是起於推理派之傍也。

至十九世紀而動物學、植物學、及其他新學。皆大發明。有輕置哲學之議。論者亦第根據社會學。因考法律之原理者。若墺太利、匈牙利國之達摩蒲洛樊制氏是也。社會學家。非無據法律之沿革者。即如達摩蒲洛樊制氏。論法律之沿革。亦歸重於原理。觀二十世紀之趨勢。殆以此類學派。蒸々日上歟。亦一時之傾向然也。就法律之原理而論。不可偏於社會學之一方。宜兼採哲學上之議論。若偏於社會學。則流爲淺薄之實驗家。若偏於哲學。則流爲迂遠之空論家。且今日之通獘。長於社會學者。則不長於哲學。若長於哲學者。則又不長於社會學。若通社會學及哲學。則又不通法律學。無論東西洋。凡爲法律哲學之大家。往々而然

第四章

推理派沿革派

沿革派曰。法律者。人類共存之必要條件。人類間發達之自然語言。其一法律其一也。惟法律之合耶否耶。及立法家之主義是耶非耶。抑爲善法耶。惡法耶。雖不乏論者之嘵々。究未見奏效也。

此論非無眞理之可採。亦有誤謬之可憎。若以法律爲人類共存之必要條件。若惡法則何如。政治家及學者。好爲善法惡法之別。非從善以去惡。不足以維持社會之秩序。亦難期共同之生存。區別善法惡法之方。宜操何術。是不可不研究法律哲學。推理家之言曰。不可不根據於社會學及哲學。誠哉研究法律哲學。裨益於世。良非淺尠。雖然亦有以沿革爲法理者。則不啻指黃銅爲黃金。及白銅爲白銀耳。沿革派常揚言曰。譬如婚姻初則強娶奪婚。繼則賣買。以及今日通行之婚制。斯即法理也。嗚呼此豈法理之足稱乎。直斷之曰。沿革也。非法理也。所謂法律之沿革者。如前述

法律之歷史亦其一類過去之事實是也此外皆屬於未來之學術以演繹法及歸納法之二者最爲學者之便利也

第五章

比較法學

甲國之法律。與乙國之法律相比較。在昔已不乏其例。如古時日本法。常與支那法相對照。又如英國法律。與羅馬法律相對照。此皆有名之事實也。

又若伊太利之還苦氏。法國之孟德斯鳩氏。羅列諸國之法律附以評論尤極比較法學之能。在十九世紀之下半期英國之梅因氏。尤爲熱心從事。今日德意志之可辣氏。實爲斯學之泰斗也。

所謂比較法學者。亦分二種如左。

第一　不但研究文明諸國之法律。亦及野蠻諸國之法律。不但今代之法律。亦及古代之法律。錯綜考訂。方知法律沿革之大勢。梅因氏可辣氏。是得此中三昧。故名溢歐土也。

第二　即將諸國之法律對照比較。尤宜取其長而捨其短。

以上云者。一爲考法律之沿革。一爲推究法律哲學。又極巡形之妙。各不相同。故比較法學一名之下。緊以兩項。是否適當。尚屬疑問。就余所見法律之比較者。不過爲研究法律之方法。所謂方法者。研究法律沿革及法律哲學爲要耳。非有特種之學問也。歐州學者以此別立一科。未見其識之卓也。

第六章

法律及權利

古來法律學。文字之定義。不知幾千百萬。就其間。最有名莫羅馬國之制哀路士氏若制哀氏生於第一世紀及第二世紀之交。擅法律哲學之長。受皇帝哈讀李河奴士之知遇。制哀之言曰。法律者善良及公正之術也。後世士脫阿派之談哲學者。莫不奉此爲圭臬。雖然今日亦難言之矣。此義之何以有名。學說彙纂中詳述之矣。第六世紀之時。研究法律學者。以法學階梯學說彙纂法令類典三者。爲必讀之書。其研究之順序先之以法學階梯。繼之以學說彙纂。故當時學者之論議。不出制哀氏之範圍也。近世談法律之定義者。尤追宗於喀恩脫氏。茲述其說如左。

喀恩脫氏曰。法律者調和各人之意志。訂正一般自由之法則。以成集合之條件也。

此定義中意志二字。有人指爲語病者。然就大体而言。喀恩脫氏之言。未可厚非也。

余下法律之定義曰。法律者。是範圍國家及私人之行爲之規則也。能示道德法律之別目包括公法私法之故。又與後段所述權利之定義相牽連比附者也。

國際公法之是否爲法律。早紛議於日本之天保時代。英國翹恩蚌禁曰。國內法爲主權行動之所及。故曰法律。國際公法。爲諸國公共。非一國主權所可強。故僅可謂之道德。不可謂之法律也。然推考國際公法發生之歷史。及進長之歷史。以及今日發達之情形。明々法律非道德也。日本人猶有疑信於其間者。眞屬陳腐之問題矣。雖然國內法與國際公法。確有相異之點在也。一則爲國家所制定。一則爲諸國所參定。是爲條約締結之基本。苟有一國不同意。即條件不能成立也。然弱國則不然。雖不同意亦令之強從。此今日時勢之所趨也。約而言之。國內法爲羈束國人之具有時亦能羈束外國人。國際公法。爲國家間交涉之具。有時亦爲私人之直接。

法律之定義雖不盡於此。姑從畧也。

法律有公法私法之別。烏羅畢奴士曰。凡關於羅馬事物之基礎者。稱之爲公法。凡關於各人之利益者。稱之爲私法。

然則如烏羅畢奴士之言。法律者本於利益之公私。以區別者也。

中古時代。謂公法私法之別者。大抵偏於箇人主義。故曰公法者。規定國家與人民關係之法律。私法者。規定人民相互間之關係之法律。

輓近則又偏於國家主義。有曰。公法者規定權力關係之法律。私法者規定權力關係之法律。

余謂主張國家主義者及箇人主義者。皆不免陷於偏僻之慮。不如植二者中間之立說爲穩當也。今若措定(thesis)國家之存在。則箇人之存在是爲反措定。(Antithesis) 若措定箇人之存在。則國家之存在。是爲反措定。何如總措定(Synthesis) 國家與箇人兩全也。表爲國家之直接。即裏伏箇人之間接表爲箇人之直接即裏伏國家之間接既非單純國家主義亦非單純箇人主義是折衷於二者也公法者國家直接之法律私法者私人直接之法律直接於國家者即私人之間接相關直接於私人者即爲國家之間接相關此自然之樞紐不待言而著者也此公法私法之定義與前段所述法律之定義固相牽連者也

試舉公法之實例國際公法者爲公法之極端其他憲法行政法刑法刑事訴訟法等皆公法也私法之實例者何民法商法是也唯民事訴訟法則在公法私法之間蓋以政府之行法手段言之則爲公法若以私法上權利伸張之具言之又爲私法故曰民事訴訟法在公法私法之間有評余之說者曰吾聞公法私法之別未聞有中立也余答之曰然但民事訴訟法固中立者也強稱之曰公法固不得強稱之曰私法亦未便也昔有主張進化者之說曰人與猿同祖也或人評之曰人與猿同祖其祖先似猿故猿也進化論者答之曰人與猿之祖先使似猿未嘗不可稱之

為猿。使似人。未嘗不可稱之為人。實則人與猿之祖先。既非人。亦非猿。乃中間之動物耳。斯言也。先獲我心也。既非人。亦非猿。不得強名之曰人。亦不得強名之曰猿。民事訴訟法。立於公法私法之中間。亦猶是爾。

主張權力關係之說者。嘗就余之說而難之曰。憲法第二章。規定臣民之權利義務。然則是私法乎。余答之曰。憲法第二章。規定臣民對國家之職分。及國家對臣民之職務。規定之處。是與國家相直接。非臣民相互間之權利義務相關也。故憲法第二章。不失為公法之規定。且如子之說。假令憲法第二章。規定臣民之權利義務。則是權利關係。何以列入公法之中。難者語塞。敬謝不敏而退。

余嘗就權力關係說而難之曰。國際公法者。明々規定權利關係之法律也。洵如權力關係說。則國際公法。不得不列入於私法。是則公法私法。自相撞着也。故權力關係說之不能答。非不為也。不能也。

刑法者。基於刑人之趣意。是欲達保護國家之目的也。世有私人直接之說。不待辯而自知其非也。

余所定間接直接之語。往々受世人之非難。畢竟未明措定反措定總措定之旨。亦學養之不充。致法理之不解也。

此外公法私法之說甚多。玆姑從畧。

次述權利之定義如下。

權利之說學者之主張既不一致。深長之論。玆姑從略。揭舉其有名之定義者。德意志之碩儒哀林俄氏之言曰權利者保護法律上之利益。余以爲利益二字未可爲適當之解。余則曰權利者。法律上之能。即法律上敢爲當爲之謂也。即如選舉權索債權。財產上之使用權。事業上之占有權。皆視法律之規定。適於法律則其權舉。違於法律則其權廢。故曰權利者。法律上之能。

此定義。與前述法律之定義。相牽連者也。誠以法律者。範圍國家及私人之行爲。故國家與私人生息於範圍中不啻涵養於權利中也今日歐洲學者之一派嘗不憚舉他人之定義條分縷析細其愆糾其謬而揚々自得然以二三行之條文蔽之以一字未足與人以信從此則譬之於老練園丁手植一畦即詡々自命然無論其如何高雅要不如生長於斷巖絕壑間排雲霄摩蒼穹之松柏檜杉也余不重法律上之文字蓋以其拘牽文義反不足以顯法理之眞相也若以此爲可廢則法海茫々亦能無捕風捉影之慮乎因論法律及權利之定義而贅以一言焉

明治三十四年十二月二十七日記

附

政法片片錄

歐美日本政治法律經濟參考書紹介

政法片片錄

歐美日本各大家其論政治法律之書。汗牛充棟。而無不分門別戶。各持己說。（大學學派、亦各盡其長、不取一致。）其主張一說。各有足以服人之理窟。而鼓動社會役書而不役於書。在善讀者而已。講堂餘暇。乃授集各家最新之說。證以平日之見聞。及今日思想之所及者。或記事實。或錄理論。或述師說。或參己見。作爲「政法片片錄」。亦曰將以鏡吾學之所至。且聊以供他人研究之材料云爾。

識

國家學學說之影響

國家之發達。與國家學之發達相表裏。亞洲國家思想之發達。其所以後於歐美諸國者。國家學學說之未昌故也。學說之於社會。其影響視兵力爲過之。歐美文明之進步。固有種種之原因。而推其原動力最大者。則無不直接或間接受之於百餘年前或數百年前諸大家之學說。故學說之移動社會。其効乃足以刻入後世人之腦筋。而助成國家之發達。希臘阿里斯德（Aristotle）之國體論。法國路索（Rousseau）之民約論。英國孟德斯鳩（Montesquieu）之三權分立論。皆其顯著之例也。日本位於亞州。而今日亦受治於太西之學說。然則學說之効力。其始自本國推之他國。而其後乃自本洲推之他洲。國家學學說之先輩。舍太西其孰與歸。

政治教育

教育者。開發人類固有之能力。而助長之之謂也。人類。為政治之動物（西哲有此言）故有政治之能力。政治教育者以實在之政治社會反映之於人類之腦中使人類真知政治社會之趣味。而實施其政治之能力以期政治社會圓滿之進步是也（日本法科大學政治學教授小野塚喜平治氏之說）人類有種種之能力。而政治能力。實居能力中最高等之地位。是故人類之教育其程度有高下之不同。而政治教育實為教育中最高等之地位。今日歐美各國憲法使人人得有參政權可謂盡政治能力之用雖然歐美之各得參政權此特其結果耳既睡之能力孰攪醒之方與之能力孰助長之推其原因則安得不言曰是唯有政治教育之故

各國政體表

世界各國。政體不一。從來學者之論政體分類法。亦種種不一。今就日本一木喜德郎氏（法科大學國法學教授）之分類法。列為一表如左。

政體

- 獨任政體
  - 獨任君主政體
    - 專制獨任君主政體（支那、俄國）
    - 立憲獨任君主政體（日本、英國、普[illegible]）
  - 獨任共和政體（法國、北美合衆國）
- 合議政體
  - 合議君主政體
    - 專制合議君主政體（無）
    - 立憲合議君主政體（德意志帝國）
  - 合議共和政體（瑞士、德意志聯邦內之三共和國）

歐州主權論之沿革

主權一語。有種種之意義。歐州中古時代。以官署有最終裁判權者。謂之有主權之官署。其後歐州大陸各國競尙中央集權之制。一國之主權。在中央政府。遂以處治全國國家之最高權。謂之主權。此主權之意義。從政治上言之也。至於學術上以主權爲政府無制限之權力者。自法人鮑唐（Bodin）始。自十六世紀以來。法國主專制之政。故此說盛行。歐州各國亦風靡焉。至十八世紀之末。於是反對之主權說起。即以主權爲在人民是也。然主權之掌握者雖變。主權之意義。則猶之前說。蓋仍以主權爲無制限之權也。自歐州各國憲法成立。

四

君主之權力。不能無所制限。然君主爲主權者。則依主權以行。似又不宜有受制限之事。以爲不知主權者國家之主權君主爲國家之元首故主權寄託之君主之爲主權者爲其在元首之地位非以其有君主之名稱也（如共和國之大統領、爲一國之元首、故亦爲一國之主權者）國家之主權雖無制限。至君力主之運用主權不能不從憲法是故憲法立而君主之權亦範圍於其中近世德墺諸國。均盛行此說。此說蓋折衷於君主主權說與人民主權說之間。而以主權歸之有人格之國家。國家位乎其上而君主人民各盡其組織國家之責任以保國家統治之完美。國家之成立。本乎社會之秩序。不能無治者與被治者之別。故有行使主權之人。與主權所及之人。若就個人而言則治者與被治者均是國家之分子國家有主權而籍一種之分子以行之耳故國家主權之說既足補一人專制之弊又可免衆民渙散無所統一之害與近世之國家實際上最爲適合此國家觀念發達之所致。而歐州之主權論至此乃得一結束矣。

英國憲法

近世文明諸國。無不有憲法。而憲法之發生。英國實首創之百餘年來。歐美各國憲法大都直接或間接取法於英國。故英國實爲憲法之始祖。英國之憲法非由國王欽定又非由官民合定。又非由革命創定。蓋由國家文明之進步漸次成立。而漸次完備者也。故慣習法實爲英口憲法之一大淵源。所謂 Magua charta 及 Bill of Right 等均含慣習法之原則。Magua charta 者。一千二百十五年。英國貴族迫國王 Iohn 始立之。其中最要者有二條。一爲租稅非由納稅者之同意。不得徵收。一爲人民非由公認裁判所之判決。不得監處刑罰及罰金是也。其後國王 Edward I. 時。復設府 (County) 縣 (Borough) 選舉代議士之制。然當時之立法行政。尚未區別。代議士初無參與立法之權。代議士之得參與立法。始於十四世紀至十五世紀之終葉。代議之制度大進。凡法律之制定廢止。其權全屬議院。十七世紀國王 James 在位。欲變更憲法。廢止國教。議院公議廢之。迎 William III. 即位。遂定 Bill of Right 以制限國王專權。而明定國會之權利。漸次至今。遂成今日之大憲章。Bill of Right 條項。今舉其最要者如下。(一)國王不得議院之同意。擅廢法律。謂之違背國法。(二)無議院之認可。國王不得以特權賦課租稅。(三)國民有訴願於國王之權。而無因訴願受罰之事。(四)國民得自由選舉代議士。(五)議院之言論自由。代議士於院內所發之議論。院外無受罰之事。(六)法律之保存及修正。與受理人民之請願。當常開議院等類。凡十三條。茲特舉其最要者而已。

國家爲有機體說

國家者何個人之集合體也個人之集合非漫然之事實有一定之機關主持之所謂國家之意思者非個人集合之意思即由此機關而生由此機關而發表者也此國家爲有機體說之所由來也唱此說者首推德國伯倫知理氏(Bluntschli)伯氏於其所著國家學中(The Theory of the State)嘗言曰「所謂有機體者無論何種不可不備精神與物體二原素國家亦有國家之精神意思與立法行政各種機關之組織凡無論何種有機體雖爲一體而無不有數多之部分此等部分視全體之需要由種種方法以補充之於是全體乃成立。國家亦然國家亦有種種之官署以爲其關節此等關節皆所以備國家之需要行動者也各種有機體皆能生長發達國家亦能生長發達云云」由此觀之國家無機關即無意思無意思即無人格而國家不得爲權利之主體矣故國家與機關有密接之關係席持而氏(Seydel)以爲國家雖爲個人之集合體而無所謂機關意思信如是則國家失其人格而無對乎臣民之權利推原其誤蓋由不知國家與國家之機關不能分離以國家之人格爲機

體之人格故也。夫機關為國家之部分，獨立之意思呼乙[illegible]之部分者，特本全體之意思

[illegible]行之耳。此人人所知，無特贅言也。（日本一本喜德郎之說）

國際公法之由來

西哲有言「有社會即有法，法不存即社會亡。」法者所以保護權利、維持秩序，與社會並存者也。就一國而言，一國家一社會，故有國內法。就各國而言，各國家為一大社會，故有國際公法。國際公法之起源，蓋法所以擴充其効用，故不得不破國之境而組成一國際團體。人類愈進步，則交涉愈繁，國各執其法，則法之應用將窮。國際公法之發生，與國內法初無二致，特其應用有廣狹之不同而已。人與人意思相衝突，則不能保國体之平和；國與國亦然。各國意思互相衝突，則世界無太平之日。故國際公法者，所以調和各國之衝突，補國內法之不足而獨立以行其效用者也。（日本中村進午氏之說）

國際公法之字義

國際公法有譯為萬國公法有，日本初亦用之。然以其西文原語不合，乃定為今名。按英語所謂 International law 法語所謂 Lroit Internateonal 德語所謂 Lao Internationale recht

八

均有國與國交際之意而無萬國之意故譯爲國與國交際公法最爲恰當惟其語太冗沓故簡言之爲國際公法且所謂萬國云者本爲浮辭日本有賀長雄氏嘗言曰「世人動言萬國其實環球各國可屈指數者尚不及百」故萬國一語本無足取且藉曰萬國而法有公私之別既曰公法則因萬國均以爲公法者也如憲法行政法等類爲國內法中之公法各國均公認之然則所謂萬國公法者指此而言又無不可與國內法又何別國與國交際之意果安在耶

今日歐州之所謂國際公法

人不平等而立於法律之下則無所軒輊是故法者所以使不平等者歸於平等也國家亦然國家有強弱大小之別而就國際公法上言之則立於同等之地位此通則也雖然天下往往有理論如是而實際不如是者今日之世界一腕力之世界腕力不濟徒托空理以自衛亦終受制於人而已今日歐洲之所謂國際公法自彼言之在使各國享同等之權利然觀其處置往往有出乎公法之範圍而猶詡詡以公法自命者腕力所至法即隨之歐洲各國其於同洲之弱小國尚復如是至於東亞幼稚之國[illegible]論矣然則今日之所謂公法

者。詩為腕力之產物可也。日本高橋作衛氏（今法科大學國際公法教授）著歐洲協調論一篇。詳體歐洲國際法之成立及其應用。而於弱小國之不能有平等權。言之尤詳。茲摘其要點如左。讀者可略得今日歐洲國際團體之一般焉。其言曰。

國際法學者輒曰。「國際法者。列國間行為之規則。由列國之承認而成立者也。故列國者互有平等之權者也」然以余觀之。此殆空論而已。徵諸既往之事實。所謂國際法規之創設。非必經各國一般之承認。往往數強大國主持之。而弱小國默從之而已。故強大國與弱小國之間。純然之平等權不能成立。此顯而易見者也。近來歐洲國際法學者。亦頗有疑及此點者。白耳義之尼斯。Nys 英國之陸倫斯。Lowrence 均嘗論歐洲協調與平等權之關係。Lachnsel Europian．陸氏於其著書中嘗言曰「無論如何之規則。非經文明國一般之承認。不能有法律之效力。然不足重輕之小國。往往可由大國之規定而默認之。至其他小國無直接利害之關緊者。一惟大國是從而已。」由此說觀之。格洛歇斯 (Grotius) 所謂國際法上之大原則。國家不可不平等者。全屬空文矣。至於實際問題。自古至今。無不由歐洲協調而解決者。今就歐洲協調之

一〇

沿革詳述之。庶足以知協調與平等權之關係焉。

歐洲協調之起源。始於十九世紀之初葉。旭孟 Chaumont 條約。實爲其端。此約於一八百十四年三月一日。巴里 Paris 占領。那破倫 (Napoleon) 廢位之際。英、俄、普、墺國締結之。此約之目的。在以歐洲全體之力。壓抑那破倫之勢力。由此目的。而歐洲之諸君主諸政治家。各泯其猜疑嫉妬之心。而爲一致之運動。所謂歐洲協調之端緒。實啓於此。其後一千八百十五年。那破倫敗績。歐洲之公敵已亡。歐洲一致之原因。亦歸消滅。然一致運動之主義。尚依然存續。歐洲之國際問題。往往由此解決。於是歐洲協調。遂成歐洲政略上之一大主義。維也納 Wienna 會議之際。法國亦加入協調之中。於是四大强國。更爲五大强國矣。

自一千八百十五年。法國加入協調後。一千八百六十七年。伊大利亦加入。惟其他小國不與焉。雖然。維也納會議之際。瑞士、葡萄牙、瑞典等國。亦均得列席。而事實上與諸强國不能保平等之地位。至一千八百十八年。沙白爾 Aix-la-chapelle 之會議。維也納議會時。諸小國亦不得列席。是時西班牙雖有要求。而[illegible]不能達其目的。凡此皆足

證強大國之專恣而小弱國之不能有平等權也

自歐州協調之成立其効力之實行果如何茲舉一二例如左其一為希臘之獨立當一千八百二十一年希臘崛起抵抗土耳其時神聖同盟不表同情而亦不加壓抑俄國以同一宗教人民之故尤有扶助希臘之意英法二國遂一致干涉之宣言曰「土耳其之事不能使俄國或神聖同盟隨意決定之」由此方針英國遂率先盡力於希臘獨立之事一千八百二十三年與俄國相結托一千八百二十七年復與俄法相托遂於一千八百三十二年由倫敦條約三國均承認希臘之獨立焉其二為白耳義之建國白國亦由諸強國一致之運動而成獨立之事業初荷蘭王以白人叛托諸強國調停之然諸國反荷王之意遂使白耳義獨立且承認其為永久局外中立國云其他若克立密 Crimia 之戰爭埃及希臘諸問題由歐洲協調而處決者不遑枚舉要之歐州協調之事謂為紛議之審判者可謂為立法者亦無不可惟其以強大國為限而弱小者不得與聞則其原則也故洛氏嘗言曰「歐州之事諸強國占重要之位置而其結果遂使國際法上平等權之原則不復適用」蓋有為而言也

歐美日本政治法律經濟考參書紹介

1. Rudolph Gneist: Selfgovernent, communal verfassung und verwaldungsgeschichte.

   德國格尼斯脫「德國自治及行政史」

2. Paul Lonband: Das Staatsrecht des deutschen reiches.

   德國臘彭達「德國國法學」

3. Georg Meyes: Lehrbuch des deutschen Staatsrechtes.

   德國瀰以耳「德國國法學」

4. J. C. Bluntschli: Lehre vom modernenstaat.

   德國伯偏知理「近世國家學」

5. Alphens Told: On Parliamentary government in England: its origian, development, and prectical operation.

   英國太特「英國國會政府之起源,發達,及慣例

6. John Stuart Mill: Political Economy.

   英國彌耳「經濟學」

7. Westlake: Chapters on the principle of international Law.

   英國威斯蘭克「國際法要論」

8. 日本梅謙次郎　　民法要義.
9. 日本末岡精一　　比較國法學.
10. 日本金井延　　社會經濟學.
11. 日本織田萬　　日本行政法論.
12. 日本中村進午　　平時國際公法.

清國留學生會館

告白

本會館由留學同人公設凡內地有志東遊者本會館均可代爲招呼並紹介學校一切另有招待細則不日登報聲明先此佈告

日本東京神田區駿河臺鈴木町十九番地

清國留學生會館啓

教科書譯輯社廣告

本社創辦教科書專爲中學校之用曾刻有中學校輯譯通畧一篇荷蒙閱者公鑒惟原定仿講義錄之例按月分類出書各處同志來函多有以時日太久未得全豹爲言者故同人公議改爲單行本出書陽曆四月間約可成書四五種以副同志期望之意至原定書目亦稍有增損之處茲重列如左閱者鑒之

倫理學
東洋史
中國地理
中地文學　矢津昌永著
初等幾何學教科書　長澤龜之助著
平面三角學　菊池大麓著
中等化學教科書
中等植物學　三好學著
新式礦物學　脇水鐵五郎著
體操教範
法制教科書
中等管理教授法

中國歷史
西洋史
中等萬國地理　矢津昌永著
算術小教科書　藤澤利喜太郎著
代數學　上野清著
中等物理教科書　水島久太郎著
普通生理教科書　片山正義著
中等動物學　石川千代松著
圖畫術
國民新讀本　英文
經濟教科書

本社發行所設
日本東京本鄉區丸山福山町十五番地

[illegible]球場　[illegible]
上海[illegible]馬路棋盤街　[illegible]
上[illegible]路盆湯弄　[illegible]
紹[illegible]育巷北女冠子橋堍　[illegible]
蘇州元妙觀東首　中西書室
蘇州葑門內唐家巷　廣學會
蘇州葑門內盛家浜　中外日報館
杭州城內銀洞橋　繩正學堂
杭州城內米市橋蒲場巷　東來書莊
湖州城內　開智書室
杭州城內大方伯　中西小學堂
無錫崇安寺　湯宅
蘇湖[illegible]觀前岸　譯林
江西馬王廟背後　浙江大學堂
天津宮北玉皇宮前　開智書室
天津紫竹林　養正書塾
北京米市胡同　三等學堂
北京東四牌樓什錦花園　晉康煤炭公司
江西　賦梅山房主人
日日新聞社
信遠洋行
日日新聞分社
溥，宅
廣智書室

香港上環　和[illegible]
香港文武廟直街　文裕[illegible]
汕頭鎮邦街下窩中華夏布莊樓上　李道南先生
加坡衣箱街　天南新報館
大阪川口三十二番　鉛源號
横濱山下町一百五十二番　新民叢報社

明治三十五年四月二日印刷
明治三十五年四月三日發行

編輯兼發行者　東京本鄉區丸山福山町十五番地　胡英敏
發行所　東京本鄉區丸山福山町十五番地　譯書彙編社
印刷人　東京淺草區黑船町二十八番地　酒井平次郎
印刷所　東京淺草區黑船町二十八番地　東京並木活版所
總發行所　上海大東門內北城根　育材書塾

Second year. No. 1.

THE

YI SHU HUI PIEN

A MONTHLY MAGAZINE OF TRANSLATED

POLITICAL WORKS.

OFFICE:

No. 13, Maruyama-Fukuyamacho, Hongoku:

Tokyo, Japan.

SOLE AGENCY

[illegible] SAI SCHOOL.

SHANGHAI CHINA.

譯書彙編

一九〇二年第二卷第二期

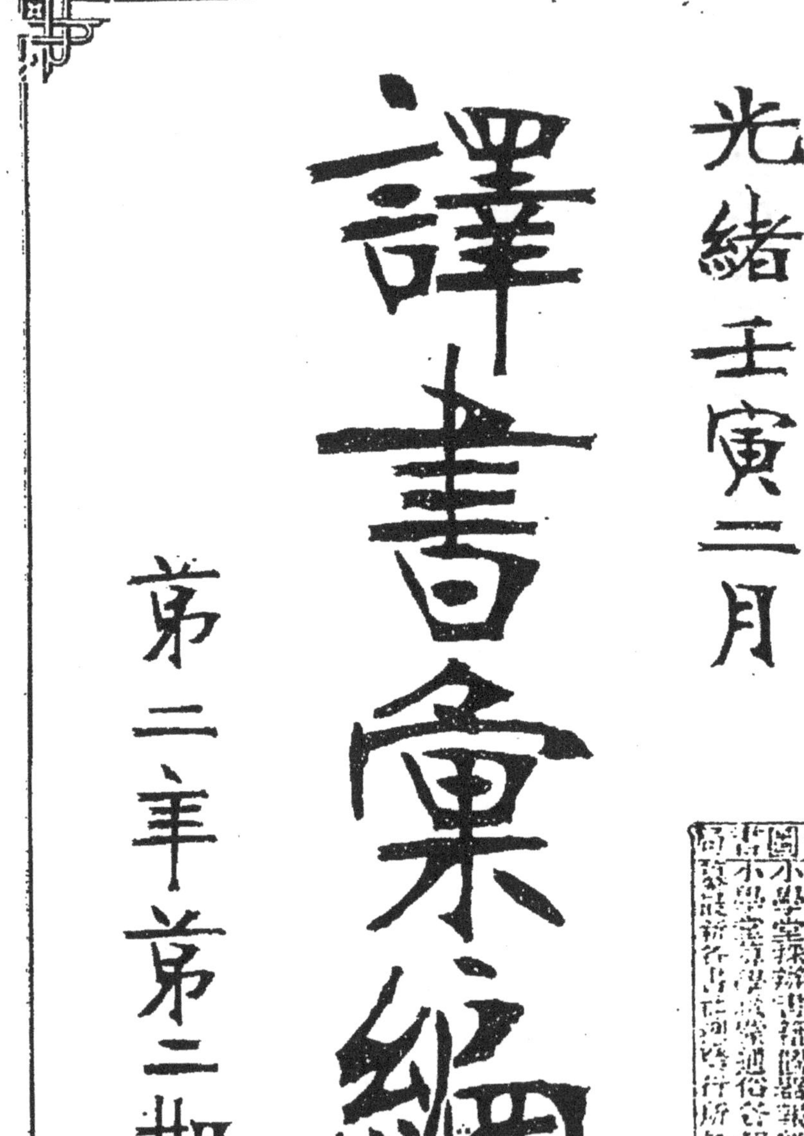

（明治三十四年一月二十八日第三種郵便物認可）

光緒壬寅二月

譯書彙編

第二年第二期

（每月一次定期陰曆十五日發行）

譯書彙編第二年第二期

目錄

附錄

本編價目表

全年十二册	半年六册	每册
二元五角	一元三角	二角五分

外準郵費視路遠近照加

廣告價目表

一頁	半頁	一行（四號十七字起碼）
五元	三元	二角

凡欲惠登告白者須於本編定期發刊之前五日交到價須先惠欲登長年半年者價當格外從減

東京亞米活版所寫眞部謹製

日本明治兩陛下御肖像

东京並木活版所寫眞部製

日本醫習院

東京並木活版所寫眞部製

日本女學校卒業式

譯書彙編發行之趣意

夫立國之要素有三曰土地曰人民曰生產此三者貴有以經理之管營之譬之造築有木石也有場所也苟使匠人拙於經營之法安見門戶堂奧之秩然而有序乎欲治天下者尚乎中央行政地方行政市町村行政之制度也按行政之大端莫如財政教育軍制警察等邇來各國交通而外交一事尤為政務上之一大要件今日上下倡言孜孜於理財興學整軍經武設警察訂邦交概以言之非即所謂改革行政乎於是朝野之有志者莫不知宜取法歐美日本之制度假矣然各國之制度非可徒求諸形迹要當進探乎『學理』否則僅知其當然仍不知其所以然蓋其各種之經營結搆莫不本乎『學理』之推定而所謂學理者蓋幾經彼國之鉅儒碩學朝考夕稽以得之眞諦也日本明治維新之初鉅儒中之有功於國家者若加藤氏福澤氏間嘗讀其書攷其事莫不以『學理』倡導天下誠使此理貫徹乎朝野則游刃有餘矣我國維新先於日本者幾三十年一則若斷若續一則一往直前推原其故未始非『學理』解否之別也今則時機之不可再逸也覆轍之不可重蹈也巡回有其人游覽有其人惟言『學理』之書尚稀若晨星同人等負笈他邦輸入文明義不容辭課

程餘陰勉力從事爰將歐美日本學理最新之書有關於行政理財者纂輯成編餉遺海內夫中央行政者閣臣之所有事地方行政者督撫司道州縣之所分任市町村行政者紳耆故老之所當致求也然則此編豈僅爲書生家報館家政治家參觀之伴侶議論之材料而已耶抑聊以爲當道鉅公紳耆故老之顧問也乎

本編改良規則

第一條　本編所譯輯者以歐美日本之政治法律爲主尤側重於外交財政教育警察等類每冊中不能具備則挨期輪刻

第二條　本編鑒於去年取書多而成書少之弊今年重加改良每月每冊增至百四十餘頁之多以四箇月爲一結束第四期之書不與第五期相連第八期之書不與第九期相連一結束之間務成全書厚則二三部薄則四五部不等四箇月之期不爲遠庶幾讀者不致成書無期之歎

第三條　凡遇書籍過厚原訂爲上下二冊者則第一結束之內刻上卷第二結束之內刻

下卷。

第四條　本編每冊卷首冠以寫眞銅版二三頁。如學校議院官衙等圖。卷末則附以同人隨筆見聞。務以輸入文明增廣智識。爲目的。

第五條　海內能通英文之士不爲少。故每冊附以歐美政治經濟新書目錄一門。以爲介紹。

第六條　購閱本編者。應得之利益如左。

一學術上之質疑。無不備答。

一本社發行之圖書。照定價九折。以訂在本編內之圖書劵爲憑。但每劵以一部爲限。

第七條　本編尙望內外朝野達人鉅公之指導及贊助。

第八條　彙編按月一冊之外。尙有政法叢書。每本單行。惟不按期。

第九條　本社發行之圖書。皆經存案。不得翻刻。

本編改良告白

一本社去年所出十二期。因書類太多而厚。故僅出完現行法制大意。近時政治史。　各國々民公私權考。物競論等。其他已刻未竣之近時外交史。政治學。理財學。十九世紀歐洲政治史論。政治學提綱等書。務須赶緊譯畢付印。別出號外以補足之庶成完璧。不負閱者。俟出版後再登廣告

一今年本編改良頁數既增。又附以寫眞銅版。作本過大。售價亦不得不加。每册定價二角五份。全年定價二元五角。半年定價一元三角。郵費則視遠近照加。

一內地各代派處皆由上海總發行所分配。以便簡捷而歸劃一。如長崎大坂神戶橫濱等處。則仍由東京本社分寄。

一內地各代派處之報資。請悉滙經上海總發行所王君培蓀手。務取王君收條爲憑。否則與本社無涉。若長崎大坂神戶橫濱等處。請仍交東京本社。

一有願代派本編者。乞函告上海總發行所。自當按址寄送。

一代派處至五份以上者。提一成半爲酬勞。十份以上者。提二成爲酬勞。

一如欲購閱本編。乞先將報費郵寄前來。乃爲作實。各代派處。亦必須於本報既出第二期後。即向閱報諸君收取報資。在內地則彙寄上海總發行所。若神坂等處則彙寄東京本

社。否則一槪停寄。仍追取前費。

本編之特色

一、閲本編四箇月。即得全書厚則三四部。薄則四五部。雜誌中成書之捷。爲空前未有之舉。

二、世界各國之行政組織。及政體之異同。未有如本編之條舉縷析者。

三、大學校及專門學校諸名家之新説。採錄無遺。輸入海內。是爲其他書籍所未揚者。乃本編獨有之光彩。

四、本編寫眞。悉萃原版。鮮麗精美。以視模糊不辨者不同。全年後分拆而裝潢。之既成佳書十餘種。又得畫圖數十幅。

五、本編全冊。皆經同人精心採擇。參互考訂。從無直譯之文。

六、調査英美德法及日本等國。政法經濟最新之書。悉爲介紹。以爲志士購取之便。

七、初學者。驟語以遠大。每屬茫然。本編所述。悉從最初講起。有循序漸進之益。

八、裝訂精良。頁數加厚。現在雜誌中所未有。

譯書彙編社社員姓氏

戢翼翬　字元成東京專門學校卒業生

王植善　字培蓀上海育材學堂總理

陸世芬　字仲芳東京高等商業學校學生

雷　奮　字繼興東京專門學校學生

楊蔭杭　字補塘東京專門學校學生

楊廷棟　字翼之東京專門學校學生

周祖培　字仲蔭前京專門學校學生

金邦平　字伯平東京專門學校學生

富士英　字意誠東京專門學校學生

章宗祥　字仲和帝國法科大學校學生

汪榮寶　字袞甫慶應義塾學生

曹汝霖　字潤田明治法學院學生

錢承誌　字念慈帝國法科大學校學生

吳振麟　字止欺帝國法科大學校學生

壬寅年譯書彙編擔任譯員及幹事之姓氏

王植善　字培蓀

陸世芬　字仲芳

金邦平　字伯平

汪榮寶　字袞甫

曹汝霖　字潤田

富士英　字意誠

錢承誌　字念慈

章宗祥　字仲和

吳振麟　字止欺

第二　因革命而停止

本國有革命之事。或政体有變更。使臣尚在繼續之時。則自變亂以後至新政府確立。以前。其職務當然停止。駐劄國有革命之時亦同

第三　因爭戰而停止

因爭戰開始而召還使臣。及平和恢復以後。再派遣之。此時使臣之職務在一時停止之例耶。抑前之職務既已終了。至是而新命之耶。議論尚未一定。海甫鐵氏則曰使臣之職務。因兩國之開戰。當然終了。然兩國之爭議。未及爭戰。即已終局。其爭議中僅停止其職務而已。然爭議之有無。其影響遂及於使臣之職務。此何故耶。論理上未能一貫。海氏之說。不獨論理上未當。於今日之慣例亦大相反。慣例云者。墺普爭戰之後千八百六十九年。澳地利裁判所之判決。玆略記其顚末於左。

千八百六十五年。駐劄維也納之普國公使。以任務存續之期爲期。租一家屋。至次年澳普交戰。公使因而召還。平和恢復之後。復有駐劄維也納之命。於是公使復使用此家屋。屋主以公使之召還爲職務之終了。請其退還家屋。公使則以職務暫時停止爲

詞。並未終了。遂至煩法庭之裁決。第一審裁判所之判決。判以職務之停止。其租屋契約。當然有効。控訴裁判所。以再任之際。捧呈信任狀爲理由。爭戰開始。即爲職務終了。然高等法院。則以契約之効力。並未終了判決之。其要旨曰。租屋契約中。租屋人之歸國與否。並無關係。惟租屋人外交上職務存續期間。當然其契約亦因之繼續。公使之退還。維也納並非確定時期之召還。唯因兩國之不和而已。平和後之再任。事實上。不得謂之職務終了也。况信任狀之捧呈。並非使臣職務終了之意。所以證明兩國之繼續舊好而已。

余輩則依今日之慣例。以此主義爲是。

第四項　使臣之職務權限

使臣之職務權限。可大別爲三。對本國政府之職務。對本國人民之職權。及對駐剳國之義務。三者是也。

第一段　對本國政府之職務

第一　遵守訓令之義務

二

三

使臣職務之範圍。悉本於本國政府所給與之信任狀。或委任狀而定。使臣受信任狀或委任狀之後。同時當受本國政府之訓令。(Instruction)以爲通例。使臣不得違背此訓令。如訓令中有疑點。或缺點之時。可再要求詳細之訓令。然徒拘泥形式而遵守之。不得謂全使臣之職務也。當奉其主旨而活用之。或因緊急事件發生之故。無暇請求新訓令之時。可奉從政府之方針。便宜行事。遵從所受之訓令而行。或蒙非常之不利。此時鑑於政府之方針。而行訓令以外之處置。亦無不可。此皆使臣當盡之道。機敏與謹慎二者。皆職務上不可少之點也。

要之本國政府信用此使臣之時。訓令之實質。當只及大體而止。所以重使臣之責任。是謂策之善者。

第二　守秘密之義務

一般之官吏。有守秘密之義務。日本官吏服務第四條。「凡官吏、無論自己職務上之事。及從他之官吏聞而知之之事。皆禁止漏洩。官之機密。退職後同。」守此秘密之義務。於使臣則更爲緊要。一事件未着落之先。如漏洩之。因此而釀不測之禍。招噬臍不及之悔者。不乏其例。日本當條約改正交涉中。所謂井上案者。和蘭公使。公之於世。遂受日本政府之請求召還。西班牙國總理泊林姆（Prim）漏洩西班牙繼承問題。遂至普法之爭議。因而破裂。使臣之一言一行。關係國家之安危至重且大。故遵守秘密。爲職務上第一主眼。

第三　保品位之義務

官吏必有俸給。俸給者。所以使官吏維持其他位。不瀆其品行。故官吏之衣食。當與其地位相應。而品行又不可不慎。日本官吏服務紀律第三條之規定。即此意也。況使臣駐劄外國。遵守此義務。尤爲至要。美國格蘭特大統領之時。俄國駐劄華盛頓公使某。不修品性。以娼婦爲妻。遂有召還之請求。此不獨公使自身之恥辱而已。抑亦國家之失體也。

第四　代表本國政府之職務

使臣爲本國之代表。第一在致兩國之友誼。使一切交涉之事。歸於圓滑。此今日派遣使臣根本之理由。亦使臣當然之職務也。故爲使臣者。當重視駐劄國之習慣。慎其語言。和其風采。不可有侮慢之色。或妄自尊大。使國交上有窒礙之處。

第五　視察之任務

五

使臣在駐剳國。凡利害關繫之及於本國者。無論為直接為間接。皆須精密訪察。此職務中主要之一。亦派遣使臣根本理由之一也。故使臣欲盡此職務。必先明本國與駐剳國現在之關繫如何。本國政府之方針如何。以為視察之根底。欲明以上之關繫。則不得不熟諳本國政府及前任使臣之交涉書類。如有存疑之處。可請詳細之訓令。由是而有一定之見地。更轉而研究駐剳國諸種之慣例。使臣而蔑視此慣例。則圓滑之交際必無可望。交際不能圓滑。更何從而盡其視察之責耶。既知其習慣。不可不勉力於交際之道。終年閉居於使館。欲得緻密之視察。殆如緣木而求魚也。使臣從交際巧妙中而得之材料。加以參考各種新聞雜誌之論說。議會之演說。內閣之方針。政客之意向。其國之輿論而得之事實。然後精細綜合。下以精確之判斷。然此種視察。須有冷靜之頭腦。否則激於一時之感情。而輕忽出之。必至有傷國交。百日之勞瘁。一朝盡歸於水泡矣。然因訪察秘密而行使賄賂。則又為今日一般交際上所拒絕之事。蓋今日之使臣。非如昔日之可以假而偵探政治。又非如昔日之崇尚陰謀賄賂不正之為。一朝發露。其傷國家之威嚴也如何。損自己之名譽也又如何。此種卑劣手段。在所不許矣。使臣而有敏活之技能。洞察事體之明識。亦何樂而用此陰險手

段耶不得已之時國家之利害關係上不能禁使臣不爲此非行然行此種手段使臣材能之拙亦可想見雖謂之國家之賊也可

第六　通信之任務

使臣於視察所得之事實。必須報知本國政府。其通信則分爲定期通信。及臨時通信二種。定期通信。(Communication ordinaire) 其發送之信。有一定之時期。臨時通信。(Communication extraordinaire)每當一事之生而發之。凡通信皆守秘密。故電信則常使用暗號。古無信書秘密之法律。故雖普通郵局之通信。亦用暗號。然時時使用暗號。反以招列國之猜忌。且今日各國皆擔保書信之秘密。故郵局通信使用暗號之例。已全廢。然國家之利害關係。往々蔑視正義者不少。歐州列國於重大事件。使使館武官。送至自國國境。以爲例。此反不如古來暗號法之便利也。

第七　與駐劄國政府商議之職務

使臣有視察之職。由視察而得之結果。凡與本國利害關係之事。不可不從本國政府之訓令。而與駐劄國交涉之。故商議亦使臣根本職務之一。

七

駐劄國之商議。分之爲二。一直接之商議。一間接之商議。直接之商議(négociation directe)者。直與駐劄國元首商議交涉之事。今日列國大都採用責任內閣之制度。則此種直接之商議。已爲無用之制。況如北美合衆國有使臣不得與大統領直接商議之法制。然在無此種禁令之國家。使臣如受直接商議之訓令。而又自信爲適當之時。則雖直接商議。亦無不可。直接商議之先。將商議之要領開示。經外務大臣請之元首謁見。如交涉之事專涉於皇室者。則不行此例亦可。如西班牙繼承問題之時。駐劄伯林之法國大使碑那豆契(Béné-detti)不經由外務省。而常與惠靈常(Wilhelm)直接商議。

間接商議(négociation indirecte)者。與外務大臣商議之謂。今日大概之商議。皆行此例。亦與設立責任內閣之主旨相合。

凡商議。無論爲直接或間接。皆得用文書、或面語。以商議之面語商議者。(negociation verbale)謁見或會見之時。以面語商議之。其商議之進行較爲迅速。且無疑懼之患。但面語商議言語之當注意。則無論也。使臣當爲此商議之時。先送口上書者有之。口上書(note verbale)者、記載其口述之要領而無署名之公文也。直接商議之時。口上書由外務大臣提出之以爲常然文書之商議（négociation par écrite）其事亦常見。文書商議有二種。其一使臣從本國政府之訓令。以文書與駐劄國交涉。駐劄國政府亦送文書於該使臣。而照復之。此文書商議最通常之法也。其二本國外務大臣發文書於使臣。使與駐劄國交涉。駐劄國外務大臣又致書於此國駐劄之自國公使。而使之交涉。此種之商議。直接當商議之局者。兩國政府是也。使臣不過處周旋之地而已。然使臣不得僅爲口語之使者已也。以文書爲根據。凡關涉此事者。皆得議論之。而提出此文書之時期。又不得不熟考之。凡商議與時期。有密切之關係。一刻之誤。或釀不測之變。如一千八百六十七年。法國議會開院式。當日奈破崙三世之勅語中。有曰「雖有六十六年殺獨華之大勝。而使普魯西軍得與墺大利和議者。端賴法國之力」此時普魯西國王。有非常不快之意。法國於此時提出路苦勝泊耳之割讓問題。外交上因而失敗。法國之要求。遂無成功之望。

第二種之文書商議。使臣從本國政府所受之文書。必示之於駐劄國外務大臣。其騰本亦同時交付。以爲通例。故其書面中。往々載明提出騰本之事。此文書爲一種之訓令。如無交付騰本之命令。使臣可隨其便宜而行。然駐劄國外務大臣。因無騰本。拒絕商議者有之。如

九 千八百二十五年。俄國政府。發書於駐劄倫敦之俄國大使力愛樊伯爵。(Conte de Lieven)使交涉於英政府。凡英政府對南米諸國之政策。毋使害俄國之感情。大使開示此長文之書面。請求交涉。但不添付騰本。時之外務大臣堪甯氏。以無騰本。不能熟知俄國政府之意向爲詞。遂拒其商議。

當開示文書商議之時。凡遇重大之事。欲使後日交涉顚末。得以明確。於外務大臣之面前。記載其要領而朗讀之。求其承認。爲至要之事。此要領筆記謂之始末書。(Note)

今揭載報告文一篇於左。以備參考。藉以知商議之法。則此報告文載於千八百九十八年藍皮書。(Blue book) 關係清國第一卷中。

千八百九十八年三月十六日聖比得堡郵便發三月二十一日倫敦着

駐劄聖都英國大使阿克爵耳致索衛司倍耳郷之書

本月十六日。既以公文信報告於閣下矣。今更得關姆貝伊夫伯之證言。用再陳言於左右。據昨夜伯所通告於本使者。如左。伯昨日午前謁見皇帝。皇帝之意。如露國政府借租旅順大連灣。得清國政府許可之時。則此兩港。與清國他港相同。一例開放外國得以一體貿易。此證言皇帝已允許於伯。伯更附言之。前日本使命之注意者。如保證英國政府。與清國訂結之條約中。當享有之權利。及持權。此事不得輕忽。此意已上之陛下。陛下則曰。俄國於此等可尊敬之權利。斷不侵害。又無減損清國主權之意。命伯將此意。證言於本使。本使遂利用此機會。命以下之注意。本使所以起旅順之疑問者。非由本國外務大臣之訓令。又如俄國政府今日之要求。與最初欲得出公海門戶之提議。全然相違。女皇陛下之政府。其見解如何。本使又非所知。但旅順大連兩港。果租與俄國之時。希望此兩港。一例開放之目的。蓋關乎天津條約第二十四條、第五十二條、及五十四條之擔保。慮我兩國政府之間。他日有重大紛議之原因。欲盡全力以除去之而已。

今日晨刻又得關姆賓伊夫招本使至外務省會晤之言。及期而往。伯將昨夜與本使之證言反覆言之。且曰前所與之證言。此時即發表於議會。俄國政府。對清國不免失其敬禮。蓋清國政府。此兩港之租與露國。尚無正式之承諾。故此事可心證而已。此請大使會見之所以也。本使以其言為至當。得特通告於閣下。同時伯所與之證言。以電

二

文之草案。請閣下閱讀一過。其言詞之確實與否。致以質之閣下。其文筆中有「俄國政府尊敬天津條約之事一例承認」之語。然此證言。淸國與各外國所訂之條約。皆得適用。因此希望。故本使速修正之。幷得伯之承認。此可謂俄國政府正式之證言。特此聲言致候。

右謹報告。

非商議之交涉 (Commnication sans negociation)

非商議之交涉者。本國外務大臣。致書於其使臣。命使臣單以騰本呈示駐劄國外務大臣。但如此交涉方法。大有使臣不足信任之意。使臣之恥辱。莫大乎是。如無特別事故。不輕易用此手段。無論何種商議。兩國皆以善意而决其紛議。故雙方提出之證據書類。可誠實交換。如無明白欺詐之跡。不妨以信實視之。如無解决紛議之意。則其始不如不商議之爲得。商議之結果。使臣或拋棄其主張之意見。或承認駐劄國之主張。唯事件之承認而已。不可因不得已而爲權利之承認。蓋權利之承認。有貽後日以慣例之虞

第八　條約監視之職務

無論何種條約皆與國家之權利義務有相關之處使臣有維持國家權利之職務故條約監視之職務爲當然之結果監視條約之方法雖有多種然既存之條約果正當履行否凡與最惠國條款有影響之他種條約新訂結與否及新條約訂結之利害時期之如何皆監視中主要之事也

第九　維持特權之職務

外交官有種々之特權其特權不僅國際間之禮式而已國際公法上之權利也如駐劄國有侵害其權利之事可籌救濟之道所以救濟之者非僅使臣之權利而已亦對本國政府之義務也

以上列舉之義務皆使臣特別之義務然使臣亦官吏之一故一般官吏之義務亦當在遵守之中

第二段　對人民之職權

住居外國之自國臣國國家有保護之責此不僅一國之權利同時爲一國之義務使臣代表國家有維持權利之職務故駐劄國政府如對滯在之本國臣民有不正之爲使臣當盡

救濟之道此職權屬於使臣職務當然之範圍內故不必仰本國之訓令而後行但遇交涉事件先有特別訓令者不在此限

使臣欲行使其職權必經由駐劄國外務省。不得直接與他之官廳交涉。然所謂不正事件。須向駐劄國政府交涉者。果指何種之事件而言。則隨使臣之見解以爲定。從一般上論之。駐劄國違背國際法、或條約。或國內法。故意侵害一國臣民之權利利益。此可謂不正行爲。如侵害條約上所定自國臣民之權利。或違反國際法之原則而束縛自國臣民之自由或變更國內法上所定之訴訟規則及加重刑罰等不公平之權力行使皆是然使臣見駐劄國政府有如此之行爲當時即提出抗議不免輕率之譏使臣可先令被害者訴之駐劄國國法以盡救濟之道倘不能恢復權利於是再開始交涉

使臣有保護本國臣民之職權。故須有本國臣民資格承認之方法。如交付旅行免狀。及證明證書。其他關乎身分登記之事皆是。今揭載日本法令之規定於下。以備參考。

戶籍法

第五十九條　在外國之日本人。照本法之規定。當具姓名狀。呈送於該國駐劄之日

本公使及領事。

第六十條第一項　在外國之日本人。遵其國之法式。因給狀事件而作證書。三箇月以內。當呈送證書之謄本。於駐在該國之日本公使及領事。

第六十一條　照前二條之規定。公使或領事。所收之姓氏狀。或證書謄本。三月以內。由公使或領事。發送外務大臣。十日以內。發送本人本籍地之戶籍吏。

第七十八條第一項　航海中有生子者。艦長或船長。二十四時以內。將第六十八條所載諸事。於乘客中所選出之證人面前。記載於航海日記中。艦長或船長。同署名蓋印。且證人之出生年月日、職業、及本籍地、均須記載。

第三項　船艦當着外國港時。艦長或船長。無少遲延。將關於出生之航海日記謄本。呈送駐剳該國之日本公使及領事。公使或領事。三月以內。發送本國外務大臣。外務大臣。於十日以內。發送於本人父母所在本籍地之戶籍吏。

第百三十條第一項　航海中有死亡者。艦長或船長。二十四時以內。將第百二十五條所載諸件。於船客中所選出之證人面前。記載於航海日記中。艦長或船長。與證人間署名蓋印。且證人之出生年月日、職業、及本籍地、亦須記載。

第三項　船艦當着外國港時。艦長或船長。無少遲延。將關於死亡之航海日記謄本。呈送駐劄諸國之日本公使。或領事。公使或領事。三月以內。發送本國外務大臣。外務大臣。於十日以內發送死亡者本籍地之戸籍戸。

民事訴訟法

第百五十二條　對在外國之本邦公使及公使館官吏。其他家族從者之訴訟文書。囑託外務大臣發送之。

第百五十三條　除前條之外。在外國可以施行之訴訟文書。則囑託外國之管轄官廳。或駐在外國之本邦公使。或領事。發送之。

第三款　對駐劄國之義務

使臣對駐劄國之義務。前條使臣之召還及退去中。已略言之。今更詳細論之於下。使臣之職務。在調和兩國之交際。而使之圓滑。和氣藹々之中。能爲兩國增進利益。使臣對駐劄國之義務。即本此觀念。故要言之。使臣之義務。在尊重駐劄國之權利而已。而尊重駐剳國權利之義務。可大別爲二。

第一　遵守駐剳國國法之義務

使臣於國際法上享有不可侵之權利。所謂不可侵權者。駐剳國國法。不能適用於使臣之身。然此權利。在使使臣得以完全盡其職務而設。並非使臣有侵害駐剳國國法之權利也。故使臣蔑視駐剳國國法而有犯罪行爲。駐剳國政府可請求召還。事急或可命之退去。如使臣所犯之罪。對駐剳國有極重大之關係。雖逮捕之拘留之亦可。如千七百十七年。駐剳倫敦之瑞典公使。對赫怒倍術（當時與英國爲身上合同國）王室。有陰謀之故。一千八百十八年駐剳巴里之西班牙公使。對法國有陰謀之故。皆遭捕逮。蓋一國當自國基礎危急之時。猶守尊視使臣特權之義務。無是理也。然使臣因此種行爲或被請求召還或被退去或被拘禁。不僅使臣一人不名譽而已。而於本國之名譽亦因之毀損。故使臣遵守駐剳國國法。不獨對駐剳政府之義務。抑亦對本國政府之義務也。

第二　不干涉駐剳國政策之義務

使臣因干涉駐剳國之政策。而受請求之召還者不少。前已言之矣。蓋雖無條的明文。然容隊駐劄國內政。是謂不正之干涉。於一國自主權有不相容之勢。使臣守此義務。故除駐劄國外務省之外。不得與他之官廳交涉。外務省以外之官廳。皆國家內政之機關。而非使臣職務之所及也。

第四欵　使臣以外之外交官

日本外交官及領事官官制。使臣以外之外交官有四。一公使館一等書記官。二公使館二等書記官。三公使館三等書記官。四外交官補。大使館則大使館書記官之上置大使館參事官。此種之外交官皆補助使臣。分擔事務。或參與議立奏。故凡使臣當守之原則。此種外交官亦一例遵守。而無俟再言矣。

領事官、為保護本國、及本國臣民之利益、派遣至外國之官吏。一切事件。不得與駐劄國政府直接交涉。詳言之。領事官不侵及駐劄國統治權。及本國之事。可行使特別之職權。欲對駐劄國政府。為正式之談判。必經由駐劄其地自國之使臣。故領事官之事。已涉本書範圍之外。然領事官而兼有外交官之性質者。謂之外交事務官。（Consul général chargé d'affaires）外交事務官。以無外交官駐劄地之領事。兼任之。通常以總領事為之。有外交官之性質。可行使政治上之職務。直接與駐劄國外務省交涉及訂立條約等事。故享有外交官之特權。其地位在代理公使之下。總領事之上。位於外交官領事官之間。此制行於南美諸國者多。如法國派遣外交事務官於合鐵麻拉共和國。可侖波合衆國。烏耳合愛。(Republgne de Gnatémala, Les Etats-Unis de Colombie, L' Uruguay) 日本則遣派至布哇及墨西哥等處。

第二章　國家外交機關之特權

第一節　元首之特權

元首享有種種之特權。此特權之起源。基於國際間之禮讓。及國家之必要而生。元首之在本國。神聖不可侵。至外國而受法律之制裁。是元首之神聖。有時侵害。兩國間易生紛擾之處。況元首往々為國家主權之代表。因國家平等權之原則而生元首平等權之觀念。不可侵之特權。由是而定。矣此特權不僅專屬於元首之一身。其從者及物。皆有之。古來此等之特權。稱之曰治外法權。(Exterritorialité, extra-territoriality) 治外法權者。領土外之意也。元首從者及物。皆與在元首本國領土同。不能行使滯在國之法權。然此推定。不僅與事實相反。如特權有疑意之時。當從廣義解釋之。漸流爲語弊。故今日不曰治外法權。而單曰元首之特權。

元首之特權別之爲六。身體及名譽之不可侵。國法之不可侵。裁判權之不可侵。動產及不動產之不可侵。警察權之不可侵。租稅之免除是也。蓋獨立之國家。所當享有之權利。及關乎禮式上之榮譽。皆享有之。然主張治外法權論者之勢力漸衰。元首所滯在之土地。不以元首之領土視之。故不得侵害滯在國之領土主權。於是元首於滯在國內不能行使裁判權及收容犯人。況元首利用其特權而害公安之事耶。元首濫用特權。則滯在國可行使自衛權。如元首對滯在國有抗敵行爲。則可幽閉之。害及公安或默許從者有犯罪之行。當緊要之時。可退去。元首於使居領土外。不允交出犯罪人。亦可退去之。且防犯罪人加入從者之中。即使用兵力亦可。

元首雖享有以上五種之特權。然可謂之例外者。亦有五。

(一)元首匿名旅行之時。欲滯在國以元首待遇之。事實上不可能之事也。但滯在國政府知其爲元首。則仍當尊視元首之特權。如千八百七十三年和蘭國王微行於瑞西。犯違警非受罰金之判決。瑞西政府。後知其爲王。遂停止其執行。

(二)元首於滯在國掌有職務之時。如從事其地之軍事。則於士官之資格。不可不服從其國之法權。此例古來德意志聯邦甚多。但元首當辭其職務之時。隨時可恢復其特權。

(三)元首爲其國臣民之時。如赫怒信耳之王。同時又爲英國之臣民。堪罷蘭特(Comber-land)侯。以其有臣民之資格。而被白辣渾休(Branusclaweig)公所訴。

(四)元首在外國。以一私人之資格。關涉財產上之事。該國仍有裁判權。

(五)元首不認一國之拒絕。强遊其國。則一國可拒其入國。

除此五者之例外。元首皆可享有特權。世襲之君主。無論外交上之旅行。及普通之漫遊。皆可享此特權。大統領則非代表一國之旅行。不能主張此權利。

皇族及讓位後之君主。單獨旅行之時。不能主張此權利。然一國之修交上。仍有承認之例。

第二節　外交官之特權

外務大臣。當旅行外國之時。不依外交官之資格而旅行。則不能享有特權。外交事務官之特權。與外交官之特權。不相異同。故此節專就使臣。及其他外交官之特權論之。

第一欵　使臣之特權

第一項　使臣特權之沿革

使臣爲本國之代表。可享有種々之榮譽。此事希臘羅馬時代。已屢見之。希臘之雅典。使臣因維持本國之利益。而致名譽之死亡者。表彰其德。以垂久永。則爲之設紀念像。如馬塞獨尼亞王飛立波刼死雅典使臣之時。使臣因重死後之名譽。不少挫折其勇氣。即此類也。

降至羅馬。凡加害於使臣之犯罪人。當送交使臣之本國。（日語謂之罪人引渡）奔卜尾烏司之殘編中有曰。「加害於外國使臣者。以其與萬民法（即自然法）違反。犯罪人當引渡於使臣之本國民。」

(Fragmentnm 17 de pomponins. D., de legationibus, 50, 7. "Si quis Lezatnm hostium pulsasset, contra jus gentinm id commissnm esse existimateur, quia saucti habentnr Lezati et ideo, si cnm legati aqud nos escent gentis alicnjns bellnm cnm eis indictnm sit,reoponsnm est leberos eos manere: id enim juri gentinm conveniens esse; itaque enm qui legatnm palsasset, dnintus mncius de di hostibus quornm erant ligati, solitus est respondere")

同一誘斯楷尼安斯之法典中。烏耳披安司有曰。「加害於使臣者。視與害及公安者同。當罰之。」(D., ad ligem juliam ds vi pullicâ, XTVIII, VI.)降及中世。此習慣於原則上尚存在之。至羅馬法學之再興。又爲各國之所承認。如千六百五十一年之和蘭國法。有加害於使臣及其僚屬住所器物者。是謂國際法違反犯人與公安擾亂者。處同一之刑。其原則蓋取烏耳披安司之說也。

第十八世紀。此原則非常發達。各國皆尊視此特權。而定爲治外法權之一。蓋使臣之職務。關係甚重。如顧一身之危險。必至不能盡其職務。況古代人民之偏見。視使臣與陰謀者同。若有危害及於其國者。然益覺特權之必要。使臣代表本國之觀念。殆與對君主同一之榮譽待之使臣矣。

使臣之特權。其發達也如此。故今日各國承認之特權中。基於古來之習慣者多。從其職務上之緊要以爲根據。則不易解釋者不少。大半皆國際禮式及古之慣習中轉化之權利也。

第二項　使臣特權之類別

使臣之特權。古稱之曰治外法權。然治外法權爲法律上假想之推定語。意非自然。與前章所論元首之治外法權同。易滋疑意。故學者漸次縮小其意義。今日只限用於使臣特權中裁判權不可侵之一部。然使臣特權之全部。今日學者皆得而講明之。何故於治外法權之文字捨之如此其吝耶。余謂之不能無疑也。

使臣之特權。別舉之如左。

第一　身躰及名譽之不可侵。

一國派遣使臣。駐劄國政府。對使臣之身體名譽。當有完全保護之條件。蓋無此保證。使臣不能完全行使其職務故也。此特權往々與裁判權之不可侵相一致。故學者每同一論之。但裁判權之不可侵。乃免除裁判權之意。身體名譽之不可侵。乃不使暴行強迫加於其身之謂。其間自有廣狹之差。余並區別論之。指裁判權之執行以外身體名譽之不可侵而言換言之。駐劄國政府對使臣不加暴行。不擅行使權力之謂。駐劄國臣民亦不得毀損使臣之名譽身體之謂。

此特權如被侵害之時。使臣可提出抗議。或歸國而爲政府間之直接交涉。或對此侵害而用復仇手段。亦可。

一國臣民侮辱使臣之時。駐劄國多以官吏侮辱罪同一論之。蓋官吏者。對本國則爲官吏。對使臣之犯罪。與官吏同一論之。駐劄國本無此義務。然設此規定者。不外保護使臣之主旨。如明治三十四年日本議會提出之刑法草案第百八條「對派遣於帝國之外國使節。而加暴行者處三年以下之懲役。對派遣於帝國之外國使節而加侮辱者。處一年以下之懲役。但俟被害者之請求。然後論罪」德意志刑法「用文書、圖畫、形態、或偶像。侮辱駐劄伯林之外國使臣者。處一月以上一年以下之禁錮」皆其例也。

使臣之所以享有此特權者。不外使使臣容易行使其職務之故。故外交官如超越職務範圍以外之行爲。則不能主張此特權。如使臣爲不正之攻擊。而受正當防衛權之行使因此毀傷其身體。或至使臣所不當至之地而被醉客毆打。或以一私人之資格所著之書而受批評等。皆是。

第二　裁判權之不可侵

一　刑事裁判權之免除

使臣刑事裁判權之免除。其學說尙種々不一。第一說。公判與聚集證舉。當有區別。只限駐剳國裁判所。不得召喚使臣而已。於聚集證舉之事。裁判所仍有此權也。(Luigi Borsari, De l action pénale, chap. IV, §. 35) 第二說。駐剳國對使臣不能行使裁判權。(Faustin-Hélie, Traité d'instruction criminelle, T. II, 12, chap. V, §. 127) 第三說。則與前說反對。謂駐剳國有完全裁判權。(Pasquale Fiore Traité du droit penal international et de l extradition, 3 L, No. 23, 25; Esperson, droit diplomatique et juridition internationale maritime T. I, no. 206 et suiv, Laurent. le droit civil international, T. III, P. 169 et suiv) 第四說。則折衷兩者之間。普通之犯罪。可請求召還。或命之退去。事之重大者。雖逮捕之拘禁之。亦可。(Heffter, le droit international de l, Europe, No. 214) 以上之學說。一一辨駁之。涉於本書範圍之外。余輩就現今實行之慣例。以辨明之。

今日各國承認之慣例。與海甫鐵 (Heffter) 氏之說一致。國際學者之多數。亦與氏說同。如犯普通之罪。駐剳國政府照會本國。請求召還以爲常。犯違警罪之時。則令使臣注意。或陳告本國政府。聲明不服之意。罪狀重大之時。如對駐剳國元首或政府有加害行爲。則可命之退去。當危急之時。雖逮捕之。拘禁之。亦可。蓋國家當被侵害獨立之時。而猶守。尊重。使臣。特權。之義務。無是理也。故刑事裁判權。免除。之特權。非使臣絕對之權利。可知。

二　民事裁判權之免除

使臣民事裁判權之免除。亦種々學說不一。今日大概之慣例、使臣得享有裁判權免除之特權。但使臣拋棄此特權。自列於原告者。不在此限。使臣一旦拋棄此特權之後。當反訴及控訴之時。使臣亦不得不遵守駐劄國裁判權。然他之特權。則不因此而侵害。如侵入其家宅。拘禁其身体。皆不可能之事也。

此原則爲今日各國之承所認。俄國法之規定。「對外國使臣主張權利可訴之外務大臣」英美法之規定。「押收使臣之擔保品或動產之命令及訴訟之歷級皆爲無効。德墺法之規定。「使臣可準據國際法而享有特權」皆不外此主旨。唯葡萄牙之法律。使臣就職以前之債務。裁判所有管轄權。西班牙之法律。使臣就職間之債務。駐劄國保有裁判權。西班牙之法律。其理由之何在。余輩之所未解。至葡萄牙之法律。亦與特權設定之元則相矛盾。

(三)　可免除召喚爲證人

欲召喚使臣爲證人。須經使臣之許諾。然使臣於職務上當然有此特權。故無本國政府之許可。不能自由而應其召喚。千八百五十六年。駐劄華盛頓之和蘭公使。因目擊殺人罪之現行犯。美國裁判所遂召喚臣使爲證人。使臣以未經本國政府之許可而拒絕之。蓋重視職務之理也。故裁判所欲召喚使臣爲證人。不得直接發召喚狀。由檢事申請司法大臣。司法大臣達之外務大臣。外務大臣以外交之手段。請求本國政府之許可。爲最妥當。

（四） 使臣之裁判權

昔日因治外法權之推定。使臣於公使館內。可行使裁判權。如千六百三年駐劄倫敦之法國大使。處從者以死刑之事。然治外法權說漸次衰滅。同時國家權利之觀念。漸次發達。承認使臣之裁判權與駐劄國之自主權有不相容之勢。今日唯從者之非訟事件及違警罪。使臣有管轄權而已。犯重罪及輕罪之時。僅得行送致本國裁判所之預備歷級（日語謂之手續）而已。但土耳其其他東洋諸國。使臣猶行使裁判權。如從者以外之自國臣民。有非訟事件。民事訴訟。及刑事訴訟。皆可管轄之。

第三 家宅之不可侵

昔日不僅使臣之家宅已也。其家宅所在之區內。或街衢之全部。皆在不可侵之例。謂之曰隣近不侵可(la franchise de quartiers)今日則不可侵之權僅限於公使館。蓋使臣代表國家擔任重要之職務。使館內藏有秘密書類。如任警察權之擅入家宅。外交上之成功殆不可期。此今日承認此特權之根本理由。然使臣所有之動產亦在不可侵權之內。故使臣所有之物品不得押收。亦不得處分

公使館內駐劄國不得行使警察權。故公使館有犯罪行爲。或藏匿罪人。只能請求交付。(日語之謂引渡)無使臣之許諾。不得入館內。日本明治七年九月二十九日第百二十八號太政官達第四條。[外國使館內。有事故。經館主請求之外。決不能擅入。若犯重科之犯人。奔匿門內。間不容髮之時。可告門者。得館主人之許可。然後入館內。或入邸內探索] 此即表示不可侵權之意。

以上之原則。爲各國之所承認。如使臣拒絕交付之請求。或不許入內探索之時。駐劄國政府。如何處置之。各學者之議論不一。余輩於決此問題之先。當先論使臣果有收容罪人。不應交付請求之權利否耶。此問題確定之時。則拒絕交付之處置如何。亦因是而決定。

當治外法權說盛行時代。公使館視爲駐剳國領土外之地。不本於犯罪人引渡付意印度條約。 二九
駐剳國對使臣。不能有請求引渡之權利。於是公使館不啻爲犯罪人之隱匿所矣。至輓近。公使館非派遣國領土延長說。勢力日伸。公使館內收容犯罪人之權利亦因之消滅。如犯罪人請之使臣爲暫時隱避之計。使臣亦有拒絕之義務。一旦收容之後。駐剳國請求引渡。之時。使臣即當應其請求。此事在歐洲已爲確定之原則。余輩可以制定國際法視之。收容犯罪人。是謂使臣特權之濫用也。然今日中央亞美利加。及南亞美利加諸邦。公使館及領事館。猶有藏慝國事犯人之慣例。歐州列國之使臣。主張此權利而實行之。謂之爲賢明之使臣。余輩之不能無疑也。然事實則尚存於今。故不得不視爲制定國際法之例外。千八百九十一年。智利內亂之時。八十餘之國事犯人。爲美國公使館收容。其他諸人。爲他之公使館所收容。此最著之例也。

此等數國。尚有例外之存。然使臣之無收容權利。列國則已認爲原則。余輩亦以此爲基礎說明拒絕請求交付之事。凡論駐剳國之處置者。有三種學說。第一說之意。使臣不應引渡講求之時。除請求本國政府之外。無他處置之法。第二說之意。使臣不應請求。可侵入館內

搜取第三說之意犯罪人之隱匿其事明確且有重大危險之虞則可侵入館內第一說當治外法權全盛時代實行之今則以其侵害一國之自主權太甚學說之勢力遂衰其第二說則學者奉爲嶄新主義然於國際禮式上有不妥之嫌遂未能實行第三說則折衷以上二說既不失待遇之禮又不損國家自主權之行動不僅學理上妥當而已揆之實際亦便宜可行故今日實例之多數皆從此說以下再詳言之以備參考

犯罪人逃匿於使館其事迹雖已明確然所犯之罪無緊急危險之生使臣如不應交付之請求可遮斷其館外周圍之路以待其出而捕逮之至對使臣之交涉或請之派遣國召還之或命之退去則又別一事也如犯罪人之逃入公使館其事明確而所犯之罪與駐劄國又有重大之影響使臣尙拒絕請求此時侵入使館不失爲保持自國安全之道但所犯之罪雖重大犯人之藏匿僅有嫌疑之跡則不得遂侵入館內司法警察署當行此種舉動之時先須詢明政府之意向如何此通例也蓋政府有最後決定之權故耳

第四　警察權之不可侵

駐劄國警察之執行權不能加於使臣之身此通例也然因此特權而謂使臣遂有違背警

察規則之權利則非也。如使臣犯警察條例之時。雖不能羈束其身体。然命之注意或告知本國政府均可。如放火開砲等爲警察上嚴禁之規則。使臣有欲行之意可先命之注意。使臣而拒絕不受用直接强制執行之法以禁之亦可。此時猶曰須經由外務大臣然後可行。是不解國家自衛權性質之迂論矣。此不僅學說上然也。即今日之慣例亦皆一致。日本太政官達第六條。「外國公使館之屬員。犯殺傷、虜掠、放火、强盜等形迹顯見之罪。於公使館外。或當現行之時。或經衆報告而有確證。刻不容緩之時。可留其人於拘留塲。即刻報知使館之後。再交付使館。同時報知外務省。及申告交付使館之事。惟不得行捕縛拘縶之事。如屬員爲內國人。留置後即報知使館。及外務省。惟交付之事。須俟使館之請求」至使臣之犯罪。此條未有明文。殆尊重使臣名譽之意。法文之解釋上。則可用同一處置之法。此條之規定。專指公使館外之犯罪而言。至館內之事。則有第五條之規定。「公使館住宅內之內外屬員以及車馬家畜之未。一切不得觸犯。如職務上有必不得已之故。則必經由外務省而后可」。此規定與第六條之精神相矛盾。一國既因維持公安之故。而有拘禁使臣之權。何得以使館內外之別。而差異若此。殆治外法權說之餘波也。

警察權之免除。與國家自衞權。不相抵觸。無礙於國家自衞權之行動。然後得警察權之免除。然駐劄國。又當盡各種保護之義務。如使館內火災、或目擊殺人現行犯。視爲警察權以外。而不加救助。是謂不盡駐紮國之義務。但警察官因此利用之行。必要以外之行爲。則又斷乎不可。

日本明治七年九月第百二十八號達之規則。已早廢止。茲援引之而評論之。所以表明治外法權說關係使臣之特權。勢力頗強大之意。至其廢止之原因。東京英國公使館。當失火之時。警察官墨守第五條之規定。毫不盡力撲滅故也。

第五　租稅免除

使臣租稅之免除。其淵源由國際交誼而起。非因職務上之必要而生。其後遂視爲使臣特權之一種。使臣既得享此權利。故凡所得稅、家屋稅、地租、動產稅、人頭稅、窗戶稅。關稅等直接國稅。其他軍人宿舍之義務。皆在免除之例。但印紙稅、郵便稅、酒稅、煙草稅等間接國稅。及市町村稅。入市稅。其他諸地方稅。不在此限。此種特權。因其爲使臣之故。始得享有之。與使臣職務。全然無關係之私有財產及他種行爲之報償。仍當徵收租稅。及手數料。如私有地之租稅、家屋稅、營業稅、特許手數料等是。

第六　儀式之自由

儀式之自由。其主要之事。則信教自由是已。今日各國之人民。皆有信教自由之權利。不必再視爲使臣之特權而留保之。不知承認信教之自由與否。屬其國自主權自由之行動。雖承認信教之自由。凡害於公安之宗教。政府仍可禁止之。此時惟使臣於使館內建設禮拜。堂。崇奉其國所禁之教。則在所不禁。但使臣於使館外建禮拜堂。或行說教之事。則仍有禁止之權。

使臣所享有之特權。皆本於駐劄國之好意。蔑視其國之自主權。而猶得享有之。無是理也。爲使臣者。明乎所以享有特權之理。而遵守駐劄國國法也可。

第三項　使臣特權之取得及喪失

關於使臣職業上之行爲。其効力之及於駐劄國。當在信任狀呈遞之後。然特權則入駐劄國領土後。有旅劵及文書以證明使臣資格之時。即得享有之。不必待嚴正儀式之後也。

特權之喪失。與職務之終了非一致。因平和原因而職務終了。使臣未出駐劄國領土以前。

各種之特權。仍未喪失。（但職務終了之後。以私人之資格。滯在駐劄國領土內者。不在此限）。然附以一定之期限而命之退去時。則期限到來之時。駐劄國則以一私人待遇之。使臣亦不得主張特權。

第二款　使臣之家族、從者、及使臣以外外交官之特權

使臣之特權。可延及其家族從者。及他之外交官。及其家族從者。然彼等非獨立而享有此權利。因使臣職務上之關係。及使臣之名譽上。諸種權利之結果而得之也。由是觀之。使臣之屬員。雖與使臣享有同一之權利。然此種々之免除。非屬員之特權。不過待使臣榮譽之効果所及。如無此種免除。而於使臣之職務。及品位無傷。則不與此權利亦可。日本明治三十年法律第十四號。關稅定率法。第五條。輸入稅之免除。惟限於使臣自用品。其主旨在豫防免除下級屬員關稅所生之弊害。然今日各國之慣例。公使館書記生。其他屬員。皆得免除輸入稅。原則上雖不承認免除。情誼上則仍不加課也。至裁判權及警察權。因使臣職務有障害之故。屬員之犯罪。不論使館之內外。皆隸於派遣國之裁判籍。犯罪重大之時。則可用前款所論使臣特權同一之處置。或則主張區別使館之內外。凡輕微之

從者。駐劄國可留保館外犯罪之裁判權。此說基於治外法權說。而無足取也。使臣於屬員之裁判。委任於駐劄國裁判所之時。則駐劄國裁判所得以裁判之。固無論也。但公務上之屬員。如使臣以外之外交官。有對乎國家之職務。使臣不能因一己之意思。而拋棄特權。英國於從者之特權。認之甚狹。愛恩女王時代之成文法。於大使之從者。訴訟免除之特權。則規定之曰。凡「商賈之事」(the circumstance of trading) 特權因之而喪失。駐劄倫敦之美國使臣合爾拉丁(gallatin)氏之馭者。於公使館外。有加害行爲之時。英國之官衙。有行自國法權之權利。此英國之慣例。而非今日國際間之常例。然非可謂之不當。蓋事件發生地之裁判所。無管轄事件之權則不便莫大焉。且外交職務上無關係之從者於使臣之便宜及品位皆無損害英國之主義與各國之慣習原則雖異其結果無甚差異蓋各國之習慣上公使當受交付請求之時無十分庇護之理由則無拒絕駐劄國法權執行之理。(Hall, International law, 4.th ed, 1895, §. 51, P. 185, 186) 日本太政官達遵一般之慣例而設之規定如左。

第二條　內國人而爲公使館。或公使之書記官。列名於公使官之名籍者。皆以公使館之隸屬視之。當有事故。不得不捕逮之時。或不得不呼出糺問之時。可經外務省報知公使館。待其許諾。而後可召之使出。至如何處置。則不得干涉公使也。

內國人之從者。享有如此廣大之特權。故使臣須呈示從者之名簿於駐劄國政府。以爲慣例。日本太政官達第三條。［內國人被傭於各公使館及書記官之時。公使或代理當以其人之名籍。報知外務省。外務省將其報知書速送達於司法警察吏。］此規定即以表明此慣例也。

第三款　第三國對外交官之特權

第三國對外交官之權利。可分平時戰時二者論之。

第一　平時第三國對外交官之權利。

外交官因職務上之故。可享有種々特權。則外交官之特權。非如君主之特權。專屬於君主之身。故於駐劄國以外。以不能主張特權爲原則。外交官在第三國犯罪之時。被害國可得而捕逮之。負債之時。可得而訴之。且第三國於使臣之通過。加以制限。亦無不可。如墨西哥國。凡外交官之通過其領土者。只許通行本街道以爲常。又如千八百五十四年。駐劄西班牙之美國公使蘇烈 Soule 馬耳赴任之途次當經過巴黎之時法國政府因氏爲法國臣民時之舊惡而抑留之於甲烈 (calais) 通行權則許可之滯在權則拒絕之然非有特別事故而設以制限是適以招兩國之不和於一國實毫無利害也

要之外交官之在第三國雖以不能主張特權爲原則然以國際交誼之故第三國常與外交官以種々之保護如免除關稅等類然余輩則以通行權爲外交官在第三國唯一之特權蓋第三國於外交官之通行雖可加以制限而不能全然禁止故也

第二 戰時第三國對外交官之特權

交戰國之外交官當赴任於第三國之時不能有通過對手國領土之權既於使臣之拒絕及授受章中詳論之矣然駐劄於交戰中之一國中立國之外交官雖駐劄地已被敵軍占領而不可侵之特權依然無失但中立國外交官當敵軍合圍之中不得擅與本國交通或通信之時必經合圍軍之許諾而後可蓋外交官之完全特權雖在平時不過對駐劄國可得享有之而已況當戰時於交戰國有緊切利害關係之處此時猶尊重外交官交通通信之權是於一國自衛權之性質未嘗深究之議論普法爭戰之當時俾司麻克公以軍事上

之理由於駐劄巴黎美國公使之封緘書拒其發送至倫敦美國外務卿使駐劄伯林之自國全使抗議之曰。〔國家有授受使臣之權。今日之所無疑也。其駐劄使臣與本國通信之事。即因此權利。當然而生之効果。亦權利之一也。故其信書有當秘密者。第三國宜尊重視之。禁止封緘通信。爲今日未有之慣例〕。然此抗議。並未有十分之理由。美國外務卿之交涉文書。洋見於華哀通氏之國際法中。(Wharton, International law digest, 2nc ed, 887, vol 1, §. 97, P. 661—665)

對手國之外交官。赴任於局外中立國者。於中立國之領土內。及船艦內。交戰國之一國。不得捕逮之。蓋局外中立國。與交戰國有通使之權利故也。千八百六十一年二月南北戰爭之時。南軍之代表者梅遜 (mason) 及司辣特而。(Slidell) 北軍於英國帆船上捕獲之。因違法之故。英國提出抗議。北軍乃交還其捕虜。此即承認上之原則故也。

第四款　使臣團 (corps diplomatique)

使臣團有二種。一內國使臣團。一外國使臣團。內國使臣團。即一國派遣於締盟各國使臣之總稱。此等使臣。凡關於一國外交事務之法律規則。當一體遵奉之。且同立於外務大臣監督之下。所謂內國使臣團者。如此而已。名義上之團体。無實體之緊要也。

外國使臣團者。駐剳於一國政府之下。全等級使臣之集合團。普通稱之爲使臣團。即指此種之團体而言。此團体既非一種法人（法人二字解見前）又不能享有何等之特權。故團体之決議無拘束使臣之力。惟範圍之行動。往往害於各國使臣之感情。而有不利益之事。故無特別之理由。以從其團体所行之習慣爲是。駐剳國政府亦不受團体請求之拘束。如普法戰爭之時。巴黎合圍中之使臣團。以公信請之於合圍軍。每星期一次。可發封緘書狀於本國政府。俾司麻克公以軍事之理由而拒絕之。非開封之信。不能發送也。

駐剳於一國之各國使臣。享有同一之特權。行外交上同一之禮式。各使臣或因維持特權。或使禮式之行使。歸於簡略。或一國使臣。當違反國際法之時。思有以矯正之。種種之便宜上。而設此團体之制度。使臣團之長。則曰首席使臣。(Doyen) 雖不能享有何種之特權。然可爲駐剳此國使臣之代表。皇室祝祭等事。可代表敬意。及通知駐剳國政府。或接受駐剳國政府之通知等事。此首席使臣。推年長者及赴任最先之高級使臣任之。其區別赴任先後之標準。則以着任日期之先後爲定。或以呈遞信任狀之前後爲定。然在加特力教國則以羅馬法王之大使爲首席使臣。其年齡及着任之先後。則非所問也。列國因使臣之團体。而國交日以親。情誼日以篤。伯倫知理之言曰。使臣團者。國交親厚之反映也。(Blantschli, Le droit internalional condifié, 5e éd, 1895, No. 182, P. 140)

第三章　外務省及外交官官制

第一節　外務省官制

日本明治元年二月五日。置外國事務局。實日本外交機關分立之嚆矢。翌年七月八日。改爲外務省。是即今日外務省之起原。明治二十六年。十月。勅令第二百五十八號。是即今日外務省官制之基礎。以後逐有增修。不過政正局部而已。今將今日外務省官制。錄述如左。

外務省官制

第一條。外務大臣者。施行外國相關之政務。有監督指揮駐剳各國之外交官及領事官等之任。並保護本國商業及人民之在外國者。

第二條。總務局既設有定章之外。所有外國人敘勳。以及條約、照會、文書、翻譯、等事。均係外務大臣總其成。

第三條。外務省設官。計專任參事官三人。專任外務大臣秘書官二人。專任書記官五人。

第四條。外務省置有二局如左。

政務局。

通商局。

第五條。政務局。掌外交相關之事務。

第六條。通商局。掌通商航海及移民相關之事務。

第七條。外務省置翻譯官四人。是係奏任者。爲文書翻譯之助。

第八條。外務省置屬官六十人。分理庶事。

第九條。外務省置翻譯官補六十人。是爲判任官。承上官之指揮。備文書翻譯及通辯之事。

第十條。外務省置技師三人。承上官之指揮。管理電信及營繕事務。

外務省分課規程

第一條。外務大臣官房所掌事務如左。

(一)特命機密事項。

(二)大臣來往親展書信之接受。

第二條。總務局內。分置人事課、文書課、記錄課、會計課、翻譯課、電信課、及取調課等。

第三條。人事課所掌諸務如左。

(一)外務省所轄諸官吏陞遷等級相關之事項。

(二)信任狀、解任狀、委任狀、及認可狀相關之事項。

(三)外國人之敘勳相關之事項。

(四)所有各國駐在本國之外交官。及其他外國人之謁見。如何待遇相關之事項。

(五)外務省所轄諸官吏謁見之事項。

(六)無稅過關相關之事項。

(七)外人謁見相關之事項。

(八)駐劄本國之各國公使館中。所雇僕人之鑑札。相關之事項。

(九)外務省留學生相關之事項。
(十)外交官、領事官、及外務書記生等試驗相關之事項。

第四條 文書課所掌事務如左。
(一)文書之接受、配付、及發送、相關之事項。
(二)統計、報告、及官報揭載、相關之事項。
(三)管守大臣官印、及省印等、相關之事項。

第五條記錄課所掌事務如左。
(一)條約書、批准書、國書、及外交文書等、保存之事件。
(二)諸文書之編纂、保存、及刊行。
(四)外交要報之編纂、及刊行。

第六條 會計課所掌事務如左。
(一)本省及在外公使館領事館之經費、及諸種收入之豫算、決算、等相關之事項。
(二)本省及在外公使館、領事館、會計、檢查、及金錢出納、相關之事項。

(三) 本省所管之官有財產、及物品相關之事項。

(四) 本省所屬出納官吏之身元保證金。相關之事項。

(五) 本省傭人之進退。及監督相關之事項。

(六) 省中管守相關之事項。

(七) 在外國專管居留地、特別會計、相關之事項。

第七條　翻譯課所掌事務如左。

(一) 外國文書、翻成本邦文字。

(二) 本邦文書、翻成外國文字。

第八條　電信課所掌事務如左。

(一) 暗號電信之起草及解釋。

(二) 諸電信之接受及發送。

第九條　取調課所掌事務如左。

(一) 調査各局課所掌之事務中凡與內外法律、及國際法、相關之事項。

(二)調査前項所揭之外。尙有特命相授之事項。

第十條　政務局所掌事務如左。

(一)外交政務相關之事項。

(二)各般條約相關之事項。

(三)外交官之職務、及權限相關之事項。

(四)犯罪人引渡相關之事項。

(五)外國人、及外國船艦、在本國、相關之事項。

(六)本局主管之事務。與萬國會議相關之事項。

第十一條　通商局所掌事務如左。

(一)通商航海相關之事項。

(二)通商、航海條約領事職務條約、及移民條約、相關之事項。

(三)領事官之職務、及權限。相關之事項。

(四)在外本國人民、及居留地、相關之事項。

(五) 領事官管轄區域、相關之事項。

(六) 萬國博覽會、共進會、及本局主管之事件、與萬國會議相關之事項。

(七) 移民相關之事項。

(八) 旅券相關之事項。

(九) 通商彙編之編纂、及刊行。

第六節　外交官官制

第一款　官制。

明治三十二年六月勅令第二百八十號。

外交官及領事官々制。

第一條、外交官者。特命全權公使、辦理公使、公使館一等書記官。公使館二等書記官。公使館三等書記官。及外交官補等官是也。

第二條、特命全權公使。及辦理公使。係勅任官。公使館一等書記官。公使館二等書記官。公使館三等書記官。及外交官補。係奏任官。

第三條、領事官者。有總領事、副領事、及領事官補、之別。
第四條、總領事、副領事、及領事官補、係奏任官。
第五條、不置外交官之地。可置外交官事務官。外交事務官。領事官可兼。
第六條、不置領事官。之地可置貿易事務官。並可置名譽領事。或名譽副領事。貿易事務官。係奏任者。名譽領事、及名譽副領事。亦以奏任相待。
第七條、公使館、領事館、及貿易事務館中。皆置書記生。
第八條、凡公使館需用英德法以外之外國語通譯者。可置公使館一等通譯官。及公使館二等通譯官。皆爲奏任。
第九條、凡公使館、領事館、貿易事務館中。需用英德法以外之外國語通譯者。可置通譯生。通譯生爲判任。
第十條、外交官及領事官、一旦解職。或外務省之官吏。轉任爲外交官。或領事官。當其未受赴任之命者。是爲待命者交官。

待命之外交官、及領事官、當其有官無職之時。除本令及公使館領事館費用條例中。特別規定之外。與在職官吏無異。待命之外交官、及館事官。臨時從事於外務省。則遵在職官吏規定之例可也。

待命五年期滿。可以免官。

待命之外交官、及領事官。不得命其休職。

以上規定之各項貿易事務官及公使館一等通譯官、二等通譯官、皆適用也。

附則。

第十一條、明治二十八年勅令、第八十二號。及同年勅令第八十七號。自本令施行之日起。前令皆作廢止。

第十二條、本令施行之際。一等領事。二等領事。不必辭令書之交付。自可赴任。

第二欵　定員。

外交官之定員。有特別勅令以規定之。所以避變更官制之繁也。明治二十六年以來。改正已經三度。現在定員令者是依明治三十二年六月勅令第二百八十一號之規定是也。

在外公館職員定員令。

第一條、外交官、領事官、貿易事務官、公使館一等通譯官、及二等通譯官、外務書記生、及外務通譯生之定員如左。

特命全權公使辦理公使、共十六人。

公使館一等書記官、及二等書記官、三等書記官、共三十人。

總領事、副領事、貿易事務官、共三十五人。

公使館一等通譯官、二等通譯官、共七人。

外交官補、領事官補、共三十人。

外務書記生、外務通譯生、共百二十三人。

若外交官兼領事官。又領事官兼外交官。不算入定員內。

第二條、待命之外交官。及領事官、貿易事務官、公使館一等通譯官、及二等通譯官、共二十五人。不算入前條定員之內。

其他定員相關之事。猶有二三之規定。

明治二十七年十一月勅令第百八十九號

戰時事變之際。待命外交官及待命領事官。承外務省及其他官衙之職。皆得支本俸全額。

前項之待命外交官及待命領事官。皆遵在職官吏規定之例可也。

明治二十七年勅令第百九十號

特命外交官。及待命領事官。從事於戰時特設之職務。不算入定員內。

明治二十八年十月勅令第百五十號

外交官、領事官。及貿易事務官。有更代之時。定員之外。可臨時增員。但增員之日起。六個月以內。當復定員之數。

臨時增員。不得超過右之定限。

特命全權公使、辨理公使、共二人。

公使館一等書記官、公使館二等書記官、公使館三等書記官、共四人。

總領事、領事、貿易事務官共五人。

第三欵　官之等級

外交官之等級。二十六年改正以來。經二次之修正。現行等級表、摘載於左。

特命全權公使	高等官一等 同二等
辨理公使	同二等
公使館一等書記官	同三等 同四等
公使館二等書記官	同四等 同五等
公使館三等書記官	同六等 同七等
外交官補	同七等

第四欵　赴任及賜暇

明治二十六年十月勅令第百七十二號

外交官領事赴任及賜暇規則

第一條　外交官及領事官。除有特別命令之外。由本邦赴任之時。受命之日起。五星期以內。出發。其他之赴任及歸國。則命令到達之日起。三星期以內出發。

第二條　外交官及領事官。在職滿三年以上。除往返日期。照左定期限。可得賜暇歸國。

（三十二年勅令第百九十號改三年爲四年）

一　滿三年以上者、六個月。

二　滿三年以上每增一年。賜暇期限增一月。但通算不得過十個月。

第三條　賜暇歸國中。給以本俸全額。除特別命令之外。過期限不赴任者。減給半額。但因病而得外務大臣之許可。延其赴任之期者。九十日以內。準給全俸。

第四條　因養病而得歸國之許可。除往返日數。滯留本國九十日以內。則給全俸。過九十日而不能赴任者。給半額。

第五欵　費用

明治二十六年勅令第百七十一號公使館領事館費用條例。內分俸給、退官賜金、及死亡賜金、旅費、經費。四章。及附則一章。凡關公使館領事館支給之規程。一切網羅之。該勅令施行以來。因豫算之變更。公使館領事館之增設。而改正及追加者不少。今揭其修正之條例於左。

公使館領事館費用條例。

第一章　俸給

第一條　外交官領事官。及外務書記生之俸給。分本俸、在勤俸、及加俸之三種。

（注）　本俸者。不論在外國及本國。除待命之外。所常支給之俸。其性質與普通行政官所受之俸給同。在勤俸者、在職外國之時。本俸以外之俸給。一種職務俸也。加俸者、本俸在勤俸之外。赴任歸國轉勤轉官、凡移動之時。所支給之俸。

第二條　外交官及領事官之本俸定額如左

高等官一等特命全權公使	年俸	一級	四千圓
		二級	三千五百圓
高等官二等特命全權公使	年俸		三千圓
高等官二等辨理公使	年俸	一級	三千圓
		二級	二千五百圓
高等官三等公使館一等書記官總領事	年俸	一級	二千五百圓
		二級	二千二百圓
高等官四等公使館二等書記官總領事 公使館二等書記館領事貿易事務官	年俸	一級	二千二百圓
		二級	二千圓
		三級	一千八百圓

官等	年俸	
高等官五等公使館二等書記官領事貿易事務官	一級	千八百圓
	二級	千六百圓
	三級	千四百圓
	四級	千二百圓
高等官六等及七等公使館三等書記官領事貿易事務官副領事	一級	千四百圓
	二級	千二百圓
	三級	千圓
	四級	九百圓
	五級	八百圓
高等官七等外交官補領事官補	一級	千圓
	二級	九百圓
	三級	八百圓
	四級	七百圓
	五級	六百圓

第三條　待命外交官、及待命領事官。約給本俸三分之一以內。但從事於外務省之臨時事務者。約給本俸全額以內。

第四條　外務書記生之本俸。則依判任官俸給令。

第五條　在勤俸、凡外國在勤之時。本俸之外。照別表第一號第二號。於着任之翌日起給。但領事館分館在勤之副領事。則給以本館領事在勤俸之額。任命爲領事館分館主任之領事官補。及外務書記生。則給以當該領事館事務代理在勤俸之額。

任官於外國。及命之在職其地者。於就職之日起。給以在勤俸。

在勤俸之年額。以十二分之。每月支給。

在任所之時。在勤俸之給額。有變動之時。以命令到達之日起算支給。

第六條　外交官及領事官。與其妻同至任所。或後至者。其妻到任所之翌日起。在歐、美、奥、州印度及俄領亞細亞者。增給在勤俸十分之四在亞細亞諸國。則增給十分之三。

第七條　外交官領事官。外務書記生。駐劄於兼任國。或兼任地。則給以本任所在勤俸額。不在本任而有代理之者。且給代理者以在勤俸之時。則事務交代之日起。控除代理者在勤俸。以殘額給之。

兼任國或兼任地駐在中。到着之翌日起算。至出發之前日止。應其日數。增給在勤俸如左。

	甲額	乙額
特命全權公使	五十圓	三十圓
辦理公使	四十圓	二十五圓

臨時代理公使	三十圓	二十圓
公使館一等書記官 總領事 公使館二等書記官 領事	二十五圓	十五圓
公使館三等書記官 副領事 外交官補 領事官補	二十二圓	十二圓
外務書記生	十五圓	十圓

前項之增給。在歐美澳洲布哇則甲額。其他諸國則乙額。

兼任國及兼任所之代理。依十四條。給以兼任所代理之在勤俸。不再支給本任所之在勤俸。及本條第二項之增給。

第八條　命之歸朝。及賜暇歸朝者。離任所之前一日止。給以在勤俸。
轉職及轉官者。前任所出發之前一日止。給以從前之在勤俸。但轉官而不離前任之地。則於任事之前一日止。給以從前之在勤俸。
凡受第六條之增給者。於轉官轉職及歸朝之時。因不得已之事故。經外務大臣之許可。留置其妻於任地。其事故未了之間。可得增給如前。但其地之在勤俸。停止支給日起算。不得踰百八十日。

第九條　轉職及轉官。或命之歸朝者。支給在勤俸。命令到達之日起。以三星期爲限。但有特別之命令。或因疾病得外務大臣之許可。而滯留者。不在此限。

第十條　外交官及領事官。可受第六條及第十二條第二項第三項之支給者。只限於特命全權公使、辦理公使、臨時代理公使、公使館一等書記官、總領事、公使館二等書記官、領事、公使領三等書記生、及副領事諸人。

第十一條　在任所免職及退官者。以命令到達之日爲限。給以本俸及在勤俸。
在任所死亡者。以當日爲限。給以在勤俸。

前項之規定。凡第六條之增給。死亡之日起。以四星期爲限。其妻離舊任之前一日止。得照前增給。因不得已之事故。不能於四星期以內出發。得外務大臣之許可。從死亡之日起。以百八十日爲限。其事故存在之間。仍得增給如前。

第十二條　加俸者。本俸及在勤俸之外。照左之規定而給之。但由歐、美、澳洲、印度、及俄領亞細亞而轉職。轉官於亞細亞諸國之時。比較前後之在勤俸。從其多者給之。雖轉官而在同一之地者。除本條末項之外。概不支給。

	第一種 從本邦赴任之時		第二種 轉職、轉官之時		第三種 受命歸朝、請假歸朝、及解組、留任之時	
官名╲國名	亞細亞諸國	歐、美、澳洲、印度、俄領亞細亞	亞細亞諸國	歐、美、澳洲、印度、俄領亞細亞	亞細亞諸國	歐、美、澳洲、印度、俄領亞細亞
特命全權公使	在勤俸年額之百分之十六	在勤俸年額之百分之十二	在勤俸年額之百分之七	在勤俸年額之百分之八	在勤俸年額之百分之六	在勤俸年額之百分之五
辦理公使	同上	同上	同上	同上	同上	同上
公使館一等書記官	同上	同上	在勤俸年額之百分之十一	同上	在勤俸年額之百分之八	在勤俸年額之百分之六

總領事	同上	同上	同上	同上	同上	同上
公使館二等書記官	同上	同上	同上	同上	同上	同上
領事	同上	同上	同上	同上	同上	同上
副領事	同上	同上	同上	同上	同上	同上
公使館三等書記官	在勤俸年額之百分之十八	在勤俸年額之百分之十三	在勤俸年額之百分之十三	在勤俸年額之百分之九	在勤俸年額之百分之九	在勤俸年額之百分之七
外交官補	同上	同上	同上	同上	同上	同上
領事官補	同上	同上	同上	同上	同上	同上
外務書記生	在勤俸年額之百分之二十	同上	在勤俸年額之百分之十五	在勤俸年額之百分之十	在勤俸年額之百分之十	在勤俸年額之百分之八

其妻同赴任所者。照前項之規定。給以第三欄之額。其妻後至。或令之歸朝者。亦同。但後段之規定。在同一任地者。往返各限一次。

第八條、第三項、第十一條、第三項。其妻當歸朝之時。照本條第二項之規定。給以第三欄之額。

在外國而被任命者。或於同一任所。由判任官陞至奏任官。由奏任官陞至勅任官。照本條第一項之規定。給以第三欄之額。

第十三條　命之在勤。及命之歸朝者。未出發以前而免職。或歸朝之命令已取消者。給以加俸之半額以內。得賜暇歸朝之許可者。未出發以前。其許可即被取消者亦仝。

前項中當死亡之時。得給全額。第十二條第二項第三項。其妻死亡者亦仝。

第十四條　代理者自事務接受之日起。照代理中別表第一號、第二號。給以代理在勤俸。但當該主任官到着之時。則以到着之日爲限。

第二章　退官賜金、及死亡賜金

第十五條　外交官領事官及外務書記生之退官賜金及死亡賜金。照其本俸算之。

第十六條　外交官領事官。及外務書記生在勤中。及任所往返中死亡之時。死亡賜金之外。給以本俸相當在勤俸。年額十分之三。

第三章　旅費

第十七條　旅費者。合船車費、及日當、（日當即逐日用費）二者而言。

第十八條　赴任、公務歸朝、賜暇歸朝、其他公務之旅行。皆給旅費。

第十九條　凡旅費、有定額者。則照定額。其他皆給實費。船車費之定額。外務大臣與大藏大臣協議定之。

第二十條　在任所而免職。及因諭旨而退官者。其命令到達之日起。三星期以內。出發歸朝者給以本官。或前官相當之旅費。但三星期之期限。在交通不便之地者。以能出發之日起算。

第二十一條　外交官領事官。外務書記生。及其妻。有成規者照成規給之。其他則給以一等船車費。

用官船及官之傭船而旅行。不必船費者。不給船車費。

往返之路程。未滿十二里者。不給船車費。

第二十二條　外交官領事官。及外務書記生之妻。照左之規定。可給船車費。

一　起任、公務歸朝、賜暇歸朝、與其夫同行之時。

二　雖不同行、往返於任所之地。但除第十二條第三項之外。在同一任地者。往返各限一次。

三　兼任國兼任地。及其他出張同行之時。但除全權公使、辦理公使、臨時代理公使外。須得外務大臣之許可。

第二十三條　特命全權公使、辦理公使、臨時代理公使赴任、公務歸朝、賜暇歸朝。及其他旅行。有從者隨行之時。以一人爲限。給以實費。以外交官領事官爲限。第二十二條第二項。有從者隨行之時。與前項同。給從者之實費。除特別事項而外。以三等船車費爲限。

第二十四條　日川費照別表第三號之豫定日數陸行則給以左之定額。航海則除食費之外。給以十分之二半。但別表第三號未有規定之時。照實在旅行日數給之。往返在一日以內者不給。

	甲	乙	丙
	美	歐、澳洲	亞細亞諸國
特命全權公使 辦理公使 臨時代理公使 公使館一等書記官	二十八圓	二十五圓	十六圓
總領事 公使館二等書記官	十八圓	十五圓	十圓

領事、公使館三等書記官、副領事、外交官補、領事官補	十四圓	十二圓	八圓
外務書記生	十二圓	十圓	六圓

六三

往返於前項甲乙丙各地之間者。照前項之規定。從其多者給之。一日中經陸海兩路者。給以陸路定額。但本國內之發着滯留照航海給之。

因特別之命令。及不得已之事故。超過別表第三號之日數者。外務大臣。可體察其事情。應超過之日數。給以本條第一項之定額以內。

第十條中所記載之外交官、領事者。與其妻同行或後至者。及歸朝之時。給以日用費。同一任地。內往返各限一次。

第二十五條　航海中不給船車費者。照前條之規定。給日用費十分之五。

第二十六條　兼任國、或兼任地。駐在中。照第七條給在勤費及日用費。

第二十七條　歸朝中命之轉職或轉官之時。給以本國至新任所之旅費。

在外國而任官者。給以現在之地至新任所之旅費。

第二十八條　由本國至任所。往返中死亡者。給以旅費之全額。其妻死亡之時同。

給實費之旅行。有死亡者。日用費則給至死亡之當日止。船車費則給以已付之全額。

本條之第一項。及在任所死亡者。妻及從者。隨任之時。其妻及從者。得給歸朝之旅費。

第四章　經費

第二十九條　公使館及領事館經費。區分二種。一實費精算之經費。一定額經費。其區別外務大臣與大藏大臣協議而定之。

定額經費。照各科目定額四分之。每三個月。交付於各館長。

定額經費。本國發送以後。因館長之更迭。或歸朝。受領者之氏名。有變動之時。現在之館長。或有代理之責者。有受領之權。

第三十條　經明治三十二年四月勅令第百二十一號刪除。

附則

第三十一條　本令中轉官。即領事官轉外交官。或外務書記生轉領事官之意。其他類推。

轉勤即轉任所之意。三十二條削除。

第三十三條　貿易事務官。應其官之等級。本令所載之領事規程。得適用之。

第三十四條　名譽領事。可給事務所費年額八百圓以內。

第三十五條　名譽領事館。置有外務書記生者。其在勤俸照最近地領事館之例。

第三十六條　本令施行之細則。外務大臣定之。

第三十七條　本令於明治二十六年十一月十日爲施行之始。

明治二十五年勅令第四號。於本令施行之日廢止。

別表第一號

外交官外務書記生在勤俸。

任所＼官名	特命全權公使	辨理公使
英	二萬三千圓	—
美	二萬圓	—
法	二萬圓	—
德	二萬圓	—
伊	一萬七千圓	—
墺	一萬八千圓	—
俄	一萬四千圓	—
蘭	二萬四千圓	—
清	一萬二千圓	—
韓	九千圓	八千圓
墨	—	一萬圓
暹	—	七千圓
伯	—	一萬圓
白	一萬四千圓	—
西	一萬七千圓	—

臨時代理公使	公使館一等書記官	公使館二等書記官	公使館三等書記官	外交官補	外務書記生
八千圓	七千圓	五千八百圓	四千五百圓	三千八百圓以下	二千八百圓以下
八千圓	七千圓	五千八百圓	四千五百圓	三千八百圓以下	二千八百圓以下
八千圓	七千圓	五千八百圓	四千五百圓	三千八百圓以下	二千八百圓以下
七千五百圓	六千五百圓	五千三百圓	四千二百圓	三千五百圓以下	二千七百圓以下
七千圓	六千五百圓	五千三百圓	四千二百圓	三千五百圓以下	一千七百圓以下
七千五百圓	六千五百圓	九千三百圓	四千二百圓	三千五百圓以下	二千七百圓以下
八千圓	七千圓	五千八百圓	四千五百圓	三千八百圓以下	二千八百圓以下
六千五百圓	六千圓	五千圓	四千圓	三千三百圓以下	二千六百圓以下
五千圓	三千二百圓	二千六百圓	二千圓	千五百圓以下	千二百圓以下
四千五百圓	三千圓	二千四百圓	千八百圓	千五百圓以下	千二百圓以下
五千五百圓	四千五百圓	四千圓	三千二百圓	三千圓以下	二千五百圓以下
四千二百圓	二千八百圓	二千四百圓	千八百圓	千五百圓以下	千二百圓以下
五千五百圓	四千五百圓	四千圓	三千二百圓	三千圓以下	二千五百圓以下
六千五百圓	六千圓	五千圓	四千圓	三千三百圓以下	二千五百圓以下
七千圓	六千五百圓	五千三百圓	四千二百圓	三千五百圓以下	二千七百圓以下

第六欵　任用

外交官領事官書記生任用令。

第一條　外交官及領事官。非外交官領事官之試驗合格者。不得任用。

第二條　依本令初任用爲外交官及領事官者。則爲外交官補及領事官補。

第三條　外交官及領事官。非就職外國後。不得任用爲他之外交官及領事官。

第四條　依本令而任用之外交官、及領事官。在職滿一年以上者。及外務省高等官、在職滿一年以上者。可任用爲外交官及領事官。

照前項所任用之外交官及領事官。則不必遵照本令第二條。

第五條　外務書記生。非外務書記生之試驗合格者。不得任用。

第六條　依本令所任用之外務書記生。在職滿一年以上者。及外務省判任官。在職滿一年以上者。可任用爲外務書記生。

第七條　外交官領事官試驗規則。別以勅令定之。

外務書記生試驗規則。外務大臣定之。

第八條　特命全權公使、辦理公使。不拘勅令之規定。可得任用之。

以下略。

外交官及領事官試驗規則

第一條　外交官及領事宦之試驗。當須要之時。交外官及領事官試驗委員。於外務省行之。

第二條　外交官及領事官試驗期日。豫以官報公告之。

第三條　年齡滿二十年以上之男子。無左之事項者。始得受驗。

一　犯重罪者。但國事犯復權之後。不在此限。

二　犯服定役之輕罪者。

三　受破產及家資分散之宣告。未經復權者。及受身代限之處分。債務未清者。

第四條　欲應外交官及領事官之試驗者。將履歷書、及論文、並英文法文或德文之翻譯文。附於出願書。呈送試驗委員。

前項之書類。須出願者之自筆。

第五條　外交官及領事官試驗。凡前條之履歷書、論文、及譯文。經試驗委員之考核。認爲足應試驗者。然後召集行之。

第六條　外交官及領事官試驗。分第一次試驗。及第二次試驗。非第一次試驗合格者。不得應第二次試驗。

第七條　第一次試驗。有左之科目。更檢查体格。

一　作文（邦文及第四條譯文中之外國文）

譯書彙編社發行書目

（已刊）

憂亞子增廣　**再版和文漢讀法**　全一冊　定價大洋三角

房縣戢翼翬　香山唐寶鍔　合著　**再版增廣東語正規**　全一冊　定價大洋一元

憂亞子譯　**政治小說累卵東洋**　全一冊　定價大洋二角

無錫楊蔭杭譯　**物競論**　全一冊　定價大洋四角

烏程章宗祥著　**日本遊學指南**　全一冊　定價大洋二角

本社同人譯　**波蘭衰亡戰史**　第一冊（全書二冊）　定價大洋二角五分

無錫嵇鏡譯　**國家學原理**　全一冊　定價大洋三角

吳縣楊廷棟　周祖培　合譯　**女子教育論**　全一冊　定價大洋四角

本社同人譯　**日本制度提要**　全一冊　定價大洋五角

本社同人編輯　**和文奇字解**　全一冊　定價大洋一元

無錫楊蔭杭　**名學**　全一冊　定價大洋四角

本社同人編輯　**政學入門**　全一冊　定價大洋二角五分

烏程章宗祥譯　**國法學**　全一冊　定價大洋七角五分

烏程章宗祥譯　**各國國民公私權考**　全一冊　定價大洋一角

譯書彙編社發行書目

（已刊）

- 憂亞子增廣　再版和文漢讀法　全一冊　定價大洋三角
- 房縣戢翼翬　香山唐寶鍔　合著　再版增廣　東語正規　全一冊　定價大洋一元
- 憂亞子譯　政治小說　累卵東洋　全一冊　定價大洋二角
- 無錫楊蔭杭譯　物競論　全一冊　定價大洋四角
- 烏程章宗祥著　日本遊學指南　全一冊　定價大洋二角
- 本社同人譯　波蘭衰亡戰史　第一冊（全書二冊）定價大洋二角五分
- 無錫嵇鏡譯　國家學原理　全一冊　定價大洋三角

- 吳縣楊廷棟　周祖培　合譯　女子教育論　全一冊　定價大洋四角
- 本社同人譯　日本制度提要　全一冊　定價大洋五角
- 本社同人編輯　和文奇字解　全一冊　定價大洋一元
- 無錫楊蔭杭　名學　全一冊　定價大洋四角
- 本社同人編輯　政學入門　全一冊　定價大洋二角五分
- 烏程章宗祥譯　國法學　全一冊　定價大洋七角五分
- 烏程章宗祥譯　各國國民公私權考　全一冊　定價大洋一角

稅。即特許、任職、赦免、認許、匯票、債券、骨牌、得業文憑、特權證券、商業帳簿、承繼、代理、及五十泰累以下之契約書等稅也。此殆混合租稅及經理費爲一。而毫無區別矣。 六九

其次弗勒德力二世爲補充國庫金。於千七百六十三年改良特權收入之法。專賣煙草及食鹽。又於千七百六十六年興彩票官業。而消費物稅及關稅。則聽法國人承攬管理。此等收入之欵。不納於從來之金庫。而入於國王得隨意動用之豫備金庫。既而各州金庫之餘欵。森林及官工之收入。亦皆使納於此金庫。而此金庫動用之法。則凡入欵之在六百萬泰累以下者。國王得自由動用。毫無制限。考此預備金庫之存金。於千七百六十六年爲千九百萬泰累。千七百八十年爲三千七百萬泰累。迨二世崩時。即千七百八十六年。乃達五千五百萬泰累之巨額云。於是千六百八十三年桔尼和先所整理之金庫制度。至是復失其統一。其後弗勒德力威亨二世即位。自一七八六年至一七九六年 乃廢止法國人之專賣業及珈琲稅。恢復中央集權於總督之下。又擴張高等檢查院 檢查財政之衙署也 之職權。然金庫則仍分立。不克除去國王之自由金庫。且此等之國庫金。隨入隨出。不足供戰費之用。一旦有事。乃不得已而發行不良之貨幣。又以損價之國庫證券。充俸給及賞賜之用。甚至官地付人承辦。而酬以

重利。斯時租稅公債及財務之紊亂。可謂極矣。

奧國雖以官地及特權收入爲重要之財源。而自十六世紀以來。既已行直接稅。又於十八世紀行改良之租稅。（即喀爾六世之地稅改正、及瑪利亞特勒沙之租稅改良）、且以之著名焉。雖然自千六百九十七年土耳其戰爭以後。奧國漸雄長於德意志聯邦。故財政不得不伸展。而租稅亦必須增加。十八世紀之後半。彼爲期長而需費多之戰爭。（即休勒加戰爭及七年戰爭）、尤致奧國於糜費多財。陸軍之經費日益增加。至不得不募公債。故其平時之豫算。亦示及募集公債及加徵租稅二事。試觀十八世紀後半奧國之歲入。則知當時之政府如何盡力於謀租稅之擴充。蓋其形迹固歷歷可見也。當時重要之租稅。即所謂分配之地租。此外復徵收丁口稅財產稅及等級稅。又有關稅、彩票稅、食鹽及煙草之專賣稅、麥酒及他種飲料稅印紙稅、經理費及與租稅類似等稅。夫直接稅間接稅及類租稅之賦課。既若是其種種而複雜。而財政上之注意。又不遑及此。公債驟見增加。紙幣乃至濫發。雖在無事之時。歲計常告不足。其國債之一部。乃起於十七世紀中者。其他則起於十八世紀之前半期。即戰爭之結局也。綜計其數。除紙幣外。於千七百五十五年。爲一萬一千八百萬古登（一古登約值洋四角）之巨額云。國債之原額。既若是之鉅。故其利息亦頗重多。計於千七百八十一年。爲一千一百四十七萬古登。千七百九十二年。爲一千七百二十萬古登。迨千八百十年。乃增至三千九百七十六萬古登。軍事費自千七百四十八年以後。常爲一千五百萬古登。至戰時如千七百六十一年之役。則爲四千零七十一萬古登。然千七百八十年以後。雖平時亦需三千萬古登以上。或竟至五千萬古登以上。而戰時則達二萬萬古登之巨額焉。

英國之官地及特權收入頗少。故於租稅及公債制度有特宜注意者。然考英國之租稅及公債之亂雜。不讓於普奧二國。且加甚焉。此其故有二。一則自千六百八十八年第二革命以來。與於中歐北美及東印度之戰爭。以與當時全盛之法國爭衡而不已。一則國內黨派政治之勃興也。蓋千六百八十八年這姆斯二世被廢而爲第二革命。威廉三世繼之。乃改革政治。保護民權。千七百一年王崩。女王安繼之。干預西班牙王位爭奪之亂。千七百零四年事平。未幾復干預奧國王位爭奪之亂。於休勒加戰爭。援奧帝以抗普國。又於七年戰爭。結普國以抗奧法俄之同盟軍。其後遂成英法久遠之葛籐。千七百五十五年。與法國戰於北美及東印度之殖民地。千七百九十九年。奪法國之屬地加拿大及西印度。其在東印度。

則於千七百五十六年。已為克來勃氏著得孟買一省。為英之保護國。千七百六十三年。脫利黨當權之時。全滅法之同盟國西班牙之海軍。是年又於巴黎改訂條約。得廣大之殖民地。由是遂得稱霸海上。夫此等戰爭之益於英國財富。誠為莫大之功。然國債既大增加。國用亦因之膨脹。此又不容疑者也。加之革命以來。政府之政治。一握於國會之黨派政權皆歸於貴族之手。此等貴族為避一己之負擔。特課間接消費稅。故於間接消費稅所增加之租稅。為額蓋不少也。

經費之增加。既有進無已。而所謂月稅。亦不足以應之。於是英國乃更制定各種之直接稅。如丁口稅、等級稅、身分稅、出生稅、結婚稅、及埋葬稅等是也。然此等稅制不但無永續之功。且較前為不善焉。是時之主稅。為千六百九十二年所設定之地租。此固為一般之財產及俸給稅。乃忽易為完納貨物之地稅。現今英國財政內所存之地租即此舊地租之遺物也。千六百九十六年。始課窗稅。以代竈稅。千七百七十八年。又代窗稅而改課住家稅。由是以至十八世紀之後半。種種之新直接稅。即所稱雜種稅者。踵接而起。如各種馬車稅及各項職業并營業稅等是也。又有一種之特別稅。名曰奢侈稅。專為補充國用及平均財產而設者。如飾車稅、銀器稅、毛粉稅、紋章稅、表稅及奴婢稅是也。但此等稅之種類雖頗多雜。而國庫由此所入爲數蓋微。此等新稅之外。自千六百八十八年至千七百九十三年之間。擴張消費物稅之範圍。各種之商品消耗品原料品及製造品。皆與其列。而於飲料品尤課重稅焉。千七百十六年時。曾爲瓦爾波氏所主張之一般消費稅制定案。終爲輿論及議會所抵抗。而粉碎無成。以是英國之消費物稅。不得如普國之一般施行。而限於物品之一定數目。然則英國之稅制。尚不免於亂雜之弊矣。惟消費物稅之入欵。於十八世紀之初。僅由百萬鎊至百四十萬鎊者。迨十八世紀之末。則增至千萬鎊之巨額焉。

與消費物稅有密接之關係者。爲關於消費物之生產者、商業者、及旅店等之認許稅類（營業稅）也。此認許稅類。乃自經理費發達而來者。例由執業者申告營業之方法。並納定額之年稅。又有聽官約束之義務。

行爲稅及承繼稅。於此時代盛行於英國。其中之印稅。施行於千六百九十四年。承繼稅之發達。蓋在十八世紀之末葉也。

至於關稅。則於此時代極爲複雜。於舊關稅之一部。則增其稅率而存續之。而於其他部。則全行變更之。蓋採用商業政策之主義故也。要之前世紀之末。英國之稅表。甚爲複雜。既載多數之商品。復列煩重之關稅率也。

英國之國債。亦有與昔時諸國同轍者。至植爾斯二世之時代。尚難取信於人。必以租稅作抵。方可募得。其後所募之國債。如九十九年間國王之年金、終身年金、及通勤公債等。（名通勤者所籌盡之公債）由是千七百零一年之國債額。爲一、三〇〇、〇〇〇鎊。及千七百十四年之末。由商業會社募集之長期公債。爲二〇、〇〇〇、〇〇〇鎊。有息公債。爲二六、〇〇〇、〇〇〇鎊。不定（或名流動）公債。爲五、〇〇〇、〇〇〇鎊。合計六八、〇〇〇、〇〇〇鎊。其利息爲三、三五〇、〇〇〇鎊。自此以迄千七百三十八年。國家著有進步。公債因之減至四六、〇〇〇、〇〇〇鎊。然此後戰爭蜂起。尤甚者爲對法國及其殖民地之戰爭。對英國殖民地獨立之戰爭。及對法國共和政及帝政之戰爭。因此等戰爭。英國生非常巨額之費用。不得不增募國債。於是債額驟見增加。千七百三十八年之國債額。爲四六、〇〇〇、〇〇〇鎊者、迨千七百五十五年。乃增至七二、五〇〇、〇〇鎊。千七百七十五年增。至一二六、〇〇〇、〇〇〇鎊。千七百九十二年。復增至二三七、四〇〇、〇〇鎊之巨額焉。

七五

法國之官地爲最多。而君主專制亦爲最烈。侵略戰爭爲最長。而保護政策亦爲最盛。由是租稅及公債之亂雜。亦不得不爲最甚焉。

法國官地之經賣却者甚衆。休勒及科比得氏之時。援千六百六十七年之條例。欲購回賣却之官地。路易十五世亦謀爲斯舉。然以王室不動產所需之維持費頗多。僅得購回其一部。千七百八十一年乃以之出租。雖其狀態較前爲良。而以爲數微少之故。其所生之利益。於千七百八十九年。僅値百五十萬利布。(利布等於先令約値洋五角)

是以租稅於泰尤(地租及所得稅之類)脫勒特(關稅及內地關稅)間接稅(製鹽稅煙草專賣稅及骨牌稅)愛特(烟鹽以外之消費稅)及行爲稅之外。復於千七百一年與人頭稅。此人頭稅按人之住所及種類。分爲二十二級。而賦課之。僧侶得購稅札承辦此稅。而相機售出之。以獲餘利。計此稅之納於國庫者。凡二千四百萬利布云。每年分賦租稅之額。由各州決定之。其一對於貴族及特權者。以稅表定之。又其一與泰尤稅相比例而課之。於此人頭稅之外。又爲充千七百九年之戰費。新課所得什一稅。此稅按申告之數而課之。寺僧得以八百萬利布購入稅札。而轉售之他人。又一二之市與州亦得承辦此稅。考此稅雖經中止。而自千七百三十三年迄三十七年。又自千七百四十一年迄五十年之間。屢重興之。改名所得百分之五稅。此稅不用申告。由政府自行查定之。並定稅率不得變更。乃至千七百七十一年。政府忽破此約。後以千七百七十七年租稅裁判所之判決。復制定此稅之法規。當時租稅之亂雜。有如此者。

至公債之制度。則於從來之終身年金、有期年金及餘生年金之外。更於千七百年以後起募彩票公債、增加通勤公債。又募按期償還之確定公債。復於此等公債之外。行秘密之公債。即發行不良之貨幣及強制之紙幣也。不良貨幣之發行。較之普國。其使用尤廣。紙幣之發行亦甚多。氾溢於市。故流動公債之額。較固定公債為尤巨。何則。國庫長官收入總官及國債金庫有司等。皆發行紙幣。而政府所發行者。亦不外國庫證券政府證券及銀行紙幣等也。其後此等證券及紙幣。雖漸變形為固定公債。而利息無所出。於是公共之信用乃全失墜。

一時之名相科比爾氏整理財政之後。至千六百六十三年。歲計幾得均衡。千六百八十三年。科比爾氏逝世。法王路易十四世驕傲專斷。施行高利公債、強制公債、及短縮年金等惡政。自千六百八十九年迄路易十五世即位之時。公債之額。已達九萬萬利布云。加之法國財政紛亂之際。路易十四世採用鬻官之惡制。官吏欲昇級者。須納一定之金額。此項入欵。曾達一萬二千萬利布。然尙不以爲足。復妄設新官制而鬻之。又開捐虛銜無俸之官。以爲其財源。此等之官吏。例得免納租稅之大部。則官吏以外之國民。勢不得不負擔重稅。故十八世紀之間。法國中下等之人民。無不陷於苛稅之苦。而各地農民爲尤甚焉。此等農民終歲勤勞。而不能自有其所獲。徒以供官吏之取求而已。夫此等之收入。自路易十四世以來。果何以使用之乎。試一考之路易十四世之千六百六十二年之豫算。則法國政府濫用之實據。昭然若揭。其歲出三千五百萬利布之中。宮廷及王室諸費。乃占一千一百六十萬利布。彼名相科比爾銳意整理財政之際。亦不克痛除此弊。故於千六百七年之豫算。總歲出八千萬利布中。宮內費仍占三分之一。又爲建築巴塞尤宮城。需費至一萬六千五百萬利布。即二萬萬佛郎也。

以上所記之苛稅。更由後段所論財務行政之欠點而分配不均。以致國民受困愈甚。固其所也。雖然。路易十四世之暴政。發於外而張國威。對於內亦未見離畔者。蓋科比爾氏實行國民經濟政策之效也。然及千七百十五年路易十五世即位。於海則有英。於陸則有普。皆益振其威勢。而於北美洲及印度之殖民地。法國之權威。又大不振。及千七百四十年至五十年之間。彩票年金及公債等財政之紊亂益甚。至路易十六世。於千七百七十四年即位之後。舉名相逑哥氏當整理財政之任。逑哥氏接受之千七百七十五年總歲入豫算。爲三萬七百二十八萬利布。公債未償之額。爲二萬三千五百二十六萬一千三百六十利布。其利息總額。爲一萬五千四百萬利布。由是計之。總歲入十分之四。須爲償付利息之用。然則租稅及公債之紊亂。可不謂極乎。

且當時又有一大欠點。即所謂舊制度中財務行政之不整理是也。蓋舊制度（革命前之制度）之中。實無可謂整理之財務行政者。如計算事務。則分裂而不適於通覽其全體。豫算則徒有其名。而非如近世豫算之表示一切歲入歲出者。彼於國家歲入之大部。多不揭載。僅記其小部於特別豫算表而已。若關於附加稅者。則歲入及支出皆不揭載焉。彼所稱泰尤稅之附加稅。直落於收稅官吏之手。無可稽核。而所謂選舉州（有選舉權之州）之人頭稅及所得百分之五稅之附加稅。則運用之於修理道路寺院及賑捐等事。亦難徵其實數。是以納

七九

稅者所負擔之國家入欵。不能確定其額。而各財務部之上。皆置一主長。此主長得以己意發專擅之命令。其始財務行政之長官。以官地管理長任之。其後改以財務監督長官充之。於是以一人而兼任監督及被監督之地位。而無掣肘之虞矣。彼科比爾氏實立於此地位。既爲財務長官。又兼任監督長官也。千六百六十一年。廢監督長官。而代以財政參議官。其議長由國王自任之。財務長官爲議長之代理者。掌報告一切事項。且兼任財務行政之總長官。其下有屬僚及承攬收稅者。歸長官統轄。長官得定豫算案及建言租稅之增減於國王。又於閣員同僚之執務。有監督之之權。故財務行政長官之勢力。殆無制限也。

各州之財務行政。其在選舉州。則由納稅者所選出之官吏行之。總管理官與選出之官吏協議之後。分賦租稅於市町村。故居各州首位之各管理官。於關乎財務之行政及裁判。有廣汎之權限。又於分賦租稅之事項。有決定權。各州之租稅分擔額。皆以此決定權確定之。而執行此確定之分擔額。則別有執行之官廳任之。此爲各州第一次分賦之方法。其第二次之分賦。按第一次者分賦於各縣之寺區。其在國家州。選舉出官之州則不置管理官。而有各種之選出委員。其職權殆等於管理官。管理官及委員會之下。有徵收官。掌分賦之事及收納各寺區之租稅。惟此職非定置之官吏。乃由寺區內之住民於每年納稅者六人中。以一人推薦之於管理官及委員會而定之者。此徵稅官於稅金不足之時。有自行塡補之責。故此等制度尙爲較嚴者也。至若間接稅。則於諸稅中爲不整理之最甚者。蓋間接稅已如前所述。皆歸人承辦者也。承辦者有一公司。以四十人之股主成之。故當時又有總承辦者之名稱。其承辦之法。初時於千七百二十年。舉消費稅一切。以納年額五百萬利布承辦之。其後當承辦契約更新之時。此年額亦隨之增加。及千七百八十九年。乃增至一萬八千萬利布。然而承辦之公司。尙依然有利可獲。所苦者惟國民耳。故租稅收納之困難及缺點。皆基於此。

以上所記收稅官吏之外。尙有多官服國王及承辦租稅公司之使役者。此等財務之官職。多掌交易之事及國家之收入財源。故濫竽其間者頗衆。其俸給不出於豫算。而出於豫算所不載之附加稅。由納稅者直接附與之。以致無職之官吏徒見剩溢。而國費之消糜。則日益加多。承辦收稅之餘弊所及。國民殆不堪其困苦矣。吁。舊制度之不可不全破。固將在早晚間哉。

第三　自由主義之勃興

當是時也。對於十八世紀中葉之君主專制。則有自由平等主義之勃興。對於保護政策。則有自由放任主義之勃興。對於租稅之亂雜。則有自然法說及個人經濟說之勃興焉。

法人孟德斯鳩氏（自一六八九年至一七七五年）著萬法精理一書。論專制及自由之關係。路索氏（自一七一二年至一七七四年）著民約論。唱人權平等之說。德人康特（自一七二四年至一八〇四年）著純正哲理一書。唱自由意思之說。凡此皆反抗當時普法諸國所擴張之君主專制。所由勃興之政治、社會、及法理等學上之現象也。若夫法人克尼氏（自一六九四年至一七七四年）之自然法說。古尼氏（自一七二〇年至一七九〇年）之放任主義說。波邦氏於千七百七年所著之什一稅論。及英人亞當斯密氏（自一七二〇年至一七九〇年）於千七百七十六年所著之富國策等。則皆反抗當時英法諸國所行保護政策及租稅制度之弊害。所由勃興之經濟及財政等學上之現象也。

據孟德斯鳩氏之學說。立法司法及行政之三權。須互相分立。而國民議會之立法權。對於君主之行政權。則須獨立。又據路索氏之學說。國家須改造之。以復人權平等之原狀。然則當時之君主專制。固於國憲上爲最不合理之政體矣。據波邦氏之什一稅論。謂必行單一所得稅。以合於普遍而平等之統一稅制。克尼氏亦襲用其說。復基於己派之自然法說。謂農業即利用土地之業爲獨生淨利之物。故課租稅於農業之淨利。爲獨一之正當租稅。即地租是也。又謂以地租之單一稅。必足供國家一切之費用。然則當時之租稅制度。固不得謂非極亂雜者矣。又據當國策所言國民經濟之理法。是爲租稅法則之基礎。此即近世所稱爲創定財政原理者亞當斯密氏之說也。氏謂租稅之所歸着。不可不於地租利潤及工銀等生產原素之一或二以上。故其分配及徵收不可不以國民之生產力爲標準。因示租稅之四大原則如左。

一　國民須應其資力。以負擔政府之費用。政府須量國民之歲入。以爲課稅之標準。

二　賦課租稅須正確不移。不可專橫。收稅之時期方法及稅額。當歸於公正。并明告一般之人民及納稅者。

三　徵收租稅。當從納稅者最便利之方法及時期。

四　人民納付與國庫領收之間。必期於其額數及時日絕少差異。

然當時課稅之方法。皆反於是。則又不得謂非不合理之方法矣。

夫如是。故使行政權誠宜制限於極小之範圍。租稅誠宜減類以歸於統一。且應民力而分配徵收之。則當時之徒增經費而有妨於民力發達之保護政策。亦不得謂非無益而有害之政策矣。

亞當斯密氏之富國策內所論之財政。於官有財產及官業收入皆一概非斥之。其結果乃使財政學僅爲租稅及公債之學。然其能看破租稅之內容組織。謂國家財政之所需。與個人經濟之所需。不可不合爲一致。是即近世財政之大原則。而實爲斯密氏之所唱導。其功可不謂偉乎。且因氏而財政及經濟之密接關係始得發見。世方知課說之基礎。存於民力。(生產力)民力之發達。在增進個人之自由。而個人之自由所由增進。則在排斥各種之保護及制限。於是經濟上之個人及自由主義。與政治法理及社會上之平等自由主義。得相融合。而所謂個人主義及放任主義。乃爲經濟、財政、國家、法理、及社會等學所共通一貫之大主義大原則。漸以普及於歐洲各國。於法則有加拿德塞意、及希斯孟底等氏之著書。於英則有加利多、巴爾尼、及麻加羅克等氏之著書。於德則有亞加布敷爾達、及羅爾等氏之著書皆主破壞保護政策及毀棄干涉制限。此等學說之風潮。滔滔然席捲全歐焉。時勢既於至此。大革命之機運亦愈迫近。而政治經濟及財政上之大變動。竟至不可趨避。當是時。乃忽有一警報傳自北美洲之殖民地焉。

第四、美國獨立戰爭

英王喬治三世（自一七六〇年至一八二〇年之時）脫利黨內閣以承多年戰爭之後。財政頗告窮乏。乃於千六百七十五年經議院之協賛發布印紙條例。欲以課稅於北美殖民地。然該地之人民抵抗斯舉。謂議院於未經選出議員之殖民地。無協賛課稅法案之權利。且固執此說。毫不爲動。英國政府乃不得已而廢其舉行。但於茶及他種入口貨。仍課少許之印稅。美民尚不欲從之。故至千七百七十三年。有一羣之波斯頓港民。擁入三艘之茶船。對彼印稅之官吏。大加凌虐。英國政府聞之。乃於其翌年閉鎖波斯頓港。除食物及薪炭之外。禁止一切之出入口貨。殖民地十三州之議員。乃集會於菲拉德菲亞。公然決定與英國相抗。推華盛頓爲元帥。遂以千七百七十六年七月四日。公布獨立之宣言書。法國之貴族拉乏益等及美人弗蘭克林來往相商。法國遂首先援助殖民軍。西班牙亦與焉。俄、荷、普、

八五

與荷等國則相約勒兵中立。美民得歐洲各國之同意。乃愈得勢。遂進圍約克鎮。大破英軍。終以千七百八十三年維爾沙猶之和議。脫英之羈絆而爲獨立國。復於千七百八十七年。制定新憲法。立共和政體。舉華盛頓爲十三州合衆國之大統領。而其得以至此之原因。則以英國政府過執干涉政策。制限殖民之貿易。禁其不得與他國通商。以使其原料獨入於英國。又制限其製造。以使其獨用英國之製造品。凡茲殘酷之壟斷政策。皆所以使美民起而抵抗之原因也。

由是以觀。革命之警告。亦已屢見矣。其第一次爲千六百四十九年英國之財政問題。其第二次則今北美之課稅問題也。二次之警告。後甚於前。而世人猶未之覺。然則最終之大警告。其可免乎。於是有千七百八十九年之法國大革命。

第五、　法國大革命

法國之大革命非獨法國之革命已也。以法爲國爲濕氣之中心。而成歐洲全土之大風雨也。路易十四世及十五世之狂暴政治。由其晚年國威之失墜及財政之困乏。一旦盡弛其力。公債則失於整理。租稅則流於亂雜。而平等之政論及自由之學說。則如風雨之齊集。故路易十五世臨崩有言曰。『朕之後洪水其來乎』。果也千七百七十四年王崩之後。路易十六世繼其位。而大洪水（指大革命而言）竟奔流而至。是時當整理財政之任者爲名相速哥氏。然氏以淘汰冗員及節減政費之故。爲朝臣等所忌憚。不克久於其位。千七百八十八年。賢相奈喀氏繼之。之然隄防已裂。莫可如何。奈喀氏之再入相也。召集國民會議。諮詢財政之救濟策。王亦卑躬至巴黎市。且言當惟輿論是從。然千七百八十九年於維爾沙猶所開之國民會。竟以一夕之會議。全廢封建之特權。既又於千七百九十年。制定極新之憲法。加科賓黨及羅卑斯赫爾、炭吞、瑪拉、德木連等激烈之黨。執立憲議會（國民會之改稱）之牛耳。遂於千七百九十二年九月。全廢王政。改立共和政府。而無辜之路易十六世。竟被處於死刑。時千七百九十三年也。

憲法及行政之大改革。既按照學說而實行之。則經濟及財政之學說。亦不得不實力舉行。夫然。故舊制度破壞之後。即租稅制度改革之初。千七百八十九年十月。政府布告於國民會曰。此後一切租稅及公課。由一切市民及有財產者。比例其生產力及財產而負擔之。彼等亦深信之。以爲憲法及行政既從根本改革。國家之經費。必可輕減。故租稅制度。誠宜歸於單一也。於是千七百九十年復援自然法說。布為法律。一切土地。均準其一定年間之平均額而課以單一之淨收入稅。比豈非單一稅之實行乎。然彼雖廢止國民叢怨之間接稅及國內關稅。而尚存置國境關稅。且擴充其範圍。於向因關稅而分界之各地及全未施行關稅之地。普設新統一之關稅。此豈非實行單一稅之一蹉跌乎。然此猶有說焉、曰。單一稅說之中。固有所謂單一直接稅者也。顧何以不忍於再興承辦制度之間接稅而忍於新設直接稅類。且於所謂主稅之地租以外。復於千七百九十一年。增課各人之動產稅。以為其副稅。此豈非單一稅說之一大蹉跌乎。況自千七百九十二年至九十五年之間。又制定營業稅、窗戶稅、及數種之奢侈稅、登錄稅、印紙稅等乎。彼架空之單一稅說。成於一夕。亦敗於一朝也。然租稅之必須普遍、正當、及平等。賦課徵收之不得專橫。以及徵收費用之必應減約等說。則由此革命而存立焉。惟其著於法制而見之實行。則自拿破侖一世之時及十九世紀以來。方告厥成功也。

以上所舉之稅。政府尚不以為足。後以千七百八十九年十二月十九日之條例。發行彼著名之阿希尼亞證券。此證券以值五億利布之官地及寺領地擔保之。即一種帶息作質之證劵也。其始尚非不法之物。及千七百九十年。乃更增發八億利布之證劵。前後合計至十三億利布之巨額。於是以難付利息之故。並停止利息。其後遂純然成不換之紙幣。價格日益低落。國家之租稅。皆取之於此。是以財政益覺艱澀。且因此之故。於千七百九十三年。至對三十億利布之舊公債。強命消其三分之二。然尚負八億利布之公債焉。當時之政府。可謂財政上之倒產者矣。

第三節　十九世紀之財政

法國之立憲議會。當在過激之加科賓黨主持之下。常爲違憲之舉動。彼等不獨跋扈於國內。且以外國之君主政。爲彼共和政之敵。妄動干戈以侵其四鄰。於是法國之大革命。不獨爲法國之革命。而爲對於全歐之大革命。昭然表白於世。列國乃聯合以與法爲敵。滔滔戰禍。無可避矣。

第一　亂餘之戰費（自一七九三年至一八一五年）

革命之餘亂。由國會內黨派之爭奪及列國連合之反擊而繼續焉。黨派之爭奪。終於加科賓黨內羅畢斯匹爾一派之處於死刑。而列國之連合軍。（西、英、荷、德）則於千七百九十三年。進逼法國之四境。迨千七百九十九年。法國又與英、奧、俄、荷、土等國之聯合軍相抗。而法軍大敗。士氣沮喪。國運殆有岌岌之勢。當時新政府之一將名拿破侖者。方出征埃及。得此警報。密自歸國。尚未出禦聯合軍。先自仆其政府。解散議會。改定憲法。自爲大憲職。擢用達勒朋、喀爾奴等人材。以制定法典。整理財政。又勵行革命議會所定之地租、窗戶稅、各人動產稅、營業稅及間接稅法。以救濟法國財政陷於破產之悲運。法國人民懲於革命之慘劇。無不歡迎之。乃於千八百四年登法國之帝位。稱拿破侖一世。拿破侖一世既登帝位。欲發揚國威。以收攬民心。遂於千八百六年。侵擾德意志聯邦。而毀其統一。使德帝佛蘭埠一世。不得不解散神聖羅馬帝國。更於千七百九十五年攻破普國。得巨額之償金及割地。復圖滅英國之海上權。向法領諸國命行大陸封鎖。(禁英國船之入港)又使俄普奧三國同出此舉。斯時爲彼之全盛時代。而亦爲激成列國生反抗獨立心之時。然彼尚不悟。怒俄之不履行大陸封鎖。於千八百十二年。自將大軍五十五萬攻俄。大敗於俄都墨斯科。其翌年。英、俄、普、奧、來因同盟國、及瑞典等國。群起以抗法國。千八百十五年。乃於瓦特路之大戰。全破法軍。得巨額之償金。幷流拿帝於聖赫納島。於是歐洲比年之大亂。乃漸復平和。夫爲此戰亂。各國所需之費用。果幾何乎。據孔拉德氏之國家學字典所載。自千八百二年至千八百十五年之戰爭期中。凡需費五十億佛則云。（每佛郎約値洋四角）惟於各國之細數。則未詳焉。今據巴克斯達氏之所查核。自千七百九十三年之革命至千八百二十年結算戰費之期。各國公債額之比較數目。如左表所揭。可藉以推定各國支出之臨時費所需若何之巨額也。

國名／年次	千七百九十三年（佛郎）	千八百二十年（佛郎）	增加額（佛郎）
英國	七,〇〇〇,〇〇〇,〇〇〇	二二,五五〇,〇〇〇,〇〇〇	一五,五五〇,〇〇〇,〇〇〇
荷蘭	二,五〇〇,〇〇〇,〇〇〇	三,六〇〇,〇〇〇,〇〇〇	一,一〇〇,〇〇〇,〇〇〇
奧大利	八七五,〇〇〇,〇〇〇	二,四六五,〇〇〇,〇〇〇	一,五九〇,〇〇〇,〇〇〇
法蘭西	八〇〇,〇〇〇,〇〇〇	三,五〇〇,〇〇〇,〇〇〇	二,七〇〇,〇〇〇,〇〇〇
俄羅斯	四二五,〇〇〇,〇〇〇	一,二五〇,〇〇〇,〇〇〇	八二五,〇〇〇,〇〇〇
德意志	二五〇,〇〇〇,〇〇〇	一,三二五,〇〇〇,〇〇〇	一,〇七五,〇〇〇,〇〇〇
西班牙	二〇〇,〇〇〇,〇〇〇	一,三〇〇,〇〇〇,〇〇〇	一,一〇〇,〇〇〇,〇〇〇
葡萄牙	二二五,〇〇〇,〇〇〇	二〇〇,〇〇〇,〇〇〇	減……二五,〇〇〇,〇〇〇
合衆國	三七五,〇〇〇,〇〇〇	六五〇,〇〇〇,〇〇〇	二七五,〇〇〇,〇〇〇

此中法國之公債額。似失之過少者。然法國於千七百九十三年強消公債三分之二。後又

發行阿希尼亞證劵。故其實在之經費爲莫大。可以推而知也。與俄西普等國於當時所發行之紙幣。未曾爲之消毀。以致價格低落。漸次易爲公債。故其實在之經費爲更大。亦可推而知也。但普國及其餘德意志諸列邦之財政。概以官地爲主。故其始公債並不爲大。而其後之公債額所以如是增加者。則以償付利息之故。國家之經費不得不增加也。然則其經費之增加。因亦基於革命之餘亂焉已。

第二、平和及進步

各國間之侵略既止。俄帝亞歷山德乃起唱俄奧普之神聖同盟。法國亦加盟焉。英國雖未加盟。而其主旨固亦同此。其結果也。各國君主皆援博愛主義。不相侵畧。且各國協力以撫育其民。於是法國之革命。破壞一切之外。乃一無所成焉。斯時也。各國間之侵畧既止。而各國內部之改革圖謀又相繼而起。或謀改正憲法。以擴張民權。或謀去行政上之制限。以伸展民力。及千八百十六年路易十八世之時。法國人民乃對其保守黨之內閣。起而革命。自此以後。乃有各國踵起之變動。如千八百十七年。則有德國大學學生於路德三百年祭之日。大唱自由主義之變動。千八百二十年。則有西班牙國人對浮爾南七世之廢棄憲法。而復與之之變動。千八百二十一年。則有西班牙屬土西美利加（墨西哥等）獨立之變動。千八百二十五年。則有巴西人脫葡萄牙之壓制而獨立之變動。千八百二十九年、則有希臘離土耳其而獨立之變動。凡此皆與法國革命同其目的而異其方法之一種革命也。迨千八百三十年。法王樝爾乘倂吞阿耳悲利之威勢。解散自由黨多數之議會。并改定選舉法。因此法民又起於巴黎而為第二之革命。所謂七月革命是也。斯時比利時及荷蘭又謀獨立之舉。意大利人及瑞士人更謀伸展其自由權。其終也。比利時於千八百三十年。對荷蘭開獨立之戰爭。後以英法俄與等國之協力調停。遂於千八百三十一年得成獨立之國。斯時各國之政府。或以壓制。或以權術。莫不欲抑此自由平等之氣運。（如一八一七年一八一九年及一八二〇年與國首相梅特涅所行之政策）又有欲藉神聖同盟之協力而融和之者。究之皆無成效。終不得不制定憲法。改正選舉法。一則承認自由平等之權。以收攬民心。一則欲藉憲法之條文以維持君統。是以俄國於千八百十五年許波蘭之制定憲法。德意志各小列邦。亦於千八百十九年以後。得陸續發布憲法。英國則於千八百三十二年。改正選舉法。既而法國亦於千八百四十八年二月。聯合民間之政黨要求選舉法之改正。

政法叢書

第壹編

各國之政治其組織不同其起源亦各不同不明其組織起源則於其政治之長短利害末由而明國法學之範圍即以此爲目的凡國家如何成立及國家有幾種機關與機關之如何運行學元首臣民與立法司法行政等項均包括在內日本各政治學校均以此科目列入首年其重要可見法科大學校亦然此書爲岸崎中村二君合著而二君學說均本於大學校故其議論考据均極精切完備實講求政治學者之基礎也爰急譯之以餉同志

烏程章宗祥譯

國法學

洋裝二百頁

定價六角五分

本書目錄

〇緒論〇卷一論國家之組織
〇〇卷二、論國家之機關、〇卷三、論國家之機能
〇〇卷四、論國家之聯合、

發行所　日本東京譯書彙編社

發賣元　上海育材書塾

政法叢書

第貳編

本書詳敘德國、英國、法國、美國、墺匈國、日本國之建國、政治議院組織等。行文極平易簡明。蓋以世界各國政體之大意。人々須知。無論何人。皆宜手置一編也。

歐美日本 政體通覽

洋裝 每部定價五角

本書目錄

各國政治組織、德意志帝國(建國、帝國之組織 皇帝、聯邦參議院、國會、政府)阿美利加合衆國(建國、議會、大統領)墺太利亞……匈牙利王國(建國、王國之組織其性質、共同政治組織、墺太利亞帝國政治組織、匈牙利王國政治組織) 佛蘭西共和國(建國國民議會、代議院、元老院、大統領、政府及內閣) 英吉利王國(國王、國會、國務大臣) 日本帝國(帝國之組織 皇帝 國會 政府)

總發售上海大東門內育才書塾

歐洲各國比較財政及組織

緒言

覘國者。不獨當知其國之歷史國之地理國之政體而已也。尤當知其國之財政。蓋其國勢之盛衰。國力之張弛。無不與財政相關係也。歐洲古代。國家之歲出歲入。全溷官府之分派。卒不免多取羿取之弊。而使財政紊亂也。厥後漸次改良。歲定豫算。此豫算字義。發源於法蘭西。法語謂之Bougette。英語謂之Budget。德語謂之Staatsaufwandsüberschlag。是也。按各國豫算之細則。皆視其國之歷史沿革而定。故各不同。但大致初無懸異。大抵分以四段。(第一)爲政府提出之段。由戶部大臣將本年財政出入款項。逐條說明。(第二)爲全體討議之段。在野各政治家。將出入款項。或增或損。詳細討議。(第三)爲豫算委員起草之段。凡於財政學理上宜增宜損之件。分析調查。訂成草案。(第四)爲豫算協贊之段。委員調查既竣。報告於議會。務待議會之協贊。方爲豫算之成立。是冊所列各表。皆係豫算成立各國現行之表也。觀其收入支出各項。井然秩然。不知其國中之士夫。幾經討議。幾經調查以成之者。宜不能增損於其間也曰各國財政年表者可以知一國間之財力消長曰各國比較組織表者可以知各國間之財力消長統觀各國電信郵便費之收入莫不登於電信郵便行政費之所出試逐按諸吾邦之電與郵爲何如雖然亦豈僅電與郵乎今日吾國收入之可數者地丁鹽稅之外以厘金爲大宗惜其數未得詳覈也支出之可數者京餉協餉之外曰賠款曰外債賠款一項爲各國所無外債一項惜其立名之太泥也比者百度更新或採各國豫算之良法以撙節我國計乎則是冊不僅爲覘國者之助亦未始非以供豫算家借鏡之資也吾願讀是編者不徒其收入之鉅額要通其條分縷析之密也不怪其徵收之嚴要知其分布於公共事業也擴充經濟之事業發達豫算之思想莫不賴是諸字裏行間題識者勿以其爲表而忽之也

光緒二十八年三月譯者識於江戶麹坊旅舍

歐洲各國比較財政及組織目錄

德國海開路氏著

第一歐洲各國比較財政年表

其一　德意志（本表之單位即百萬馬克）

科目	一八九〇—九一	一八九二—九三	一八九六—九七	一八九七—九八	一八九八
收入					
第一款　私法的營業收入					
第一項　陸兵修養院資本收得	三五、八六八	三五、一四四	三八、八六三	三九、二六三	三八、四四六
第二項　帝國預存金利息	〇、三三九	〇、一九五	—	—	—
第三項　砲臺地賣却金	〇、四〇六	一、三五四	一、五八三	〇、四四二	〇、五五四
第四項　帝國鐵道行政收入	四〇、九八九	五五、六五九	六八、六六一	七〇、四四三	七五、四四〇
第五項　帝國印刷業收入	四、六〇八	五、三四〇	六、三一七	六、三一七	六、四九六
第六項　銀行收得	一、三八五	四、七七八	五、六一八	五、五〇三	五、九八八
計	八五、九五三	九七、二三八	一〇八、〇七一	一〇九、九四四	一一七、一三九
第二款　各種行政收入	二、四三五	二、〇六四	一八、四七七	一七、三三八	一四、四七〇
第三款　官業及賣買印紙					
第一項　有價證券之印紙稅	一、一四四	一、二〇六	一、三三八	一、三六六	一、四三〇

第二項 通行紙幣之印紙稅	[illegible]	[illegible]	八,[illegible]	八,[illegible]	[illegible]
第三項 有價券之印紙稅	三一,一三〇	六八,三一九	三一,〇八三	五一,五三三	四九,八[illegible]
第四項 統計局收得	〇,六[illegible]	〇,六六九	〇,八〇八	〇,八八八	〇,八八[illegible]
第五項 郵便及電信收得	三八,八三〇	二四七,四五三	二五四,[illegible]	三四六,八[illegible]	[illegible]
計	二四九,四五五	二八四,九五一	三五九,七〇八	[illegible]	[illegible]
第四款 關稅及消費稅					
第一項 關稅收入	六八五,五三三	三五九,四五一	[illegible]	[illegible],四八〇	四〇八,[illegible]
第二項 煙草稅	一〇,三〇三	一〇,七[illegible]	一一,一九[illegible]	一一,一九[illegible]	[illegible]
第三項 砂糖稅	四九,五五四	六八,〇九六	八〇,〇〇〇	八一,〇〇〇	八八,[illegible]
第四項 鹽稅	四一,〇〇〇	四一,五[illegible]	四四,[illegible]	[illegible]	[illegible]
第五項 麥酒稅	一三九,八四四	一三〇,〇五九	一二七,[illegible]	[illegible]	[illegible]
第六項 皮酒稅	三一,五四三	三二,八七[illegible]	[illegible]	[illegible]	二八,[illegible]
第七項 關稅雜收	〇,〇三五	〇,〇六四	〇,〇六[illegible]	〇,〇[illegible]	[illegible]
計	四五七,三九九	六〇五,八二四	[illegible]	[illegible]	七〇一,四八九
第五款 分擔徵收	四〇三,一七三	四一〇,八二〇	四一〇,八〇五	[illegible]	[illegible]
第六款 臨時收入					
第一項 國會建築資本收益	一,八〇〇	四,〇〇〇	—	—	—
第二項 賠金收得	四〇六,一七五	四四七,四二一	[illegible]	八一,六八四	[illegible]
第三項 其他臨時雜收入	九,一一一	一,八四一八	八,[illegible]	[illegible]	[illegible]
計	三一七,〇八六	一六九,八二九	[illegible]	一〇三,八四〇	八六,[illegible]

科目 \ 年度	一八九〇—九一	一八九二—九七	一八九六—九七	一八九七—九八	一八九八
總收入額 計	一五〇一,四一〇	一四八三,六六六	一五六三,一五〇	一六九六,八六七	一七八七,七五
徵收費及其他支出					
第一項 帝國鐵道行政費	三〇,九八六	三六,八四	四三,一二	四五,〇六	四九,一二九
第二項 帝國印刷費	三,四四三	四,〇〇六	四,八九二	四,七六〇	四,八八
第三項 官業及賣買印紙費	〇,三五五	〇,三八六	〇,四四六	〇,四四	〇,四六七
第四項 郵便電信行政費	一八六,一〇一	二三六,二	二五〇,三四八	二七五,二七	二九一,六九九
計	二三〇,八八四	二八六,四四〇	三〇七,八一三	三三四,〇二五	三四六,一四七
純收入總額 計	一二七〇,五二六	一二二七,二三六	一二五六,三三八	一三六二,八四二	一四四一,五七八
支出					
第一款 憲法上之支出	〇,六六三	〇,四三六	〇,六九	〇,六五八	〇,六八五
議會					
第二款 司法行政支出	一,八六〇	二,〇四九	一,九七四	一,九八一	二,〇〇八
第三款 文治行政支出					
第一項 內閣	〇,一四八	〇,一五〇	〇,一五五	〇,一五九	〇,一三五
第二項 外務	八,八六五	九,九〇一	一〇,六〇六	一一,一三三	一一,三六一
第三項 內務	八,八六七	一九,八九七	三五,五五八	三六,七八三	四〇,七五六
第四項 鐵道	〇,三〇〇	〇,三〇八	〇,三六六	〇,三五七	〇,三五五
計	一八,五〇〇	三〇,三五六	四四,六八七	四八,三三〇	五三,七一八

項目					
第四款 陸海軍支出					
第一項 陸軍	三五九,五二四	四三七,六八五	四九九,〇二四	四八七,二四六	五一一,八四三
第二項 海軍	一六八,六六七	四五,三九九	[illegible]	一六八,九五〇	六三,七五三
第三項 陸兵修養院資本支出	二五,八三八	二五,一六五	一八,八六三	二九,一〇五	一八,六四七
第四項 陸軍恩給	三五,九二一	四〇,〇八六	五三,五五七	五三,七七〇	五七,〇九七
第五項 海軍恩給	一,二二〇	一,三六〇	二,六九〇	二,八〇三	三,一二五
計	四八六,七五三	五五九,三八五	六一八,五六一	六五一,九五八	六五三,四九八
第五款 財政支出					
第一項 財務	二〇三,五〇九	三五六,〇八〇	三九一,五一〇	四〇九,一五二	四四六,七五一
第二項 會計檢查院	〇,四五五	〇,六六六	〇,七二五	〇,七四一	〇,八〇九
第三項 文官恩給	〇,八三七	一,〇〇九	一,一三九	一,一四四	一,二〇五
第四項 俸給補足數	一三,六八八	—	—	九,二五〇	—
計	二一七,三八九	三六七,六九九	三九四,九六六	四一〇,五六六	四四九,〇六五
第六款 帝國債務支出	四六,六六五	六〇,八六六	七九,九四六	七六,〇六六	七六,八九九
經常總支出額計	一〇九二,三三九	一三五七,一二四	一四四四,一九六	一五〇三,八四四	一六八七,九八四
第七款 臨時支出					
第一項 官業行政支出	一四,三七九	二一,七九九	一四,七四三	二六,八三三	三六,四〇三
第二項 帝國司法行政支出	六,一五〇	一,〇〇一	—	—	—
第三項 文治行政支出	五一,〇八三	一五,七四七	一〇,八六三	一三,〇九五	一三,五六八
第四項 帝國陸軍行政支出	三六五,六六三	一四六,四九三	六三,四四四	九七,九六六	九八,三〇九

八

科目	一八九〇—九一	一八九二—九三	一八九六—九七	一八九七—九八	一八九八
第五項 帝國海軍行政支出	四一，四八三	四〇，一一〇	五〇，八六八	五八，〇九五	五九，二〇四
第六項 財務行政支出	四，三四八	四，四三三	〇，〇七九	〇，〇七九	〇，一三八
第七項 臨時支出					
（甲）帝國陸軍經營費	〇，八七八	—	—	—	—
（乙）缺損額	二〇，一九九	—	—	—	—
（丙）臨時撥款追加	—	—	—	九，三六八	—
（丁）支那領土之行政費					五，〇〇〇
計	四〇九，八八三	三三六，五五三	二八九，九六四	一四四，三〇三	一九九，七四三
總支出額計	一四〇一，四一〇	一四五六，五五六	一五五二，一四〇	一五九六，八六三	一七九七，七一七
徵收其他收入	三三〇，八七四	三五六，四四〇	三〇七，八二三	三三四，八五三	三四六，一四二
總支出額計	一二七〇，五五六	一三一七，三五六	一二四四，四八一	一二六二，八五三	一四五一，九七六

其二 普國（本表之單位即百萬麥克）

科目	一八九〇—九一	一八九二—九三	一八九六—九七	一八九七—九八	一八九八
收入					

科目					
第一款 私法的營業收入					
第一項 領土及山林	[illegible]	[illegible]	[illegible]	[illegible]	[illegible]
第二項 收得財産	[illegible]	[illegible]	[illegible]	[illegible]	[illegible]
第三項 鐵道行政收得	[illegible]	[illegible]	[illegible]	二八、[illegible]	[illegible]
第四項 鑛山、冶金、鹽業收入	三三、[illegible]	[illegible]	三三、[illegible]	[illegible]	[illegible]
第五項 海關制度	[illegible]	[illegible]	[illegible]	[illegible]	[illegible]
第六項 貨錢	八、九二一	[illegible]	[illegible]	[illegible]	[illegible]
第七項 遺營局收得	[illegible]	[illegible]	[illegible]	[illegible]	[illegible]
計	[illegible]	[illegible]	[illegible]	[illegible]	[illegible]
第二款 各種行政收入（國家行政收入）	[illegible]	[illegible]	九八、一五五	一〇一、七九五	一〇九、一〇六
第三款 官業及官買印紙税					
第一項 相續税	[illegible]	[illegible]	八、八〇〇	八、八〇〇	八、九〇〇
第二項 印紙税	[illegible]	[illegible]	一三、〇〇〇	[illegible]	一三、〇〇〇
第三項 官業收税	[illegible]	四、七九一	一、三四〇	[illegible]	二、〇三三
計	[illegible]	三三、〇九一	三三、四四〇	[illegible]	[illegible]
第四款 直接税					
第一項 地租税	[illegible]	[illegible]	—	—	—
第二項 家屋税	[illegible]	[illegible]	—	—	—
第三項 營業税			—	—	—
第四項 旅商營業税	三、一一九	三、九一九	[illegible]	[illegible]	[illegible]

科目	一八九〇—九一	一八九二—九三	一八九六—九七	一八九七—九八	一八九八
第五項 階級稅	四、六八二	—	—	—	—
第六項 鐵道稅金	〇、三二五	〇、三四四	〇、三〇一	〇、三三五	〇、三九四
第七項 花柳志提督路拉路點地方之直接稅	〇、三六七	〇、三六七	〇、三九八	〇、三四四	〇、三〇八
第八項 所得稅	四四、三二四	八〇、〇〇〇	一二五、〇〇〇	一二五、〇〇〇	一二六、〇〇〇
第九項 糖足稅	—	—	二一、一〇〇	二二、一〇〇	二二、五〇〇
第十項 其他雜收入	三、六八一	三、三三三	一、九二五	三、三〇六	三、三四五
計	二六六、七四七	一九九、六九九	一五八、三三五	一六二、九九〇	一四〇、五九八
第五款 總違志帝國部所得稅	三二六、七三三	二四四、二二三	二五〇、一二八	一六三、五九六	二五〇、六三八
總歲入總計	一、九三三、〇九七	一、九二一、二〇五	一、九九九、三六八	二、四四〇、〇三一	三、八〇七、三三三
徵收費及其他支出					
第一項 領土及山林	三九、五三九	四一、五四四	四一、三五六	四三、一〇九	四四、六三〇
第二項 鐵道行政	五五三、〇〇九	四〇〇、八三六	六六八、九九八	六六四、四三七	六六五、九九三
第三項 工業稅	一〇〇、四四四	一八五、四四七	一八三、〇〇九	一八六、二〇七	一九一、六〇八
第四項 官業及買賣稅	三一、一四四	三三、三三五	三三、三三六	三三、四二三	三三、三三三
第五項 直接稅	一一、八九六	一三、六六〇	一四、三二四	一四、三三三	一五、六九四
計	七七〇、一〇五	八六二、五三二	八五九、一二五	九〇八、一八六	九六九、〇〇一
純總收入額計	八六二、〇八二	九七二、六八四	一〇八〇、三三五	一三三七、八六九	一三〇八、四三三

支出					
第一款 國法上之支出					
第一項 王室費	八、〇〇〇	八、〇〇〇	八、〇〇五	八、〇〇〇	八、〇〇〇
第二項 議會費	一、三六八	一、三六八	一、三七七	一、三九七	一、四〇〇
計	九、三六八	九、三六八	九、三八二	九、三九七	九、四〇〇
第二款 司法行政支出	八七、〇一九	九〇、九一七	九五、六五一	九七、一四七	一〇八、一四五
第三款 文治行政支出					
第一項 內閣	三、九八三	四、五三三	六、五五七	六、七四五	七、三四〇
第二項 外務省	〇、五〇〇	〇、五四三	〇、五四〇	〇、五五三	〇、五五一
第三項 公業省（鐵道其他）	二〇、九八八	三三、三九九	二四、〇四八	二四、六六六	二九、〇五五
第四項 工商省	四、四三五	五、七一一	七、三三九	七、七七七	八、九三三
第五項 內務省	四三、八四八	四六、四八八	五六、三三五	五五、五五六	六〇、一三三
第六項 農務省	一四、八九四	一六、〇六六	八、〇〇五	八、六九八	一〇、八〇八
第七項 文部省	九六、四七〇	一〇一、四四五	一〇九、四八八	一二七、九七七	一二九、九九八
計	一八一、〇七四	一九七、一六二	二三三、〇七七	二三四、二一一	二五六、九七七
第四款 軍事行政支出	〇、一三三	〇、一二九	〇、一三九	〇、一二五	〇、一一八
第五款 財政上之支出					
第一項 大藏省	一、一三八	一、一四九	一、一八七	一、一九九	一、一四六
第二項 地方行政廳	一三、一〇九	一三、五〇三	一四、八九七	一五、一三三	一八、〇三三
第三項 恩給	三五、一六五	三七、九七八	四七、三六五	五二、五六〇	五五、九一四
第四項 不動產銀行	〇、六九九	〇、六四九	〇、四九一	〇、五〇四	〇、五六五

科目	一八九〇－九一	一八九二－九三	一八九六－九七	一八九七－九八	一八九八
第五項 雞岡公園	〇,一四四	〇,一四五	〇,一五三	〇,一三五	〇,一六八
第六項 貧婦及孤兒院	五,六九八	五,六六九	五,六九六	五,三二七	五,一一五
第七項 普通公債	二,八一七	二,八一七	八,八二三	二九,八八一	一〇,三一一
第八項 利息、償却等	九三,五八九	一一,五五三	七三,九六五	七四,四六六	七三,八六八
計	一五〇,四四四	一七三,五五三	一五三,〇一二	一七八,〇六八	一〇四,一五五
第六款 國債支出	二三〇,九六八	二七六,〇四五	二七八,〇五七	二七五,四六八	二三五,五九八
第七款 德意志帝國分擔支出	一五五,七五四	一〇七,八六六	一四一,九六六	一五六,二七八	二七四,五五五
經常總支出額計	一五四四,七八〇	一六四四,四〇四	一八九九,三六一	一九六六,〇八四	二〇五五,八九一
第八款 臨時支出					
第一項 司法行政	二,五五一	三,九六四	七,一三六	四,八〇一	六,三六一
第二項 文治行政	四〇,八〇九	四三,六四八	七三,四五七	八三,六四一	一三四,三八四
第三項 財政臨時	四,八〇五	〇,五六九	〇,三六五	一,五五七	〇,九八八
第四項 軍事臨時	〇,〇〇〇	〇,〇〇〇	〇,〇一一	〇,〇一〇	〇,〇〇五
計	四八,一五一	四六,七二二	七九,八九七	八九,九四七	一四一,六六六
總支出額計	一五九三,〇九三	一六九一,一二五	一九九二,二五八	二〇四六,〇三一	二二八七,五五七
徵收收入及其他	七一〇,〇一三	八七三,五五三	八九九,一三五	九〇八,一八六	九七九,〇五一

一二

純總收入額計	八六三〇八〇	九七三五六四	一〇八〇一三五	[illegible]	[illegible]

其三 墺國及匈牙利

（甲）兩國財政合表 （本表之單位即百萬弗洛林）

科目	年度 一八九一	一八九二	一八九六	一八九七	一八九八
收入					
第一項 行政收入	[illegible]	[illegible]	[illegible]	[illegible]	[illegible]
第二項 海關純收得	[illegible]	[illegible]	[illegible]	[illegible]	
第三項 匈牙利分擔（財務部之分）	一八四九	一九七七	[illegible]	[illegible]	
第四項 墺國地方分擔額	一四二〇	[illegible]	[illegible]	[illegible]	[illegible]
第五項 匈牙利地方分擔額	[illegible]	[illegible]	[illegible]	[illegible]	
第六項 包斯尼亞、海茲哥維那、及比利瑪地方派遣兵臨時收入	[illegible]	[illegible]	[illegible]	[illegible]	[illegible]
總計	[illegible]	[illegible]	[illegible]	[illegible]	[illegible]
支出					
第一項 外務省	[illegible]	[illegible]	[illegible]	[illegible]	[illegible]
（甲）經常費	[illegible]	[illegible]	[illegible]	[illegible]	[illegible]
（乙）臨時費	[illegible]	[illegible]	[illegible]	[illegible]	[illegible]
第二項 陸軍	[illegible]	[illegible]	[illegible]	[illegible]	[illegible]

科目	一八九一	一八九三	一八九六	一八九七	一八九八
(甲)經常費	一〇三,八五〇	一〇九,八五〇	一一三,一六五	一一六,六八八	一二三,四六八
(乙)臨時費	一四,四五〇	一四,一五七	一四,六八〇	一四,七七九	一一,三三七
第三項 海軍	一一,一四六	一二,〇七七	一五,六八一	一四,〇八一	一六,四六一
(甲)經常費	九,四八四	九,七七八	一〇,四六六	一〇,四八一	一一,一九七
(乙)臨時費	一,八六一	二,六八七	三,一一五	三,八〇〇	三,七四六
第四項 大藏省	二,〇一三	二,〇一一	二,〇六八	二,〇八九	二,一三五
(甲)經常費	二,〇一三	二,〇一一	二,〇五五	二,〇八五	二,一三五
(乙)臨時費	—	—	〇,〇五五	—	〇,〇一一
第五項 關稅共通會計局	〇,一五四	〇,一五四	〇,一五四	〇,一五四	〇,一六八
第六項 包斯尼亞、荷塞哥維那、及比利瑪瑙之派遣兵臨時支出	四,四六六	三,七一三	三,九九九	三,九九九	三,五一九
總計	一四〇,〇九九	一四七,九六三	一五九,八五〇	一六四,一一七	一七〇,六六四

(乙) 墺國 (本表之單位即百萬弗洛林)

科目	一八九一	一八九三	一八九六	一八九七	一八九八
收入					
第一款 私法的營業收入	—	—	—	—	—

第一項 國家所有建築物	〇.一三三	〇.一三〇	〇.一三三	〇.一三三	〇.一三八
第二項 公用財產	〇.一四〇	〇.一四〇	〇.一六〇	〇.一五〇	〇.一六五
第三項 領土及山林	四.一九六	[illegible]	[illegible]	三.九六八	[illegible]
第四項 鑛山業	七.八八六	八.三五三	[illegible]	七.一四四	七.三五六
第五項 印刷業	一.九九九	二.三五〇	一.九九九	二.〇一四	二.二一四
第六項 國有鐵道	[illegible]	八八.八〇〇	一〇八.四一六	一二五.八〇六	一二八.八〇〇
第七項 公設	三〇.〇〇〇	[illegible]	[illegible]	[illegible]	三六.〇五一
第八項 遺贈防收益	〇.三五九	[illegible]	〇.四〇九	〇.三五五	〇.三五一
第九項 各種收得（屬於農務省之分）	一.四〇四	[illegible]	一.三八八	一.三〇〇	〇.八〇四
計	[illegible]	[illegible]	一四一.七九九	一五九.九九六	[illegible]
第二款 各種行政收入	[illegible]	三〇.〇〇〇	三五.〇六八	四〇.三九九	四〇.三九九
第三款 官業及買賣稅					
第一項 印紙稅	九.五五九	二〇.〇〇〇	二三.八六五	二三.〇八八	[illegible]
第二項 司法收得	[illegible]	[illegible]	三九.五五四	[illegible]	[illegible]
第三項 [illegible]酒稅	〇.三四五	〇.三六六	〇.三五三	〇.三八五	〇.三八五
第四項 酒商稅	一.二五〇	一.一三三	一.一三五	一.一三五	一.一四〇
第五項 港灣稅	〇.四四九	〇.四四〇	一.三五五	一.〇四一	〇.九四一
第六項 郵便貯金	一.三五四	一.九四五	二.八〇〇	三.一四四	三.五五三
第七項 郵便電信	三〇.九〇五	四四.七〇一	四一.九五四	四四.三三五	四五.一〇四
計	八〇.九九一	九九.四五〇	一〇八.七三五	一二四.三三六	一三〇.六六八
第四款 直接稅					

科目	年度 一八九一	一八九三	一八九六	一八九七	一八九八
第一項 地租税	[illegible]	[illegible]	[illegible]	[illegible]	[illegible]
第二項 家国税	[illegible]	[illegible]	[illegible]	[illegible]	[illegible]
第三項 營業税	[illegible]	[illegible]	[illegible]	[illegible]	[illegible]
第四項 所得税	[illegible]	[illegible]	[illegible]	[illegible]	[illegible]
第五項 手數料	[illegible]	[illegible]	[illegible]	[illegible]	[illegible]
計	[illegible]	[illegible]	[illegible]	[illegible]	[illegible]
第五款 關税及消費税					
第一項 關税	[illegible]	[illegible]	[illegible]	[illegible]	[illegible]
第二項 關門税	[illegible]	[illegible]	[illegible]	[illegible]	[illegible]
第三項 鹽業專賣	[illegible]	[illegible]	[illegible]	[illegible]	[illegible]
第四項 煙草專賣	[illegible]	[illegible]	[illegible]	[illegible]	[illegible]
第五項 消費税	[illegible]	[illegible]	[illegible]	[illegible]	[illegible]
（甲）紗酒税	[illegible]	[illegible]	[illegible]	[illegible]	[illegible]
（乙）醑酒税	[illegible]	[illegible]	[illegible]	[illegible]	[illegible]
（丙）葡萄酒税	[illegible]	[illegible]	[illegible]	[illegible]	[illegible]
（丁）肉税	[illegible]	[illegible]	[illegible]	[illegible]	[illegible]
（戊）砂糖税	[illegible]	[illegible]	[illegible]	[illegible]	[illegible]
（己）雜收入	[illegible]	[illegible]	[illegible]	[illegible]	
（庚）其他之收入	[illegible]	[illegible]	[illegible]	[illegible]	九、[illegible]

一六

（辛）小作料	三,五八二	三,九四三	三,〇四三	三,〇七〇	[illegible]
計	三三,一八三	一,三四三,三三	一,三六八,八〇	三六,三四三	[illegible]
總收入額　計	三六,六三三	三六,三三,一	三六,三〇六	三六,九〇三	[illegible]
徵收費及其他	一,三四,六七	一,三四,六〇三	一,九三,一八二	一,九八,〇〇六	二〇八,九八二
純總收入額　計	四,三四〇,八八	四,三四,八八	四,三六,八六	[illegible]	[illegible]
支出					
第一款　國法上之支出					
第一項　王室	四,六二〇	四,六二〇	四,六二〇	四,六二〇	四,六二〇
第二項　內閣顧問	〇,〇三三	〇,〇三三	〇,〇三八	〇,〇三九	〇,〇三七
第三項　帝國上下院議會	〇,二〇六	〇,二一〇	〇,二九九	一,一六六	一,一七七
計	四,九三〇	四,九三三	四,九二三	四,八六四	四,九八三
第二款　司法行政支出					
第一項　帝國法院	〇,〇三三	〇,〇三三	〇,〇三三	〇,〇三三	〇,〇三三
第二項　司法省	二〇,三四四	二〇,八二三	二三,〇九〇	二三,八〇〇	[illegible]
計	二〇,四八七	二〇,八四四	二三,一二六	二三,八八七	二六,三三四
第三款　文治行政支出					
第一項　內國	一,〇四五	一,〇四二	一,一三八	一,一三七	一,一三九
第二項　內務省	一五,七八九	一七,八三〇	一九,四四五	二〇,四四三	二一,五七七
第三項　文部省	三,一四三	三,七九九	四,八八八	五,一四四	六,二四〇

科目	一八九一	一八九三	一八九六	一八九七	一八九八
第四項 商務省	七六九,九四五	九九,五三〇	四三,三五九	四三,〇四〇	四四,〇〇三
第五項 鐵道省	—	—	七五,三三七	八五,三四四	九二,四〇七
第六項 農務省	一三,七九三	一四,〇三二	一四,七五三	一六,八四四	一六,六四五
計	一三〇,七一二	一五四,八〇七	一七七,八九二	一九四,三三三	二〇六,六九九
第四款 國防支出（陸軍、憲兵、軍事警察等之費目合計）	一四,六八七	一六,五三七	二三,五二四	二三,六一八	二三,六九九
第五款 財政部支出					
第一項 大藏省	一九,七〇五	二〇,九四五	二三,六〇六	二四,四〇七	二四,七四五
第二項 金庫局	一,二三六	一,一九〇	二,〇五五	二,一三七	二,六八三
第三項 收得行政費	六四,一九二	六一,七四六	六四,五七七	六九,六二三	七八,七三三
第四項 會計檢查院	〇,一六九	〇,一七七	〇,一七九	〇,一七五	〇,一七七
第五項 恩給	一七,七四九	一八,四五五	一九,七四五	二三,三九九	二三,八九九
第六項 補給、年金等	三六,七四七	三六,九四五	三八,七三一	三八,七四六	四〇,三六六
計	一三六,七七七	一〇八,四六八	一四四,九四二	一四四,九六六	一五〇,〇七七
第六款 國債					
第一項 金利支出額	一四七,八三三	一四八,八九七	一六七,七六六	一六八,三六八	一七〇,九九四
第二項 國債政費	〇,九〇五	〇,八八七	〇,五九七	〇,六五八	〇,六〇五
計	一四八,七三四	一四九,七八四	一六八,三五八	一六八,七六六	一七一,五九九

	(1)	(2)	(3)	(4)	(5)
第七款 帝國分擔額	九九,七〇四	一四四,九九九	一三三,四四九	一三六,七七七	一五〇,三〇〇
經常總支出額計	[illegible]	[illegible]	[illegible]	[illegible]	[illegible]
第八款 臨時支出					
第一項 國會	〇,〇三〇	〇,一三九	〇,一八四	〇,一八六	〇,一三四
第二項 內閣	〇,〇〇六	〇,〇〇四	—	—	—
第三項 內務省	[illegible]	三,一一一	三,二二九	三,七八五	五,一〇六
第四項 國財部	三,二九〇	二,四四九	〇,四八七	〇,四一七	〇,四四四
第五項 文部省	一,四四一	一,三六一	一,八〇〇	一,六八九	一,九〇八
第六項 大藏省	五,八六七	七,九六六	三,一一七	七,一一三	六,九六六
第七項 商務省	一二,三〇五	一八,一四九	三,一一七	二,六六八	二,〇四六
第八項 鐵道省	—	—	一八,四八九	八,四四七	五,〇四八
第九項 農務省	二,八一五	二,七七五	三,六〇一	二,八五七	二,〇四五
第十項 司法省	〇,七七七	〇,九九三	〇,九〇九	二,一一八	二,〇六四
第十一項 會計檢查院及恩給等	三,九七〇	四,八三三	一,六六八	一,九〇四	二,一七〇
第十二項 國債	四,六八四	四,九六六	〇,〇〇五	〇,〇二八	二,〇四五
第十三項 分擔雜數	二,九九五	二,四七八	二,四一四	二,五九六	二,五九六
計	四五,三〇三	四九,四八三	四〇,六六六	三四,二四五	二九,七八三
總支出額計	三六四,八五五	六一〇,五八四	[illegible]	六八九,〇八二	七一五,九三〇
徵收費及其他	一五四,二八七	一四六,六〇五	一九三,一八二	一九八,〇〇九	二〇八,七八一
純總支出額計	四一〇,五六六	四五五,七八一	四七一,三八八	四九一,〇七三	五〇七,一六九

（丙）匈牙利（本表之單位即百萬克洛林）

科目	一八九一	一八九三	一八九六	一八九七	一八九八
收入					
第一款 私法的收入					
第一項 礦土	〇、八六五	〇、九八八	〇、四二〇	〇、四〇一	〇、三六九
第二項 山林	七、三〇七	七、五〇七	八、二〇五	八、三九九	八、六六五
第三項 印刷收入	〇、七〇〇	〇、九四五	〇、七九九	〇、八六四	〇、八六八
第四項 鐵山及造幣	一八、一四三	一七、九八〇	一五、五一三	二四、九七一	二六、四一八
第五項 帝國鐵道	七七、六六〇	一〇四、九六七	一〇一、九一六	一三三、四三〇	一三八、四二四
第六項 富籤	一、六六九	三、七六九	三、五二二	三、三五三	一、一三三
計	九六、八九七	一三四、七三一	一三九、四四四	一五九、六〇〇	一五三、八六五
第二款 各種行政收入	四〇、六四九	—	四、九五三	一、一四四	三、〇一七
第三款 官業手數料及買賣稅					
第一項 印紙稅	一〇、六六八	一二、一七	一三、七〇〇	一四、六〇七	一四、六六五
第二項 法衙手數料	一七、六〇〇	一八、一〇〇	二〇、六一三	二二、一一〇	二三、九五一
第三項 醸酒稅	〇、〇〇七	〇、〇三三	〇、〇〇七	〇、〇三六	〇、〇一五
第四項 運輸稅	五、六〇〇	五、六〇〇	五、七六〇	六、七〇〇	六、三六八
第五項 延退利足	一、五〇〇	一、五五六	一、三三六	一、一〇七	一、一〇六
第六項 郵便電信	三、九三三	四、一八六	一七、七〇〇	一八、九〇〇	二一、三三三

計	[illegible]	[illegible]	[illegible]	[illegible]	[illegible]
第四款 直接稅					
第一項 地租稅	[illegible]	[illegible]	[illegible]	[illegible]	[illegible]
第二項 家屋稅	一〇、三〇〇	一〇、七八〇	一〇、九六〇	一〇、九[illegible]	[illegible]
第三項 營業稅	一八、八〇〇	一九、[illegible]	二〇、〇八〇	二〇、七〇〇	二〇、七〇〇
第四項 營業會社稅	三、一〇〇	[illegible]	[illegible]	一、九五〇	[illegible]
第五項 資本及金利稅	四、〇〇〇	四、〇[illegible]	四、[illegible]	四、[illegible]	四、[illegible]
第六項 所得稅	一六、六〇〇	一六、一〇〇	一六、[illegible]	[illegible]	[illegible]
第七項 軍事稅	三、三〇〇	二、七〇〇	二、[illegible]	一、八五〇	一、八[illegible]
第八項 鑛山稅	〇、一〇〇	〇、一〇〇	〇、八〇〇	〇、八〇〇	二、[illegible]
第九項 其他諸稅	〇、六五〇	—			
第十項 未納諸稅	〇、二五〇	〇、二五〇	〇、二五〇	〇、二五〇	〇、二[illegible]
計	九一、九〇〇	九一、[illegible]	九一、九[illegible]	九二、[illegible]	九[illegible]
第五款 關稅及消費稅					
第一項 關稅	〇、四五六	〇、四五四	〇、四五五	〇、四五五	〇、四五五
第二項 消費稅	四四、五六〇	六〇、八五〇	七〇、五五四	七一、四四四	七三、[illegible]
(甲) 麥酒	二、五五〇	四、三五〇	六、〇九〇	六、八四〇	五、一〇〇
(乙) 燒酒	三三、〇七〇	三四、五〇〇	四〇、〇九四	四九、五〇〇	四〇、一〇〇
(丙) 葡萄酒	六、一五〇	八、〇〇〇	七、五〇〇	七、五〇〇	七、五〇〇
(丁) 肉類	三、二〇〇	三、三〇〇	三、五〇〇	三、三〇〇	三、三〇〇
(戊) 砂糖	二、六〇〇	六、三〇〇	七、五五〇	八、〇五〇	八、一〇〇

科目 \ 年度	(乙)石油	第三項鹽專賣	第四項煙草專賣	第五項入港稅	計	總收入額計	一時收入	總計
一八九一	六,九九〇	一四,九九三	四六,五九九	〇,〇〇八	一〇六,一二五	三五三,四八〇	五,五二八	三五九,〇〇八
一八九五	四,五〇〇	一五,〇〇七	四九,九九九	〇,〇〇〇	一二六,二〇六	四七八,三四八	八,三二一	四八六,六六九
一八九六	六,一〇〇	一五,四一六	五六,四九六	〇,〇〇七	一三九,七九八	四三三,六一四	一〇,四三〇	四四四,〇四四
一八九七	六,一四〇	一五,六六七	五三,五六八	〇,〇〇〇	一四一,一一九	四三四,〇一八	一〇,一三五	四四四,一五三
一八九八	七,九〇四	一五,三九九	五四,〇三五	〇,〇〇〇	一四一,一一〇	四九八,一六九	—	四九八,一六九

支出

科目 \ 年度	第一款國法上之支出 第一項王室費	第二項樞密顧問府	第三項議會	計	第二款司法行政支出	第三款文治行政支出
一八九一	四,六六〇	〇,〇七三	一,二三五	五,九六八	二一,六九六	
一八九五	四,六五〇	〇,〇七三	一,二九九	六,〇二二	一五,五八六	
一八九六	四,六五〇	〇,〇七八	一,七五四	六,四八三	一五,五六六	
一八九七	四,六五〇	〇,〇七九	一,七七五	六,五〇四	一五,九六六	
一八九八	四,六六〇	〇,〇七七	〇,〇五九	四,七八六	一六,五三九	

項目					
第一項 內閣	〇、三〇六	〇、二六八	〇、二九九	〇、二〇三	〇、二一六
第二項 宮內省	〇、〇三四	〇、〇九九	〇、〇七三	〇、〇七一	〇、〇三五
第三項 哥洛阿及士喇維屋省	〇、〇二六	〇、〇二六	〇、〇四五	〇、〇〇六	〇、〇四四
第四項 內務省	二、八九六	二、三二九	二五、八〇一	二六、四四八	一七、〇四四
第五項 行政裁判所	—	—	〇、〇三〇	〇、〇四一	〇、〇四四
第六項 文部省	七、三二九	七、八六六	一〇、九九八	一三、一四六	一三、一三四
第七項 商務省	三〇、八九六	三六、三三七	九一、〇〇三	九四、四八九	九七、三六六
第八項 農務省	一、〇三三	一四、四九二	一六、八二二	一七、八〇八	一八、四四九
第九項 哥洛阿及士喇維屋行政總額	六六、三六四	七、一〇七	八、一三九	八、三六六	八、三〇八
第十項 非由梅行政總額	〇、〇三〇	〇、〇〇〇	〇、〇〇八	〇、〇〇八	〇、〇四一
計	八九、七九六	一〇七、六六三	一四三、九九六	一四八、八〇三	一五五、〇〇一
第四款 國防支出	一一、〇〇八	一三、三三八	一四、四六九	一五、一一七	一六、一六四
第五款 財政支出					
第一項 大藏省	六〇、六六七	六四、八〇八	七八、六六〇	七五、一九七	六四、九六〇
第二項 恩給	六、六六〇	七、四四〇	八、一一三	八、三三〇	八、六六八
第三項 地債償卻	八、八七〇	九、〇三九	一〇、六八〇	一〇、三六二	一〇、三四四
第四項 葡萄園治卸費	一、〇〇五	〇、〇五二	〇、〇三三	〇、〇三三	〇、〇三三
第五項 會計院	〇、一一〇	〇、一一一	〇、一四五	〇、一四九	〇、一五九
第六項 鐵道利足補給	一、三五九	〇、七三五	〇、三六八	〇、四九九	〇、四六八
計	七六、六九七	八〇、二〇三	九七、七六九	九四、三六九	九四、一九二
第六款 國債					

科目	一八九一	一八九五	一八九六	一八九七	一八九八
第一項 匈牙利國債分擔	九一、一四四	一〇〇、七六〇	九一、一〇〇	一〇二、〇九九	一二八、八九八
第二項 墺國々債分擔	[illegible]	[illegible]	[illegible]	三四、九六八	一三、九九九
計	一〇四、四〇六	一七一、〇四〇	一三四、四〇〇	一三〇、〇〇七	一三一、八〇七
第七款 共通分擔	[illegible]	[illegible]	[illegible]	一〇四、三一一	[illegible]
經常支出總額 計	[illegible]	[illegible]	[illegible]	四四一、一六六	四四九、〇〇九
臨時支出額 計	六、五三三	六、九五一	六、五六九	六、八九八	—
準備	二、七八八	三五、五九九	三九、六八一	一九、一〇三	[illegible]
一時支出	八、[illegible]	八、八〇六	九、四四七	八、〇八八	一四、[illegible]
總支出額	[illegible]	[illegible]	[illegible]	四五五、一六九	四九八、[illegible]

其四　法國（本表之單位即百萬佛蘭克）

科目	一八九一	一八九四	一八九六	一八九七	一八九八
收入					
第一款 私法的收入					
第一項 國有財產收入	一五四、一五	一九、四〇〇	一八、八〇四	三三、一〇七	三六、九三

項目					
第二項山林	[illegible]	[illegible]	[illegible]	[illegible]	[illegible]
計	[illegible]	[illegible]	[illegible]	[illegible]	[illegible]
第二款各種行政收入	[illegible]	[illegible]	[illegible]	[illegible]	[illegible]
第三款官業及[illegible]資稅					
第一項官業手數料	[illegible]	[illegible]	[illegible]	[illegible]	[illegible]
第二項登記税	[illegible]	[illegible]	[illegible]	[illegible]	[illegible]
第三項印紙税	[illegible]	[illegible]	[illegible]	[illegible]	[illegible]
第四項取引所税	—	—	—	[illegible]	[illegible]
第五項鐵道運輸税	[illegible]	[illegible]	[illegible]	[illegible]	[illegible]
第六項其他運搬税	[illegible]	[illegible]	[illegible]	[illegible]	[illegible]
第七項臨時收入	[illegible]	[illegible]	—	—	[illegible]
第八項郵便電信	[illegible]	[illegible]	[illegible]	[illegible]	[illegible]
計	[illegible]	[illegible]	[illegible]	[illegible]	[illegible]
第四款直接税					
第一項土地及家屋税	[illegible]	[illegible]	[illegible]	[illegible]	[illegible]
第二項人頭及動產税	[illegible]	[illegible]	[illegible]	[illegible]	[illegible]
第三項門戶及開窗税	[illegible]	[illegible]	[illegible]	[illegible]	[illegible]
第四項特許税	[illegible]	[illegible]	[illegible]	[illegible]	[illegible]
第五項三(四)分利足税	[illegible]	[illegible]	[illegible]	[illegible]	[illegible]
第六項税籍登記税	[illegible]	[illegible]	[illegible]	[illegible]	[illegible]
第七項遺[illegible]產税	[illegible]	[illegible]	[illegible]	[illegible]	[illegible]

科目	一八九一	一八九四	一八九六	一八九七	一八九八
第八項 礦山稅	二、五〇〇	四、一二〇	二、三五五	二、一七五	二、一七五
計	三〇七、四二八	五四五、八二五	五四九、六六三	五五一、七四六	五五四、七一五
第五款 關稅及消費稅					
第一項 關稅	一六五、一六六	四八五、七六六	四一六、一六六	四〇九、六四一	四三〇、八四六
第二項 酒稅	四三〇、〇一四	四六九、四八六	四五〇、九四八	四五九、四〇六	四六七、七七五
第三項 運輸稅	四、八四五	五六、四四五	五六、四四五	五五、五九六	五、六六五
第四項 鹽稅	三三、一三五	一〇、九六九	九、九三三	九、六七〇	九、六六七
第五項 油稅	二三、五三三	二三、三三五	二、一一三	二、〇四五	一、九七八
第六項 肉稅	八、五〇一	八、八四五	八、四五三	八、三一三	八、三九四
第七項 醋稅	二、九五〇	三、〇四三	二、七九六	二、八六〇	二、八一三
第八項 各種消費稅	四二、八九六	四九、八四四	五五、六六七	五五、八六四	三〇、七五三
第九項 砂糖稅	一三六、五五〇	一〇〇、六七四	一六六、四五三	一六四、三一〇	一九六、五五四
第十項 鹽及煙草專賣等	四二〇、三三〇	四一一、〇四四	四一六、六六一	四三〇、五九六	四三三、九六六
第十一項 各種專賣	一〇〇、〇〇八	一〇、三六六	一〇、六九五	二、九一〇	一五、八四一
第十二項 背車、馬、組合等各種之稅件	一五、一六八	一九、三九九	三三、六六四	三三、三五五	三三、一三四
計	一、三四八、一〇四	一、六九九、六九五	一、三四四、四五〇	一、四〇二、四四七	一、六七一、一五四
臨時收入	六〇、九四〇	三四、四五七	六六、七五三	六八、〇〇九	六六、七五五
收入總額 計	三、三五八、五五五	[illegible]	[illegible]	三、三五一、九〇四	三、五八〇、六六六

特別豫算收入	[illegible]	—	—	—	—
經常豫算收入額	一〇〇·六六八	一〇七·三三三	一二四·[illegible]	一二六·[illegible]	一三四·[illegible]
阿路及窩里耶州之收入	[illegible]	[illegible]	[illegible]	三五·八〇三	[illegible]
總收入額　計	[illegible]	[illegible]	[illegible]	[illegible]	[illegible]
徵收費及其他出	[illegible]	[illegible]	[illegible]	[illegible]	[illegible]
償却其他	三三·六八九	四三·一三三	四一·[illegible]	四一·〇六九	四〇·一[illegible]
阿路及窩里耶州之徵收費及其他出	—	一五·一六九	一六·[illegible]	一六·[illegible]〇	一六·[illegible]
純總收入額　計	[illegible]·〇一九	[illegible]·〇[illegible]	[illegible]	[illegible]·八[illegible]	[illegible]
支　出					
第一款　國法上之支出					
第一項　大統領	一·二〇〇	一·二〇〇	一·二〇〇	一·二〇〇	一·二〇〇
第二項　立法部	二·八五二	二·九[illegible]	二·九[illegible]	二·九八四	三·四三三
計	一五·〇五二	一五·一[illegible]	一五·一[illegible]	一五·一八四	一五·[illegible]
第二款　司法行政費	[illegible]	[illegible]·〇一一	[illegible]	[illegible]	[illegible]·〇一八
第三款　文治行政支出					
第一項　外務省	一四·六八一	一六·[illegible]	一六·〇九八	一四·九[illegible]	一五·[illegible]〇〇
第二項　內務省	[illegible]·四八八	一七·六八四	[illegible]	[illegible]·八八一	[illegible]
第三項　文部省	[illegible]·〇[illegible]	[illegible]	[illegible]·八[illegible]	[illegible]·〇九九	[illegible]
第四項　美術及教育	一八一·四七九	一九八·[illegible]〇	二〇八·[illegible]	二一一·[illegible]	二二四·[illegible]〇
第五項　商工省	[illegible]·一九七	九九·五八五	[illegible]·八九〇	[illegible]·七九〇	[illegible]·九〇一

二八

科目	一八九二	一八九四	一八九六	一八九七	一八九八
第六項 拓殖務省			[illegible]	[illegible]	[illegible]
第七項 農商務省	[illegible]	[illegible]	[illegible]	[illegible]	[illegible]
第八項 公共事業	[illegible]	[illegible]	[illegible]	[illegible]	[illegible]
計	[illegible]	[illegible]	[illegible]	[illegible]	[illegible]
第四款 陸海軍					
第一項 陸軍	[illegible]	[illegible]	[illegible]	[illegible]	[illegible]
第二項 海軍	[illegible]	[illegible]	[illegible]	[illegible]	[illegible]
第三項 軍人恩給	[illegible]	[illegible]	[illegible]	[illegible]	[illegible]
第四項 軍人年金	[illegible]	[illegible]	[illegible]	[illegible]	[illegible]
計	[illegible]	[illegible]	[illegible]	[illegible]	[illegible]
第五款 財務支出					
第一項 大藏省	[illegible]	[illegible]	[illegible]	[illegible]	[illegible]
第二項 終身恩給	[illegible]	[illegible]	[illegible]	[illegible]	[illegible]
第三項 文部恩給	[illegible]	[illegible]	[illegible]	[illegible]	[illegible]
第四項 賜與	[illegible]	[illegible]	[illegible]	[illegible]	[illegible]
第五項 給料補足	—	[illegible]	[illegible]	[illegible]	[illegible]
第六項 名譽恩給	[illegible]	[illegible]	[illegible]	一〇、九九九	一〇、九九九
計	[illegible]	[illegible]	[illegible]	[illegible]	[illegible]

第六款　國債					
第一項　公債	[illegible]	[illegible]	[illegible]	[illegible]	[illegible]
第二項　借入債務	[illegible]	[illegible]	[illegible]	[illegible]	[illegible]
計	[illegible]	[illegible]	[illegible]	[illegible]	[illegible]
總支出額計（法國阿路及襄里耶之徵納亦在內）	[illegible]	[illegible]	[illegible]	[illegible]	[illegible]
特別徵募支出	[illegible]	—	—	—	.
臨時支出	[illegible]	[illegible]	[illegible]	[illegible]	[illegible]
阿路及襄里耶之支出	—	[illegible]	[illegible]	[illegible]	[illegible]
總支出額	[illegible]	[illegible]	[illegible]	[illegible]	[illegible]
（總支出之外尚有支出之部分）	[illegible]	[illegible]	[illegible]	[illegible]	[illegible]
純總支出額計	[illegible]	[illegible]	[illegible]	[illegible]	[illegible]

其五　英國

（本表之單位即百萬磅）

科目	年度 一八九一—九二	一八九二—九三	一八九五—九六	一八九六—九七	一八九七—九八
收入					
第一款　私法上之收入					
第一項　領土	〇,五三六	〇,五二六	〇,五五九	〇,五五九	〇,五六九

科目	年度 一八九一—九二	一八九二—九三	一八九五—九六	一八九六—九七	一八九七—九八
第二項 英蘭銀行收入	0,一七0	0,一七一	0,一七五	0,一五六	0,一七六
計	0,六九六	0,六八七	0,七0四	0,七一五	0,七四五
第二款 各種行政收入	三,四三六	三,一一五	三,0四八	三,六一五	三,一九六
第三款 官業手數料及取引税					
第一項 契約印紙税	三,四三三	三,七四九	四,0六0	三,九六0	四,一九0
第二項 相續税	一一,三三五	一0,九一四	一四,一七九	一三,九六八	一五,六六一
第三項 海上保險税	0,一五三	0,一五九	0,一四五	0,一五三	0,一四一
第四項 受取印紙税	一,一四五	一,一五六	一,一六五	一,二0八	一,二六一
第五項 通行紙幣之印紙税	0,七二三	0,六七三	0,六七九	0,六七四	0,六六六
第六項 銀行券及流通税	0,一二六	0,一二三	0,一二四	0,一二四	0,一二七
第七項 特許	0,一六四	0,一六四	0,一六七	0,一六七	0,一六七
第八項 遊戯之印紙税	0,0一九	0,0二0	0,0二0	0,0二三	0,0二0
第九項 賣藥税	0,一四0	0,一三0	0,一五九	0,一五五	0,一六一
第十項 生命保險税	0,0五三	0,0五四	0,0五七	0,0六六	0,0六九
第十一項 鐵道切符税	一,三五六	0,三一0	0,一五九	0,一七三	0,一八九
第十二項 罰金	0,00六	0,00六	0,00七	0,00七	0,00七
第十三項 郵便	一一,三0四	一一,六九九	一二,八九三	一三,三九0	一三,七九0
第十四項 電信	二,八四三	二,八六六	三,一六一	三,二六八	三,四五三

第十五項 各種印紙稅	〇·四七	〇·四八	〇·三八	〇·五〇	〇·[illegible]
計	三一·五〇六	三一·五一六	三八·〇六一	三八·二九五	四〇·七七
第四款 直接稅					
第一項 地租稅	一·〇六〇	一·〇四七	一·〇四四	〇·九五七	一·〇〇四
第二項 家屋稅	一·四四四	一·四一二	一·四八八	一·三一四	一·五九七
第三項 所得稅	一四·二五八	一三·九〇五	一六·八〇六	一七·八〇三	一八·〇六一
計	一六·八四二	一六·二八四	一六·三三九	二〇·二八四	二〇·六六
第五款 關稅及消費稅					
第一項 關稅	二〇·五〇七	二〇·〇八四	二二·二四〇	二二·七七八	二三·三三
第二項 釀造酒稅	一六·八六六	一五·四七六	一六·八九九	一七·二九八	一七·六八七
第三項 酒精稅	一〇·〇三一	一〇·〇〇六	一一·二〇六	一一·五〇三	一一·〇一二
第四項 皮酒稅	〇·〇一六	〇·〇一五	〇·〇一二	〇·〇一二	〇·〇一一
第五項 阿路可花路稅	〇·〇一〇	〇·〇一一	〇·〇一二	〇·〇一二	〇·〇一二
第六項 旅行稅	〇·〇〇二	〇·〇〇二	〇·〇〇七	〇·〇〇一	〇·〇〇一
第七項 珈琲稅	〇·〇〇三	〇·〇〇三	〇·〇〇二	〇·〇〇二	〇·〇〇[illegible]
第八項 煙草稅	〇·〇〇七	〇·〇〇七	〇·〇〇六	〇·〇〇六	〇·〇〇六
第九項 其他消費稅	三·四九八	三·六四二	三·七九四	三·八九二	三·八一四
計	五〇·八六〇	五〇·二四五	五四·二〇一	五五·四六六	五六·八四八
經常總收入額	一〇一·三六八	一〇〇·九四七	一一四·二八二	一一六·二五二	一二〇·四〇六
收入之外額	六·四七一	六·二五五	六·四〇七	八·九七五	九·八九七

科目	一八九二—九三	一八九四—九五	一八九五—九六	一八九六—九七	一八九七—九八
鐵道其他	[illegible]	八八·〇七	六六·八〇	一三·四六	九·九[illegible]
總收入額	一六五·六六	一六五·七九	一六〇·四九	一六八·八九	一四〇·三〇
徵收費其他出	三三·四四	三三·九九	一四·九八	三五·九七	三六·〇一
純總收入額	一三三·九〇	一四〇·七五	一二六·八六	一三三·九二	一三三·〇六
支出					
第一款 國法上之支出					
第一項 王室費	〇·四〇〇	〇·四〇八	〇·四〇八	〇·四〇八	〇·四〇八
第二項 內府	〇·一八八	〇·一八八	〇·一五五	〇·一五五	〇·一五五
第三項 上院	〇·〇四六	〇·〇四一	〇·〇四一	〇·〇一五	[illegible]
第四項 下院	〇·〇五〇	〇·〇四八	〇·〇五五	〇·〇一五	〇·〇一四
計	〇·六四四	〇·六八九	〇·六五四	〇·六八五	[illegible]
第二款 司法行政支出	四·八六六	四·二六八	四·三三九	四·四四二	四·八九六
第三款 文治行政支出					
第一項 外務省	〇·六八四	二·八五二	〇·九五五	〇·八五五	一·三〇九
第二項 英國地方行政	一·八三三	一·九五五	一·七四四	一·五五二	〇·五六八
第三項 蘇格蘭地方行政	〇·〇八五	〇·〇八〇	〇·〇九九	〇·〇六六	〇·二五七
第四項 愛爾蘭·地方行政	〇·二七八	〇·二四七	[illegible]	〇·一四〇	一·三五七

項目					
第五項 農務省	一,九四九	一,六四五	一,八五五	一,八六九	一,八八八
第六項 文部省	六,九九九	八,八九六	一〇,一五八	一〇,六六八	一一,三五五
第七項 各種支出	一,〇二一	〇,二二四	〇,二九一	〇,三四五	〇,九九五
計	一三,八六八	[illegible]	一五,三六四	一五,九七〇	一七,一三五
第四款 陸海軍					
第一項 陸軍行政費	一五,一九九	一五,四四四	一八,四六六	一八,一六〇	一九,一六〇
第二項 海軍行政費	一四,一六〇	一四,一〇〇	一九,四四四	二三,一七〇	二〇,八七〇
第三項 海防資金	一,四九九	一,四九九	—	—	—
計	三〇,八五八	[illegible]	三八,一六四	四一,四四〇	四〇,一〇〇
第五款 財政支出					
第一項 名譽恩給	〇,三四四	〇,三〇一	〇,一八六	〇,二五五	〇,二七一
第二項 恩給及恩惠	〇,七四四	〇,六六八	〇,七五五	〇,八四五	〇,七四八
第三項 各種恩給	〇,〇〇九	〇,〇〇九	〇,〇一八	〇,〇〇八	〇,〇〇八
第四項 各種支出	〇,五六六	〇,三四四	〇,二五五	〇,一九七	〇,二五五
第五項 豫及補脫支出	—	—	—	〇,九九八	—
計	一,五〇五	一,三〇三	一,三五五	一,四九二	一,三〇二
第六款 國債	二五,二〇〇	二五,二〇〇	二五,〇〇〇	二五,〇〇〇	二五,〇〇〇
總公債額支出	七七,九九九	七七,九四〇	八四,九〇〇	八四,九九六	八八,〇六五
借入金其他	一四,九九二	一四,七九二	二二,二二〇	一四,九九六	二三,四〇〇
總支出額計	一六七,三五五	一六五,七一九	一六六,四四九	一六八,八五四	一七〇,二二〇

科目	年度 一八九一—九二	一八九二—九三	一八九五—九六	一八九六—九七	一八九七—九八
雜收入及其他	三〇,三四五	三〇,九九七	二四,六八八	三〇,九七三	二八,〇三三
總總計	一,五六六,九二〇	一,四二八,七三三	一,二一八,六二一	一,三一三,九三三	一,三五一,〇八

其六　伊太利國（本表之單位即百萬林克）

科目	年度 一八九一—九二	一八九二—九三	一八九六—九七	一八九七—九八	一八九八—九九
收入					
第一款 私法上之收入					
第一項 領土貸附料	二一,四五五	二一,一八〇	一〇,〇三八	二三,二三三	二三,四八三
第二項 利足及貸金	四,一八七	四,七〇六	三,八九一	一,五八三	一,四五六
第三項 富籤	六六,三〇〇	六七,一三〇	六四,七〇〇	六六,五〇〇	六五,七〇〇
第四項 鐵道行政收入	七一,二三五	七三,三〇〇	七三,二三三	七六,九七五	七九,九三三
計	一六三,〇四七	一六五,五六六	一三一,六四一	一五六,五六七	一五九,二七〇
第二款 各種行政收入	八,〇三〇	八,五三〇	九,〇三三	一八,一六七	二〇,三四三
第三款 官業手數料及買賣稅					
第一項 登記稅	六三,七〇〇	六三,八〇〇	五八,〇〇〇	五八,〇〇〇	五八,〇〇〇
第二項 印紙稅	七三,三〇〇	七三,五〇〇	六八,五〇〇	一八,五〇〇	六七,九〇〇

科目					
第三項 相續税	三四,五〇〇	三六,五〇〇	三八,〇〇〇	三七,五〇〇	三七,五〇〇
第四項 領事認許料金	〇,七五〇	〇,七五〇	〇,六五〇	〇,六五〇	〇,六五〇
第五項 不動産料金	六,〇〇〇	五,五〇〇	七,〇〇〇	七,五〇〇	七,五〇〇
第六項 允許料	六,四〇〇	六,四〇〇	六,五〇〇	六,五〇〇	七,二〇〇
第七項 郵便信	四八,九〇〇	四九,〇〇〇	五三,〇〇〇	五五,三〇〇	五五,〇〇〇
第八項 電信	一五,六〇〇	一五,一〇〇	一三,六〇〇	一三,一〇〇	一四,五〇〇
第九項 登録税	一,四〇〇	一,四〇〇	一,五五〇	一,五〇〇	一,四〇〇
第十項 印刷税	三,五〇〇	三,五〇〇	三,七〇〇	三,〇〇〇	三,五〇〇
第十一項 學校料金	四,九九〇	四,九九〇	六,一〇〇	七,〇〇〇	七,一〇〇
第十二項 監獄	七,一七〇	七,一七〇	五,四〇〇	五,四〇〇	五,四〇八
第十三項 罰金其他	三,五五五	三,五六六	一,六〇〇	一,六〇〇	一,四〇〇
第十四項 各種收入	三,六六六	三,七六六	三,一六〇	三,一三〇	三,三四四
計	二七四,六一一	二七〇,七七六	三四三,六六〇	三四九,一八〇	三三八,三二七
第四款 直接税					
第一項 地租税	一〇六,五四三	一〇六,三四三	一〇六,四〇〇	一〇六,六一五	一〇六,七五〇
第二項 家屋税	八五,〇〇〇	八四,〇〇〇	八八,五〇〇	八八,五〇〇	八八,五〇〇
第三項 所得税	二三六,三六九	二三三,三〇七	二六六,六六三	二八七,七〇七	二六六,三四九
第四項 遺産税	六,四〇〇	三,六〇〇	六,五〇〇	六,五〇〇	六,五〇九
第五項 銀行及營利會社税	九,八九一	九,八九一	一〇,〇〇〇	一〇,五〇〇	一一,四〇〇
第六項 鐵道税	一八,五〇〇	一八,四五〇	一八,七五〇	一九,六一八	一九,八〇〇
計	四〇〇,〇〇〇	四六八,九五〇	五三六,六三〇	五二九,二四〇	五二八,九九九

科目	一八九一—九二	一八九二—九三	一八九六—九七	一八[illegible]—九八	一八九八—九九
第五款 關稅及消費稅					
第一項 關稅	[illegible]	[illegible]	[illegible]	[illegible]	[illegible]
第二項 普通消費稅	[illegible]	[illegible]	[illegible]	[illegible]	[illegible]
第三項 麥酒、燒酒、砂糖、酸等之製造稅	[illegible]	[illegible]	[illegible]	[illegible]	[illegible]
第四項 煙草稅	[illegible]	[illegible]	[illegible]	[illegible]	[illegible]
第五項 鹽業專賣	[illegible]	[illegible]	[illegible]	[illegible]	[illegible]
計	[illegible]	[illegible]	[illegible]	[illegible]	[illegible]
第六款 債封	[illegible]	[illegible]	[illegible]	[illegible]	[illegible]
經常經收入 計	[illegible]	[illegible]	[illegible]	[illegible]	[illegible]
一時收入	[illegible]	[illegible]	[illegible]	[illegible]	[illegible]
臨時收入	[illegible]	[illegible]	[illegible]	[illegible]	[illegible]
總收入 計	[illegible]	[illegible]	[illegible]	[illegible]	[illegible]
徵收費其他	[illegible]	[illegible]	[illegible]	[illegible]	[illegible]
純總收入 計	[illegible]	[illegible]	[illegible]	[illegible]	[illegible]
支出					
第一款 國法上之支出					
第一項 王室	[illegible]	[illegible]	[illegible]	[illegible]	[illegible]

項目					
第二項 議　　　　　會	[illegible]	[illegible]	[illegible]	[illegible]	[illegible]
計	[illegible]	[illegible]	[illegible]	[illegible]	[illegible]
第二款 司法行政支出	[illegible]	[illegible]	[illegible]	[illegible]	[illegible]
第三款 文治行政支出	[illegible]	[illegible]	[illegible]	[illegible]	[illegible]
第一項 外　　　　　務	[illegible]	[illegible]	[illegible]	[illegible]	[illegible]
第二項 文　　　　　部	[illegible]	[illegible]	[illegible]	[illegible]	[illegible]
第三項 內　　　　　務	[illegible]	[illegible]	[illegible]	[illegible]	[illegible]
第四項 公　　　　　業	[illegible]	[illegible]	[illegible]	[illegible]	[illegible]
第五項 農　　　　　業	[illegible]	[illegible]	[illegible]	[illegible]	[illegible]
計	[illegible]	[illegible]	[illegible]	[illegible]	[illegible]
第四款 陸　海　軍					
第一項 陸　　　　　軍	[illegible]	[illegible]	[illegible]	[illegible]	[illegible]
第二項 海　　　　　軍	[illegible]	[illegible]	[illegible]	[illegible]	[illegible]
計	[illegible]	[illegible]	[illegible]	[illegible]	[illegible]
第五款 理財行政					
第一項 財　務　省					
(甲) 恩　　　　　給	—	[illegible]	[illegible]	[illegible]	[illegible]
(乙) 普　通　支　出	[illegible]	[illegible]	[illegible]	[illegible]	[illegible]
(丙) 各　種　支　出	[illegible]	[illegible]	[illegible]	[illegible]	[illegible]
(丁) 準備及非常資	四、〇〇〇	四、〇〇〇	[illegible]	[illegible]	[illegible]

三八

科目	1891–92	1892–93	1896–97	1897–98	1898–99
（丙）一時支出	六三、六九三	二、〇一五	三五、三〇一	二、七三七	二、六〇九
第二項 大藏省					
（甲）普通支出	一八、四七八	一七、〇四五	一六、五五八	一六、四二四	一八、七三四
（乙）臨時支出	一八、一二六	一八、二二五	一九、七二五	一九、七四五	一九、七三三
計	一三二、四五六	一五九、八一〇	一六四、四八九	一六五、〇三五	九九、八六三
第六款 國債	七四、八八六	六五、一四八	六七、五六九	六九、五五七	六八、一五四
經常支出額 計	一三六八、八〇五	一四五、九七五	一四〇五、八六三	[illegible]	一三六三、六〇六
第七款 臨時支出					
第一項 財務省	四〇、〇八八	五一、八六九	三三、七二三	三六、四八〇	四三、六六一
第二項 大藏省	二、六九九	二、七五七	三七、二三	二、六八五	二、四五〇
第三項 司法省	〇、五四六	〇、〇四二	〇、〇六六	〇、〇二七	〇、〇一五
第四項 外務省	〇、〇四〇	〇、〇四〇	〇、〇六五	〇、〇二五	〇、〇一五
第五項 文部省	一、〇三八	〇、七三六	〇、六六六	〇、六二四	〇、四五九
第六項 內務省	三、〇五五	一、五五五	二、〇八九	二、七六九	二、三三九
第七項 公業省	一五五、〇六六	七六、九八〇	三五、〇二三	四〇、九七四	四七、一六四
第八項 陸軍省	七、七五〇	四、四六〇	二、二二六	〇、九八〇	一、六〇八
第九項 海軍省	七、二〇〇	六、八七五	四、二七五	四、二二五	四、一二〇

科目	一八九八	一八九九	二六二五	二〇八〇	二二三八
第十項 債務省	一,八九八	一,一八九	二,六二五	二,〇八〇	二,二三八
計	一八八,八二〇	一四七,四五五	一〇四,六四三	一〇三,五一五	一一三,五五八
總支出額 計	一七八〇,九四三	一六九四,三三五	一七二二,五七一	一六九四,六五四	一六八六,七九三
徵收費其他	二二三,二五九	二〇〇,八四七	二〇二,一四七	二〇二,四一六	二〇九,六八九
純總支出額 計	一五五七,六八三	一四九三,四八八	一五二〇,四二四	一四九二,二三八	一四七七,一〇四

其七 俄國（本表之單位即四萬羅布）

科目	年度 一八九一	一八九五	一八九六	一八九七	一八九八
收入					
第一款 私法的收入					
第一項 帝國領土小作料	一二,〇四〇	一三,六四七	一四,〇七五	一四,五五四	一四,六九〇
第二項 國宗動產	—	一〇,七八一	八,〇三二	八,六六一	一三,五六〇
第三項 帝國領土賣却料	〇,八一九	〇,八六八	〇,八三一	〇,五九八	〇,五九四
第四項 山林收得	一六,一三四	一六,七一七	二七,五七〇	三三,四九〇	三六,八六四
第五項 鑛山、冶金、其他鑛物	二九,九七〇	九,四八九	四一,七〇五	七四,九五四	九七,七五〇
第六項 國有鐵道	五四,八六五	八一,一八九	一三三,三五八	二五九,九九九	二九一,四八九
第七項 私有鐵道、鑛賦金	—	三,六七二	一,六五三	一,八三二	一,七四四
第八項 鑛山收得	二,八四七	三,二八三	三,八二九	三,七八一	三,五五四

科目 \ 年度	一八九一	一八九五	一八九六	一八九七	一八九八
第九項 造幣局	0,101	0,三六四	0,九二四	一,一一四	一,五00
計	九一,九三五	四0,三四三	三0,九二[illegible]	三八,一四四	四三,二[illegible]
第二款 各種行政收入	一五,000	一四,五一二	二九,七0二	一四,三六一	一四,六四[illegible]
第三款 官業手數料及買賣稅					
第一項 印紙稅	一三,五八0	一四,三三三	一六,九一九	三一,三[illegible]	三一,三六九
第二項 登記稅	一0,九六五				
第三項 相續稅	四,00八	三六,一三六	一,四四二	一七,二[illegible]	一八,八八[illegible]
第四項 旅行免許手數料	四,000	三,七00	三,五00	[illegible]	0,一三[illegible]
第五項 鐵道運輸稅	八,四四四	八,八00	八,000	九,000	一0,000
第六項 火災保險料金	三,七00	四,000	三,三00	三,000	三,000
第七項 給料賦金	一,一00	—	—	—	—
第八項 各種買賣稅	六,一三五	三,三00	七,九九[illegible]	七,0八0	七,三[illegible]
第九項 郵便	三一,五八二	三二,六九八	三五,四四[illegible]	三四,三四四	三四,四[illegible]
第十項 電信	一0,四五八	一一,九七0	一四,四五0	一五,五九六	一六,八七0
計	九0,八九[illegible]	九三,七0[illegible]	一0三,三[illegible]	一二二,八[illegible]	一三五,二[illegible]
第四款 直接稅					
第一項 土地家屋稅	四二,九八四	四四,七0[illegible]	四八,0[illegible]	三九,九七三	四0,八[illegible]
第二項 特許稅	三二,九九0	三七,七三[illegible]	四三,三[illegible]	四四,0四八	四五,三三八

四〇

項目					
第三項 資本税	[illegible]	[illegible]	[illegible]	[illegible]	[illegible]
計	[illegible]	[illegible]	[illegible]	[illegible]	[illegible]
第五款 關税及消費税					
第一項 關税	[illegible]	[illegible]	[illegible]	[illegible]	[illegible]
第二項 酒税	[illegible]	[illegible]	[illegible]	[illegible]	[illegible]
第三項 煙草税	[illegible]	[illegible]	[illegible]	[illegible]	[illegible]
第四項 邦富 路税	[illegible]	[illegible]	[illegible]	[illegible]	[illegible]
第五項 砂糖税	[illegible]	[illegible]	[illegible]	[illegible]	[illegible]
第六項 燐柴税	[illegible]	[illegible]	[illegible]	[illegible]	[illegible]
計	[illegible]	[illegible]	[illegible]	[illegible]	[illegible]
經常收入計	[illegible]	[illegible]	[illegible]	[illegible]	[illegible]
一時收入	[illegible]	—	—	—	—
臨時收入	[illegible]	[illegible]	[illegible]	[illegible]	[illegible]
帝國準備金	[illegible]	—	—	—	—
借入金之剩餘額	—	—	[illegible]	[illegible]	[illegible]
總收入額計	[illegible]	[illegible]	[illegible]	[illegible]	[illegible]
支出					
第一款 政治組織上之支出					
第一項 帝室費	[illegible]	[illegible]	[illegible]	[illegible]	[illegible]

科目	一八九一	一八九三	一八九六	一八九七	一八九八
第二項 內閣府	三〇八二	[illegible]	[illegible]	[illegible]	[illegible]
計	[illegible]	[illegible]	[illegible]	[illegible]	[illegible]
第二款 司法行政支出	[illegible]	[illegible]	[illegible]	[illegible]	[illegible]
第三款 文治行政支出					
第一項 外務省	[illegible]	[illegible]	[illegible]	[illegible]	[illegible]
第二項 內務省	八〇,三二九	[illegible]	[illegible]	[illegible]	[illegible]
第三項 敎會支出	[illegible]	一一,八八七	一七,四八八	[illegible]	[illegible]
第四項 拓植省	[illegible]	[illegible]	[illegible]	[illegible]	[illegible]
第五項 領土局	[illegible]	[illegible]	[illegible]	[illegible]	[illegible]
第六項 商務省	[illegible]	七〇,八〇一	[illegible]	[illegible]	[illegible]
第七項 遞信省	[illegible]	一,三一〇	[illegible]	[illegible]	[illegible]
計	[illegible]	[illegible]	[illegible]	[illegible]	[illegible]
第四款 陸海軍					
第一項 陸軍	[illegible]	[illegible]	[illegible]	[illegible]	[illegible]
第二項 海軍	[illegible]	[illegible]	[illegible]	[illegible]	[illegible]
計	[illegible]	[illegible]	[illegible]	[illegible]	[illegible]
第五款 財政					

四二

第一項　大藏省	[illegible]	[illegible]	[illegible]	[illegible]	[illegible]
第二項　恩給	[illegible]	[illegible]	[illegible]	[illegible]	[illegible]
第三項　補給	[illegible]	[illegible]	[illegible]	[illegible]	[illegible]
第四項　鐵道保證金	[illegible]	[illegible]	[illegible]	[illegible]	[illegible]
第五項　賠償	[illegible]	[illegible]	[illegible]	[illegible]	[illegible]
第六項　登程費	[illegible]	[illegible]	[illegible]	[illegible]	[illegible]
第七項　徵收費（消費稅、關稅、貨幣）	[illegible]	[illegible]	[illegible]	[illegible]	[illegible]
第八項　前年度支出	[illegible]	[illegible]	[illegible]	[illegible]	[illegible]
第九項　支出償却	[illegible]	[illegible]	[illegible]	[illegible]	[illegible]
第十項　帝國豐存局	[illegible]	[illegible]	[illegible]	[illegible]	[illegible]
第十一項　物價騰貴之缺損	[illegible]	[illegible]	—	—	—
第十二項　非常支出	[illegible]	[illegible]	[illegible]	[illegible]	[illegible]
計	[illegible]	[illegible]	[illegible]	[illegible]	[illegible]
第六款　國債	[illegible]	[illegible]	[illegible]	[illegible]	[illegible]
計	[illegible]	[illegible]	[illegible]	[illegible]	[illegible]
經常支出　計	[illegible]	[illegible]	[illegible]	[illegible]	[illegible]
一時支出	[illegible]	—	—	—	—
臨時支出	[illegible]	[illegible]	[illegible]	[illegible]	[illegible]
總支出　計	[illegible]	[illegible]	[illegible]	[illegible]	[illegible]

第二 歐洲各國比較財政組織表（本表皆千八百九十八年之統計）（本表之單位為百万"馬克"）

其一 私法的營業收入

國名	領土山林	國有鐵道	其他官有財產收入	鑛山冶金	國有工業	富籤	私法的國有營業總計	行政收入	總計	人口之比例	總收入之比例
德國	—	[illegible]	[illegible]	—	[illegible]	—	[illegible]	[illegible]	[illegible]	[illegible]	[illegible]
普國	[illegible]	[illegible]	[illegible]	[illegible]	[illegible]	[illegible]	[illegible]	[illegible]	[illegible]	[illegible]	[illegible]
墺國	[illegible]	[illegible]	—	[illegible]	[illegible]	[illegible]	[illegible]	[illegible]	[illegible]	[illegible]	[illegible]
匈牙利	[illegible]	[illegible]	—	[illegible]	[illegible]	[illegible]	[illegible]	[illegible]	[illegible]	[illegible]	[illegible]
法國	[illegible]	[illegible]	[illegible]	—	[illegible]	—	[illegible]	[illegible]	[illegible]	[illegible]	[illegible]
英國	[illegible]	—	—	—	[illegible]	—	[illegible]	[illegible]	[illegible]	[illegible]	[illegible]
伊國	—	[illegible]	[illegible]	—	—	[illegible]	[illegible]	[illegible]	[illegible]	[illegible]	[illegible]
俄國	[illegible]	[illegible]	[illegible]	[illegible]	[illegible]	—	[illegible]	[illegible]	[illegible]	[illegible]	[illegible]

其二 官業手數料、郵便電信、買賣稅

國名	官業手數料	相續稅	登記稅	印紙稅	買賣行爲稅	運輸稅	各種買賣	郵便電信	總計	人口之比例	總收入之比例
德國	[illegible]	—	—	[illegible]	四九・八一三	—	—	[illegible]	[illegible]	[illegible]	三・九八
普國	[illegible]	八・九四〇	—	[illegible]	—	—	—	—	[illegible]	一・二九	[illegible]
墺國	[illegible]	—	—	[illegible]	—	—	[illegible]	[illegible]	[illegible]	[illegible]	[illegible]

匈牙利	法國	英國	伊國	俄國
六·八二五	四·四四〇	—	六·八五六	六·八九一
—	—	三一·四四	[illegible]	四〇·七五六
—	[illegible]	—	四·四〇〇	—
一四·九二〇	[illegible]	[illegible]	[illegible]	六八·七九六
—	[illegible]	—	—	—
一〇·八五五	[illegible]	[illegible]	—	一五·八九
—	六·〇八〇	—	—	一五·八九
[illegible]	[illegible]	[illegible]	五五·二〇	九九·七七
一二〇·八〇	六九五·八九	[illegible]	[illegible]	[illegible]
六·二九	一〇·七五	三·六	六·八五	二·五五
一三·〇五	一六·九六	一〇·〇七	一六·四六	七·七〇

廿三　直接稅

國名	德國	普國	墺國	匈牙利	法國	英國	伊國	俄國
地租稅	—	—	四八·八〇七	三六·六三〇	一四·五三五	二〇·〇〇〇	八五·〇〇〇	八九·九七七
家屋稅	—	—	二七·九〇九	一九·三三三	一三·七六八	三一·四八	八〇·八〇〇	—
資本稅	—	—	—	六·八九八	五五·〇〇一	—	—	三一·七五五
營業稅	—	一八·五五五	二七·三五五	四一·二二	一〇一·九四	—	九·一二〇	九九·六二三
所得稅	—	一四四·五〇〇	四三·四一〇	二七·〇〇〇	一四·六六八	三六一·三六八	三八·九九九	—
鐵道鑛山稅	—	〇·五九四	—	—	一·八二〇	—	一五·八四〇	—
遺產稅	—	三六·六七〇	—	—	九五·六〇六	—	五五·〇四〇	—
雜種直接稅	—	一〇·七七一	一〇·三四八	七·一三八	〇·八四九	—	—	—
總計	—	一五五·〇六八	二〇九·一四九	一五八·〇六九	四七七·七八八	四三三·六六六	四五五·六六九	三二一·七五五
人口之比例	—	五·七四	八·五五	九·〇五	一二·三五	一〇·八九	一三·九九	三·四四
總收入之比例	—	七·九九	一七·七〇	一六·六六	一六·二一	一四·七三	二一·八五	六·八三

廿四　關稅及消費稅

國名	德國	普國	奧國	匈牙利	法國	英國	伊國	俄國
關稅	[illegible]	—	八〇•九[illegible]	〇•七〇〇	[illegible]	[illegible]	[illegible]	[illegible]
酒稅	[illegible]	—	三九•九四九	九九•八[illegible]	[illegible]	[illegible]	—	[illegible]
煙草稅	二一•六[illegible]	—	二七•四[illegible]	九一•八〇[illegible]	[illegible]	—	[illegible]	[illegible]
鹽稅	四八•六[illegible]	—	二七•七〇九	五六•一〇〇	七七•[illegible]	—	三九•〇〇〇	—
砂糖稅	八八•五二二	—	四六•八九〇	一三•七〇〇	一五四•〇〇〇	—	—	一二三•[illegible]
[illegible]稅	—	—	—	—	三三•八[illegible]	—	—	一五四•[illegible]
小消費稅	—	—	四四•七[illegible]	一九•三[illegible]	七七•[illegible]	七八•四[illegible]	七九•八九[illegible]	[illegible]
奢侈消費品稅	—	—	—	—	一七七•八〇〇	—	—	—
總計	[illegible]	—	[illegible]	[illegible]	[illegible]	二一九•九九九	四八五•六九[illegible]	一•二[illegible]
人口之比例	一九•四〇	—	三三•[illegible]	一三•八[illegible]	[illegible]	二九•六六	一五•四[illegible]	一三•六九
總收入之比例	三五•一五	—	四三•一〇	二八•五[illegible]	[illegible]	二九•九六	三九•[illegible]	三四•八七

表五 經常不動支出

國名	德國	普國	奧國	匈牙利	法國	英國
王室又大統領	—	八•〇〇〇	八•〇〇六	八•〇〇六	〇•九六〇	一•六〇六
議會	〇•六八九	一•四〇〇	一•九四	〇•一〇〇	九•九七	〇•六五〇
恩給	一•五六	五六•八四	三六•九六	一四•七六九	五六•九〇〇	一八•九四
國債支出	七六•八九	一〇六•六九八	二九〇•九〇〇	二四•一四	八一六•〇一〇	五〇〇•〇〇〇
總計	七六•〇九	一七〇•八五	三三九•九九六	二四七•〇九九	八八六•八〇〇	五二一•〇〇〇
人口之比例	一•四六	一〇•[illegible]	一四•[illegible]	一四•三一	二六•[illegible]	一四•〇[illegible]
總支出之比例	四•[illegible]	一五•一[illegible]	二七•九四	三〇•一四	三三•四[illegible]	一八•九四

國名	外務	內務	司法	文部	總計	人口之比例	總支出之比例
伊國	一三•四八〇	一•七六二	六四•六八〇	五四•五四〇三	六三四•三七四	一九•八四	四六•六六
俄國	三七•七一五	五四•四七九	八三•一五九	五九八•六〇三	七二四•九七五	七•九九	三〇•〇六

其六 文治行政支出

國名	外務	內務	司法	文部	總計	人口之比例	總支出之比例
德國	二•六六一	一〇•六六六	一三•〇〇八	—	二四•一三五	一•〇二	一〇•〇六
普國	一•五五六	六〇•六四〇	一〇四•一四七	一二九•九五八	二九四•九一四	一一•〇六	六六•一四
墺國	七•七四〇	三六•四七九	四五•九九一	八八•六六九	一三七•一九九	六•六六	一五•六〇
匈牙利	—	二九•〇六七	二八•一一六	二二•六二一	七九•四九四	一五•八七	一五•七七
法國	一六•八八〇	六〇•一三二	六八•〇三三	一五五•九四〇	三〇〇•六〇五	五•〇四	一〇•六四
英國	四六•九八〇	四一•七四六	八七•九三〇	一六〇•七〇四	三五〇•五六六	一二•〇四	一四•九七
伊國	一〇•六六八	五二•六六九	五三•一四〇	五五•七〇〇	一三九•四〇七	五•〇六	一一•八〇
俄國	一〇•八四四	一七六•九二二	九四•〇三三	一〇七•〇七〇	三八四•五五七	三•一五	三六•六六

其七 國家經濟的支出，

國名	工業	商業	殖民	農業	總計
德國	—	—	—	—	—
普國	三九•〇五五	八•九七五	—	三〇•〇六八	七八•六〇四

譯書彙編 歐洲各國比較財政及組織 四七

國名	工業	附業	殖民	農業	總計
墺國	一六八•四七九	八〇•五八五	—	六八•一三三	[illegible]
匈牙利	—	一五五•三三五	七六•五六六	三一•四一六	一九六•五五一
法國	一四六•七八八	一六•七三	—	三三•八九九	[illegible]
英國	(一七•七四〇)	—	—	—	(一七•七四〇)
伊國	(三三•七八一)	—	—	(七•三二三)	(四〇•〇五四)
俄國	五八•六八九	—	—	八〇•一七	[illegible]

其八 財政及國債

國名	大藏省	資本及普通財產	財政的行政全體	國債	總計	人口之比例	總支出之比例
德國	四四七•五六〇	—	四四七•五六〇	七六•八九九	五二三•四四九	九•九四	五九•二二
普國	一•三四六	一〇四•〇七五	一〇八•三一九	一六六•三九八	二七四•七一七	一一•七三	一七•〇九
墺及匈牙利	[illegible]	〇•三四四	三•八八七	—	三•八八七	〇•〇九	一•九七
墺國	四六•一三一	二一•六五五	六三•六八五	二九〇•九七〇	三五四•六六五	一四•四三	二六•二六
匈牙利	一三七•〇一四	一八•五〇一	一四五•五五五	二三四•二七四	二四九•七八九	三三•三三	四四•九〇
英國	一五六•七四四	一七•八六六	三五•六一〇	八一六•〇一〇	八四九•六二〇	三〇•〇六	三三•八七
法國	—	三六•四四〇	三六•四四〇	四〇〇•〇〇〇	五三六•四四〇	一三•九〇	一六•七八
伊國	四八•三五七	—	四八•三五七	五四五•〇四七	五九三•五八〇	一八•四三	四三•四九

俄國	二二・七九七	一三五・〇四三	三四・三五九	一九八・六三〇	八三一・八四二	八・八四	三〇・六九

卌九 陸海軍支出

國名	陸軍 經常俸給等	陸軍 臨時經費	海軍 經常俸給等	海軍 臨時經費	總計	人口之比例	總支出之比例
德國	五七七・六二四	九六・六八九	二六六・八四四	二九・六〇四	八一九・一二二	一五・六九	四五・八三
普國	—	—	—	—	〇・一五八	〇・〇四	〇・〇六
墺及匈牙利	二九九・二三二	一九・七九六	一九・〇三一	九・七六八	三四四・七一二	八・三二	—
法國	四三三・八三三	—	二四〇・八一〇	—	八六七・〇〇六	二三・五一	三〇・四六
英國	二八六・六〇〇	—	四一七・〇〇〇	—	八〇三・六〇〇	二一・三三	二八・六〇
伊國	二一〇・四四六	一三・八三〇	八八・四五三	三〇・二九六	三〇八・三四七	九・七九	三一・八五
俄國	六九九・九九九	—	一四七・五一〇	—	七六二・八八九	八・三二	二四・一五

卌十 經常臨時支出之比例

國名	臨時支出	經常支出	一時支出	其他支出	總支出	徵收其他
獨國	一九・七四二	一五八・七九四	—	—	一七八・七二五	二四八・一四七
普國	三三一・六六六	二四五・八九一	—	—	二八七・五三七	九九九・〇六一
墺及匈牙利	三四・九七四	二五五・二〇五	—	—	二九〇・一七九	—

國名	臨時支出	經常支出	一時支出	其他支出	總支出	徵收其他
墺國	四七·六八	一二六六·六六八	—	—	一三一七·〇六四	三五四·九三七
匈牙利	—	六六六·六六七	一四·七五一	四九·七九一	八七七·七八六	?
法國	—	三七〇一·六六	九八·一七	四八·七八	三八六六·四六六	三四九·一九七
英國	—	三一四·六四〇	—	四六九·六六〇	三八〇四·三〇〇	六六三·〇四〇
伊國	六〇·八四六	一三八八·六八八	—	—	一三四九·四四四	一六七·七五一
俄國	三〇·七三二	一九七〇·一八七	—	—	三四三一·九〇八	?

自來比較財政。本非易事。彼有名財政學家。槐我奈氏。早曉爲難矣。然按諸學理驗諸應用。實爲至要不可少之事。以上諸表。成於德國超路蒲路大學教授海開路氏之手。氏則考究有年。故比較雖未完備。而今世出版者。學理正確。調查精細。未有能及者也。嘉惠後學。良匪淺尠。能無謝路氏之多年辛勤乎。

光緒二十七年春二月譯者識於江戶旅次

附錄

政法片片錄

歐美日本政治法律經濟參考書紹介

譯書彙編社

凡持此券者本社所出圖書均得照九折購取

圖書特別減價券

此券効用以一月爲限

此卷必須在總發行所購取始爲有効以歸一律

本館房屋寬敞地址軒爽無車馬喧煩之擾能製中國飲食免食不下咽之害故自來江鄂皖蜀等處遊歷諸大官降臨不絕且與中國王惕翁寓隣近就間甚便尤免人地生疎之感如承　惠臨何日何時到東京示知後本館飭人到停車塲相迎也

日本東京京橋區西紺屋町五番地

清淨軒旅館謹白

電話新橋九百八十號

東亞同文會々員
東京教育時論社主筆 辻武雄君著

五洲大地誌

此書備述五洲各國之地理人口政體、官制、財政、兵備、貿易風土名勝等兼附以五洲古今沿革論略及地圖地名表尤覺詳細精緻展卷一覽五洲形勢如在目中所謂不出戶庭而知天下事殆於此書有賴乎允宜手置一編不日即出版

本舖在日本東京承辦內務府織物故現時名錦無不備具歷來淸國公使館參隨諸君枉顧尤殷若何子峩公使曾購唐錦金襴作琴囊壽幛之用李伯英公使爲萬壽貢物亦委敝舖承辦近如陳哲甫觀察尤函購不絕郵信往還兩禮拜可達如承　遠顧無不格外克己函到無不照覆

日本東京日本橋本町一丁目
十三番地日本銀行對門

增見屋水鳥氏謹白

政法片片錄

世人對乎科學之謬想

凡一種新思想與舊思想距離過遠之時其間遂生種種之謬想今日世界之所謂文明科學在中國實爲數十年來之創見。故對之之思想往往有出乎科學本相之外者如農學爲生產之本源而世人則以爲細民之業工學爲製造之盛業而世人則以爲勞動之事商學爲平和之戰爭而世人則以爲商賈之行又如醫學化學等類足以補壽命之缺窮物理之徵而世人則以爲雕蟲小技士夫不爲其他對乎種種科學無不以平日之舊思想臆測之。不知所謂科學之眞相而其對乎政治學（茲所謂政治學乃就最廣義言之凡與政治相關聯之學均包含在內）則尤有一種之謬想夫政治學者經理國家與改良社會之要具也而世人視之甚卑下焉者則以爲談時之材料其上焉者則以爲獵官之新法。嗚呼政治學之本領於茲全失矣而推其原因在不知人爲政治之動物於政治上有當然之責任數千年來無政治思想使之然也。今日之中國以東西各國之文明較之尙在未開化之境此無容諱者也。文明之法入未開化者之手則徒爲作弊之端文明之學入未開化者之腦則反爲無味之物故欲造成一新中國當以革除

舊思想與增進新思想爲第一義

實學空理之辯

世人之論科學又往往有實學空理之別凡有形迹可見與實業有直接之關係者如土木機械電化等類謂之實學反是者如哲學心理學社會學等類謂之空理其視政治學亦然中國數千年來有哲學而無政治學政治學之理往往散見於哲學諸書故世人之視政治學與哲學無別噫是亦不思之甚矣凡科學有有形與無形之別其屬乎物質的者有形者也其屬乎心理的者無形者也無論有形無形而有實在之利益及於社會其結果則無以異日本加藤弘之氏有言凡科學之虛實不在與實業有直接之關係與否而在學之之者眞實與否中國數千年來無眞學政治學者其謂爲空理亦宜矣且世人抑知政治學尚有應用 Practical 與理論 Theorical 之分乎應用之政治學即最廣義之政治學凡法律行政等項均包括在內其於社會有直接之影響固明明可見即理論之政治學其發明法理亦於社會之文明開化有間接之影響以目前之形迹而定爲空理實學則烏乎可

憲法有二義。其一、自國家之外部論之。憲法者、所以規定國家統治權之組織、及其運用之綱領、是也。其一、自國家之內部論之。憲法者、所以規定治者與被治者之權限、而各有其權利、義務、是也。專制之世、有君主之地位、而無人民之地位。故人民有義務而無權利。各國人民權利思想之發達、始於十六世紀、而盛於十八世紀。憲法之成立、大都在十八世紀之中。其成立之歷史、各國不同。而大別之、可爲二種。第一種由人民強制君主而成立。或憲法成立、而變易元首之組織者。第二種由人民與君主互相合意而成立者。第一種之憲法、法國可爲代表。第二種之憲法、日本可爲代表。要之、憲法之成立、無不由人民之發起、無疑也。日本憲法有欽定之名。解之者遂謂日本憲法之性質、與歐美各國不同。其實不然。凡憲法之發布、必待國家元首之詔勅。此法理上當然之義。故君主國之憲法、當由君主發布、欽定云者美其名而已。至由其實質言之。日本憲法之發布、在明治二十二年。而明治十四五年之時、民黨大興倡言立憲、固早已發起矣。論者不信、盍返而求之日本維新歷史也。

三權分立說

三權者何。立法、行政、司法是也。分國家之權力爲三。始於希臘阿里斯德氏 Aristotle 其後學者互有發明。若英國陸克氏 Locke 於立法權外、分執行與外交二權力、以立法權歸之人民、而以其他二者歸之國王。而言之最深切著明者、則推法國孟德斯鳩氏 Montesqueu 孟氏之說、其目的在防治者之專橫、以保護人民之自由、立於善法之下、使行政司法咸得其平。其大旨曰、使同一之人或同一之團體、兼有立法權與行政權、則自由不能存。何也、同一之君主或同一之議會、欲行專橫之政、必定專橫之法矣。使司法權與立法權或行政權、不相分立、則自由亦不能存。何也、二權兼有、則裁判官即立法者、必有侵害人民生命財產之事。裁判官即行政官、必有壓制已甚之事也。欲除此弊、不可不採三權分立之制。三權分立、則國家必能得善法。何也、合國民之全部參預而成立者也。且行政及司法、必能得其公平。何也、各機關各行其所、如委任之事、而無破法越權之虞也。其說如是。難者或謂其有礙於國權之統一。不知三權云者、非獨立權力之謂。國家之權力、可一而不可分、由同一之權力發而爲三種之作用、此三權分立之微義也。凡立憲政體國、以議會、政府、裁判所、爲統治之機關。而別立法、行政、司法、爲統治之作用、不外此旨而已。

凡一種學問。其內容極複雜。非列爲圖表。則線索不明。國際公法之內容。包含種種現象。學者每苦其從事之難。日本高橋作衛氏(見前)創爲國際公法研究案。條分縷析。一目了然。今特紹介如左。(按國際公法、有平時戰時之別、此案特就平時之內容言之)

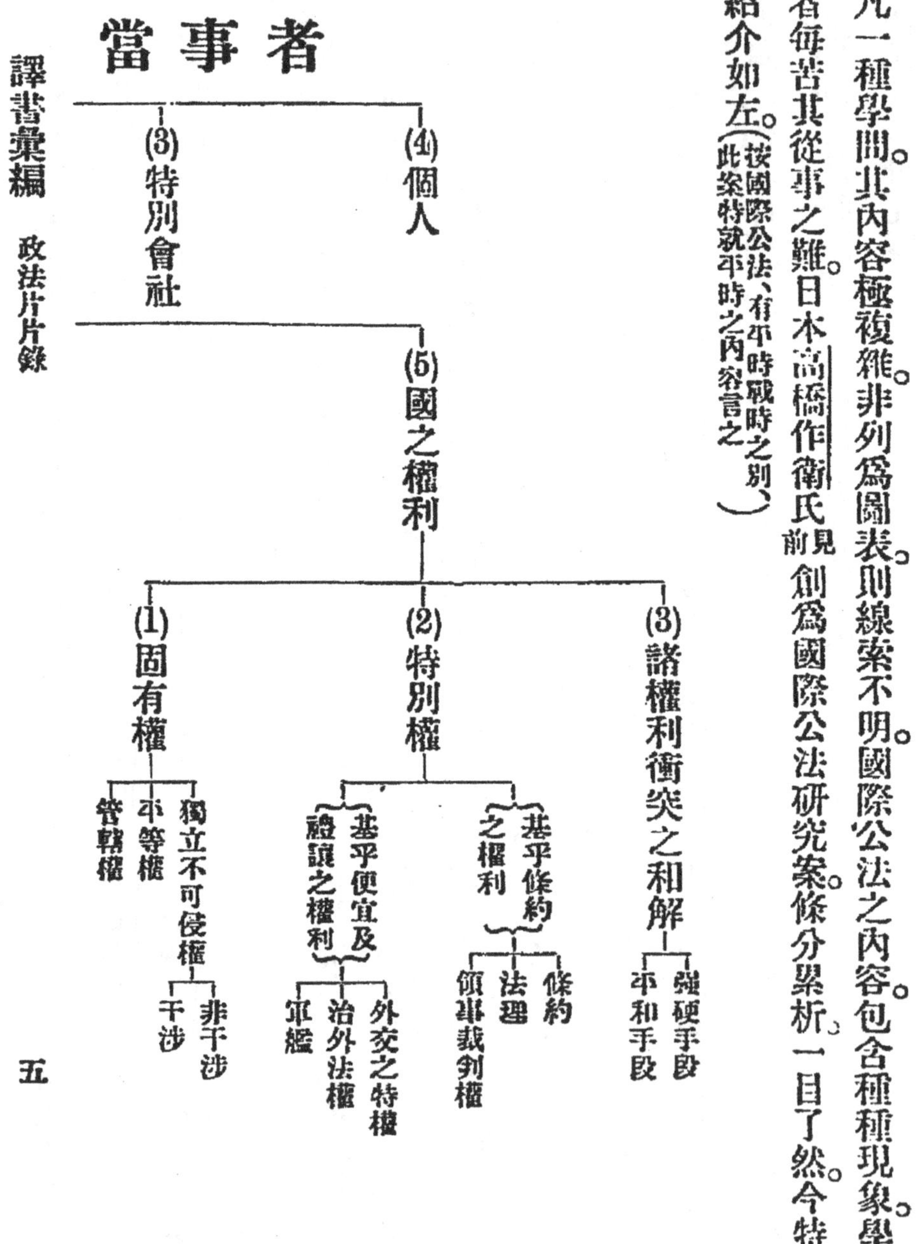

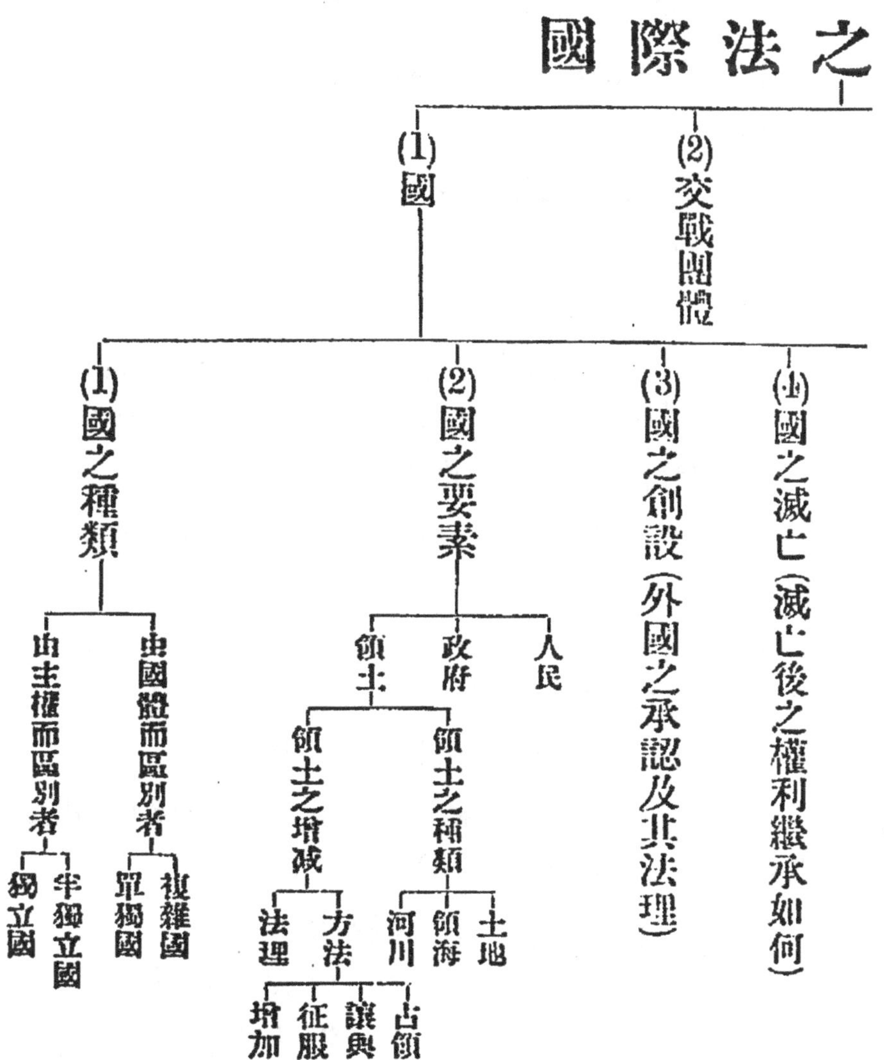
國際法之
(1)國
(2)交戰團體
(1)國之種類
(2)國之要素
(3)國之創設(外國之承認及其法理)
(4)國之滅亡(滅亡後之權利繼承如何)
由主權而區別者
由國體而區別者
獨立國
半獨立國
單獨國
複雜國
領土
政府
人民
領土之增減
領土之種類
法理
方法
河川
領海
土地
增加
征服
讓與
占領

六

歐美日本政治法律經濟參考書紹介

1. Hall: Treatise on International law. 4th. Ed. 1896.

   英國霍耳「國際法論」

2. Lawrence: Essays on some disputed questions of modern International law.

   英國陸倫斯「近世國際法上疑問論集」

3. Captain Mahan: History of the sea power.

   美國馬亨「海上權力史」

4. Woodrow Welson: The state; or, Historical and practical poltics.

   美國威耳孫「政治汎論」

5. Abbott, L. The Right of man, or, A study in Twentieth century problems. 1901.

   英國阿白脫「人權論;又名二十世紀之問題」

6. Krausse, A. China in Decay.

   英國格洛斯「中國衰過論」

7. 日本松平康國　　英國憲法史
8. 日本酒井雄三郎　　近世歐州外交史
9. 日本有賀長雄　　近時外交史
10. 日本織田萬　　法學通論
11. 日本田島錦治　　最近經濟論
12. 日本添田壽一　　法制經濟大意

譯書彙編第二年第一期勘誤表

外交通義

頁	行	誤	正
一	三	鎖國	鎖國
二	一	難	離
二	八	才	戈
三	三	不	衍字
三	八	開	爲
四	四	其	甚
四	十	間	間
五	七	tallerand. g	talleyrand. y
六	十一	粉	紛
六	十三	Aestlake.	Westlake.
八	三	positiv.	positif.
八	五	萬國	萬國
十	七	與領土	無領土
二	十三	飛牛馬	非牛馬

頁	行	誤	正
三	一	投利	權利
十四	十二	向獨立	而獨立
十四	十三	殆承認	始承認
十五	十一	henrye.	henry.
十六	十一	條得	條約
十七	三	千八七十	千八百七十
二十	十三	第三國運搬	第三國之運搬
二十	十三	禁制品之及	禁制品及
二十二	九	其此抗議	與此抗議
二十三	四	際涉	交涉
二十三	五	當政府	舊政府
二十三	六	紛之爭	之紛爭
二十三	七	天紛議	大紛議
二十四	十二	合聯	聯合
二十五	四	Congre.	Congrè.
二十六	十一	prankfurt.	frankfurt.

頁	行	誤	正
二九	七	介合於	介於
三〇	二	保護條	保護條約
三〇	六	試千	試觀千
三二	七	疑間	疑問
三三	八	不會	不乏
三三	十	但順	但須
三八	十三	濫非	濫用
四一	一	源加意	當加意
四一	十	徵徵	徵諸
四三	五	Resonsales.	Responsales.
四四	一	亦年	亦所
四五	十二	[illegible]	嘗
四七	二	政革	改革
四七	八	隸府	隸屬
四七	十三	修存	修好
四九	十三	plénipolentinuire.	plénipotentiaire.

二

頁	行	誤	正
五二	三	仲士	紳士
五五	四	os	of
五五	七	trlaties	treaties
五八	八	醇	醇字衍
五八	九	此種相異	此種使臣無相異
六〇	六	太臣	大臣
六四	六	外外	外交
六五	四	之日	之曰
六五	六	Inded.	2nd. ed.

歐洲財政史

頁	行	誤	正
四	十一	號用	發用
五	九	享利	亨利
六	六	垩地也	垩地
六	十二	破壤	破壞

頁	行	誤	正
六	十三	發逸	發達
七	四	陸巴底	隆巴底
七	四	伯尼土	伯尼士
二	十三	輸人	輸入
十四	九	一九五八	一五九八
十八	一	人欵	入欵
十九	六	間接稅稅	間接稅
十九	八	比爲	此爲
十九	十	飲斜稅	飲料稅
三	二	革大改革	大改革
三	七	德意聯邦志	德意志聯邦
三	十一	普魯土	普魯士
十三	四	結扃	結局
十四	六	各洋	合洋

警察學

頁	行	誤	正
三	十一	攸	收
五	十一	綱	網
五	十二	建康	健康
六	十	制而治	管理
七	十	Ruck.	Locke.
八	二	論	端
九	八	Hegiu	Hegin
二	九	民人	人民
十三	七	微發	徵發
十四	三	難	雖
十五	一	自無	自然
十六	四	雖	難
十六	十三	大災	火災

法律學綱領

頁	行	誤	正
一	三	岳山	山岳
二	十二	有革派起	有浩革派起
三	三	吾人雖不顧自然及	吾人雖不顧自然法及
三	四	非以共	非以其
三	五	至十九世	至十九世紀

政法片片錄

頁	行	誤	正
一	四	授集	搜集
二	八	實爲	亦實居
二	九	歐美	歐美人
四	一至三	以爲「二字衍」	
五	二	英口	英國
五	三	Iohn	John
五	五	Borongh	Borough
五	八	Iames	James
七	六	境	境界
七	八	國與	國與國
七	十二	公法有	公法者
七	十三	Lroit Internatonal	Droit Internatonal
七	十三	Las Internationale recht	Das internationales recht
八	八	軒輕	軒輊
九	一	詳詣	詳詢
九	十二	格洛歌斯	格洛狄斯
一〇	八	Wieuna	Wienna
一〇	十一	細也納	維也納
一一	十	Cnimia	Crimia
一一	十二	洛氏	陸氏

新民叢報告白

本報仿外國大叢報之例以教育爲主腦以政論爲附從採合中西道德以爲德育之方針廣羅政學理論以爲智育之本原務在考中國所以不振之故對症發藥使國民知所觀感備列各種門類如政治法律教育兵事財政等總計二十餘門撰述精美材料豐富洵爲中國報界中別開生面者也月出二冊每冊定價二角五分

日本橫濱山下町一百五十二番

發行所　新民叢報社

東京教育報主筆
東亞同文會員 日本 辻武雄著

新編東亞三國地誌

全兩冊 定價 一元二角

此書係日本名士劍堂辻先生所著識見高超敘事確實書中入彩色地圖數幅紙章潔白印刷精工發售以來流傳中國有志通時務者無不携備一卷以資研究是以出版未久而售銷者已及萬卷之多今重版新成校對更細四方君子請速賜顧遲恐售罄倘蒙惠購請就發售處或代售處函詢或面議可也

發售處 日本東京市日本橋區吳服町壹番地 株式會社普及舍

代售處 上海英四馬路老巡捕房隔壁 同文滬報館

江西廣智書莊 本莊設在省垣百花洲彭公祠内專運各種新譯新印書籍圖書平價出售以開風氣并代派各埠旬日報章彙編有願託本莊代售者請將章程樣本寄示自當照辦其價按時寄繳不悮

新書近譯豫告

留學日本東京法學院仝人啓

法學通論 法學博士織田萬著

法學通論所以說明法學之概念條論各法之綱要爲治法律學者入門必要之書日本法學通論之著不下十種而是著爲最新其特色在博采衆說而加以斷語行文又平易淺近一以普及法律思想爲主誠爲吾國人不可不讀之書也現仝人已分任翻譯期以三月成書特此預告

新法律字典 據三浦編纂原本

專門用字未易釋定日本法律專門字多從西書譯出幾經審定大都的當可用近譯法律諸書大抵沿用日人定名驟閱之下恐難索解因亟編譯法律辭書聊爲研究法律學者之一助

（君主主權說 國家主權說）憲法法理對照 川澤清太郎著

各國憲法不學說亦因之而異然大區别不外君主主權國家主權爲兩大派是著闡明憲法原理兩說並列互相比較又旁采衆說以資參攷讀之能瞭然於憲法學說之異同不至執一偏之見誠善本也現在譯中不久出書

清國留學生會館招待規則

一 本館因東渡留學之士人地生疎故特設專部代爲招呼呼切凡有函致本館者本館即盡招待之義務

一 招待地方有二一在橫濱一在新橋凡由神戸起岸者本館幹事當至新橋招呼由橫濱起岸者本館幹事當至橫濱招呼其神戸上海天津三處均有本館贊成員代爲經理

計開

神戸馮君悅甫 神戸山下町清國領事館

又孫君實甫 神戸海岸仲通清商益源號

上海王君培孫 上海大東門內育材學堂

天津張君亦湘 天津王皇閣前日日新聞社

一 各省東渡留學者可於就近本館贊成員諸處詢問購買船票一切情形於動身前七日先行函致本館以便至日前往招呼

一 天津航路至神戸起岸船抵長崎後可發一電致馮君或孫君言明乘坐何船何日何時可至神戸屆時二君代爲照料神戸易車後可託二君代爲電知本館（約電費二角）三車於何時抵京本館幹事即至新橋招呼

一 上海航路至橫濱起岸可由長崎或馬關函知本館船於何日何時至橫濱屆時本館幹事至橫濱招呼

一 東渡之士行李物件務以少帶爲便其烟酒綢緞各項爲入口應稅者萬勿携帶免致多生枝節

一 到京後或入預定學校之寄宿舍或暫寓旅九均聽本人自便

一 本館招待幹事一切費用均由本館公款供給至本人一切費用由本人自理

一 本館各處招呼之人如有更動之號當隨時登報申明

日本東京神田區駿河臺鈴木町十九番地

清國留學生會館啓

教科書譯輯社廣告

本社創辦教科書專爲中學校之用曾刻有中學校輯譯述略一篇亮蒙閱者公鑒惟原定仿講義錄之例按月分類出書各處同志來函多有以時日太久未得全豹爲言者故同人公議改爲單行本出書陽曆四月間約可成書四五種以副同志期望之意至原定書目亦稍有增損之處茲重列如左閱者鑒之

倫理學
中國歷史
東洋史
西洋史
中國地理
中等萬國地理　矢津昌永著
中地文學　矢津昌永著
算術小教科書　藤澤利喜太郎著
初等幾何學教科書　長澤龜之助著
代數學　上野清著
平面三角學　菊池大麓著
中等物理教科書　水島久太郎著
中等化學教科書
普通生理教科書　片山正義著
中等植物學　三好學著
中等動物學　石川千代松著
新式礦物學　脇水鐵五郎著
圖畫術
體操教範
國民新讀本　英文
法制教科書
經濟教科書
中等管理教授法

本社發行所設日本東京本鄉區丸山福山町十五番地

本編代派所

上海新北門外　中西書室
上海北市抛球場　廣學會
上海三馬路望平街　中外日報館
上海後馬路盆湯弄　緯正學堂
蘇州養育巷北女冠子橋堍　東來書莊
蘇州元妙觀東首　開智書室
蘇州葑門內唐家巷　中西小學堂
蘇州葑門內嵇家衖　湯宅
杭州城內銀洞橋　譯林
杭州城內菜市橋蒲場巷　浙江大學堂
湖州城內　開智書室
杭州城內大方伯　養正書塾
無錫崇安寺　三等學堂
蕪湖寶澗觀南岸　晉康煤炭公司
江西馬王廟背後　賦梅山房主人
天津宮北玉皇宮前　日日新聞社
天津紫竹林　信遠洋行
北京米市胡同　日日新聞分社
北京東四牌樓什錦花園　溥宅
江西省城百花洲　廣智書室
汕頭鎮邦街下富中華夏布莊樓上　李道南先生
南京三牌樓西首馬路明達別墅　沈叔美先生
安慶省城內近聖街葉宅內　前和州正堂姚公館
保定蓮池書院內知恥學社理事　籍亮儕先生
鎮江西門外天主街立生烟舖　徐翊雲
寧波東門內二鏡廟西首汲古書莊　洪鞠裳先生
北京李鐵拐斜街陝西巷口　有正書莊
橫濱山下町一百五十二番　新民叢報社
東京神田區駿河臺鈴木町十九番地　清國留學生會館

明治三十五年五月十二日印刷
明治三十五年五月十三日發行

編輯兼發行者　東京本鄉區丸山福山町十五番地　胡英敏
發行所　東京本鄉區丸山福山町十五番地　譯書彙編社
印刷人　東京淺草區黑船町二十八番地　酒井平次郎
印刷所　東京淺草區黑船町二十八番地　東京並木活版所
總發行所　上海大東門內北城根　育材書塾

明治三十四年一月廿八日第三種郵便物認可
譯書彙編第二年第二期明治三十五年五月十三日發行

Second year, No. 2.

THE
YI SHU HUI PIEN.

A MONTHLY MAGAZINE OF TRANSLATED POLITICAL WORKS.

OFFICE:

No. 15, Maruyama-Fukuyamacho, Hongoku;

Tokyo, Japan.

SOLE AGENCY

YU-TSAI SCHOOL.

SHANGHAI CHINA.

東京並木活版所印行

譯書彙編

一九〇二年第二卷第三期

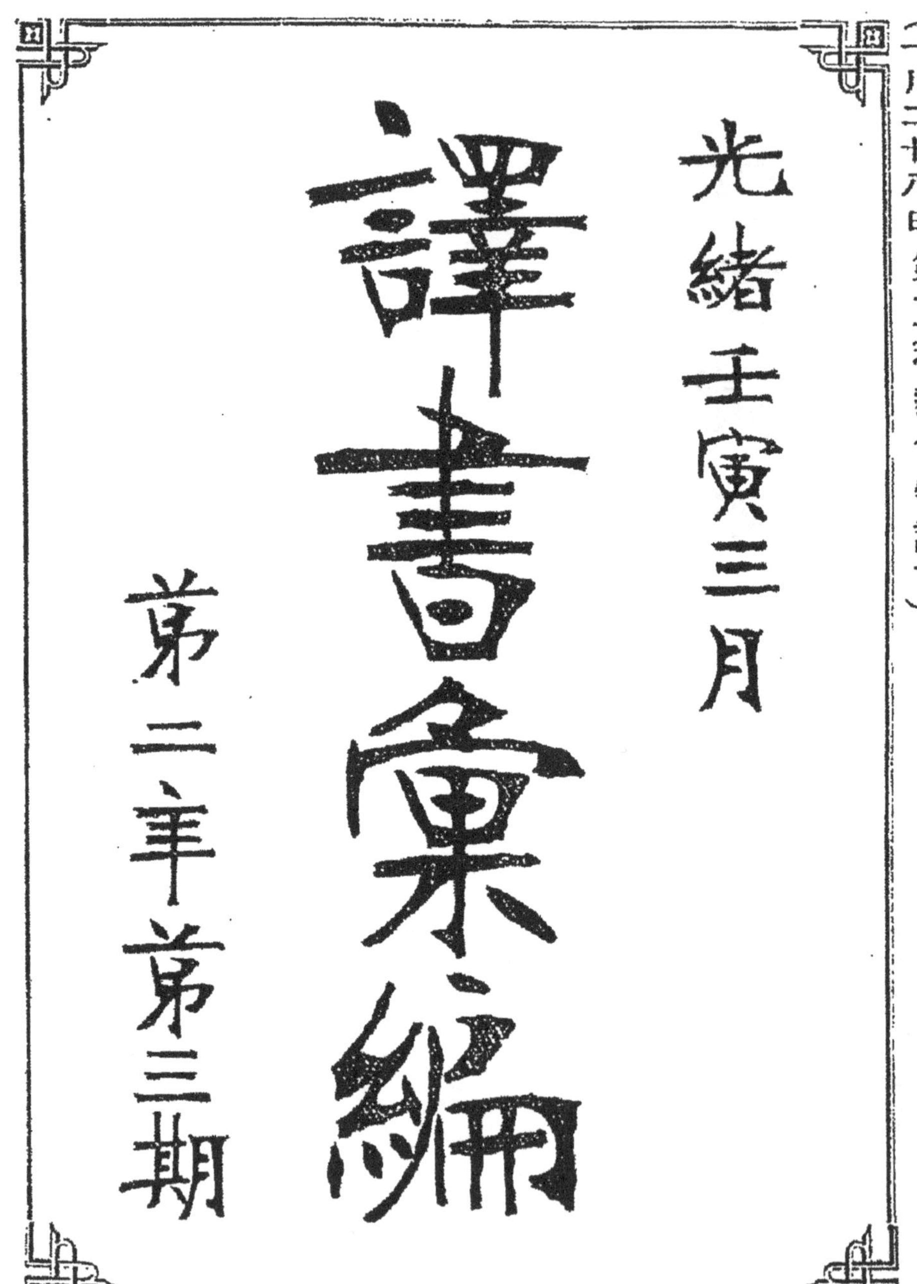

（明治三十四年一月二十八日第三種郵便物認可）

（每月一次定期陰曆十五日發行）

光緒壬寅三月

譯書彙編

第二年第三期

譯書彙編第二年第三期

目錄

本編價目表

全年十二冊	半年六冊	每冊
二元五角	一元三角	二角五分

外準郵費視路遠近照加

廣告價目表

一頁	半頁	一行（四號十七字起碼）
五元	三元	二角

凡欲惠登告白者須於本編定期發刊之前五日交到價須先惠欲登長年半年者價當格外從減

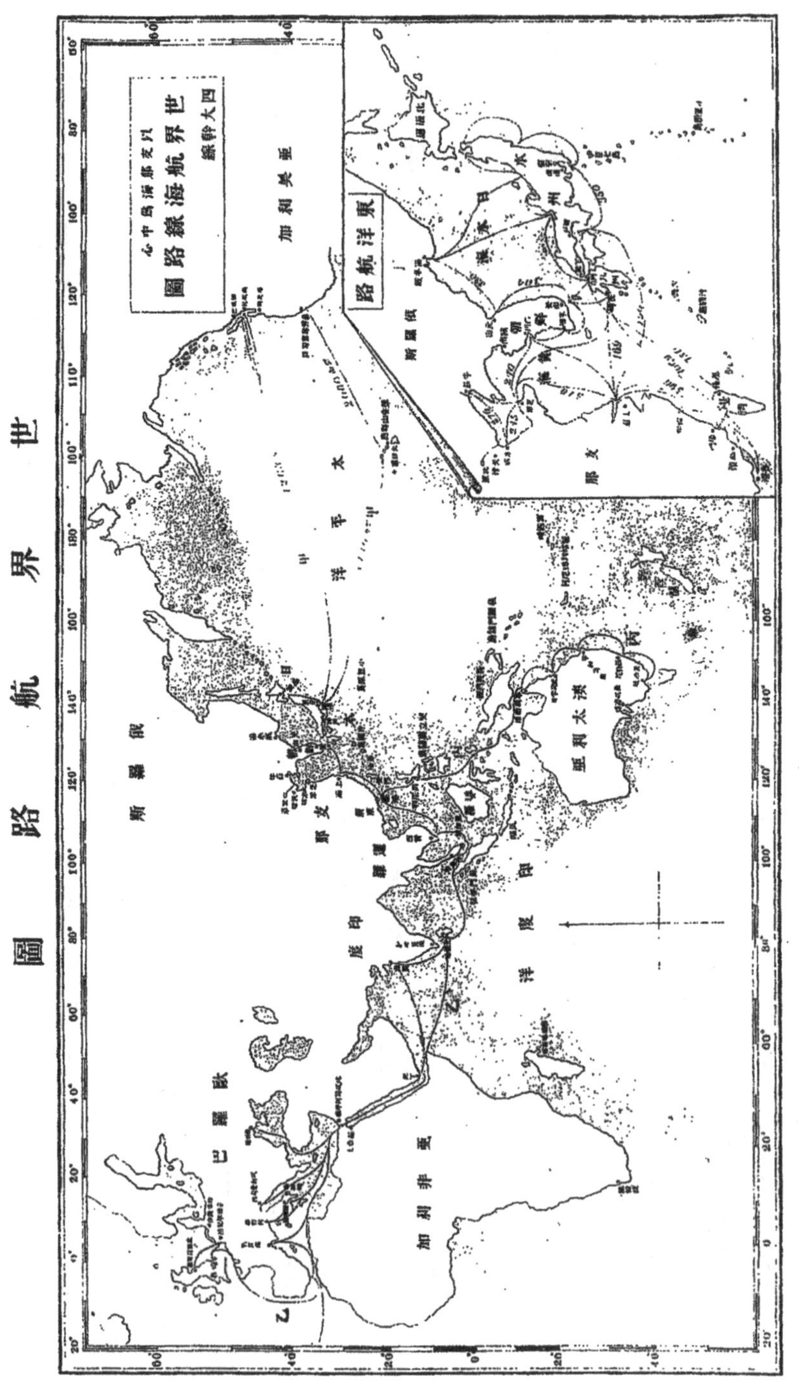
世界航路圖
世界航海線路圖
以支那為中心
四大幹線
東洋航路
亞米利加
歐羅巴
亞非利加
俄羅斯
支那
印度
太平洋
印度洋
濠太利亞

譯書彙編社社員姓氏

戢翼翬　字元成東京專門學校卒業生

王植善　字培孫上海育材學堂總理

陸世芬　字仲芳東京高等商業學校學生

雷　奮　字繼興東京專門學校學生

楊蔭杭　字補塘東京專門學校學生

楊廷棟　字翼之東京專門學校學生

周祖培　字仲蔭前東京專門學校學生

金邦平　字伯平東京專門學校學生

富士英　字意誠東京專門學校學生

章宗祥　字仲和帝國法科大學校學生

汪榮寶　字袞甫慶應義塾學生

曹汝霖　字潤田明治法學院學生

錢承誌　字念慈帝國法科大學校學生

吳振麟　字止斯帝國法科大學校學生

壬寅年譯書彙編擔任譯員及幹事之姓氏

王植善　字培孫

陸世芬　字仲芳

金邦平　字伯平

汪榮寶　字袞甫

曹汝霖　字潤田

富士英　字意誠

錢承誌　字念慈

章宗祥　字仲和

吳振麟　字止斯

二　外國語（第四條譯文中之國語）
三　公文摘要（邦文）
四　口述要領筆記（邦文）
第八條　第二次試驗所有之科目
一　憲法
二　經濟學
三　國際公法
四　國際私法
以上之科目試驗之際。不得任意選擇取舍。
一　行政法
二　刑法
三　民法
四　財政學

五　商法

六　刑事訴訟法

七　民事訴訟法

八　商業學

九　外交史

十　商業史

以上之科目。受驗者可擇其二科目。以應試驗。

第九條　第二次試驗。分筆記口述兩種。然非筆記試驗合格者。不得應口述試驗。

第十條　照應試者之志願。得於英語、法語、德語外。試驗他國語言。

凡欲受前項之試驗者。可將其願試之旨。載之願書。

第十一條　其願應外交官及領事官之試驗者。當納手數料金十圓。

第十二條　凡欲以不正之方法應試。及有背於試驗中之規程者。不准應本期試驗。至試驗合格後。發見此等事實者。其合格作無效論。

三

第十三條　試驗之評定方法。由試驗委員議定。

試驗合格之有效期限。除合格後任用外交官及領事官外。以二年爲限。

第十四條　試驗外交官及領事官之細則。由外務大臣定之。

外交官及領事官試驗規則之施行細則

明治二十七年六月外務省令第七號。

第一條　照外交官及領事官試驗規則第四條所出具之願書及履歷書。應照別記甲號式及乙號式調製。

第二條　前條所載之願書及履歷書。應於試期前十日呈遞。

第三條　應試者於試驗當日之開試時刻不到者。不准應本期試驗。

第四條　外交官及領事官試驗規則第八條所載凡所試之科目。應另行詳記加具願書。一併呈送。

第五條　照外交官及領事官試驗規則第六條。凡不被第二次試驗之召集者。皆第一次試驗之不合格者也。

第六條　照外交官及領事官試驗規則第九條。凡不被第二次口述試驗之召集者。皆第二次筆記試驗之不合格者也。

（一四〇）

（別記）

甲號式

試驗願書

印紙

（印）

姓　　名

生年月日　滿幾年幾箇月

今因願應外交官及領事官試驗特備外交官及領事官試驗規則第四條所載書類具

願奉聞

（照外交官及領事官試驗規則第十條。於英法德語之外。尙願考試他國語言者。可將其旨附載之。）

本籍何地
現居何所　姓　　名　印

年　月　日

四

五

外交官及領事官試驗委員長某々殿

乙號式

履歷書

何府縣何族
戶主或某嗣子或某幾男
姓　名

生年月日
滿幾年幾個月

一父（何府縣何族）（官階）（職業）名（存或故）

一母（仝上）某（存或故）　女（存或故）

一義父（仝上）某（存或故）

一義母（仝上）某（存或故）・女（存或故）

一妻（仝上）某（存或故）　女（存或故）

一子某（男女）

一本籍（何府縣何國何郡何町村何番地）

一現居（仝上）

一學業（自何年何月入何地之何官公私立學校修何學科何年何月畢業）（有文憑者錄寫全文）

一職業（自何年何月爲何會社或何人所聘薪水若干圓從事何業務於何年何月辭聘或辭職）

一任免（自何年何月在何官廳拜命何官何年何月增俸轉官辭職免職）（各照辭令錄寫全文）

一賞罰（照賞狀及懲文錄寫）

右呈

年　月　日　姓　名　印

參照

明治二十八年六月勅令第七十五號。

明治二十六年勅令第二百十三號外交官及領事官試驗規則第四條所載。應行附呈之論文譯篇。遇當緊要之時。得於公告試期之日。將所譯應用何國文字。先行指定。

外交官及領事官試驗委員官制。

明治二十六年十月勅令第百二十六號。

第一條　爲施行外交官及領事官試驗而設置之外交官及領事官之試驗委員。屬於外務大臣管轄。

第二條　外交官及領事官之試驗委員。以左之人員組織之。

委員長　外務次官

委員　外務省政務局長

外務省通商局長

文官高等試驗委員二名

帝國大學教授二名

外務次官、外務省政務局長及外務省通商局長等。遇有缺員及有他故之際。臨時得以他項高等官充之。

第三條　前條委員之外。臨時遇有必須之員。可命爲臨時之試驗委員。

第四條　外交官及領事官之試驗委員。除職務上之當然委員長及委員外。由外務大臣奏請而於內閣命之者。亦稱爲臨時委員。

第五條　欲使從事試驗事務中之庶務。而因而設置書記者。得以外務省之判官充之。

第六條　外交官及領事官之試驗委員。並臨時試驗委員等。除外務省之官吏外。得以給年額百圓以內之手當金。

外交官之特別任用。

明治二十九年五月勅令第百八十二號。

公使館一等通譯官及公使館二等通譯官。供職滿二年以上者。得以任用爲外交官及領事官。但其在勤之地。以前官之駐剳國爲限。

第一條　外務書記生。在公使館領事館與貿易事務館中。供職滿五年以上。受俸給在三級以上者。自本令施行以後。限於三年之間。經外交官及領事官試驗委員之銓衡。得以任用爲外交官。

第二條　公使館一等通譯官及公使館二等通譯官。於公使館中供職滿二年以上者。自

九

本令施行之後。限於三年內。經外交官及領事官試驗委員之銓衡。得以任用爲前任駐劄國々外之外交官、領事官及貿易事務官。

第三條　外務省譯官供職滿二年以上者。自本令施行之後。限於三年間。經外交官及領事官試驗委員之銓衡。得以任用爲外交官、領事官、及貿易事務官。

第四條　凡明治二十六年勅令第百八十七號外交官領事官及書記生任用令施行以前之外交官、領事官。在公使館或領事館供職滿二年以上者。經外交官及領事官試驗委員之銓衡。得以任用爲外交官、領事官、及貿易事務官。

第五條　凡照明治二十六年勅令第百八十八號領事官特別任用令。明治二十九年勅令第百八十二號、與本令而任爲外交官、領事官及貿易事務官者。得以轉任爲外交官、領事官及貿易事務官。

第六條　本令自明治三十年十月一日施行。

第四章　外交官之養成

外交者。爲處理國家與國家關係之術。而外交家處樽俎之間。實有以臨機之手腕活用此術之任務也方今於立憲政治之世界中以表彰個人之意思而因而利害及於國家其影響之大且著者尤莫如外交若試觀喀寧衛以後之伊大利俾司馬克以後之普魯士古耳恰克夫以後之俄羅斯外交家之大手腕其影響於國家之盛衰爲何如固不待煩言而解而列國以外交家故特制定其任用令以爲養成外交家之心得其亦斯意也夫

蓋外交家臨機弄巧挫彼之勢而使我得以直達其要求之目的者其故不外知彼知己而已詳言之完全之外交家要皆能通曉列國大勢而持其眞知灼見固執不滑以應萬變之紛紜以樹百年之大計此所以於養成外交官之時尤不可不以了解列國大勢爲第一主腦欲使了解列國大勢因使外交官駐劄各國是爲養成外交官根本之一大原則第外交官亦不可不以明其國情作報我國家之想此所以不得不習各國之語言並藉語言爲交際之媒不事交際而欲明其國情未有不類於緣木求魚者至交際之中若研究彼國之人情風俗圓活自己之風采抑制自己之感情等尤爲刻不容忽第研究一國之國情斷非朝夕所能舉事則使外交官常駐劄一國所由尚也雖然使下級外交官而久駐於一國時或思想囿於一偏轉有不能通達世界大勢之虞故下級外交官務令通一國之事情而止而

一〇

「必使轉任於世界各國此於國家最爲利益之事何則、下級外交官者即公使館書記官及外交官補之類也使此輩久居外國非爲儲外交之材於將來而故使實地造就耶申言之不過使洞明列國國情以得因時制宜之道斯時特一磨鍊大外家之時代耳使此輩而終於一國也其思想早成偏狹又豈所以爲養成完全外交家者故國家於下級外交官必令輾轉列國俟其灼知世界大勢以後乃始任之爲使臣爲任之爲外務大臣爲此輩亦於是乎得以利用其閱歷矣國家之爲外交官設置特別任用令者所以於登庸有用之人材中寓利用其閱歷之意原其本旨不外乎是乃國家既知其如是而復於養成外交家之基礎中設一制焉謂上級外交官不能於下級外交官中錄用也其自相矛盾不亦甚耶要之國內之所謂地位學識才能較之外交家之閱歷有不啻天淵者實爲學問家與實際家之定論試讀普法戰爭之際俾伺馬克與法捕耳(Farre)千八百七十年九月十八日會於弗六爰耳(Férières)之日記可以知法國第一流之名士而至於爲外交家時尚有是如之無能者則其他不可恍然悟哉(Voy. albert sorel, histoire dipeomatique de la guerre franco-allemande, p. 352)

外交家之要素。既首在閱歷矣。然有閱歷焉。而無才與學以濟之。必不能臨事從容以正當之理論主張我之權利。此當任用外交官之時所以有一定之學術試驗也。顧試驗之制詎能完備。而如以應試之學術為足以應萬變也。則又大誤。為外交官者必勤勉不息以講求有益於己之學問。學問為何。舉其主要者言之。曰首在國際法。國際法不明則己所主張之基本不立。必致招意外之失敗。次在外交史。所以研究各國興廢之源。以熟知夫大外交家之經歷與推演夫一國政策之利害者。終曰地理學經濟學。所以洞察列國之經濟事情。以講求自處之道者。由是而我國之經濟政策與國防政策。庶幾得有一定見地矣。

要之欲為大外交家者。不可無膽量。不可無學問。不可無才力。不可無貲財。不可無地位。不可無機敏之手腕。不可無雄辯之口舌。至其所以運用此學問才力貲財地位機敏雄辯者。閱歷也。故養成外交官。與鄭重閱歷。一而二。二而一也。

昔嘗讀俾司馬克之自傳。至尼可爾斯拙耳克議和一事。既為國務大臣。又為外交家。其膽其策。輒覺歎賞不置。久之乃始知公之所以為公。於是乎在也。特節錄其事於左。以供世之志於外交者之參考焉。

一三

千八百六十六年六月三十日之夜大纛入於拉陰稗克夫拉陰稗克者人口僅二萬八千人之荒市也中繫澳俘千八百人其守備軍士僅携帶舊式銃之輜重兵五百人距數英里之地復有索撒騎兵屯焉使敵於一夜之間襲我大本營刼我陛下掠之而去亦非難事然大本營之駐此不移業以發電公告當此危險之際余不能不以實情奏聞既而傳令輜重兵一人一人分起掩入宮城以防禦行在所務求勿使敵人注意時各軍人無不以余之饒舌爲憾余欲示一身之不事偷安也雖上命入宮城內歇宿余故宿於市街焉各軍人由職權之猜忌遂至以余之有辱寵遇爲不然者其原因實始於此直至戰息未嘗釋然既而至於法蘭西戰時猜忌益甚

尤昵希古臘疵戰後於形勢上觀之開澳帝乞和之端緒不特爲意中應有之事且當此戰局方甚之時欲避法蘭西之干涉不啻爲至要之事也法國干涉戰事自七月四日始至五日之夜余以路易拿破侖事入告曰澳帝既放棄毋儞尼西牙則法人之干涉必自其求請干涉之電達於扑立克之日始蓋其初法國以我軍爲必敗勢必求援於彼因而靜以待時既而赫々王師一戰大勝出法人之意表遂不能不脫其袖手旁觀之地位以

爲我抗陛下覽奏謂以游移作答務令拿破侖帝失其行動之機則善若不收平和擔保而遠與訂休戰之約斷斷不可云

余竊詢於墨邈脫克將軍曰使法國以兵力相干涉足下將何以處之渠答曰對澳地利則以愛耳排河爲講暫作退守之勢以專與法蘭西相攻擊焉

時余意謂法國果以兵力相干涉則直以平和條約與澳地利媾和耳和而成與澳訂立盟約協力攻法蘭西不成則急進兵於匈牙利或進兵於泊海密牙以激成澳之內亂務令澳於創鉅痛深之際有不能再起之勢而後已而當澳之未受大挫以前則對法蘭西也(如墨邈脫克之論非所以對澳大利)於一意防守之外不能更出一策矣

如墨爾脫克所言雖利在急切與法蘭西接仗接仗而後或能徐圖當澳之策然以余之所見斯事實非易々何則當今之法蘭西雖爲攻戰所苦未必能行有餘力而自歷史上之經驗觀之其於國中防禦若日有增長者則我欲與戰不幾曠日持久乎背則控制澳地利與南德意智兩軍而前又不能不向法蘭西進擊以愛耳排爲防守之地竊恐終有不能支持之處此余所由決以主和爲得策也

七月十二日。開參謀會議於措爾奈大拉地方之行軍司令部。蓋此會向於國王御前徵集。當千八百六十六年爭戰之時。每會余必奉命參列。自後或遇重大事件。則蒙旨宣召。否則不與議也。是日之會專議向維也納前進之方向。予適後至。陛下乃以所議要領向予宣示。謂欲進維也納府。不得不先攜弗勞力治獨耳夫之要塞。欲攜弗勞力治獨耳夫要塞。以攜造完固不得不自廉合豆倍耳克運取巨砲數門。以作攻堅之用。移運至遠。恐非費十四日不可。且外壁攻破之時。我軍奮進。其陷落於此者。當亦不下二千人。以是徵策於予。予之所見。固不能無異於是。蓋以前之所述。予所深慮者。法蘭西之干涉我也。當此兵備干涉之朕兆既形。而我猶復作靜俟十四日之迂圖。使於此十四日中。法國以居中解紛之名。用重兵逼我。我之危險不幾與日增長耶。因還問曰。我軍固不得不奪弗勞力治獨耳夫之險要乎。抑避險就夷而非無他道之可取耶。使非無他道之可取。則稍轉其向。當左側四分之一之處。略回旋焉。取道於蒲立司蒲耳克而於是渡達紐泊以往。豈不平易。蓋以若是則澳軍處達紐泊之南。忽陷於不利之地。而前鋒東向矣。即不然。至不得不避銳於匈牙利內地。而維也納一府。已不戰而為我有。何涉險為。陛下取地圖閱之。

首肯予議。時軍人社會中若有大不爲然者。然予議卒以實行。予又爲將來之關係計對澳地利但令無礙於我之德意智政策而止至觸動隣國之人心使遺以永不能忘之紀念則尤不得不早爲之避逸蓋普魯士軍乘勝入敵國首府雖在軍人想爲一極可滿懷之紀念。而於我之政策言之則固無足重也徒傷澳人自尊之心使與割棄遺傳之領地無異我取之曾不足爲絲毫之利益轉以見嫉我將來增一困難之結果。且於保護勝利之結果。（普魯士敗澳大利後得德意智之衍極一躍而得雄飛大陸）業於此時洞見後之有不可不更爲一戰者試觀飛立獨立希大王爲鞏固希立沙兩度之戰結不得不與七年之兵革此其明証當澳地利戰爭以後不得不起法蘭西之戰爭是亦歷史上自然之結果即令拿破侖帝始終中立而但以中立之報償欲於此中割取一小地焉尚恐難免鋒鏑況自俄羅斯觀之則以我輩爲發達德意智之國民因而權勢日增將來成何結局有不勝其疑慮者。吾人爲保持既得之地位於此後之不得不爲之戰爭必以如何出之而後可在當時雖難豫定而要之吾人傷敵國之感情使嫌怨永不利解與去敵人之自尊心使創痍永難恢復均非得策蓋此中關係極爲重大與其效拿破侖第一之舉動以踏平敵國首府爲快而贊助之。毋寧鑑後患而勸止之。在當時之地位。遑問於勝利之後。得向敵人收穫利益若干。第於政治上之理由。固有不能不注意者。予之所爲。在軍人社會中宜其不喜。而文武各分職掌。余以國政及將來之問題故。斷不能讓軍隊逞志一步。亦自然之結果也。

時自七月十一日至十二日之夜。法國大使倍奈豆機。偕澳國外交官下洛利至智智他。突見於予之幕幄前。以後營之軍事警察不密所至。時予與二公談。知澳地利得以將何種之條約。相與媾和。並據倍奈豆機所言。拿破侖政策之大綱。業已得悉。即令普魯士得土地於北德意智。使所增人口不逾四百萬。而南以淵陰河爲界。果自滿足也。則法蘭西決無以兵力相干涉之事。蓋拿破侖帝在南德意智有使其於法國保護之下。作成聯邦之願。至澳地利退出德意智聯邦時。彼所望於北德意智者。僅以不分割索撒王國爲約。則其他悉聽普魯士之處置。已屬公認。此等條件。吾人所謂最要者。而業已全部包括於中。何異立我與德意智得以自由行爲之條件耶。

余有感於斯。而因不得不以澳國所提出之條件。決之爲內閣問題。（即以宰相之進退相賭）之。以余所處之地位頗形困難故也時參營將官。自開戰之日以來。不欲阻其連戰連勝。乘勢進取之機。致國王當時。與其從余之意見。不如從軍人意見之為易。大本營中有國務大臣之責任者。又祇予一人。予之責任。不得委之於內閣決議。又不得委之於上長者之命令。度形勢以因應固不得不以單獨之意見決定可否使予而無觀事於未形與豫知後世判斷之識予又何敢與他人異然大本營中之現在各員於法律上負有主張特殊意見以陳述之義務者。實祇予一人而已。予以吾人於德意智將來之地位。及吾人對澳地利之關係。精密較量。予遂決意自取責任。以獻策於國王陛下。不復躊躇。

七月二十三日。開參謀會議於國王御前。以評議澳國提出之條件應否與和時予患激痛。不獲與會。無已。將參謀會議就予營舍開之。當時服文官制服與議者。予一人而已。予將澳地利提出之條件。當急宜媾和之原由。一一覼述。然以是為言者。僅予一人。而軍人意見。占其多數。國王遂不免有所左袒。余以神經刺擊。徹夜不休。不能力抗。乃默然退處於卑陋之臥室中。遭痙攣之襲擊。極為激烈。呻吟苦楚之間。遂不知鄰室之參謀會議已散。既予將必應媾和之理由。力疾書奏入告。且謂陛下若不以斯議為予之責任。俯與允

一九

從。則於再有戰爭之前。先請罷予國務大臣之職。意既決。翌日擬親捧奏牘。面爲陳述。因有謁見之請。無何。有佐官二。來予前室。謂所部患霍亂之症。傳染酷烈。軍士之半。皆不能適於調用。用特申報候復。俾公自注云斯役以暴疾致死者六千四百廿七人 余聞此事後。以允許澳國條件。爲內閣問題之必需決。蓋予於政治上之理由不得不爲澳媾和外。且深知以何牙利爲戰地。甚不適於養生之道。軍隊中必發生惡疾。大遭困難故也。

余手持奏牘。面謁陛下。將政治上及軍略上不可接續開仗之理由。反覆陳說。且謂吾人萬不可使澳地利負荷巨創於不得不然之外。猶復深含怨恨。遺以復讐之念。故需使今日之仇敵。轉而爲將來之好友。即不得已。亦宜先貽以提携之路。使澳地利於歐洲之棋局中。依然得成一子。以留爲後日用之之地。否則向澳勒索要挾。過爲嚴重。則必爲法蘭西同盟。且欲復讐於我。或至以反對於俄羅斯之利益欲伸權力於拔而剛半島之利益 轉欲供爲犧牲以洩恨。亦未可知。

又自他之一面觀之。使澳地利由匈牙利人及薄海密牙人內叛。而因而瓦解。至永失其獨立之權。則今時澳地利所持以組織君主國之各地。果能爲德意智之利耶。即自楷洛耳以至薄克島奈之間。向爲擴充澳地利之歐洲空地。亦不知將來爲何人所擴充。蓋此等地方。其崛起之新組織。必不能外於革命之局。則澳地利之本土。無論吾人得其全部。得其一部。而要皆不能用。如以爲欲併有澳領之希立沙及薄海密牙之一部。則恐不足以增普魯士之國力。即令割澳地利所有之德意智部以歸於普魯士。而亦恐居伯林以控維也納。有斷斷不能之勢。況此後之戰爭。欲接續開仗。則其所以爲戰場者。必不能出匈牙利。而在澳地利。固不能保全其維也納。普魯士軍。自泊立司倍耳克以渡達紐泊。亦必不能避鋒於南。何則。以好戰之伊大利軍。今爲路易拿破命所制。故反其意而強作靜謐之態耳。使見澳軍日近。則必再行動搖。當此之時。澳軍。必入於法領之伊大利。以速其干涉而聯作後援。我乃不得不速避以繼續匈牙利之防禦。然就匈牙利言。以余所知。即此軍事見解。實非可以久戰之地。姑勿論法蘭西之干涉。何如。祗此匈牙利所收之成績。已恐不能爲既得之勝利。較而徒多一損我軍威之慮。則吾人於法蘭西向澳地利。未開外交動作之先。安得不早爲之終結戰局耶。

陛下於此等論點。雖未嘗略試反抗之旨。而謂澳國提出之條件。不足滿意。故必膺懲其

二

曲。至不能不割讓土地而後止。堅執斯說。不爲稍動。予乃反對之曰。吾人之於戰事。非爲有裁判之責而賞罰其曲直也。第欲行德意智之政略耳。澳大利之於吾人。無競戰之罪。猶吾人之於澳大利。無競戰之罪也。吾人事業。在使指導者翌戴普魯士國王以再與德意智國民之團結。與開德意智國民團結之途耳。陛下乃欲利用戰爭之結果。以締謀勝利之進行。予不得不以予所自信者。努力諍議。陛下聞之。赫然震怒。致力奏無益。思惟力請勅許予以普通士官歸伍外。別無他策。意既定。遂退歸予宅。憤懣不能釋。怏怏之餘。憑欄四望。正擬自高樓墜身死。忽太子徐々啓戶入。予適凝思冥想。未嘗覺也。太子乃以手撫予背曰。卿知之耶。當初予之所以反對開戰之說者。職是故也。然卿固以爲不得不戰以責任自負。今既知目的已達。爲當和之時期。而吾何以躊躇不決。不以卿之所見入告父皇耶。語畢。直入御室。約半時許。復出。仍以沈靜溫厚之氣語予曰。甚矣。事之難也。今蒙父皇同意矣。乃出其允許之據示予。見於予所最後呈之奏牘空白處。以鉛筆加書諭旨曰。朕之首輔。今當敵前。忽使朕有進退維谷之勢。然朕固不能遽使其解免貴職也。因謀之太子。乃太子亦以首輔之意見爲宜。夫以朕之軍隊。得光榮如許之勝利。而終成如此之酸果。允如此寡利之和議。亦不得已之事也。

右原文載於Mémoires authentiques du Prince de Bismarck Pensées et Souvenirs

第二卷第二十章三十頁至五十九頁

第三編　外交上之禮式

外交上之禮式。發達於中古。至近世而其基益固。蓋封建時之列國各。以逞我威武爲事。在大國則欲壓制小國。在小國則欲拓其疆土以振我霸權。其互相爭鬭之心。固執而未由或息。迨至列國疲憊。漸生平和之望。而於是尊重外交上之禮式。以爲調和之策。欲互相團結焉。此今日外交上之禮式所由來也。當其建設於歐洲列國朝廷之時。各國以自尊自大之心。發而爲愛慕虛榮之想。於此禮式。異常重視。遂使儀式亦漸次增進焉。至十八世紀之始。殆達極點。苟有違式之時則提出抗議。宛如有受國際禮式之權利者。舊時之國際公法書中。設外交禮式一章。其亦因此觀念也夫。輓近人智發達。知此等虛禮無庸多設。且以知外交禮式之毀損。未必即爲外交權利之毀損。而特欲列國協同爲圓活之交際。則或於程度中。亦有不可不存一外交上之禮式者。此當今爲外交禮式之說者。所以雖不必如古之重。

而終不敢廢置也。蓋當蔑視一國之時。彼被侮之國。縱無實行其要求之權。而要之於國際法上。未有不能行其報復行爲 (Retorsion) 者。輕蔑禮式。終至兩國之關係漸疏。在當今之國際公法書中。雖未嘗特爲論及。而自余輩視之。正不得不分章立論也。

外交禮式之大部分。由習慣以成定。則若有難稍變者。特自細微處言之。各國亦不能無異也。茲編所論。第就一定之習慣以述其大概。至列國特殊之例。則未暇詳敘焉。

第一章　對元首之禮式

國家於享有之權利。悉屬平等。前既詳言之矣。則除有特別之條約外。對各國之禮式。亦應一律。而元首爲國家最高之代表者。各國對元首之禮式。似亦不可不平等。然以有古來相沿之舊習。故其明晰之理論。至今未獲暢聞。茲特就國號王號及席次之問題而伸論之。

第一節　國號及王號

國號者。(dignite) 表彰國家之榮譽。如帝國、王國、大公國、公國、共和國之類是也。王號者。(titre) 與國號並著。而爲元首所有之尊號。如皇帝、王、大公、公、大統領之類是也。

今試於此等尊號中。總晰言之。則得以一言蔽之曰。凡用於國際間之一般之名稱。皆視其國家之實力而定。使其領土廣大。勢力强盛。一舉一動。有足以支配世界之大勢。如英法德俄諸國者。則稱之曰一等國。

此外普通國家。分享受王家之名譽(Honneurs royaux)與不享受王家之名譽者爲兩等。此中區別之標準。雖極爲廣漠。無從確斷。而要以泊辣仇復豆耳氏之說。爲稍々得其正鵠。蓋以氏之著外交法曰。現今國家之享有王家名譽者。必其於一定之地域中。殖有人民。至廣狹輕重。一以外交上之重要國家爲限。何以見之。自論理上言。雖謂國家者。有法人之資格因而有尊重之權利。自實事上言。一國與列國之得以維持調和。不在國家之有法人資格而在國家之實力與道德也。其所以得維持調和者。不過實力道德之結果耳(Pradier-fodére, droit diplomatique, 1881, T, 1, p.48) 雖在古昔。謂享有此名譽者。僅皇帝、王、羅馬法王及大公等。而今之共和國實亦享之。則此名稱。殊爲未協。他如貢要合氏之說。王家名譽。與王之尊號並舉。不尤爲大誤哉。(Garcia de la Véga, Guide Pratique des Agents Politiques, 4e el, 1889 p. 465)

古代國家之享有王家名譽者。其特權常占於無王家名譽之國家之上。有封錫王號及使用王冠於其元首之權。並得授受大使。此等特權。在古史中。曾所習見。而擯之國家平等之原則。實覺背戾。此所以至於今而幾不復見。然則今之所謂一等國與名譽國者。亦不過爲國家虛榮之反影耳。而如以名譽國爲有種々之特權也。則誤甚。

執是以言。處今之世。猶必設一等國與名譽國之區別。至或以加國號王號之尊稱爲榮。不幾類於兒戲乎。然而國家自負之心。正自有不能全廢者。茲特將二三規則之有關於國號王號者。分錄於左。

一國之尊號。得以自由而加。他國之承認。則不能强而得也。雖在今世。於國號王號之中。法際上絕無絲毫之効力。而宮中之儀式。猶不免稍存岐異。故欲於尊號中收完全之效驗。則必以得他國之承認爲先。否則如我國之自稱帝國。而在列邦則猶以王國相呼。於國家之恥辱爲何如。欲變尊號。首求承認。理有然矣。顧列國以國際之情誼。雖不能無端而拒絕其請。而承認一國之尊號。即爲承認一國之進步。古來慣例。曾未有不經審度而輕爲承認者。試觀千七百一年飛立獨立克第一加普魯士國王之尊號時。其承認者僅德意智皇帝羅馬法王。至千七百八十六年而始行承認。此外各國。則直至千七百九十二年。而依然以公國相待。千七百二十一年（Czar pierre）「Pierre即英語peter後世所稱爲彼得大帝者」加皇帝之尊號時。普蘭瑞西至千七百二十三年而始行承認。英則至千七百四十四年。法則至四十五年。西班牙則至五十九年。波蘭則至六十四年而始行承認。他如各國承認之際。設以若干制限。亦屬常事。當千七百四十五年法蘭西承認俄羅斯元首爲皇帝之時。但承認其尊號。而於皇帝之禮式。則一無承認。此其例也。

當是時。正各國爭議對帝王之禮式極爲鄭重之時。故俄國之取此制限。亦覺有異常痛苦者。

當承認尊號。而於禮式則別爲制限之時。被承認國。應發送改免狀。（Lettre réservale）今錄千七百四十五年之改免狀如左。

法蘭西國王陛下。爲表彰全俄國皇帝陛下之友誼及尊敬之意。照他國例。亦承認皇帝尊號。但於外部絕無關係。至王國內地。將來亦欲以尊號奉與陛下等語前來。全俄國皇帝陛下。受此優待。異常喜悅。用特奉答承認皇帝尊號之厚意。我全俄國皇帝陛下與法蘭西皇帝陛下兩朝廷所用之禮式。毫無更動。業已確定。奉命宣布矣。

千七百四十五年三月十六日在聖彼得堡

Sa Majesté le roi de France, par une amitié et une attention toutes particulières pour sa Majesté impériale de toutes les Russies, ayant coudescendu ā la reconnaissance du titre impérial aussi que d'autres Puissances le lui ont déjā concédé, et voulant que ledit titre lui soit, toujours donné ā l'avenir, tant dans son reyaume qu'en dehors dans ses relations avec elle; sa Majesté impériale de toutes les Russies a ordonné qu'en vertu de la présente il soit déclaré et assuré que, comme cette complaisance du roi lui est trēs agréable, aussi cette méme reconnaissance du titre impérial ne devra porter aucun préjudice au cérémonial usité entre les deux cours de sa Majesté lẽ roi de France et de sa Majesté imperiale de toutes les Russies.

Fait ā Saint-Pétersbourg, le 16 mars 1745.

Signe : Alexis, comte de Bestucheff.

" : Michel, comte de Woronzow.

反是。則有拒絕其求請承認者。如千八百十八年十月十一日愛格司來霎伯爾公會中嚇勝選舉侯(L'electeur de Hesse)欲加王號、當其求請承認之際、英法澳普俄五大國、咸拒絕之。不自揣其國力而徒爲尊大之計、直自招列國之訕笑耳。要之或爲承認、或爲拒絕、當其爲之之時。有默示者、有明示者、明示之承認、以載之約章爲最。默示之拒絕、則置之不答是矣。

當今國家平等之原則、各國既已公認。而於國號王號之變更。猶不免視爲重大事項者、業已屢々言之。第其中欲變王之尊號爲皇帝尊號、則尤不可不爲熟籌、蓋以歐洲舊習於斯實未能盡廢。在昔皇帝尊號、惟嗣羅馬皇帝之統者得以加之。享有各種特權、至小國則未之或許。申言之、以歐洲君主、羅馬法皇占其首席、皇帝次焉、夫羅馬法王者、嗣耶蘇之統者也、羅馬皇帝者、播耶蘇之教者也。故於羅馬法王之勢力日增。而羅馬皇帝之號、亦從而愈尊、承其統者至有神聖羅馬皇帝之號、其威權赫奕爲何如耶、當時之歷史、歐洲人士。至於今猶留其影於腦中。此皇帝之尊稱、全歐所以欣羡之而不敢輕許、當普法戰爭之際、伯倫知理氏欲爲普魯士國王加皇帝之尊號、嘗爲帝與王之區別作一說曰「有一定之土地人民。而於國際上有重要之關係者。則其國家之元首。得以加王之尊號焉。至其重要關係。不僅在於一國々家而在於世界之國家者。其元首可以加皇帝之尊號焉。蓋所謂帝國者。其一國之權力範圍。有超於一定之人民一定之土地以外。而含宏光大之謂也。」(Bluntschli, Droit international codifié, 5e éd, art. 85, 86, p. 99 100) 夫以不數覯之學者。至今日而猶作是論。宜其聞者之無不失訝。然有此等僻說。則當今之歐洲各國。其於皇帝之尊號。猶有不勝欣慕之態。於此亦足以略見一斑。彼欲加皇帝尊號之國家。盍亦於此而三致意耶。

國家之尊號。既詳言之。茲時就表敬意於元首者言之。夫表敬意於元首之尊稱。亦外交上之名譽尊稱耳。(Qualification honorifique) 以今之慣例言。於帝王之尊稱則曰陛下 (Sa Majesté, his Majesty) 獨對土耳其國之皇帝則曰 (Sa Hautesse, his Highness) 於羅馬法王則曰 (La Santeté) 於皇族則曰 (Altessey Imperial) 於王族及有王家名譽者之大公則曰 (Altesse Royale) 於無王家名譽者之公以下之君主則曰 (Altesse Sérénissme) 於王之子孫之已出王族者及大公之子孫等則曰 (Altesse) 云

(Hautesse)及 Santete'余輩不知其應譯何字則與 altesse Imperiale, Altsse Sérénissime, Altesse等俱稱之爲殿下云

於此等尊稱之外又有所謂宗教上之尊稱及虛榮上之尊稱者在古時率多用之如宗教上之尊稱以表敬意於天主故特受羅馬法王之封號爲大不列顛國王稱之爲信仰之保護者(Defénseur de la fois)西班牙國王稱之爲羅馬舊教王 (Roi catholique) 等類然自法王式微以來降至今日已無復聞至虛榮上之尊稱不過表彰其國家之舊時地位如大不列顛國王則稱爲英吉利及法蘭西之王(Roi d' Anglerre et de France) 薩爾忌尼阿國王(即今伊太利國王)稱之爲賽拍來司及伯爾薩稜王(Roi de Chypre et de Jérusarem)之類毫無意義今亦不復用矣

共和國大統領有用尊稱有不用尊稱者其用尊稱之國則曰閣下 (Excellence, Excelleucy) 如祕露伯理西爾等之大統領是其不用尊稱者如法蘭西共和國亞美利加合衆國之大統領之類是也

法蘭西共和國大統領 (Le Président de la Repnclique Francaise) 亞美利加合衆國大

統領。(The President of the United atates of Americae) 祕露共和國大統領閣下。(His Excellency the President of Republic of peru) 伯理西爾大統領閣下。(Son Excellence le President des Etats-Unis du Blesil)　三一

第二節　席次

古者國家平等之權。尙未發明。於席次 (Presśance, Precedence) 之問題。非常重視。遂致互相爭競。不能稍讓。而種々之議論。亦於是乎出。有謂國家之順序。宜以奉耶蘇教之先後爲次者。有謂宜以德育智育之進步爲次者。有謂宜以國家獨立之先後爲次者。有謂宜以王統之久暫爲次者。有謂宜以政體之程度爲次者。有謂宜以元首之王號爲次者。有謂宜以人口之多寡爲次者。幾經議定其次序。而終不得實施。迨至千五百四年。羅馬法王日斐第二 (Jules II) 欲止席次之爭議。始制定一順序。然其所取以爲順序之標準者。於理論上絕無根據。故不旋踵而爲法王古斯他夫愛獨耳夫 (Gustave Adolphe) 所廢。以元首平等之說布告各國。蓋其主義始於愛斯脫弗利亞之平和會議。而爲克利斯欽女王 (Christine) 所維持。第當十八世紀之時。列國所採用之舊習。尙未能如是進步耳。茲特將當時之順序分

錄於左。

第一　羅馬法王。（奉舊教之國家。固當尊視羅馬。至奉新教之國。對羅馬舊教國亦當表示敬意。故定羅馬法王爲上席。）

第二　帝王。

帝王以下。凡無王家名譽之國家。常降於享受王家名譽之國家。半主權國。降於主權國。相沿爲例。共和國則位於有王家名譽之王國之下。

打破舊思想而認國家平等之原則。則自千八百十五年維也納之公會始。當公會之際。猶有委員某。欲維持古來舊習以席次提議者。謂國家亦當如使臣例。區分三等。然以背於國家平等權之觀念。爲公會所拒。斯時也公會雖未嘗將國家順序明白議決。而於三月十九日所決議之第七條中。「決用交互主義。凡各國使臣。於條約簽字之際。署名順序。一由抽籤而定」。則執是以例。國家之位次。亦可由抽籤決定矣。蓋以國家平等。故孰占於先。孰居其後。此中爭執。有斷不能免者。特用抽籤之法。以弭爭端。在維也納公會中。既經決議。自應遵行。然於此後之公會及會合席次。每每以愛皮西（A,B,C）之順序而定。誠以國家之順

三三

序。與代表國家者之使臣席次。有密接之關係也。後章使臣席次條中當詳言之。至維也納公會中所決議之交互順序。不過爲一般之原則。於不能徑用交互順序之時。則不得不目之爲例外。何以言之。不能徑用交互順序。必不能采用抽籤之法。則其所謂次序者。不當在國家平等權之公例以外。故不可不以條約特定之。如德意智聯邦。以國家席次。載入聯邦條欵之類。至其條約之効力。如不僅欲取於相約之與國中。且兼欲於相約國之相約國間亦占以上位焉。則又非得該國之協意不可。要之時至今日。不特無是例。亦無訂是約之理矣。

條約之影響。而能及於國家之席次者。則莫如被保護國與從國。何則。從國有服從主國之義。故苟與他國結有從國條約。則即無特定之席次明文。亦不得不居於主國之下。其在列國會議也。數國代表相聚一堂。而從國之代表。自不得不列於最後。蓋以從國既無獨立體制。而常處於主國之下。則與主國對等之獨立國。自應占乎從國之上。是亦理之當然者耳。被保護國。又不能與從國一例論。何以言之。被保護國之對保護國也。不得不讓以上位。其於保護國以外之國家。固不必以上席相讓。故無論保護條約中。未必定有特別之席次。且讓保護國以上位之故。不外乎國際之禮式。而至於被保護國以外之國家。亦必讓我以先席焉。國際中寧有是理耶。

要之今日之國家。其得以有上席之權利者。皆自條約。為之耳。至於國家之原則。則固無位次優劣之別也。

定國家席次之理。既詳言之。然其席次果以何者為上耶。茲不得不為之一決焉。就今之慣例言。元首會同。兩君相見。以右為上。三君相遇。以中為上。右席次之。左席末焉。四人以上。類推。其會於圓案及椅圓案前之時。以面戶之席為首。會食之時。座中有女子者。以主婦之右席為首。主人之右席次之。以次遞降。座中惟男子者。以主人之右席為首。副主人右席次之。西式食案形狹而長客席設於兩側案之兩頭為主人與主婦或副主人與副主人之席會於行列之時。三人則以中為上席。三人以上。以第一列為上席。此通例也。然宗教上之儀式。則於行列中以末尾為上。文書上之儀式。署名之處。橫列時以向左者為上。縱書時以第一行為上。歐洲之例。大率如是。至日本之禮式。不備述焉。

第二章　對使臣之禮式

第一節　到任時之謁見

三五 謁見有公謁(Audience publique)私謁(Audience privée)之分。公謁者具一定之儀式。行極莊嚴。私謁則爲通常之謁見。無特別之儀式也。

使臣於到任之始。在任之時。任滿之際。俱許謁見。玆所謂謁見者。專就到任之謁見而言。至在任時之謁見。或由使臣之請求。或爲定期之拜謁。在前者名特別謁見(Audience extraordinaire)在後者名通常謁見(Audience ordinaire)要皆有公私之分。而其禮式則自國與謁見之時而異。亦不能概爲一例。

到任時之謁見。每由使臣之等級而異。蓋公謁惟第一級及第二級之使臣得以行之。至第三級之使臣。允其公謁與否。朝廷得以自由。無定例也。若第四級之使臣。則僅能行其私謁耳。

第一級使臣之謁見

大使至所駐劄國之首府之時。由書記官通牒於外務大臣。兼呈閱信任狀之謄本。以爲謁見之請求。時外務大臣。當即日招待大使。遲以翌日爲限。招待之日。外務大臣必禮服親訪。自大使館返。復入宮候旨。以定謁見之期。至謁見儀式。古時雖非常嚴肅。而至今亦漸趨簡畧矣。且照各國慣習。頗多岐異。不能殫述。要之至期由。駐劄國之朝廷派儀衛官數人。導大使前驅。大使則率僚屬。乘朝廷遣迓之馬車往。而以己之車從。迎使之車。古川六馬。今亦未必一定。第遣車迎迓。以表盛意。沿用六馬者。猶復不少也。大使至皇城。有特遣之禁兵候焉。導儀衛官引大使登大階。(Grand escalier on escalier d'honneur)入謁室。元首出御。皇族大臣及宮內官從。大使三揖。元首免冠答禮。禮畢。元首欲冠。示大使以冠。大使亦從而冠焉。使元首不冠。大使亦不得冠。惟謁見女皇時。大使只能行着冠之姿勢而已。至謁羅馬法王時。幷着冠之姿勢而不能行之。又元首有就席坐者。亦命大使就坐。大使乃演說焉。簡潔精當。務將大旨。先行知照外務大臣。使辭意明晰。易於答辯。第各使通例。祇以表揚兩國友誼之熱情。感謝自己職務之光榮爲詞。若大使之職務。遇有一定之目的者。則當明示其目的。使爲禮式之事又。當宣表本國元首之敬意也。既而大使呈信任狀於元首。元首受之。交總理大臣。由總理大臣交外務大臣。俟元首之答辭既盡而止。大使免三冠揖。而元首出。此謁見之大要也。然亦有大使不爲演說。而直呈其信任狀者。俟元首將信任狀交於大臣之後。畧表數語以述敬意。亦無不可。

第二級使臣之謁見

全權公使當至駐劄國之時亦由書記官持公文與信任狀之謄本等往投外務省爲謁見之請求第自常例而論祇以一紙公文咨照到任與投遞信任狀之謄本者本國不少惟欲交際之親密則親携公文以見外務大臣亦未始非計之得耳

全權公使雖得以行公謁禮然自兩國朝廷之意思或自特別之習慣故有祇行私謁禮者且即令公謁焉而宮中所遣迓之車僅二馬矣禁城衛兵但行敬禮而不復前驅矣儀衛官引公使入謁室元首率外務大臣出御公使呈信任狀後畧述友誼受元首答辭而退較之大使之公謁固簡畧甚矣

參照　其在英國使臣公車中有外務大臣同乘之例在法國當迎迓公使之時有小隊騎兵爲之前驅在鄧馬克則謁見之時有數國使臣君主必賜以握手之禮者

第三級使臣之謁見

第三級使臣每々以書翰充作到任公文至其於公謁之請求雖分所不能然自朝廷之便宜而言亦有許其爲公謁者一切儀式與第二級使臣相同惟禁衛兵不行敬禮耳

第四級使臣之謁見

代理公使。祇能行其私謁。故其入謁之馬車。例由自備。至所持之信任狀。則但呈於外務大臣而已。

第二節　外交上之訪問

所謂外交上之訪問者。(Visites diplomatiques)使臣於到任謁見之後。儀式上之訪問也。先謁皇后。次皇太子。有時並及其皇族焉。惟訪問於大統領之夫人。則其訪問也爲私。與個人之訪問無異。

外務大臣自奉信任狀之後。以元首之名回訪於使臣焉。雖事之常。第於二級以下之使臣。如代理公使之類。則僅以名刺答謁。惟共和國之大統領。時有以親身回訪使臣者。

下此則有特別之儀式訪問。(Visite d'étiquette)使臣與所駐國之與國使臣相訪問是也。其訪問之儀節。率由等級而殊。在大使則以其接篆任事之由。使館中之書記官。移咨於所駐國之與國大使。以待其訪問焉。各國大使。接咨來訪。新任大使乃從其來訪之順序答之。其對第二級以下之使臣。則但以名刺相告。彼公使亦投刺謁之。無親訪之禮也。

其在第二級及第三級之使臣。於到任之日。應親訪於所駐國之與國大使。而於同等以下之使臣。則投刺通名而已。使臣等亦投刺訪之。至代理公使。於接任之日。應親訪於與國大使。而以名刺訪以下之使臣焉。

是爲一般之通例。至所駐國之使臣團。或以廢止訪問決議。或以變更儀式決議。亦屬無礙。

第三節　終任之謁見

以平和之原因而召還者。使臣於臨行之際。例有告別之謁見。要皆屬於私謁。故其於呈遞辭任狀之外。不過演說其職務終了。明示以召還之理由。及陳謝駐劄時之厚待。與期望兩國之友誼。永久不渝。并冀待己之厚意。轉而款待後任耳。至以不能達其任務之目的故而因而召還者。則陳述其不幸之悲。或後任已來。偕後任同謁以行呈遞信任狀之式亦可。

使臣於奉交辭任狀之時。該駐劄國應遺答翰 (Lettre be recreance) 奉酬以表友誼。並贈以厚貺焉。然今之所謂普通贈與者。則勳章也。

使臣有偶離其任所者。無謁見之禮。惟將代理公使之姓名。通牒於外務大臣而已。又使臣於臨行之日。召還與否。曾未確定。而至離任以後。始知不復回任者。則其辭任狀。由後任之使臣或書記官代呈。或召還之使臣。遇有特別任務之時。則應將解任狀移咨於普通之駐剳使臣。惟其於元首及大臣等。應否將告別及辭謝之書簡奉告。則視該使臣之地位而定耳。

當使臣召還之時。有不知其召還之原因者。該駐剳國應否許其謁見。與該使臣應否謁見。雖當斟酌召還時之情事而定。而其通例。要無謁見之事也。

第四節　使臣之席次

使臣之席次。有特派駐剳之殊。今分釋如左。

第一　特派使臣之席次

當列國會議之時。使臣以特別之事故而派遣者。則其席次照維也納公會議決之第七條例。得以采用交互主義之國家之所遣使臣。即得以抽籤定之。第以壇坫之重。而取決於抽籤之中。似涉兒戲。各國不欲行焉。故今時通則。每將各國々名。依法文之拼音字母。(Alphabet)順次而列。申言之。當數國使臣會於一堂之時。即以其所代表國之國家席次。爲使臣席次。故國家席次。以國名之法文拼音字母爲先後。使臣席次亦以國名之法文拼音字母

四一

爲先後。如千八百十五年維也納公會。千八百五十六年巴里公會。千八百七十八年伯林公會及和蘭平和會議等。率用是例。玆特將平和會議之使臣席次。詳錄於下。

一 德意智 Allemagne.

二 澳大利匈牙利 Autriche-Hongrie.

三 比利時 Belgique.

四 支那 Chine.

五 鄧馬克 Danemark.

六 西班牙 Espegne.

七 亞美利加合衆國 Etats-Unis de l' Amerique.

八 墨西哥合衆國 Etats-Unis du Mexique.

九 法蘭西 France.

十 大不列顚 Grand-Bretagne.

十一 希臘 Greec.

十二　伊太利　Italie.

十三　日本　Japan.

十四　潞克賽白耳克　Luxembourg.

十五　孟透餒潞　Monténégro.

十六　荷蘭　Pay-Bas.

十七　波斯　Perse.

十八　葡萄牙　Portugal.

十九　羅馬尼亞　Roumanie.

二十　俄羅斯　Russie.

二十一　塞爾比亞　Serbie.

二十二　暹羅　Siam.

二十三　瑞典那威　Suéd ct Norvége.

二十四　瑞士　Suisse.

一七八

四二

二十五　土耳其　Turque.

二十六　倍耳儶　Bulgarie.

倍耳儶居末。而不依字母之順序者。為其為土耳其之從國故也。

按條約上之署名次序。既用交互主義。則於國中所保存之文書。自得將己國占居首席。而以己國之代表署名於第一位矣。

第二　駐剳使臣之次席

駐剳使臣之席次。雖由維也納公會議決之第四條所定。凡同一等級之使臣。以到任公報中所載之日時先後為次。然法王之代表者。常有占居席上之權。彼第四條中所稱之法王代表者。固承第一條之規定。指力盖與能司言。非謂按脫耳能司亦應認其有上席之權。而第以所駐之國。以交誼而許其上席者。亦或有之。試觀按脫耳能司之於比利時也。依然占居上席。非其例耶。要之彼之席次。於舊例未有一定。而在彼當有自占上席之事。當千八百四十九年。駐剳於荷蘭國辣海地方之按脫耳能司。欲援用維也納公會之議決。以主張其占居上席之權。時英國公使以未奉訓令。不敢遽許。請訓於本國焉。迨英外務大臣巴馬斯通移文致羅。果謂維也納公會中。議以能司占居上席者。以古來之習慣然也。按脫耳能司古未有特別之習慣。則於公會中未嘗議論及此。實即不與以上席之隱意耳。列國使臣采用是說。終不以占居上席。降而至於千八百七十八年駐剳祕露國按脫耳能司廳六孟塞尼(Mario Monceni)亦欲主張上席之權。時駐剳於利瑪 liam 之使臣團。與英外務大臣同一見解。亦不與以上席。而不意於伯理西爾國。近復起此問題。事載明治三十二年三月一日發行之法學協會雜誌第十七卷第三號中。茲節錄於下。

當今駐剳伯國之使臣團中。呈一最奇異之現象。現象維何。曰首席公使之問題也。先是羅馬法王之公使館中。祇留一代理公使。而因而讓古參之英國公使爲首。未幾。按脫耳能司就任。有推爲首席公使之說。然亦無足重輕之論耳。而乃法蘭西西班牙葡萄牙智利亞爾然丁等加特力教國之使臣。首承認之。英美及泊洛透斯迪等公使。亦不爲研究而遽認之。獨伊大利之公使不允。謂於加特力教國中。雖有讓羅馬法王之使臣。据於上座之事。而謂伯理西爾國之憲法第七十二條第三欵。明々有信教自由之語。則不得謂之加特力教國。(以實際言殆全部人民信奉加特力教)且在古昔。羅馬法王之威勢。固足震撼遐邇。而自伊大利

譯書彙編社發行書目

（已刊）

憂亞子增廣 **再版和文漢讀法** 全一冊 定價大洋三角

房縣戢翼翬 香山唐寶鍔 合著 再版增廣 **東語正規** 全一冊 定價大洋一元

憂亞子譯 政治小說 **累卵東洋** 全一冊 定價大洋二角

無錫楊蔭杭譯 **物競論** 全一冊 定價大洋四角

烏程章宗祥著 **日本遊學指南** 全一冊 定價大洋二角

本社同人譯 **波蘭衰亡戰史** 第一冊（全書二冊）定價大洋二角五分

無錫稽鏡譯 **國家學原理** 全一冊 定價大洋三角

吳縣楊廷棟 周祖培 合譯 **女子教育論** 全一冊 定價大洋四角

本社同人譯 **日本制度提要** 全一冊 定價大洋五角

本社同人編輯 **和文奇字解** 全一冊 定價大洋一元

無錫楊蔭杭

名學

全一冊 定價大洋四角

本社同人編輯

政學入門

全一冊 定價大洋二角五分

烏程章宗祥譯

國法學

全一冊 定價大洋七角五分

烏程章宗祥譯

各國國民公私權考

全一冊 定價大洋一角

歸安錢太守輯

財政四綱

原版每部定價一元五角 縮版每部定價一元

本社譯

最近支那論

全一冊 定價每冊大洋七角

巔涯生編輯

歐美日本政體通覽

全一冊 定價每部大洋五角

巔涯生譯

法律學論綱

全一冊 定價每部大洋一角

巔涯生編

外國國勢一覽

全一摺 定價每冊大洋一角五分

本社譯

歐美各國最近財政及組織

全一冊 定價每冊大洋四角

所謂二月革命（亦稱第三革命）以起。及布新憲法立共和政治。而其影響忽波及四方。其在德意志則由弗勒德力威亨四世之力於千八百四十八年五月設立國會制定憲法。法國亦因社會黨之反抗而改定憲法。置四年一任之大統領。以拿破侖一世之姪爲意拿破侖充之。瑞士於同年始着手於改革憲法。乘二月革命之頃。與普法俄之無暇干涉完成改革之業。而立爲民主政體。千八百五十二年。法國大統領意拿破侖依國民多數之投票。登法國之帝位。改稱拿破侖三世。千八百五十四年。英國及沙底尼亞同盟。援土耳其以抗俄帝尼科拉一世。而開彼著名之苦力迷亞戰爭。溯自千八百十五年至此凡四十年間之歐洲。其紛爭皆係政治上之改革舉動。而非爭城奪地之兵火戰爭也。苦力迷亞之戰。終歸俄敗。以千八百五十六年議和於巴黎。自此以後。伊太利半島由沙底尼亞王之主動。及名相加富爾之籌畫。以勇將加里巴的所率之義勇兵。抗禦奧軍。而開千八百六十年伊太利之統一戰爭。（千八百六十一年伊太利統一告成、沙底尼亞王登伊太利之王位）、是時北美合衆國之北部諸州。以地宜工業之故。唱導關稅之應削減。而南部諸州以地宜農業之故。主張奴隸之當保存。遂於千八百六十一年兩相不和而開南北戰爭。（又名奴隸戰爭）

五〇 是年普王威廉一世即位。擢俾士麥爲內閣議長。以羅恩爲陸軍大臣。以毛奇爲參謀長。改良軍制。擴充軍備。雖爲議會所反抗。然毫不爲之屈。既乃先挑釁於奧國而破之。遂結成北德意志同盟。更託故搆難於法國。爰於千八百七十年七月開普法戰爭之局。蓋自千八百十五年至千八百六十一年之間。歐洲之大勢可謂較得小康。其後則戰亂紛起也。

自千八百十五年至千八百六十一年凡四十五年間。因得小康之故。蒸滊力之應用加多。各種交通機關(輪船、鐵路、電線)及製造機關(紡績及製鐵器械)皆爲之發達。不但工商業大有進步。而於工商業有妨害之各種制度。亦因自由主義之伸暢而漸歸銷滅。德意志向因小邦分立之故。各設關稅。且各邦之內。又有內地關稅。普國深鑒其害。乃率先廢止內地關稅。既又自千八百十九年以降。漸次勸誘隣邦。共入聯合關稅之同盟。互相撤去接境之稅關。其他境界關稅之收入。則以其總額比例人口而均分之。迨千八百三十四年。德意志列邦。皆加入此同盟。於是普國得握德意志之覇權。并開國民統一及民業發達之基礎。英國自千八百十六年五穀不登之後。科布登勃來特之徒。於千八百二十九年。依自由貿易主義。建立一廢止穀物輸入稅條例之協會。遂於千八百四十九年。使俾爾內閣首相俾爾氏所統率之內

閣也全廢該條例（僅存者惟一科達課一先令之定額稅而已）穀價下落。乃促工業之發達。四七
又於千八百六十一年廢止航海條例。以助商業之發達。遂乘此餘勢以臨東亞。千八百五十二年徇緬甸。千八百五十八年轄印度。同年又據天津條約。英法俄英共得自由通航楊子江之權利。及新開通商口岸數處。千八百六十年復責該條約批准交換之遲延。與法國共攻北京。當時居間調停之俄國。亦因此得烏蘇里江一帶之地。法國又於千八百六十七年征服安南。千八百五十四年以來。美英俄法荷等國相繼通商於日本。於是通商貿易之範圍。乃愈推愈廣。以有今日。

要而言之。以上之行動。乃趁革命之餘亂而興起之自由主義及個人主義也。此等主義介於頑迷之君權壓制及過激之革命運動兩者之間。故能改革憲法選舉法及有害生計之制度。復與文明利器之發達交相需濟。以促國力之進步。於是國家之政財。乃以個人之生計。爲財源之基礎。蓋當國費膨脹而負擔加重之秋。自不得不重個人之權力而較量其生計力也。夫然故其後除有非常之事外。必以此爲標準。以整理租稅及公債。所謂理勢所至。不得不然也。

第三、公債制度之進步

公債之迄乎千八百十五年者。前既論之矣。迨千八百五十四年。苦力迷亞戰爭起。諸國之與於斯役者。共費九十九億（百萬曰兆百兆曰億）五千萬佛郎。千八百六十一年之美國南北戰爭。費百四十億佛郎。千八百六十六年之普奧戰爭。費十六億六千萬佛郎。凡此皆無非公債之增加也。然未幾又有鉅費之大戰爭起。一曰普法戰爭。二曰俄土戰爭。是也。以千八百七十年七月布告宣戰之普法戰爭。於同年九月師丹之役。法軍大敗。普軍乃長驅進圍巴黎。翌年一月法軍高揭降旗。割愛爾沙士羅倫二省。償五十億佛郎兵費。始得媾和於弗朗克福爾。德意志乘此大捷。聯邦之議乃成。千八百七十一年一月十九日。推普王威廉一世為德意志皇帝。開聯邦大會議。創定帝國憲法。而法國則於城下之盟。抱終天之怨。復立共和新政府。（所謂第三共和政）舉國一心。銳意恢復創痍。於三年期限之內償清賠款。使德國撤去其駐軍。又結好於俄。以謀報復。德國為防禦之計。亦結與伊而為三國同盟。其結果兩者勢均力敵。各不相下。故歐洲自千八百十五年以後。漸得保其小康焉。其間除千八百七十五年英國經營阿非利亞。千八百七十七年俄國侵略土耳其。得割地多處及償金三億羅卜每羅卜約值洋一元之外。歐洲皆屬平和無事。普法戰爭。計需費百十億佛郎。俄土戰爭。計需費五十六億二千五百萬佛郎。夫關乎各國戰費之數目。雖不能保其確實無訛。然此等之大戰小亂。使歐洲諸國之臨時費大為增加。以至不得不賴募集公債。則固可深信而無疑也。茲續列前表如左。乃據巴克斯達氏之所査核。觀此可見各國之公債。除英荷二國之外。皆有增加也。

國名＼年次	千八百二十年	千八百四十八年平和	千八百七十年	千八百八十七年
英國	佛郎 [illegible]	佛郎 [illegible]	佛郎 [illegible]	佛郎 [illegible]
荷蘭	[illegible]	[illegible]	[illegible]	[illegible]
法蘭西	[illegible]	[illegible]	[illegible]	[illegible]
奥大利	[illegible]	[illegible]	[illegible]	[illegible]
德國諸邦	[illegible]	[illegible]	[illegible]	[illegible]
西班牙	[illegible]	[illegible]	[illegible]	[illegible]
俄羅斯	[illegible]	[illegible]	[illegible]	千八百八十五年 [illegible]

葡萄牙	100,000,000	[illegible]000,000	1,[illegible]000,000	[illegible]000,000
伊大利	—	[illegible]000,000	[illegible]120,000,000	11,1[illegible]0,000,000
土耳其	—	—	[illegible]00,000,000	[illegible]01[illegible],000,000
合衆國	[illegible]0,000,000	1,1[illegible]000,000	1,[illegible]10,000,000	[illegible]000,000

觀右表。可知除千八百四十八年平和時代以外。各國之公債額概有增加。惟英荷美則否。英之所以不增者。以民間之苦苛稅也。荷美之所以不增者。以遠於中原之逐鹿場也。德意志之國體。向以官有地之收入為重要之財源。而亦不能免於公債之增加。但此等公債固由戰亂而增。亦由平和而減。所謂合意公債（合意公債謂合於民意之公債與強制公債正相反）是也。由此合意公債。可以反證各國之不良貨幣、不換紙幣、及強制公債之減少。幷可見國家之公債。必以民力為標準而後有實益。否則雖巧弄強制手段。以侵奪個人之權利。終無永久効果之可期也。各國政府既行合意公債。債額既增。其利息自必善為籌畫。如約而償。方不失為合意公債。故各國政府於整理公債頗兢兢焉。

整理公債之遲速。視各國公債發達之遲速而異焉。英國遇公債之增加為最先。故整理之念亦發之最久。其整理公債之法甚多。試歷舉之下如。(一)千七百十五年。定總合基金之制度。以漸償還公債。(二)千七百十六年。瓦爾朋氏準前法設減債基金法。(貯蓄基金法)而實行之。(三)千七百五十六年。俾咢氏設統一公債法。(四)千七百八十六年皮特氏設新式減債基金法(五)千八百四十一年。設借換整理法。(六)千八百五十三年。格蘭斯頓氏設二分半利之借換法。(七)千八百七十五年。諾斯科氏設自由償還法。(每年以豫算償還之法)(八)千八百九十年。谷希安氏設整理公債法。以上各法。皆期於整理公債及減却公債費而設者。此英國之公債額所以較往時大爲減少也。法國初時雖亦倣法英國。於千八百十六年以後。設減債基金。且屢行公債之借換。然其國勢與英國異。戰亂頻仍。法度屢見興廢。迫受普法戰爭之大創。遂於千八百七十一年。停止拿破侖三世之減債法。德意志從未貯蓄減債基金。惟以借換公債所收入之大部。移作減債資金。即以之償還公債。奧國於千八百十七年設總合減債基金。迄乎千八百四十八年。皆據此制度。以逐次蓄積之基金。隨時償還公債。其後則改採自由償還法。及千八百五十九年。乃全廢止基金制度。夫關乎減債基金之可否。雖不免學理上之議論。要之十九世紀之中。公認償還公債之主義。而計畫減債及整理之方法。較之舊時之强制無償公債。不可謂非公債制度上之一大進步矣。

第四、租稅制度之進步

自戰亂多端。而各國公債乃增加。公債增加。斯國費膨脹矣。國費膨脹。斯官地不得不售却矣。官地售却。斯於特權收入之外。感及租稅收入之重要矣。其始不過爲臨時租稅。既則改爲經常租稅。自有經常租稅。而國家財政及國民生計之間。始覺有密接之關係。於是合於個人之權利財力而無偏無闇之課稅制度。乃見發達。此各國所以隨其國費膨脹公債增加。而漸見租稅制度之進步也歟。

英國名相皮特氏因公債已達極度。而國內消費稅又無加征之望。且時當英法戰爭。不可不求新財源。乃於千七百九十八年斷行所得稅（所得稅者按人民每年所得入款之多少而課其若干之稅也）即代從來之雜種稅及特別所得稅（工價及俸給稅）而課全國財產及勞力所收入之稅也。此可謂租稅制度改良之第一着。惟其始不過以此爲戰時稅。視爲一時之補助財源而已。故千八百二年亞泯條約成立之後。遂一旦廢止此稅。及千八百三年戰爭再發。乃又不得不復興之。於是千八百六年以最高什一之稅率行之。及千八百十五年其供給於當時之財政者。一時而達千六百萬磅之鉅額云。是年適當拿破侖戰爭之終局。乃又廢止此稅。自此以至千八百四十二年。英國之歲入。專恃間接稅及關稅。然政府之關稅政策。既於千八百二十二年以後。爲哈斯克孫派之自由貿易論所攻擊。復由千八百四十年工業上之騷動。穀物關稅深爲勞力者所疾視。加以當時之財政。每年欠缺二百五十萬或三百萬磅。於是懷革黨（即民權黨）乃大失勢。千八百四十二年羅巴俾爾入相。復與所得稅。且準據學理以低減稅率。及千八百四十九年。乃廢止穀物關稅。以低廉日用物價。而便工商業之振興。復於同時增加新所得稅之收入。以恢復豫算之均衡焉。考英國政府整理租稅之方針。不獨止於直接稅。自千八百四十五年至千八百六十一年之間。既刪除航海條例。復廢止保護關稅及多種之國內消費稅（如紙稅肥皂稅鹽稅糖稅等）因此之故。雖覺一時之歲計有所不足。然既所得稅有所增加。復承平和進步之後。英國之民富日見旺盛。其所餘存之消費稅。亦隨之而大有增收。故英國歲計之結果。不特無不足之憂。且綽綽然有餘裕。據法國波留氏之所查核。自千八百四十九年至千八百七十六年之間。廢止之租稅。雖達七億一千萬佛郎之巨額。然千八百七十五年之租稅收入。較之千八百五十年者。凡增四億四千萬佛郎云。考英國之關稅及國內消費稅與行爲稅及印紙稅。共占現今英國租稅收入三分之二。租稅分配之法。雖覺欠宜。然消費稅收入中十分之九。係由火酒麥酒煙草及葡萄酒等稅而生者。且所得稅之免除範圍甚廣。可以籍救苛稅之弊。查英國於千八百七十六年所整理之所得稅法。百五十磅未滿之所得。一概免稅。四百磅以下之所得。則控除百二十磅而課之。是以英國之所得稅及他稅。俱係應時制宜。屈伸自在。徵特適於塡補他項租稅收入之不足已也。即需向外國募集公債之際。而代以所得稅之補給。亦爲莫大之財源也。試觀自千八百五十三年至五十六年之戰費。加征所得稅至三倍之多。計所得大者增百分之六又二。所得中者增百分之五。因此所得二千一百萬磅之收入。適足以供戰費。此其明效大驗也。此外尙有一二小稅。即舊地租之遺物及改良之家屋稅也。此等租稅之負擔分配。雖頗欠公平。然因相續稅（千八百九十四年改正者）之發達。課有產者以高額之負擔。亦不失爲矯正之術也。

法國由第一次之革命。即已破壞舊政府之惡稅制。而關乎間接稅。則自國內關稅以迄專賣業。皆全行廢止。惟於直接稅則改正而保存之。若夫行爲稅之改造計畫。及此計畫之因拿破侖一世而得法律上之基礎。以告厥成功之故。已如前所論。當時實行之事。詢可謂爲今日法國課稅之基礎。何以言之。蓋今日收入稅之種類。莫非由千七百九十年之地租、(至千八百七年乃行稽查土地改正契籍之法)千七百九十一年之各人動產稅千七百九十一年至千七百九十五年之免許稅、(營業稅)及千七百九十八年之窗戶稅等而集成者也。法國於租稅之系統。雖示若斯之最先進步。然其收入稅之性質。則非但不無缺點。即對於近時所謂動產的資本。(如公債股票之類)而視爲最要之分子者。亦乏直接之課稅。千八百七十二年雖有資本利益稅之設。然此決非課稅於一切種類之資本利益者。徵之事實。可以斷言也。及第三次共和政之時。爲塡補歲計之不足。曾謀設一般所得稅。以補收入稅之缺點。惜未能見諸實行。誠憾事也。惟家屋稅則雖前與地租同一混雜之形。而今則界限劃然。從根整理焉。

法國於以上收入稅種類之外。尙有一種之特別稅類焉。(所謂類似稅)其始以鑛業稅及遺產稅等集成之。迨千八百七十年及七十一年之戰後。因國庫收入之不足。而大擴充之。新增車稅、馬稅、打彈稅、俱樂部稅、自轉車稅、及兵役稅等。同時又於行爲稅印紙稅登錄稅及國內消費稅二部類之內。增設附加稅。以籌巨額之收入。至於關稅。亦因戰後財政之支絀。及國內消費稅收入之不足。乃用過度之保護主義。而增高其稅率。要之爲普法戰爭之故。法國之租稅。於種類及稅率皆有增加。以致欠於整理。及戰後改訂通商條約。得開新販路於富裕之國。民力民業乃爲之振起。始堪負此重壓之課稅。是亦不幸中之幸矣。

德意志列邦間之情形。各有差異者。亦如其政治歷史之發達。各有遲速也。惟有一事。互相共通。而特異於歐洲諸國者。是惟何。曰。德意志列邦皆有多額之官有地及官業之收入。又其財政上之需要。尚不爲甚。故租稅制度亦未大見發達是也。關稅則久因政治上之狀況。而發達無由。僅見爲關稅同盟而已。此關稅同盟亦不過一種之通過稅。惟關乎間接稅則自德意志新帝國建設以來。因政治及生計上之必需。而計其整理及增收之方法。迨人口增加及民富增進之際。此項收入乃愈加多。反乎此者。如行爲稅相續稅及其他直接稅等。雖在今日。其所收入之數。較之西歐諸國者。尚見爲甚少。即當戰費頻加及改革費用急增之際。亦復如是。夫德意志之租稅制度。所以較之他國而不見爲發達者。據瓦格奈氏之說。謂當新帝國統一之大改革。起於內者有政治上之變動。起於外者有國際上之戰爭。雖當此際。而未至募巨額之公債。故可無須如他國之伸張課稅。是其原因也云云。

德意志列邦雖有此共通之點。然不啻差異之多焉。差異之尤甚者爲直接稅。吾人今姑置之勿論。惟就於財政史而誌以一言曰。南部諸邦於十九世紀中模倣法國之收入稅。以改造較爲完備之直稅制度。普魯士、利克遜、及他列邦則廢各種之直接稅制度。改爲一般人身所得稅之合理制度。幷擬以既存之收入稅補其不足。而普魯士則自別定國稅之後。地租及家屋稅概行廢止云。

奧國當十九世紀之初。正戰爭經過之後。乃漸次整理接直稅。改定高率之收入稅制度。其始惟課稅於土地家屋及產業以集成之。而其後迄乎千八百二十九年。則加以人身所得稅。迨千八百四十九年。又加以產業稅之附加稅、資本利益稅及工價俸給稅等多種之特別所得稅。然其後於千八百八十一年。改正地租法及土地契簿。又於千八百九十六年。依法律以整理多種特別所得稅。於是一般所得稅乃至施行焉。

第五、歲計之均衡

各國之歲計。隨公債及租稅之整理進步。漸將恢復於均衡。雖往往爲偶發之事變。而形歲計之不足。然各國注意於財政。日漸周密。力避强制之公債。而採用租稅之方針。故各國之歲計。概謂爲趨於均衡之方向可也。

英國自千八百六十年。始恢復歲計之均衡。其後爲亞比希尼亞事件。於千八百六十八年及千八百六十九年雖生四百餘萬磅之歲計不足。然速即恢復。此後概保均衡（但千八百七十七年、七十八年、七十九年及八十年生少許不足）而自千八百九十年（是年之歲入爲八九、三〇四、三一六磅歲出爲八六、〇八三、三一四磅）以來每年皆係歲入超過歲出焉。

法國爲歐洲事變之中心。故其歲計常形不足。可以想像得之也。果也此想像非虛。自千八百三十年迄五十年。凡生五百七十萬磅之不足。自千八百五十二年迄六十九年。凡生四百七十五萬磅之不足。如是自千八百三十年至六十九年之間。蓋無年不生欠損者。迨千八百六十九年。歲入十七億九千八百十九萬三千五百六十六佛郎。歲出十七億四千二十一萬三千九百佛郎。歲計漸將恢復於均衡矣。乃忽有普法戰爭之起。千八百七十年之戰費。需十一億七千三百一萬六千佛郎。翌年又需戰費七億二十二萬二千佛郎。歲計因之大告不足。幸有關稅、印稅、糖稅、葡萄酒稅、鹽稅、及鐵道運輸稅等本稅及附加稅之增收。五九千八百七十六年之歲計。得以恢復於均衡。已如前所述矣。迨第三共和政之際。因非常公債之增加及財務之紊亂。此歲計之均衡又爲之破壞。其後因海關稅之增收。始得重復於均衡。但千八百九十六年。仍告少許之不足焉。

德意志於歲計之上。誠爲佳運之國也。初則併諸侯之領地。後則得割地償金。而官有財產之收入益加多。以是無須募巨額之公債。加之爲千八百七十年之普法戰爭所獲之保闕甚重。其後五年之間。歲入常超於歲出。其超過之最高額。於千八百七十二年爲八百三十萬馬克云。其後僅除千八百七十五年七十六年及七十七年之外。歲計常保均衡焉。

奧國之歲計。自千七百八十九年法蘭革命以來。常告不足。觀於其紙幣及財政。可以知焉。迨千八百七十三年。歲計始復均衡。千八百七十四年之歲出。爲三千八百七十三萬弗羅林。歲入爲三千八百九十八萬弗羅林。其後自千八百七十五年迄八十年之五年間。雖平均生二百萬弗羅林之不足。而自千八百八十一年以來。即重復均衡。迨千八百九十二年始脫紙幣財政。而改用金貨本位。其翌年遂有二千四百萬佛郎之歲入超過額云。

伊大利之歲計。自千八百六十二年至千八百六十九年之間。歲入自千八百萬磅進至三千五百萬磅。歲出自三千六百萬磅進至四千六百萬磅。故每年皆不免巨額之不足。但於千八百六十七年。由寺院財產徵收二千四百萬磅。於千六百八十六年。興烟草專賣之業。歸法國人承辦。而借入七百二十萬磅。又於千八百六十年。售却官辦鐵路。得八百萬磅。因得此等入款。故自千八百七十三年以來。歲計方漸復均衡。及千八百七十八年。歲入乃稍超過。但爲異例之支出及收稅方法不良之故。歲計之均衡頗不足恃。故至千八百九十六年。尚往往告不足也。

俄國之歲計。自千八百五十二年迄千八百七十年。每歲不足之額甚巨。査千八百五十二年之歲入。爲二四八、二二八、六一二羅卜。（一羅卜約值一元）而歲出爲二八〇、二五九、〇四四羅卜。計歲入不足三二、〇三〇、四三二羅卜。又於千八百五十三年不足五千一百萬羅卜。五十四年不足一億二千三百萬羅卜。五十五年不足二億六千一百萬羅卜。五十六年不足二億六千五百萬羅卜。此爲歲計不足之最高額。此後雖減少若干。然終不得均衡。迨千八百七十年。歲入四八〇、五五八、八三二一羅卜。歲出四八一、七六三、九四八羅卜。凡不足百萬羅卜。其後之千八百七十一年、七十二年、七十三年、七十五年、七十八年、七十九年、及八十年等年。歲計雖暫得均衡。然自千八百八十一年以後。再告歲計不足(歲入六八七、一五八九五六羅卜歲出七三二四一三、一五〇羅卜)迄乎千八百八十八年。皆每歲不足若干云。

此等不足之額。首以銀行之借款及國庫銀行等鈔票補塡之。查千八百六十二年此三種借款之總額。達十三億七千五百三十八萬羅卜。其後自千八百六十二年至七十年所生不足之額。則募五千八百四十一萬五千羅卜之公債以充之。於是千八百七十一年一月一日俄國財政上之負債。合計凡十九億三千三百卅二萬五千羅卜之內外公債。及七億五千萬羅卜之紙幣即國庫鈔票。此種鈔票。原係爲整理舊紙幣。而於千八百四十一年由政府發行者。復由千八百五十九年九月一日之勅令。定爲銀行之兌換證劵。後因千八百五十三年之戰役。徒然增加。而正貨準備却爲之减少。不足流通紙幣十分之一。至千八百五十六年。不得已而停止兌換。於是國庫鈔票乃採用强制紙幣之式。加以千八百七十七年爲俄土戰爭之費。藉臨時發行之名義。大爲濫發。至千八百七十九年一月一日。乃達十一億八千八百萬羅卜之巨額。其紙幣羅卜之價格。幾落至六十科白。於是爲騰貴紙幣之計。募三分利之金貨外債一億羅卜。藉以吸取正貨。又募四分利之外債三千萬羅卜。以供帝國銀行保證兌換之用。以是至千八百八十五年。方得減縮紙幣至十億四千六百三十一萬羅卜。又於千八百八十七年以後。採用以蓄積正貨爲目的之貿易政策。因此得於千八百九十二年。爲帝國銀行及國庫增加金貨貯藏額凡三億九百萬羅卜。迨千八百九十五年。於金貨及紙幣之間。設一定之制限。紙幣惟可通用於國庫及鐵路運費之收納。千八百九十六年。金貨之流通及貯藏之額。總計十二億六百萬羅卜。紙幣發行之額。亦多至八千五百萬羅卜。遂於千八百九十七年。確定金貨十羅卜紙値幣十五羅卜。用以維持其價格兌換制度。遂以恢復焉。又爲保此恢復之計。力避歲計之不足。冀以挽回其趨勢。及其結局。果於千八百八十八年以降。漸得恢復歲計之均衡。是年剩餘三千六百餘萬羅卜。翌年又餘四千五百萬羅卜。千八百九十年之歲出。爲九一四、七八九、七七五羅卜。而歲入爲九三三、三七九、一四四羅卜。計得千八百餘萬羅卜之餘款。其後除千八百九十一年歲計不足三千四百萬羅卜之外。每年皆有餘裕。如千八百九十四年。則餘九千九百八十餘萬羅卜。千八百九十五年則餘一億千四百九十萬羅卜。要之歐洲諸國因公債之整理及租稅之進步。皆有恢復歲計於均衡之傾向、今比較千八百五十年之歲計及千八百九十六年之歲計如左表以證之。

國名	千八百五十年 歲出	歲入	歲入過不足	千八百九十六年（實計） 歲出	歲入	歲入過不足
英國	[illegible] 磅	[illegible]	(十)[illegible]	[illegible]	[illegible]	(十)[illegible]
法國	[illegible] 佛朗	[illegible]	(一)[illegible]	[illegible]	[illegible]	(一)[illegible]
德國	[illegible] 馬克	[illegible]	(一)[illegible]	[illegible]	[illegible]	(十)[illegible]
俄國	千八百五十年 [illegible] 羅卜	[illegible]	(一)[illegible]	[illegible]	[illegible]	(十)[illegible]
奧國	[illegible] 弗羅林	[illegible]	(一)[illegible]	[illegible]	[illegible]	(十)[illegible]
伊太利	[illegible] 利拉	[illegible]	(一)[illegible]	[illegible]	[illegible]	(十)[illegible]
西班牙	[illegible] 佛朗	[illegible]	(一)[illegible]	[illegible]	[illegible]	(十)[illegible]
荷蘭	[illegible] 弗羅林	[illegible]	(一)[illegible]	[illegible]	[illegible]	(一)[illegible]
美國	[illegible] 弗	[illegible]	(十)[illegible]	[illegible]	[illegible]	(一)[illegible]

右表所載之數目。因計算之標準各不相同。雖不足信爲實據。然觀其大體。亦可以推知近

時名國之歲計。漸得均衡之情狀也。

此等歲入中。如德意志諸邦。雖尙有甚大之官地及官業收入。而其他諸國。則官地已盡售却。而代以官辦之鐵路及他交通機關。由是而得若干之收入。然大概皆不重此。惟以租稅收入爲主要之財源。試舉其例。千八百九十六年法國之豫算。於三、三四一、一七四、〇〇〇佛郎之歲入中。有三、二三八、一〇五、〇〇〇佛郎。爲租稅及經理費之收入。英國於一一六、三七三、〇〇〇磅中。有一一三、〇四三、〇〇〇磅。伊大利於一、七二七、九七九、〇〇〇利拉中。有一、五六七、三一六、〇〇〇利拉。俄國於一、三六一、五四七、〇〇〇羅卜中有八七一、三四六、〇〇〇羅卜。德意志帝國於一、五六三、五八二、〇〇〇馬克中。有一、四三六、五八二、〇〇〇馬克。皆爲租稅及經理費之收入也。故雖在以官地官業爲財政之德意志諸邦。而於千八百九十八年。普魯士之歲入中。百分之四十三。巴埃侖之百分之七十。威登伯之百分之五十二。及剎克遜之百分之四十。莫非仰給於租稅之收入也。而欲知此租稅收入之中。直接稅與間接稅孰爲尤重。則觀於千八百九十六年之豫算。間接稅之尤爲重要。瞭然可見。玆故列表如左以示之。

國名	總歲入	租稅收入	直接稅收入	間接稅收入	內 國內消費稅	關稅	行爲稅及經理費
法國	[illegible] 佛朗	[illegible]	[illegible]	[illegible]	[illegible]	[illegible]	[illegible]
英國	[illegible] 磅	[illegible]	[illegible]	[illegible]	[illegible]	[illegible]	[illegible]
伊大利	[illegible] 利拉	[illegible]	[illegible]	[illegible]	[illegible]	[illegible]	[illegible]
俄國	[illegible] 留卜	[illegible]	[illegible]	[illegible]	[illegible]	[illegible]	[illegible]
德國	[illegible] 馬克	[illegible]	—	[illegible]	[illegible]	[illegible]	[illegible]
普魯士	[illegible] 馬克	[illegible]	[illegible]	[illegible]	—	—	[illegible]
奧國	[illegible] 弗羅林	[illegible]	[illegible]	[illegible]	[illegible]	[illegible]	[illegible]

據右表所載數目。可證各國之租稅收入中以間接稅爲最重要。而間接稅中又以國內消費稅及關稅爲尤多也。

第六、國家政策主義之勃興

趁法國革命之餘亂而飛躍之自由及個人主義。迄乎千八百七十一年。與君權擴張主義相拮抗。雖已戰勝一時。及千八百七十一年普法戰爭之終局。德意志建立新帝國。此等主

義乃有退却之勢焉

德意志既建立新帝國。復爲防備法國之計。與奥伊結三國同盟。其同盟之條項中。有自今各國內倘有革命之變動。當極力以殄滅之。而謀國權之擴張云云。邇來三國之政略。俱於此統一名義之下。擴張其國權。有自來矣。是豈非自由個人主義之反動。而國家主義所由勃興之一大動機哉。

交通及製造機關之發達。乃爲個人經濟主義所慫慂。而促商工業之進步者也。自生產物及輸入品超過於國內工業上之恐慌。爲之攪起之際。德意志以法國之償金。於千八百七十三年斷行金貨本位。其結果使金貨騰貴。物價低落。於是不得不擴張販路於國外。以銷售超過之貨物。而於國外之輸入。則制限其數。蓋爲維持國內之工商業。自利保護貿易政策之復興也。是豈非自由個人主義之反動。而國家干涉主義所由勃興之故哉

自器械力之應用。而勞力之需要爲之減。自分業之發達。而老幼之傭役爲之增。夫如是。故壯者之工價不得不低落。況加以消費稅之增收。而此又爲各國之重要財源。無可趨避。下民人民之負擔。乃不得不感及一層之重壓。於是社會主義勃興。以主張所謂保護工人政

策是豈非自由、個人主義之反動。而國家社會政策所由勃興之故哉。國權擴張之下。凡教育衞生及其他之文化行政。皆網羅焉。貿易政策之下。凡獎勵航海輸出及關稅政策。皆容納焉。社會政策之下。凡保護工人減免租稅等事。皆包括焉。三者幷舉。國費斯增。歲計若告不足。則必另闢財源。於是國家營業專賣之法乃出。是豈非自由、個人主義之反動。而國業主義所由勃興之故哉。

國家主義及社會主義。自法國革命之時。即或以學說。或以舉動。發達之於政治經濟之上。而於財政學上主張之者。則自十九世紀中葉以後。始見於德意志及意大利。其在德意志。則有希夫勒(一八六一年所著德意志雜法)希模拉(一八六一年所著租稅原理及所得之關係)瓦格奈爾(一八八三至一八八九年所著財政學)斯泰因(一八八四至一八八六年所著財政學)羅希爾(一八八六年所著經濟學中之財政統系論)服克(一八八七年)科恩(一八八九年所著財政學)愛伯希(一八九五年所著財政學)等氏。其在伊大利。則有科沙及剎霜諸諸氏。皆此學派之最著者也。據彼等之學說。國家者決非如盧梭一派所誤解爲天然無機體也。苟無國家。則社會必亂。國家者人生幸福之基礎。而社會共同生活中之最高極强一有機體也。國家所行之職務。乃與社會生計以無形之價値。而使之享受有形價値。故其範圍決非可以制限者。當人口之增加、生產生活之進步、及人類相互之關係。逐漸擴充。則於教育衛生土木及產業等國家之職務亦愈不得不擴充。不獨此也。個人生計之生產法。私有財產之制度。及此制度之下所行國民生產之分配。皆有重大之關係及於生計及社會之上。因此階級及勢力之懸隔。有日益加甚之傾向。國家爲矯正之之計。乃應用社會政策於財政之上。即爲下級人民均其利益。國家自營特種專利之業。以爲國家之特權收入也。所謂租稅者。不獨爲支持國費之手段。凡財產之因自由競爭而得者。亦當以此平均其分配。故有產重稅及累進高進稅之方法。不可不設立云云。乃彼等所主張之說也。際此時世。而猶固執個人主義及自由主義者。於英有彌爾氏。於法有波留氏。於比利時有拉布勒氏。皆其最著者也。此外尙有英法比、美多數之學者。與國家主義社會主義互相對立。而成最近財政學上之二大統系。而國家主義社會主義者之中。又有斯泰因及瓦格奈爾二派。各異其論系。至國家的社會主義。雖不過瓦格奈爾一派所唱導之。而自德相俾斯麥採用瓦格奈爾之建議。以國家社會主義鎭壓社會黨以來。乃大得勢力於中部歐洲焉。於是最近歐洲諸國之財政。乃基於國家職務之擴充、保護關稅、及社會政策。而致收入之增加焉。

爲擴充國家之職務。土木衛生及教育上之國務乃日以繁。而此等經費自隨之而增。今試舉其例。法國自千八百六十九年至千八百七十八年之間。軍事費之增加僅百分之四十四。而土木費凡增一倍又百分之三有奇。教育費凡增一倍又十分之一有奇。繼自千八百七十八年至千八百九十年之間。陸軍費僅增千分之三十三。而教育費凡增一倍又百分之四十八。英國於千八百三十四年。始爲教育僅得二千磅之費。而今日之豫算上。則達千百二十萬磅之巨額。普國於千八百六十七年。不過有三百三十七萬泰累之教育及宗教費。今則在三千萬泰累以上。即此證之可以見矣。

國家干涉之第二事。是爲保護關稅之增加。其始英國於千八百五十三年。格蘭斯頓入爲戶部大臣之時。改良稅制。并大更關稅。原料品概歸無稅。製造品之未竟功者。亦務免其稅。既成之使用品。則減收其稅。其稅率皆不得超過什一。惟絹布類則稅百分之十五耳。又廢從價稅而爲定率稅。復廢止從來之五分附加稅。祛免外國品及屬地品之區別。苟其物品相同。則不問其產地之如何。皆課以同率之稅。又廢古來因襲之差別關稅法（視輸入品之產地而殊其稅率之法）而大減食品之稅率。由是輸入之稅目。凡減少百二十三種。以實行所謂自由貿易主義。而商業於以大盛。法國因思倣法之。故於千八百六十年。與英國締結條約。謂法國所輸入於英國之重要商品。如葡萄酒及火酒。英國苟減收其關稅。則英國所輸入於法國之商品。法國概減收其百分之十五以下之關稅。且廢止一切輸入之禁令云云。自是各國亦互相倣行。除俄羅斯及西班牙之外。皆務低減關稅。以出於自由貿易之途。不意千八百七十三年。德意志爲救工業之恐慌。謀再興保護之制度。及千八百七十九年。遂增保護關稅。各國亦先後尤之。伊奥兩國於千八百七十八年。法國於千八百八十一年。比利時及巴西於千八百八十七年。皆增加其關稅之率。各國互相課重稅於外國品。以保護本國之營業者。所謂關稅戰爭。於是乎起。試舉其例如左。

㈠千八百八十一年美法之關稅戰爭。　美國自南北戰爭以來。盛行保護貿易主義。對法國之重要輸出品即葡萄酒及絹布類。增課關稅。法國乃對美國之重要輸出品即肉類。增課關稅。以爲抵禦。其後德意志亦然。

一〇

(二)千八百八十一年法伊之關稅戰爭。法國禁止伊國之重要輸出品即花木菓物野菜類之輸入。伊國乃增加葡萄酒及絹布類之關稅。以報復之。

(三)千八百八十五年德比之關稅戰爭。德意志對比利時之重要輸出品即麻布。增加關稅。比利時乃於家畜及肉類之輸入。增課關稅。與德之間。亦有麥類之關稅戰爭。

(四)千八百九十一年至九十四年俄德之關稅戰爭。千八百九十一年俄國課德國之炭及生鐵以重稅。其翌年德國乃於俄國之穀物。課重稅以報之。

其他如千八百七十六年。德、法、荷、比、奧、俄、六國之間。以決死之競爭。保護獎勵砂糖之輸出。此種政略。乃與關稅戰爭。共演保護貿易主義之一狂劇也。

德意志之租稅制度。乃以千八百七十三年五月二十五日之法律。設爲等級之所得稅。復以千八百九十一年六月二十四日之法律。區別所得爲財產所得及勞力所得二種。而採用累進之一般所得稅。伊大利之租稅制度。則脫去英國模型之財政及所得稅。而以千八百九十四年七月二十二日之法律。採用德國模型之所得稅。蓋亦入於社會主義之感化矣。

七一

七六

自官地收入之衰頹。鐵路、郵便、運河、銀行等官業。以及製鹽、烟草、火柴等專賣業。除英美二國外。各國皆擴張之。此其始雖不過爲國庫收入之計。而近時極力以擴張之者。固可推見國家主義及社會主義之勢力滔滔。而方興未艾也。

由是以觀。最近歐洲各國之財政。凡歷史上所發達之各種制度。無不舉一切而網羅之。無論其於經費或收入。其範圍及分量皆大有增加。以成今日之現狀。如後列各表。

歐洲財政史終

各國最近歲出類別表　千八百九十八年度（光緒二十四年度）

各國最近歲入類別表　千八百九十八年度（光緒二十四年度）

其他	—	—	—	[illegible]	[illegible]	[illegible]	—	—	—	[illegible]
計	[illegible]	—	—	[illegible]	[illegible]	[illegible]	[illegible]	[illegible]	—	[illegible]
（五）關稅收入	[illegible]	—	[illegible]	[illegible]	[illegible]	[illegible]	[illegible]	[illegible]	[illegible]	[illegible]
（六）共同稅分配	—	[illegible]	—	—	—	—	—	—	—	—
（七）分擔金收入	[illegible]	—	[illegible]	—	—	—	—	—	—	—
丙行政雜收入	[illegible]	[illegible]	[illegible]	[illegible]	[illegible]	[illegible]	[illegible]	[illegible]	[illegible]	[illegible]
丁臨時收入	[illegible]	—	—	—	[illegible]	—	[illegible]	[illegible]	—	[illegible]
總計	[illegible]	[illegible]	[illegible]	[illegible]	[illegible]	[illegible]	[illegible]	[illegible]	[illegible]	[illegible]
千八百九十九年度總計	[illegible]	[illegible]	[illegible]	[illegible]	[illegible]	[illegible]	[illegible]	[illegible]	[illegible]	[illegible]
千九百年度總計	[illegible]	[illegible]	[illegible]	[illegible]	[illegible]	[illegible]	[illegible]	[illegible]	[illegible]	[illegible]
千九百一年度總計	[illegible]	未	[illegible]	[illegible]	[illegible]	未	未	[illegible]	[illegible]	[illegible]

（據孔拉爾氏之國家學字典、克爾特氏之政策年鑑及日本之統計年鑑）

將以上之計數。折算於我邦（指日本）貨幣。雖便讀者之概覽。但視爲財政上之事實。以將來各國所發之現象相較。則又便於用各國之本國貨幣。故不更爲折算。惟讀者須記英貨之磅值我十圓。美貨之弗值我二圓。俄貨之羅卜值我一圓。奧貨之弗羅林值我八十錢。（日本一圓凡百錢）德貨之馬克值我半圓。法貨之佛朗及伊貨之利拉值我四十錢。（按日本之圓與我圓價值相仿）

各國經費大別比較表 千八百九十八年（光緒二十四年度）

各國歲入大別比較表 千八百九十九年（光緒二十五年度）

各國財政事情比較表 千八百九十九年（光緒二十五年）

（各國國債及國債累比較圖）

歐州及歐州以外大國之國債現況

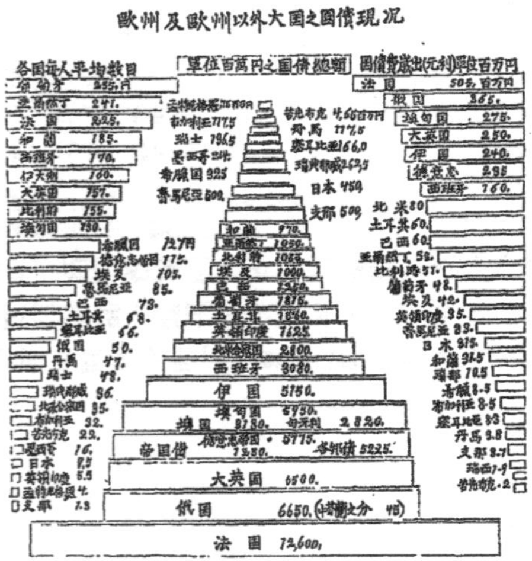

各國富力及負擔比較表

（備考）各國之富力。據瑪爾霍氏之統計。乃土地家屋鐵路船舶商品及他物之總價格。但為千八百九十五年所調查者也。國民收入乃千八百九十年之所調查。各國公債及歲出之數。乃千八百九十九年之所調查。

政法叢書

第壹編

各國之政治其組織不同其起源亦各不同不明其組織起源則於其政治之長短利害末由而明國法學之範圍即以此爲目的凡國家如何成立及國家有幾種機關與機關之如何運行舉元首臣民與立法司法行政等項均包括在內日本各政治學校均以此科目列入首年其重要可見法科大學校亦然此書爲岸崎中村二君合著而二君學說均本於大學校故其議論考据均極精切完備實講求政治學者之基礎也爰急譯之以餉同志

烏程章宗祥譯

國法

洋裝二百頁

定價六角五分

本書目錄

發行所　日本東京譯書彙編社

發賣元　上海育材書塾

政法叢書

第貳編

歐美日本政體通覽

洋裝 每部定價五角

本書詳敘德國、英國、法國、美國、墺匈國、日本國、之建國、政治議院組織等。行文極平易簡明。蓋以世界各國政體之大意。人々須知。無論何人。皆宜手置一編也。

本書目錄

總發售上海大東門內育才書塾

秩序爲目的。此多數學說。均歸一致。然法律上之秩序。即存乎行政之各部。故若以此爲保安警察之目的。則保安警察之觀念。與警察一般之觀念。其範圍初無所異。并不能別言之爲行政之一部。如强制人民有就學之義務等類。亦無不可屬乎保安警察。然此說學者無公認之者。故所謂法律上之秩序者。非汎指法規而言。惟指社會共同生活上公共之秩序而言而已。秩序云者。國家當維持社會共同生活之際。使個人對乎國家或其他私人。各守一定之境界。而互不相侵之謂。對此秩序。無其他危險之事。即謂之安寧。故曰安寧曰秩序。乃同一之現象。不過觀察有積極消極之別而已。故維持國家之生存。及國家與人民一般之關係。因屬乎保安警察。而國家因達特別之目的。其所定法規。則非保安警察之行爲。而爲行政警察之行爲也。要之保安警察者。乃人民共同生活之要件。以維持國家與人民一般之關緊爲目的。故離各部之行政。而別成國家行政之一部。此一部中之國家行爲。專以警察之作用及豫請警察之作用爲限。反之行政警察者。以防止天然之危害爲目的。國家當行政之時。因此特別之目的。故有命令强制。各部之行政。非僅警察之作用。又必有種種助長之事務。而後國家之目的始達。是故行政警察與各部之行政。互相關聯。不能分離。然若日本之行政警察規律。其所謂行政警察者。不過對乎司法警察而言。又別無所謂保安警察。保安警察。亦不得不謂之行政警察之一部。惟行政警察由狹義言之。則主乎防止天然之危害。是即所謂特別之目的。非若保安警察。以人爲之危害目的。又行政警察。無獨立之行爲。往往與行政有密接之關係。故保安警察與行政警察。其系統自區別。學者有謂行政警察以保護特別行政部局之利益爲目的。保安警察。以保護行政一部之利益爲目的。亦不外前述之主意也。保安警察與行政警察之區別。非必與普通警察與地方警察之區別相一致。普通警察。亦有行政警察事務。地方警察。亦有保安警察事務。保安警察與行政警察之區別。當規定官廳權限時。最爲重要。行政警察。與行政各部相關聯。不能分離。故同行政各部之官廳。除有特別之規定外。不可無行政警察之權限。反之保安警察。乃行政之一部。故其權限。非專屬於一官廳不可。如日本現行官制。警察爲內務大臣所司。而其所掌之事務。以保安警察及執行官吏之組織并身分上之監督等項爲限。至於行政警察。視其事務如何。而分隸於各省。其屬於內務大臣之主管者。爲衛生、勸業、土木、及其他關乎此類之事而已。又司法警察云者。以鎮壓既發之人爲危害爲目的。現今諸國於保安行政警察之外所以別設司法警察者。乃政治上之理由。蓋本乎三權分立之思想。而模仿法國之制度者也。其實於學理上毫無關係。自學理上言之。司法警察。亦保安警察之一種。均以防止人爲之危害爲目的。其所不同者。唯既發之點而已。法國行政與司法相分立。故於警察事務。其結果亦別有司法警察。其他諸國。不過效法國之制。至於學理上非爲必要也。雖然各國現行制既如此。則當解釋現今各國之警察制度。便宜上別立司法警察一種。亦無不可也。

第四章　警察法之概念

警察法者。國家因防止個人行爲未發之危害。而行使命令權所當遵之方法也。故執行警察時。不可不由此一定之法則。使不由此法則而行。則當局者不可不自任其責。凡未發之危害。有由天然力與由個人行爲而生之區別。前既已述之。然吾人人類之自由。受天然力之侵害者無限。故對之之命令權亦無限。危害無一定之制限。故命令權亦無一定之法律惟當防止危害時。無論由於天然力與個人行爲。有時個人之自由。亦因此而受制限。則命令權不能無一定之法則。此警察法之所由起也。

命令權之防止未發危害。其關乎個人行爲者。勢不得不制限個人之自由。蓋未發危害云者。初無一定之形迹。且并不能有形迹者也。欲防止無形迹之危害。則對乎危害發生之原動力。不能不加以制限。而豫防其將來。所謂危害發生之原動力云者。卽個人之行爲是也。警察以防止未發危害爲目的。其所當行者。在個人自由之範圍以內。其所欲制限者。亦在個人之自由而巳。

專制國國家之權力。强大無限。初不認人民之自由。故其制限人民之自由。不必有一定之法律。使其權力歸於適當。中古歐洲各國。以命令權之名。侵入人民之自由行爲。往往使人民之生命財產。不能保其安全。蓋當時之國家。不認人民之對乎國家。有可以獨立自存之理。故爲全體計其利益。使人民有無限之服從。大都以爲當然之事。而人民亦無有疑之者也。

反之立憲國家。認人民之獨立自存。且知國家全體之發達。基乎社會人民各自之發達。故國家之權力。不可不守一定之限界。而由左之二原則以行。

第一、圖國家全體之發達。個人不可不割其自由之幾分付與國家。

第二、家國因計全體之發達。而侵入個人獨立自由之區域。必不可越一定之界限。

據第一原則。國家因維持社會公共之安寧秩序。得制限個人權利自由之幾分。而據第二原則。國家因維持個人之獨立自由不可不自守一定之界限。此原則為各國憲法之要點。日本憲法中亦明言之。故立憲國家。一面重人民之自由。憲法上特定不可侵犯之條。一面因維持人民之安寧秩序。於是有警察之作用。而人民之自由與警察相牴觸時不可不依警察法。以為解決之標準。故國家於警察上。有時以個人行為為危害發生之原因而行強制之政策。必於一定之區域以內法律上為警察之所當行者。始得干涉之焉。

由是觀之。法律上欲認警察之權力。且欲制限之。使歸乎適當之區域。立法機關。必先於個人行為發生之危害。其性質輕重。一一確定之。然後警察權之制限。亦得確定其範圍矣。警察所欲防止之危害。非在個人之行為。而在行為之結果。故無現象可尋。無現象之危害。其性質如何。固非立法機關之所豫知。然於足以發生危害之行為。設法制止之。此乃警察之能事。故確定權力範圍之事項。不能不任之警察。此不得已之事也。抑法律者。基乎事物萬古不變之本性。以社會共同生活之必要為標準。而立法機關制定之者也。由事物本性所發之變動。千態萬狀。非法律之所能豫定。如立法機關當制定刑法時。凡殺人者定死刑之罪。然由其謀殺之情狀。或輕減之。或赦免之。則非法律之所得一一豫定。此尚其輕減之權。所以不能不一任之司法官也。故立法機關之定法律。其所可恃以爲標準者。在事物不變之本性。而不在千變萬化之現象。凡法律無論如何細密。而人間生存上日日所生之現象。實無可限量。法律決不能一一網羅之。況於個人行爲之結果。其性質果爲危害與否。乃未發之現象。法律更無從確定之矣。故國家於立法權之外。復有行政權立法機關之外。復有行政機關。凡此所以講變化不測之現象。而期處置之得當也。

凡國家實際之行政。大都因地方、風俗、習慣之異。其施行亦不得不異。若無此差異。而行全國劃一之政。則實際上不合於事物之變化。而於人民之進步發達。其受害必不少。故劃一行政之主義。當國權尚未鞏固時。往往不得已行之。至國權鞏固之國。未有採此主義者。近世各國。無不採地方自治制之方針。汲汲於自治體之發達。凡一行政。務合於地方之人情風俗而後已。至警察之防止危害。各地方不能一律。更無論矣。試舉一例以證之。據集會結社法。有可以中止解散之條。此在視集會當時之情形如何。若社會平穩無事。其地人心沈着。風俗純良。即不必行中止解散之處分。若當時因特別之事件。社會有騷動之勢。其地人心浮薄。風俗粗暴。演說者之言論。雖未必過激。而一言一語。往往易於觸動人民。而爲危害之結果。則雖言論集會不在禁止之例者。亦不得不中止解散之。警察之處置。大率類是。有一地方處置應嚴。而他地方應從寬者。不特一縣與他縣如此。即一郡與他郡。一町村與他町村。亦無不如此。此蓋自然之理。甲乙地方。決不能行劃一之政。且不行劃一之政。正所以得行政之妙。必欲強泯此差異。未有能得當者也。然則個人行爲未發之危害。其種類千態萬狀。欲於法律上確定之。非立法機關之所能明矣。故個人行爲之結果。就其危害之性質而施適當之處分。警察權之範圍。不能不任之警察機關也。

由是觀之。制限個人行爲之作用。當一任之警察機關。警察機關當行之事務。與立法機關無別。其權力亦與立法權相等。其機關之意見。對乎個人之自由。與法律有同一之効力。此與立憲政體之原則。未免有所矛盾。然欲免此矛盾。而以警察爲不過執行法律之機關。則警察之制度。遂爲無用之物矣。如法國規定違警罪法。使警察之權力。以此法爲限。又巴丁巴威里 Bauria 等國。特設警察刑法。凡警察所當干涉之事項。一一明記之。此蓋欲網羅個人之行爲。而一一以此刑法制限之也。學者有以此等法則爲豎警察權與個人權利相牴觸之最適切方法。此大謬誤。何也。凡警察所當防止之危害。乃個人行爲千態萬狀之結果。故無論法規之如何細密。決不能網羅千萬種之危害而盡之也。若於警察之作用。强限以一定之法規。無論不得其當。且警察之行動。受此束縛。反不能盡其固有之効力矣。斯當氏於其所著行政學當論之曰。假令警察法規。詳盡周密。包含各種事項。而此外。無種種處罰之權。則警察之作用。不能完全。其意蓋謂命令處罰之權。不屬於警察機關。則不能防止法規以外之未發危害。而顯警察之眞相。伯倫知理嘗曰。欲豫定警察權行動之方向而細別其能力。此徒勞之事也。警察權者。自國家之中心而反於四周。因千差萬別之事物而運用其能力。故當不測之事件。突然發生之時。欲施適當之處分。則警察權不可無應付之自由。若無此自由。則必不能全其警察之作用。凡與警察權關係之事件。千差萬別。故應付之方法。亦千差萬別。必微一一詳定之於法規。則運用不靈。故擧警察權者。不可不自由選擇其方法。而施適當之處分。此警察權之本性也。要之在視社會變化情狀。而隨機應付而已。伯氏又曰。欲詳定警察法規。以限制警察權。此不能行之事。何也。世事變化無極。不能豫測。故也。又蘇耳者氏曰。警察者。視其他事務。其變動較多。故不能有永遠普及之法。蓋地方之情形。極爲繁雜。各州郡町村。各有特別之要求。故管理整治之道。亦不能相同。若欲爲全國規定永遠之警察法。非付以命令權不可。要之三氏之說。其歸若皆一。蓋均以警察所當防止之危害。不能一一豫定。而規定警察法之範圍時。不可不使警察機關有便宜處置之權而已。夫加是、以概括之權限。付之警察機關。使得由其意見以制限個人之行爲。則往往易流於專橫而個人之權利自由。未免受其侵害。欲防此弊。而求保全之道。伯氏嘗言曰。警察有自由處分之權。而於其所處分者。不可不自任其責。否則將有流於專恣之虞。又斯氏於警察法應執之主義。嘗列論如左。

第一、警察於未發危害之性質。得以豫先推知者。則防止此危害之警察權。法律均規定其範圍。使警察官得依此規定而行。

第二、未發危害之性質。隨時隨地發生。不能豫知者。則法律僅間接概定警察權之範圍。而一任警察官以已之責任行之。

據第一主義。是謂特別警察法。第二主義。是謂普通警察法。集會法、結社法、火藥監查法、舊物商、質舖監督法、傳染病豫防法等類。屬於特別警察法。而司法警察。爲治罪法之一部。此

八一

亦有特別主義者。普通警察法之內容。有三要素。斯氏嘗論之。今述如左。

第一、凡警察機關於防止未發危害必要之時。得發制限個人自由之命令。其背此命令者。得强制之而科以罰。

第二。凡警察機關。當執行職務時。得依特定之强制法而行。

第三。凡警察機關所發之命令。及其執行之處分。有與法律命令相抵觸。或毀損個人之自由者。由關係者之請願。或監督官廳之職權。得撤去其命令而停止其處分。

第五章　警察權之基礎及其範圍

警察云者。因直接除去公共危害之目的。而直接個人之自由。蓋國家强制命令權之行爲也。若由實質上言之。即防止人民共同生活上危害之國權行動也。此種權力。謂之警察權。然此權由如何之基礎而成立。及於如何之範圍而執行。此本章之所欲說明者也。既以警察權爲屬乎國家權力之行動。則警察權之存在。即國家權力存在之結果。故由國家全體上言之。不必別爲說明。然警察事務。與內務行政全部相關聯。乃屬乎行政權之行動。故解釋行政權之機關。果以何爲基礎。而得行使其警察權。此爲行政法上最要之點。歐洲學者於此問題。其見解不一。而大要有二主義如左。

第一主義。其說曰。凡人民之自由。非由法律之規定。不得拘束限制。故行政官廳之執行警察權。不可不據法律。德法諸國學者均主張此說。以爲行政法之基礎。而德法諸國之法制。亦大率從之。法國憲法。有非以法律不得制限人民自由之條。蓋以人民之自由。憲法所當保護。爲國民權之最重要故也。德意志諸邦中。憲法上規定是等明文者。惟巴耳倫 Barlin 有之。然德國公法學者。無不以此爲立憲政體當然之原則。其意蓋謂人之自由、財產。非法律不得制限者。乃立憲政體之自然法。即憲法上無明文規定之。而其爲當然採用無疑。麟而氏之行政法論。當主此說。由此論之。凡警察之命令、規則及處分。非本乎議會議決之成文法律不可。警察法理學者各大家陸近氏。於其所著警察命令論。亦主此說。然就實際上言之。警察事務頗爲煩雜。不能以明文規定之。故警察規則。內務大臣、地方知事、及地方自治體等。皆得制定之。且得強制執行。又凡有害於公共之安寧幸福者。不得籍口於法規之不備。而傍觀不救。蓋無論法規之有無。行政官廳有保持公共秩序之義務。於是德法學者欲調和實際上之情狀。與憲法上之主義。創爲法律委任之說。即行政權受法律之委任。而有立法權時。行政官廳不必據法律之明文。亦得制限人之自由財產是也。然立法權委任之觀念。憲法論之所不認。即令立法之事。與憲法權力分立主義。不相矛盾。而歐洲諸國憲法。亦無法律悉由委任之實例。凡行政權不論委任之有無。苟爲紊亂公共之秩序者。即得制限其自由強制之使不得行。此爲當例。故彼等所主之委任說。於實例不能相合。於是彼等乃轉爲一說。謂法律之委任。可以默認。不必明示云云。是由彼等泥於非法律不得制限之說。故其結論往往有牽強附會之弊也。

第二主義　其說曰。凡因維持社會公共之安寧幸福。而以權力臨入。此行政權當然之職務也。此說爲日本憲法所採用。據日本憲法。凡人民之自由。惟法律得以制限之原則。無明文規定之。惟有數種特別之自由。如言論集會結社等規定非法律不得制限而已。憲法第九條云。凡因維持安寧秩序。得發命令以行之。由此明文推測之。凡關乎維持公共秩序之事。憲法概委之於命令權。而有數種人身之自由。則以爲例外。列入憲法第二章。而留保於立法權範圍之內。由是觀之。警察者。當然屬於命令權之範圍。惟其在例外者。不得不以法律爲基礎。此日本憲法之所明示者也。然法德白諸國憲法之主義。以警察爲當然屬於立法權之範圍。惟有數種例外。則由法律之委任。得以命令權定之。此與日本之主義。正相反對。欲知警察事務之眞解。不可不注意者也。以上比較德法與日本之關係。警察權之基礎。就形式上論之如此。更進而求其實質。就國法之精神上論之。凡人民云者。構成國家之分子也。故人民之資格。亦含有維持國家生存之義務。就人民之名稱論之。國家之分子不可妨害國家公共之生存。此分子之所以爲分子也。警察權者。使人民不失其資格。而以國家之權力監督之而已。精言之。不過使國民爲人民。別無所謂自由之制限與義務之相科也。故警察權實質上之基礎。在國家與人民之關係。不在憲法或法律之明文。故若人民多數合同。以圖顚覆國家。國家復以兵力鎭定之。不必別有法律之規定。而國家與人民關係上應有之事也。其他凡有害於公共之秩序者均然。臘而氏嘗謂人民不當害公共之秩序。乃人民自然之義務也。其意蓋謂行政本有之職分。在維持公共之秩序。故有害於秩序之行爲。以權力禁止之。不必明文而職務所當盡者也。

公共之秩序者。社會生存之要件也。於社會之生存最適宜者。是之謂秩序。故維持秩序。排斥其有害於社會生存者。全屬警察權之作用。法令上僅言警察之權力。而不及其目的。其實警察云者。就字義而言。無絕對權力之意義。不過在除去社會生存上之危害而已。又法令上區別公共之秩序、與善良之風俗爲二項。其實廣而言之。秩序云者。包含善良之風俗在內。故公共之秩序者。謂爲社會安全狀態之總稱可也。社會之分子。由其分子之分限。不可害全體之生存。此當然之義務。國家之人民。由其人民之資格。不可害國家之生存。此亦當然之義務。由是觀之。警察權之基礎。就實質上言之。不必有法律之明文。國家之權力以人民之義務爲根據。而得强制執行者也。

欲明行政上警察權之範圍。當區別警察權之基礎。與警察官廳之權限。人民不可害社會之秩序。乃當然之義務。前既已述之。而所謂國家之命令權。不必法律之明文。由此當然之義務。得以强制執行者。乃就國家命令權之全體而言。不可誤爲行政官廳之權力。行政官廳。因爲國家之官廳。得行國家命令權之一部。然官廳究非國家也。故國家之命令。當然有此權力。至警察行政官廳。不徒謂當然有此權力。唯有國家特與此官廳之權限而已。故警察權之範圍。就實際上言之。乃指警察官廳特權之範圍而言也。

八七 警察行政官廳之權限。因法令之明文而生。官廳無當然之權力。不過由法律命令之規定。得行國權之一部而已。警察官廳。不得藉口於人民當然之義務。與國家當然之義務。借維持秩序之名。以自由無限之權力。制限人民之自由。警察官廳者。以行警察權爲職分之官廳也。法律命令。於官府之行警察權。就地方與事情。均有一定之範圍。如日本現行法。內務大臣有全國之警察權。而知事則以一地方爲限。某官府於衛生之事。得行其警察權。而於言論結社等則無之。此警察由地方與事情之不同。而有一定之界限也。又行警察權之方法。其範圍亦各異。某官府得規定警察法規及設罰則而執行之。而其他官府。則僅得行處分行爲。無定法規與設罰則之權。凡此皆官制職權之問題。不能由人民與國家之服從關係而決者也。由是觀之。吾人之自由。非由行政官府於權限內所發命令處分。無受强制束縛之事。而行政官府之權限。有法令之明文規定之。故實際上。吾人之自由。非由法令之規定。不得强制束縛。然此不可誤解。與警察之基礎問題相混。若謂國家非本乎法令。即無防止危害之警察上權能。人民非由法令之規定。即令有害公共之秩序。及人民之自由。此大不可也。所謂吾人自由之制限。必由法令之規定者。乃對乎警察官府之職權問題而言也。

然則警察之基礎問題。何以必與官府之職權問題相分離。蓋國家之以警察權限與行政官府。僅言某事項或某地方當行警察權。而不言其實質之如何。如衛生之事。於東京行之。此法令之所明言。至以如何之範圍而行。並不明載。故警察之基礎。與警察之職權。不可不分別研究之也。

第六章　警察之執行機關

警察之執行機關。乃內務行政中一種特別之組織。與其他行政各部相對峙。其應執之事務。古昔國家政務之分業。尚未發達之時。與各部行政機關之事務相混淆。不能區別警察機關。唯執行行政司法之強制事務而已。故警察機關。全屬乎行政部及司法部。無獨立固有之事務。然近代國家之政務。競尚分業主義。於是警察機關。為獨立之組織。與行政司法之強制事務。其性質全異焉。

警察執行機關之組織。各國之制度互異。而以地方警察、即市町村之警察權為尤甚。甲國有以地方警察。委任之於地方自治體者。其執行機關。以市町村之費用維持。市町村得中央機關之認可。即得任用之。以為常例。如英普白墺諸國皆然。又諸國於重要之町村。其制度亦各異。如普國於設地方警察官署之町村。往往設軍隊巡查是也。乙國有專以國家之中央機關。兼掌地方警察事務者。而助警察事務之執行者。則為憲兵。如法國形式上雖為自治警察。市町村有警察權。至其精神則已全失。中央官廳。亦得兼掌地方警察事務。凡人口十萬以上之町村。巡查之組織。由樞密院陳其意見而大統領定之是也。又歐洲學者之議論。亦大率分為二派。其一以警察與一般行政相同。其在市町村之區劃內者。當任市町村之自治。其一、以警察之性質。屬乎國家之命令權。雖市町村內之警察。亦當使國家之機關施設之。二派之說如是。要之皆未免誤謬。警察之性質。非必屬乎國家之行政。國家於必要時。因得委任之於一團體。使行警察之事務。又非必屬乎自治體之行政。國家視實際上之必要。亦得以為自己之政務而行之也。

掌理警察事務者。上自中央政府。下至府縣郡市町村。均屬乎內務行政之官廳。此為常例。非有特別之事情。不設特別之機關。日本現行制度。與普國同。無普通警察與地方警察之區別。皆以中央機關掌之。故警察之執行機關。亦由中央官廳維持之。市町村無警察權。惟據刑事訴訟法及市町村制觀之。市長及町村長。便宜上得使之行司法警察、及地方行政警察事務。然當此之時。市町村長以國家之機關而行動。非以市町村之機關而行動也。又此僅得執行法規。而不得設定法規。且警察官、憲兵等類。當有專務警察官吏。時司法警察事務。大都由是等官吏行之。又地方行政警察須有法令特別之委任。而不必別設官署。然現今之制度。全國無不設警察官署之處。又不聞使市町村長掌地方行政警察之法令。故就實際言之。市町村長、雖掌司法事務。而自己執行之時極少。至於掌行政警察者。尚未見其例也。據日本現行法。警察事務。大半屬乎內務大臣之職權。其他大臣。亦得執行其主管行政之警察事務。如司法大臣。掌司法警察。農商務大臣。掌農業警察森林警察、鑛山警察、工業警察、獸疫警察。遞信大臣。掌船舶警察、鐵道警察類。府縣則知事掌之。郡則郡長掌之。是皆倣法國之制度者也。日本雖不認自治警察。而其費用則由特別之規定使府縣負擔之。警察執行官。分爲普通執行官與非常執行官二種。普通執行官者警察官、及憲兵是也。非常執行官者軍隊是也。

第一警察官。　特別之警察事務。設特別之警察機關。姑置不論。同一般之警察事務、及保安警察者。警察官、又曰警部。及巡查是也。巡查之制度。英國自前世紀之中葉。始漸發達。德意志亦然。從前太宰以地方自治體之名譽職行之。巡查之任用賞罰。雖皆有特別之規定。而由官吏之性質論之。其服務規律。與一般官吏相同。警察官者。執行警察事務之官吏。各府縣有警部長、及警部巡查。惟均無獨立之命令權。但執行上官之命令而已。警察官由己之職權、或上官之命令。其所應執行者。爲保安警察、與行政警察助理之事務。其由部長以下及其他行政官之請求而執行者。大都爲强制之事務。蓋行政官吏必要之時。以此委托警察。而警察始執行者也。此外又有所謂機密警察者。此法起源於英國。蓋主於搜索犯罪者也。統觀警察機關發達之所以。警察官吏之多少。在視人口之疎密。而機密警察之疎密。又在視交通之頻繁與否。雖然。防患貴於未然。警察者。在防止未發之危害。此警察之所以足貴也。

第二、憲兵。　憲兵之制度。以法國爲嚆矢。現今歐洲諸國。大都有之。憲兵爲維持國家安甯秩序之軍隊。蓋所以補助警察事務者也。其費用及規律。均由陸軍大臣監督之。其組織、由專警察事務最高之行政官廳監督之。日本亦倣歐洲諸國。設憲兵之制。憲法上視爲陸軍之一種。故凡服憲兵之役者。視其年限。得免普通之兵役。又憲兵爲陸軍之一部。故其組織及紀律。隸屬於陸軍大臣。又當戰時及事變時。雖有特別之職務。而平時在司軍事警察行政警察與司法警察。故視其職務之種類。受各主管大臣之監督。如行政警察受內務大臣之監督。警視總監。受地方長官之指揮。其尤顯著者也。

國家之組織軍隊。其目的在防禦外寇。而不在鎮壓內變。其有偶然干涉國內之事變者。乃不得已之舉。故憲兵之目的。其平時在執行警察之事務。以維持國內之安甯秩序。故自性質上論之。殆介乎軍隊與警察官之間焉。

憲兵掌理之事務。今舉其概要如左。

第一、陸海軍特有之警戒事務。

第二、司法警察補助官之事務。

第三、助理警察官之行政警察及保安警察之事務。

第四、使用兵器之事務。

第一　軍事上警戒事務。在維持海陸軍之紀律。故平時則視察軍人之行為。有失檢者。搜索之。防止之。戰時則從軍務指揮官之方略。於戰陣內外。警戒非常。檢察違警。且視察戰地之動靜。及防止土地。蓋在戰時之憲兵。其職務與他之軍士無以異也。

其二　司法警察補助官以從司法警察主義。助檢事以搜查犯罪拾集證據并拿罪人而送之司法爲職務。故憲兵認知爲犯罪之時。亦得從檢事之指示而干涉之。蓋憲兵之司法警察權與警察官之司法警察權。初無差異也。

其三　保安警察之事務。乃獨立警察機關執行之職務。故憲兵於保安警察所有之權限。祇能輔助警察官之不足。如社會中有加危害於箇人而害其安甯秩序者。憲兵得而干涉之以防制其危害。其案件仍須交之於警察官。斯氏論憲兵權限。引法國千八百五十四年所定憲兵權限例以爲證。大旨謂憲兵士官雖有代行司法警察職務之權。而於行政機關之職務。則不得代理。唯助其不足而已。

其四　使用兵器。爲憲兵固有之權利。斯固無俟贅言。然警察官既可携帶兵器。而又須設置憲兵。是不得不研究其故焉。

所以設置主用兵器之憲兵者。因行政司法機關。本無可使用兵器。除有迫切事情萬不得已外。不許擅用兵器。警察官平時准帶兵器。然祇能於事機切迫。倉卒不及要求憲兵時使用。此外必須用兵器時。非要求憲兵不可。

至若憲兵固專用兵器之機關也。故其執行行政司法各部之各種警察事務。遇有非兵器不足以防制危害時。即不得不用兵器以干涉之。其受行政官司法官及警察官之要求而用兵器固不必論。即不受要求。亦當有應援行政官司法官及警察官之義務。斯氏有言曰凡以暴行而生危害者。無論其爲對乎行政機關或個人。憲兵皆有抑制之義務。然當何時始可使用兵器。則不問其爲憲兵爲警察官。祇當用之於防禦之際。且使用時。不可不任刑法上之責、又曰普國之於憲兵。其使用兵器之權限。條例頗詳細。要皆出於萬不得已之防禦。日本憲兵條例。亦與普之制度相同。其使用兵器。後章更詳論之。

第三軍隊　　蓋憲兵及警察官之力而猶不足以保持國內之安甯秩序。則不得不藉軍隊之力而維持之。國家當非常之變。而出非常之手段。亦在情理之中。故歐洲諸國。皆以軍隊爲非常執行官、雖然軍隊者以防禦外侮爲目的也。若干涉內亂。本非軍隊之目的。故當使用兵力之時。須審度時勢。萬不可輕率從事。陷良法於暴政也。以警察目的而使用軍隊。大都由行政官廳之請求。日本現行制度。爲維持國內秩序起見。師團長及旅團長亦可從行政官廳之請求而派遣軍隊。且可於事變急迫時不待地方長官之請求。而派遣便宜軍隊。以鎮定事變。

第七章　警察權作用之形式

警察者、國家所以維持公共秩序。限制個人自由之行政行爲也。是故警察行爲之形式。同於一般行政行爲之形式。唯區別規則與處分爲二事。警察規則。即警察實質之法規。警察行政。則以排斥違警之狀態。而回復秩序爲目的。故法規所設示一般以遵由而用自己權力以排除特定違警之狀態。即規則與處分之所以異其作用也。要之警察規則。因社會之狀態而生逆料秩序之危害。於狀態未發時而豫設防止排除之法者也。警察處分。則以國家命令權。當違警狀態已發時。而防止排除之。然則規則與處分。固相須以達警察之目的者也。

第一節　警察規則

警察規則。爲防禦公共之危險。制限個人之自由而設。故有可行之事。有不可行之事。雖屬於個人。亦得干涉其自由。據歐洲國法。行政官原則必以法律及憲法爲準據。然自實際上論之。既受法律之委任。而爲行政官。自有發布規則之權。況警察上所防制之危害。其事不同。其所不同。則其性質亦必不同。於此而欲設適當防禦之規則。非直接社會事物之變化。深明危害之根源如行政機關者不能也。故法國專取此義。其內務大臣、州長、縣知事無論矣。下至郡市長、及警察官區長。亦必與以發布一般或一部之命令權。日本國法亦採此義。其制限重要自由。則須定之法律。列之憲法。此外事項。亦歸入行政權內。故警察規則之範圍甚廣。然此指君主之命令權。而言若大臣以下之警察官廳。欲制定規則。非依法律及勅令之委任不可。故行政官府之警察命令權。悉以委任爲依歸。在用法國主義之國。祇須受法律之委任。日本國法則不然。蓋委任云者。其意不過以法律及勅令定官府之權限而已。日本警察命令權。則從行政權之一部發動。爲統治權作用之一。承法律及勅令之委任。由內務大臣總其成。府縣知事、警視總監等分其任。故日本之警察機關。於中央則屬內務省。於東京則屬警視廳。於各地方則屬府縣廳、警察署及巡查分防所。至內務大臣內則以警保局爲機關。屬關乎警察之法律勅令省令等稿。外則以地方廳爲機關。督令執行關乎警察之法律勅令省令之事務。地方長官則一面以警察部爲機關。屬地方廳令稿。一面以警

九七 察署爲機關。執行警察之法律勅令省令及地方廳令於各地各段。蓋警察之法律命令。皆因防制危害而生。而危害之發生。實視乎社會變化之狀況。故必先由近接區段之巡查視察域內之情況。而報之警察署。署長更察其區域之情況及所生危害之性質。據所見而詳之地方長官。地方長官更確定地方之情況。危害之性質。及其發生之所自。而申之內務大臣。內務大臣則據此申告。確知各地方發生危害之性質情況後。若係特別危害。則下省令以處分之。若其性質情況。爲各地方一般普通之危害。則先起草以待議。是由觀之。警察規則者。始於巡查之視察地方。繼以警察署長之據陳所見。繼以地方長官之確定意見。終於內務大臣之定成。以爲勅令法律之材料。若其他各省大臣與地方警察機關相關者。其所主管事務。亦與內務大臣同一辦法可知矣。

警察機關。有命令機關及執行機關之別。若對乎法律及勅令省令而言。則地方廳爲執行機關。然地方長官郡長。亦爲其部內之命令機關。故對乎此命令而言。則警察署亦爲其執行機關也。日本警察。以內務大臣爲命令機關。地方長官職在承上令下。故對乎上則爲執行機關。對乎下又爲命令機關。至警察署則純乎執行法令之機關矣。

警察規則之與警察罰則。其性質大異。罰則者、因違法行爲而科以罪。戚防危害秩序。而非限制自由也。故警察命令權與警察罰則權。國法上甚有區別。日本國法主義。非以法律不得定警察規則。因其憲法第二十三條。有非依法律不能處罰之條故也。故對乎警察行爲而言。雖束縛自由爲行政本來之權限。而非依立法之力。仍不得處之以罰。若泛然視之一若罰則即含於警察規則之內。殊不知關於此事之別有法律。而罰之界限悉委之於命令權。勅令者即以其委任而下之大臣以下之官府也。然所謂命令者。非徒爲形式上之教誨訓示已也。必使人人有遵奉之義務。故凡適法之命令。一經發布。人人皆當服從。若有人獨自放恣不服命令。以敗壞警察保持安甯秩序之目的者。爲警察者。即得用其威嚇力以强命之。此處分權之所以必要附屬於命令權也。然則憲法所謂委任主義。是以一定之處罰權委任之於省令府縣令。故行政官府不能但設警察規則。尤可設界限內之警察罰則以補刑法所未及。如大臣得設二十五圓以下之罰金及二十五日以下之輕禁錮之罰則。知事得設十圓以下之罰金及拘留以下罰則是也。

警察權之形式。既分規則與處分爲二。可知警察規則者。爲維持秩序之實質法規。而發之於行政官府者。其中雖多罰則體裁。究之規則在防止有害秩序之行爲。罰則則爲強制行爲之目的也。警察規則既由官制及法律之委任而定。以此推測。凡行警察處分之權。必爲警察官府當然之職務。而不知警察之一般規則。皆須依法令之明文而定也。日本地方官々制。地方長官實有命令之責。而無有參罰則權。唯因其實行命令之故。得設刑法違警罪刑範圍內之罰則。然自日本刑法第四百三十條之結果觀之。但於刑法上默認之而已。於法律上究未嘗明與以此權也。此則日本制度沿革上之特異點也。

自行政上論之。爲整齊秩序。維持安寧而設之規則。違之者在刑法中列爲違警罪。然破壞社會之公道。其犯罪之輕重。果一律視之否乎。此又爲近世諸學者之問題也。斯氏謂對乎安寧秩序。以防制違警罪。而用威嚇法。名曰秩序罰法。以處罰輕重罪犯。與刑法不得不區別。雖法國刑法。第四百七十一條云。凡違背爲整齊秩序而設之規則。其行爲曰違警。其罰則曰違警罪。然以違警罪與一般之犯罪同一視之。此大謬也。又曰此秩序罰與刑罰大異。蓋應受此處罰者。其輕罪及重罪之行爲全異。且犯罪輕重中。又有故意無意之別。若僅毀損一人權利。與縱其自由。其結果足以妨害安寧者。而果同以秩序罰罰之乎。夫警察之有保安警務者。有一般普通之性質者也。而罰則則隨時隨地而變遷。此所以輕罪及重罪之應與其罰也。且輕重罪之刑罰。關乎個人之犯罪行爲。而秩序刑罰則不在防犯罪行爲之已起。而在防犯罪行爲之所以起。斯氏以違警罪不可與一般犯罪者同視。而秩序罰法不可不與刑法區別。茲就其要點更分三理由以說明之。

一處罰之行爲異也。刑法上所應罰之重罪輕罪。必皆有破壞公道之犯罪行爲。而侵害他人之權利。且原此行爲發生之時。必有決定犯罪之意思。其意思亦必甚兇惡。故有此行爲之時。由社會生存上必要之道理論之。固有自然應罰之性質也。反之則應以秩序法處罰。秩序法應罰之行爲。其侵害他人權利必少。其意思亦必不甚兇惡。唯行政上爲整齊秩序維持安寧之故。而有警察命令。定其行爲曰不正行爲。其處罰理由於社會生存上無自然應罰之性質。故行爲之應以秩序法制限與否。不能於道理上判定。祇能以事情、地方、習慣風俗爲標準。以判定其行爲之正否。此刑法與秩序罰法之不能不區別之理由一也。

二處罰之目的異也。刑法上之處罰重輕罪犯也。其目的在回復爲罪犯所侵害之權利。因刑罰固有賠償權利侵害之性質也。若秩序罰之目的。在對乎社會公共之安寧秩序。而防制危害於未發。故秩序罰法。對個人之自由行爲而施其威嚇。冀各人自檢而不生危害也。此刑法與秩序罰之不能不區別之理由二也。

三原於法制上之理由。刑法上所應罰之行爲。無論其爲何道。其爲何時。而皆有自然應罰之性質。唯其有永遠不變之性質。故可以刑罰確定之於法律。秩序法所制限之行爲。則隨時勢地方習慣風俗而異。同一行爲。而有時應制限。有時則不應制限。如盜人金錢。其行爲爲犯罪。其意思又兇惡。業已侵害他人權利。其不可不加之罰明矣。若地方之管理人力車規例。其車夫之衣服與車體之格式。俱有定制。設有違此制者。於此處即爲違背行爲。而應行處罰。然在他處則未必亦認爲違背行爲。而應行處罰。因此等規例。各處不同故也。故行爲之應否秩序法處罰。是在依時所風俗而定。不應依道理而貿然下定判。故不正行爲。不得規定於有永遠性質之法律。總之就法制上言之。定犯罪行爲之處罰。應依永遠普通主義而定秩序法。則應依便宜臨機主義。此日本刑法第四百三十條之所以定也。此刑法與秩序法之不能不區別之理由三也。

以上所述之理由。皆斯氏以秩序罰法別於刑法之所以也。未發危害之性質能確定者。則於特別警察法規定之。其性質不能確定。須依土地爲轉移者。則爲普通警察法而以命令處分之權付之。警察機關於法律範圍內。得以臨機處置發適宜之命令以防制危害於無形。維持社會公共之安寧秩序。是爲法之最良者也。

第二節　警察處分

警察處分者。對乎特定之人或特定之事物。而執行警察上之命令之謂也。凡警察處分。必執行警察規律之明文否耶。此學說尚未有定。然從普通之說。則警察處分之權。恒視警察規律之範圍爲廣。故官府於行政事務。有警察權限之時。其對乎妨害公共秩序之行爲。必以權力排斥爲職務。雖法令未有明文。亦可於警察目的之範圍內而行其處分。如日本之警視總監。有東京府內警察之權限。則必發布警察規則。依規律而行警察事務。以適立法全體之精神。然規則制定權與處分權必不能一致。則雖規則所無。而維持公共秩序必要之時。仍得行其處分。蓋警視總監。不獨以設警察規律爲權限。維持官制上公共秩序。亦屬其掌職中也。惟有一二事項。於發布警察規律時。有特定規則者。則不得於規律外而行處分也。

凡法律命令。祇發布而尙未見何等効果之時。其始祇從實地施行。期於社會公共秩序中而生効果。設當實地施行法律命令時。能對個人而盡人與以利益。則法律命令之施行自無絲毫阻力。豈不甚善。然而法律命令者。所以維持公共之安寧秩序也。其目的既對乎公衆。則於個人之權限。自不能不稍爲制限。然既有利於公衆。必不至無益於個人。蓋個人即爲社會中之一人。社會既臻完全鞏固。則個人亦必完全鞏固矣。雖然、人性必富於自愛。故爲一已之權利々益。必與社會之權利々益相牴觸。於是法律不得不爲公衆而制限個人。假使個人祇主張自已之權利利益。而不受法律命令之制限。則不能不用强制力而使之服從。此警察上所以有强制力也。

强制執行。爲一般行政上所必要。而於警察事務爲尤要。即謂警察全般事務。俱係强制執行亦無不可。惟以强制執行全歸之警察則不可。蓋警察所執行者。不過行政中强制執行之一部分耳。當行政各部之固有執行權力欠缺時。警察即有代爲執行之義務。近世諸國。於行政司法各部。未必盡設執行機關。故各部有須行强制執行時。但囑託之於警察機關。此通例也。設警察機關。用强制以行行政司法各部之事務。其事務之性質既變。即不能仍謂之警察事務。如收稅官以施滯納租稅處分。司法官以執行民事裁判決等囑託警察機關執行。其事務全然不變警察機關不過代爲收稅及補助民事判決之事務而已。然而指此事務爲警察執行之事務則不可也。

警察機關之執行事務分四種列左。

一、保安警察事務。即警察機關固有命令執行之事。

二、行政警察事務。即行政各部之警察命令執行之事。

三、司法警察事務。即司法警補助官及司法警察命令執行之事。

四、幫助行政各部及司法強制的事務執行之事。

右一至三之事務。爲警察機關當然執行之事務。其第四一項。則純是行政及司法之事務。警察機關不過代之執行而已。據日本地方官官制第四條『郡區長於部內行政處分時得請求警察官執行之』由此觀之。則屬於郡區長行政事宜。如用強制執行時。固可以執行之事囑託之於警察官矣。他如民事裁判召喚不應。不得不用強制之時。亦無唯警察官是賴。然此等強制事務。究不得即謂之警察。欲區別警察機關執行之事務於執行事務上觀之。亦無甚分別。然於責任上論之。則區別立見矣。警察執行權之發生。存乎法律命令之性質。當實行法律命令。若有人起而違背之。則不得不使用强制權。强制權使用大小。視乎違背行爲之大小。違背行爲之度而大。則用强制權之度亦不能不大。而於違背事件之性質無關也。假使違背情節至輕且小。而抵抗之度則重且大。則亦祇可用重大之權力以强制之。如街路行人。放歌或袒裼。其違禁情節至細小也。而有時甚至用兵器之類是也。若然則執行權力之大小。視乎違背之度而定。而違背之大小。又因乎事情而異。故欲將執行權力之大小。一一定之於法律。以應各種違背之事。勢必有所不能。於是使用執行權之大小。祇可臨機審定。一任警察機關臨時之設施。然以無限執行權力。盡與之警察機關。以應無限之違背事情。難保無假其權力而以人命財產供執行權之犧牲者。是陷個人之權利自由於危險也。且以無限權力。一任之警察機關。於立憲國家之原則亦相予盾。果爾則對乎違背行爲。其果以何法制限執行之權力乎。凡執行方法。定之於法律命令者。其當確守固也。或有法律命令所未定者。則是有原則可守。斯氏嘗論之曰。『使用執行權務。以完全法律及命令之實行爲界』。此即警察機關所當守之原則也。若警察機關。越此界線。自不能免其責任。然則使用執行權。畢竟欲實行法律及命令。故法律命令既行。則執行之權亦盡。而不可越分使用。唯執行權之所希望。在法律命令之實行。故不得不用方法而使法律命令之實行。對乎違背行爲。皆可使用權力。唯當依普通之順序。若不依順序而使之。必與執行權之原則相牴觸矣。

違背行爲之狀態雖千變萬化。然可類別爲二種。

甲、積極的違背（進而抗者）　積極的違背。對禁止之法令。强不可爲而爲之之謂也。如通行禁止通行之地。或昏夜疾驅無燈之馬車是也。

乙、消極的違背（退而避者）　消極的違背。對督促之法令。應爲而不爲之謂也。如怠行清潔法是也。

對乎右二種之違背。而行强行方法。不可不依順序。

第一、說諭。

第二、强制執行。

第三、拘束身體。

一〇七　說論者。逆料個人自由行爲。其結果必生危害。而勸其注意。且導以免生危害之方。如日本刑法第四百二十七條第一項、不准疾驅車馬以妨害行人。有犯此者。當禁其行爲。告以妨害行人爲取危之道。又如於演說會。辯士言論過激之時。當囑其注意。稍入和平。

說論爲使用執行權最善之法。其使用權力雖輕且小。而能實行法律命令則一也。蓋刑法第四百二十七條第一項之精神。不在制人之疾驅車馬。而在防制行人妨害之未發。故若在寂寞之地。疾驅車馬即不禁亦可也。據政社法。集會得命之中止解散。然徒以一二言論之過激。而遽命之中止解散。亦不足稱爲完全執行法律也。故恐過激言論。足以煽動衆人。以起非常。而爲治安之害者。先囑其注意。稍入和平。以防制危害於未發。如此則一面仍無妨其言論自由。一面已弭患於無形矣。得不謂之完全實行政社法乎。若因一二過激言論。不問情勢之何若。而貿然命令之中止解散。勢必激亂。徒足妨害治安。轉生實行法律之惡結果。誠非計也。宜熟審法律命令之明文精神。不相矛盾。故由說論而得實行法律命令。不特警察行政之良法。亦執行機關之名譽也。

說論之從違。視乎手段之高下。其說而敏捷也。則違背者必少。而法律命令之實行也易。其說而拙劣也。則說之目的不能達。遂生法律命令實行之阻力。彼違背者卒至受處罰。故執行機關。當注意於社會事物之變動。而豫防危害之發生。設有違背法律命令者。即當用銳敏手段以曉諭之。明悟之。以防止危害行爲於未發。是以警察執行機關。貴有敏捷溫和忍耐之性質也。

雖然、所謂說諭者。異於道德上之諭示訓戒也。道德上之說諭。即不服從亦無如之何。執行上之說諭。若不服從。罰則隨之。徵收代執行費用之權有之。拘束身體之權亦有之。故若以道德上之說諭。與執行上之說諭相混。必致有越權之爲。是又不可不加之意也。

强制執行者。通常强徵費代用之謂也。於法律命令指示之事。負義務者不行其事。則得使他人代行其事。而向本人追徵其費用。此蓋因說諭無效。且料其終不能行其事。故出此也。唯强制執行。以本人費用而官府代行其事。故不可不依一定之法律。若徒有命令之規定。而無法律之規定。不可謂之正當之强制執行。蓋强制云者。强違法者出費而官爲代行其事。當徵收費用時。於違法者之意必反。反其意而徵其費。是侵人民之所有權也。事爲侵人民所有權。則必不得不依法律之規定。即日本憲法第二十七條所定者。所謂爲公益以除公害而有侵及人民所有權。則當依法律之所定是也。現日本警察上關於此等之强制執行。尚無特別之法律。故執行之時。不得不待司法處分。而當急速處分之時。往々生不便。然當督促後。而尚不肯服從。則不得不用此法。而亦不得不依一定之順序。孛漏西國於千八百八十年七月公布孛國地方官制組織第五款第六十八條。茲揭其强制法要領。以供履行順序之參攷云。其條欵曰。

縣令、郡長、地方警察廳、町村長、及町村廳、私領地長、執行管轄事務之際。於一定權限內。得由左之命令而行强制法之權利。

一、强制命令所定之事。而須使他人代行其事之時。官廳及官吏。得有先令他人代行其事。復計算費用。向本人追徵之權利。

二、若其事不能使他人代行者。或本人不能賠償代行者之費用。及命其停止其所行之事之時。則官廳及官吏有科以罰金之意。科以罰金。亦有權限。唯恐本人無資之時。故德國刑法第二十八條至二十九條。置有以拘留刑換免罰金之例。

令他人代行其事。及斷定罰金之前。均須先行函知本人。予以限期。若期內仍不行其事。

則照强制法行之。

三、前項督促之後。固可直施强制法。然當究其終不能行其事之時而後施之。强制之本旨。不徒以處行爲目的。當以能使實行法律命令爲目的。故欲處罰違背者之時。務必施以適當之方法。以期平穩執行法律命令。蓋與其使人民多受警察罰例之處斷。寧使警察機關之不名譽也。蓋警察執行機關之要旨在以平易圓滑執行法律命令而豫防止於處罰之前也。

拘束身體者。於說諭無効。而其事又非可以他人代行之時。乃將違背者之身體拘束。强以執行法律命令也。如通行不准通行之處。禁之而反抵抗者。則拘束其身體。不得不執行法令之精神。蓋禁之而反抵抗。是故意欲犯法令也。其加之罰宜矣。

警察之執行機關。既許其携帶兵器。然果許其使用之否乎。學者尚多議論。雖然。所以認許警察執行官之携帶兵器也。其目的不過二焉。

一、當執行職務時。防禦他人意外之事。

二、爲防禦自身之事。

以此論之。警察執行官之使用兵器。不能以消極的爲目的。蓋無論其爲執行職務爲防禦自身。要必因敵之抵抗兇暴。而後出之以威嚇。勢必不能以消極的使用限制。而使無傷害敵者。然則果能一任使用兵器者之意。而傷害敵者乎。是又不可也。斯氏嘗論之曰。兵器者有形物也。其使用之方法何如。一視行爲何如以爲斷。而不能豫爲限制。故既許以用兵器。即許以無制限之强制。權而不能定以用時之制限。雖然、以强大無限之權力。而一任之警察。即保無有以個人之生命財產。而唯警察是左右之乎。近世國家通例。關於使用兵器之時。皆以嚴格法令定之。如法國千八百五十四年之勅令如下。

一、執行職務之際。有用腕力對巳之時。

二、當引致犯罪而生抗拒之時。

三、不用兵器不能保護自守地位。及保護委託人之時。

墺國制限條欵如下。

一、爲正當防禦之時。

二、執行職務有拔刀相抗之時。

三、防危險重犯逃脫之時。

日本現行法。亦倣歐洲各國之例。於明治十七年內務省定巡查佩劍及拔劍之規則如下。

第一條、佩劍者於左定事項之外。不准拔劍。

一、持兇器而施暴行於人之身體財產。非拔劍不足以保護之時。

二、兇手持兇器相抗。非拔劍不足以防衛之時。

三、追捕逃犯。前途持兇器相抗。非拔劍不足以防衛之時。

第二條、前項所定。遇不得已各項之際。雖得拔劍。苟兇人畏服。即當平和從事。

第三條、於不得已之際。雖得拔劍。然苟無大關係。寧無使負傷。

第四條、既已拔劍。無論兇人受傷與否。即當將情節詳申。

其他雖設使用兵器專任機關之憲兵。然其使用兵器。於明治二十二年勅令第四十三號特定憲兵條例如下。

據憲法、非有左列事項之外。不得使用兵器。

一、受暴行之時。

一二三、

二、占守之土地。或委託之處所。非用兵力不足以防禦。或非用兵力不足以抗抵之時。

然則警察執行官。除去使行命令權之障礙。及爲正當防衛之外。無可使用兵器矣。則以其器攜帶權爲直接屬於強制執行權。毋寧爲一般防衛權之爲當。益以前列各條觀之。使用兵器之特權。不徒屬之於警察機關。凡爲警察者。皆得有使用權。唯防衛自已及職務上之義務不同耳。故當警察官使用兵器時。其果必要與否。當與用之於正當防衛者同受裁判官之審判。斯氏曰。使用兵器時。警察機關。不能不當任刑法上之責。諒哉言乎。由是觀之。非以使用權許警察官也。唯警察之職務。執行強制者爲多。自其職務之性質言之。自然必多受危險之抵抗。此所以不許常人攜帶兵器。而特以許之警察也。然則警察之特權。不過能攜帶兵器而已。非曰能擅用之也。警察官之佩劍。謂其有使用權。不若謂其有佩用權之爲得當。故警察爲防衛而用兵器。假令傷害人之生命。雖云過失。究不能免其責也。

曷言乎警察上強制方法之特種也。警察官廳恐有害於安寧秩序。故對乎特種之人與以警察上之限制。即豫戒命令處分是也。豫戒云者。於未仍確定犯罪之時。而先豫定以刑罰。期以改過而遷善。日本豫戒命令。分受豫戒命令者。及豫戒命令之種類而規定之。

應受豫戒命令者之種類如左。

一、無恆業而平日以爭鬭口角爲事者。

二、妨害他人之集合及設心欲妨害之者。

三、干涉他人之公私業務。妨害其自由。及設心欲妨害之者。

四、以第二項第三項之目的而用第一至第二項所記以行之者。

豫戒命令之種類左如

一、命於限期內求適法之生業以從事。

二、命不准揷入他人開設之集會以行其妨害。

三、無論於如何事業。命不准用種々方法强變他人之身體意見。而妨害其業務。如强請財物。爲無理之求。或强迫見面通信要挾等類。

四、既禁其唆使衆人。妨害他人之集會及干涉他人之業務。而妨害其自由。復命其已受豫戒命令之後。不准使用他人之扶助金。唯其親族欲扶助之者。不在此限。

發豫戒命令時。其犯第一項者。則發第一至第三項之命。其犯第二第三項者。則發第二第三項之命。其犯第四項者。則發第四項之命。命之三年而無悛者。則處以豫定之刑罰。一年以上而能改過者。則由地方長官解除其命令。並公布地方。與衆明之。其警察官廳發此命令時。則將定式命令書付之本人。並公布地方。亦如之。

第八章　警察之責任

警察之執行機關。其施行職權。處置百事。難保其無欠缺之時。何則。組織執行機關者官吏。官吏之意思。各有不同。故當運用職權之時。未必俱能刻適法令之細目。了解精神之細微。以應社會事物之變化。或竟有牴觸法律。矛盾精神者。背法律者。謂之越權。違精神者。謂之不當。越權與不當。上則以犯法律命令。下則以害人民之權利。此等處分。不得不謂其有害於國家之目的。故此等處分可歸之無効。如有為其損害者。可責之賠償。此警察責任之所以生也。

執行機關。以維持安寧秩序防制危害於未發為目的。法律中不能將豫防之事。一一規定。而以處分之權委之執行機關。以期適當防制危害於未發。是出於不得已。非立憲政體本來之原則也。

立憲政體之原則。凡制限個人之自由行為。不得不一定之法律。然未發之危害。千態萬狀。勢不能一一按其性質而定之法律。於是法律以命令權與之警察機關。使得由其命令權規定與法律直接之細則。以防制危害於未發也。

國家之最大目的。在維持社會人民之安寧秩序。而增進幸福。故凡國家之制度。莫不以此目的為歸依。警察要旨之於國家最大之目的。其對乎安甯秩序。而防制危害。雖不能直接增進幸福。然其必不背此方針而行。固無俟言矣。蓋對乎安甯秩序而防制危害之事。即為增進幸福之基礎。蓋不能維持安甯秩序。即不能增進幸福。由是觀之。內務行政之積極的事務。與警察之消極的事務。其原因結果。正有關係。以國家之法律而論。固不能保全個人之權利利益。而當警察機關執行處分時。其有毀損個人之權利利益。不得不謂違背國家最大之目的。蓋國家行政。為維持安甯秩序。而假警察權以制限個人之自由行為。實出於不得已之手段。故雖制限個人之自由行為。為法令所認許。而警察機關。實行此法令時。總須注意於不加毀損於個人之自由權利及利益。不但不加毀損。猶且於實行制限自由行為法令之時。多方維持安甯秩序。而尤不加以制限。蓋警察上之法律。不徒以制限個人之自由行爲爲目的。亦必以維持安寧秩序爲大目的。能不制限自由。而達其目的。非法之上者乎。

凡法律命令。其明文所以表國家意思之粗顯。其精神實包括國家意思之精細。其明文則保護個人之權利。其精神實維持個人之利益。故警察機關實行法令時。須了解法令之明文及精神。而以活用處分。調和法律命令。祇解明文而不明精神。必至失法令之活動能力。而誤通實之方針。祇明精神而不解明文。必至誤範圍而陷於越權。

越明文之範圍。必害及個人之權利。誤精神之活動。必害及個人之利益。監察警察機關之處分之適當與否者。謂之行政監督。行政監督之効果。於此等越權不適當之處分。可得而停止之。更正之。其因而生損害者。令之賠償之。及負擔辨明關於處分之義務。是其責任也。由是觀之。責任之主義。其効果雖爲保護個人之權利利益。而於警察上之處分。有損害個人之權利利益之處。亦當有依國家意思法律之明文精神而調和之之原因也。然則警察機關固得由警察法規之權利而發命令。及施執行處分。若其命令及執行處分有損害個人權利利益之時。上級機關。得據報告或請願及訴訟。以更正其命令。及執行處分。或更下裁決而命其賠償。蓋警察法規之主義。陽以活動法律上之警察。不加檢束。得裕其豫防之設施。陰以責任寓制限。而無流警察權於專橫。以保全個人之權利利益。不致受警察權過度之損害。夫如是而諸般法律之對乎實際事物者。得活用之利益。其與警察命令執行處分亦相濟而不相悖。於是而警察權始得稱完全矣。

前章所述之警察機關之形式的作用。有命令及處分之別。故警察之責任。亦有對命令之責任及對處分之責任之別。

對命令之責任。是對乎發命令者而言。對處分之責任。是對乎施處分者而言。對命令之責任如左。

一、命令與法律或命令之明文及精神相抵觸及相矛盾之時。

二、違於命令方式之時。

對處分之責任如左

一、執行處分。與法律命令之明文相抵觸或與其精神相矛盾之時。

二、不履執行方法順序之時。

省令以上之責任在大臣。當於國法學說明。而非本章所應說明者。本章所論者。乃在地方警察機關之責任也。

警察云者。與他之行政各部相對峙。有一種特別組織。而成獨立之機關。受內務大臣之監督而統轄於地方長官。以行保安警察、行政警察及司法警察之事務者也。

地方長官。為地方各部部政之長官。又為獨立警察之長官。故關於保安警察事務。則為警察機關長官。自發命令而自行其命令。關於行政警察事務。則為各部行政之長官發命令。更為警察機關而行其命令。其關於司法警察事務。則命令發之於司法部。警察機關。徒執行之而已。

地方長官。以一身而兼行政各部機關及警察機關之長。故其責任雖結束於一人。而自其分課職務論之。則唯保安警察之事務。兼有命令執行之責任。若關於行政警察之事務。則行政各部機關任命令之責。警察則任執行之責。若司法警察之事務。則司法部機關任命令之責。警察祇奉行之而已。其警察機關。可不俟司法部之命令而自發命令而自行者。則於後司法警察篇說明之。

警察機關。當執行行政警察及司法警察時。不問其命令之出之於行政各部或司法部。皆須依一定之法規。故警察機關。已了解法規之明文及精神。知爲不可不行之事務。則執行之責。自在警察機關。若其事務非屬之警察。而純然爲行政司法强制的事務。而囑託警察以行之者。則警察機關雖無論其事件當否之權。若使無一定之法例。可對囑託者求其明言執行之方法。及其可任之責任。而從其所言者以行之。於是警察機關可不任全體之責。若超越所言之範圍。則其責任必當歸之警察機關。地方官官制第三十三條所定者是也。

責任由於監督之實行。故監督之法不完全。則責任之實行亦不能確實。監督之法有二。一曰直接監督。一曰間接監督。直接監督者。以下級警察機關所施之命令及執行處分。報之於上級機關。上級機關更審查其處分之當否。若其處分有越權違法不當之時。則可得而更正之停止之。間接監督者。於警察機關不服處分。而對施處分之機關或上級機關有訴願或訴訟之舉。則受其請願之機關。可得而裁判之。或使其向施處分之機關辨解。而裁判其所訴訟之事。其監督警察處分者。上級警察官、行政裁判所、及司法裁判所也。

日本警察有普通法規。而無特別法規。警察機關無條例可據。即無强行之權。故其執行機關。雖無妄制個人自由。毀損權利利益之患。而於當時不及豫料生害之事。即欲制限而礙於法令所無。亦終無可奈何於警察機敏處分之本性。誠不能無缺然於責任法未完全時代。亦正不得不如此。蓋日本由間接而生之責任法。尚未完全。其直接機關及責任法。則已規定於明治十九年勅令第二號各省官制區別第十一條、及同年勅令第五十四號地方長官制第五條矣。其各省官制通則第十一條、明大臣之監督權可停止及更正地方官之處分令及其所執行者。又地方官官制第五條、對地方長官之布令權而定其責任法。此等規定。不但明直接監督之結果。且明其結果之所自生。然直接監督所不及觀察者。則惟間接監督之是賴。間接監督。據明治十五年十二月第五十八號大政官所布之請願規則而行。然祇示警察處分毀損個人利益之救濟法。即以此法而論。凡權利利益。爲警察處分所毀損止可出之訴願。其能起訴訟與否。則尚待研究也。

明治七年九月司法省令第二十號、雖定人民對各省及府縣廳訴訟假規律。此等訴訟。祇限關於有形財產所有權之爭論。及彼此官廳權根之爭義。非規定對乎警察處分之訴訟。蓋當時主義。以爲對警察處分。而許以訴訟。使警察官負賠償之責。恐致奏微紛亂故也。漸

七〇

項希論防亂用警察權而害個人之權利。因欲箝制警察權之活動。其説曰、有二事適相反。而均須保護者。一即警察官爲公衆安寧而行其強制時。當保護其自由。使之勿失。一即保護個人之權利。以避警察之暴權也。故當警察官處分之時。必當受司法官之審判而定其爲善爲惡。又曰、若警察官亂用其權力。與人民以危害。則受害私人。當索其賠償金。政府當收其罰金。以防其亂用權力。然普國法往々不以此審判任之司法官。而以任之行政裁判官。日本制度有官吏懲戒令。雖得維持權衡於萬一。其精細之規定。當以俟之後日云。

警察學總論之部完

附錄

小學聞見錄

本館房屋寬敞地址軒爽無車馬喧煩之擾能製中國飲食免食不下嚥之苦故自來江鄂皖蜀等處遊歷諸大官降臨不絕且與中國王楊翁寓隣近就間甚便尤免人地生疏之感如承　惠臨何日何時到東京示知後本館飭人到停車場相迎也

日本東京京橋區西紺屋町五番地

清淨軒旅館謹白

電話新橋九百八十號

東亞同文會々員
東京教育時論社主筆 辻武雄君著

五洲大地誌

此書備述五洲各國之地理人口政體、官制、財政、兵備、貿易風土名勝等兼附以五洲古今沿革論略及地圖地名表尤覺詳細精緻展卷一覽五洲形勢如在目中所謂不出戶庭而知天下事殆於此書有賴乎允宜手置一編不日即出版

本舖在日本東京承辦內務府織物故現時名錦無不備具歷來清國公使館參隨諸君枉顧尤殷若何子莪公使曾購唐錦金爛作琴瑟壽幛之用李伯英公使爲萬壽貢物亦委敝舖承辦近如陳哲甫觀察尤函購不絕郵信往還兩禮拜可達如承　遠顧無不格外克巳函到無不照覆

日本東京日本橋本町一丁目十三番地日本銀行對門

增見屋水鳥氏謹白

小學聞見錄

立國始基。原於小學。我國儒者亦屢言之。古者小學。教之以洒掃應對進退之節。禮樂射御書數之文。當三代時。同種同文。相與爲治。無論王政霸政。常則玉帛。變則干戈。伎倆無甚懸殊。國家所持以爲治者。惟在相安無事而已。苟能是。是亦足矣。後世交通日廣。事變日繁。知古之小學不適於用。而不知有以易之。政府所屬望於人民者。犬馬奔走之外。別無治本圖謀。哀我人民。呻吟於專制暴政之下。苟免刑戮。不思自振。家有子女。如贅旒然。其所以爲教者。適足爲諸臣媚子之萌蘖而已。而小學乃於焉盡廢。近世歐人政學。震撼大地。推原其故。端由小學植其基。日本三十年來。注意斯途。不遺餘力。今既大收其效矣。謹據近日所聞所見。或取師說。或抒臆見。無論論議、法制、事實。凡足以藥我國人爲兒童改良腦質之助者。錄其大要。附印於譯書彙編之末。我國人初步教育者。或知所鏡焉。

小學意旨

文野人禽。其等級相類者也。人禽交混。而人不成人。文野相雜。而文不成文。人何以勝禽。有

二

學無學異也。文何以勝野。或學或不學異也。人既絕禽。雖不能無獰獷之殊。決不使一人復入禽形。（中國古史所載。伏羲女媧神農，其狀種禽獸體格。雖未卜其可信與否。而歐洲羅馬法律，尚有殘殺人禽交媾之條。可見太古人禽形體，果無一定之區別也）文既絕野。雖不能無賢否之殊。決不使一人復返野心。人禽之界一而已矣。文野之軌。無窮盡也。古今文野。不知幾變其途，而特以同時之優劣爲準。人類並存。無絕無學業之國。亦無人人有高尚學問之國。惟以全國爲體。現世界人格位置。度人力所能至者。確定其程度。使舉國人民。雖至愚極庸者。無不至焉。野蠻之途由此絕。文明之基由此立矣。歐美日本之小學是也。

小學主意。歐美各國。以智育、德育、體育爲三大綱。其人格發達最著如英國者。由此三綱。完全施教。無畸輕畸重之處。日本參酌各國。相度內情。以道德教育。國民教育。智能教育。爲小學綱領。而特留意於兒童身體之發達。較之歐洲。與德與相近。我國地大人衆。土俗異宜。教育統一本旨。未易確定。特以相近者言。日本維新以前。數千年之受病。與我國大略相似。茲故就其本旨。飾其學說。參以臆見。析解如左。

道德教育，以人之所以爲人。與人與人所當盡之責務爲綱要。其大別有六。

(一)對自己之責務。人與人相集而成國。以一人言。己之外皆人。以一國言。則人人皆自己也。

人人知自己爲國家一分子。各盡其固有之義。而國之本體始堅。苟非於兒童時確實認定。至成人決無實踐可覩。故施教之第一步。必使兒童自認爲一个人。

(二)對家族之責務。家族主義。我東方諸國所最發達者也。然衡以今日要務。必於家族之所以存立者。重加注意。以變通其盡責之方。

(三)對社會之責務。社會之意義甚廣。大别有三。一个人。二公衆。三團體。

个人相對。各有相當之分劑。務淸界限。不稍踰越。此世界交際通行無阻之原則。我國人以子子之義當之。殊屬大誤。

對公衆之公德。西人甚見發達。東人則不然。東人亦講博愛。但卽目前所見者愛之。欲其得所。至矣。至於實行擴張。所以踐其愛者。所不計也。公衆所最重者信。如各種公會。西人不爽時刻。舉國若一。日本人病不能齊。我國人則到會與否。且任意自由。無可信之公會矣。商賈賣買。西人無論彼此認識與否。絕無作僞之事。東人則非所親所畏者。往往任意作僞。不以爲恥。究其害之所至。必且一步不可行。教育者必注力於此。始得自立於萬國競爭之界。

團體爲行政便利而成者。如地方自治體之區畫是也。在日本曰市町村。又有人民各因事

四

類。特別結合者。亦曰團體。吾輩對團體之責。如鄉里中宜建學校。我必求其盡善。求其普及。博考各國各地善法。實推行之務使一團體中人人盡善。即我之能盡其責也。不惟一端而已。凡道路橋梁一切地方自治事之關於公益者。必此一團中人自有固結不解之力。使官長有不得不從之勢。乃所以盡團體之責。此教育者所當自任也。

(四)對國家之責務。國家者。公共土地。公共人民。所結合而成者也。以公共之人民。保公共之土地。此人人自有之責也。國家有君主者。乃衆人中一重要之人。非可以概國家之全體者也。盡自有之責。不使國家稍受汚辱。是之爲忠。我國人民知有君主而已。不知國家爲何物也。全國之人。共保其自有土地。爲自立自存之道。豈爲媚茲一人已哉。國有兵事。確守軍法。以與敵戰。處死不悔。非君主之可以死人。人人知必守軍法。乃能保此土地。以自保其生命也。故雖以日本自古一系之天皇。必居大元帥之職。以發軍令。不能以君主之尊。強令其人民。此君主與國家之別也。更以納稅明之。國民之稅。納入國庫。國庫者。全國公益事件之經費。非君主之私財也。君主所私用者。在日本有宮內省之經費。此不過國庫中支出之一部分耳。此一部分之外。君主不得動用一金也。設君主自下一令於民。不由國會公議。而強令民增稅若干。雖日本人民。亦必無有應者。因財政者。乃國家之財政。地球各國。苟非自屏於文明之外者。無不明著憲法。此人類所公認者也。故守法也。致死也。納稅也。皆對於國家之責務。人人當各盡其職。以共保全國之安寧。而使人人知此理。存此心。行此事者。教育者之責也。

(五)對人類之責務。不論國界種界。人與人相當自有應付之道。

(六)對萬有之責務。人爲萬物之靈。中庸所謂盡物之性。至今漸見實驗。

道德教育主義。大率如此。

有爲人之道德。有爲國民之道德。爲人之道德。普天下所同。爲國民之道德。乃各國之所獨也。

發達國民特性之教育。謂之國民教育。各國之所以有特性者。(一)、國體之不同。(二)、歷史之不同。(三)、疆土之不同。因三者不同。而國民所發思想力。團結力。自成特別性質。

歐洲各國。如英人之尊敬君主。亦世所艷稱者也。以日本之尊敬君主比之。迥乎異矣。日本自古皇統一系。而今皇又能尊重公理。定立憲法。則國人之尊重其主。自與他國不同。教育

六

者順復人情。實踐其尊君親上之行。上與下各以愛力爲團結之樞機。使外敵無間可入。較之歐人之視君主如賓客。專以天賦自由權。求教育之進步者。其保國之力。亦不少遜矣。我國國體。世界無類比之歐人。無自治之憲章。比之日本。無一系之皇統。近百年來。民族主義。磅礴於全球。苟非彼此通種。莫不以民族分裂建國。不即也而亦不離。教育者注意於斯。而國民之特性可識。

特性之關於歷史者。歐洲日耳曼民族。自驅逐北狄以來。雄長歐洲中原。後以分析散微。無所統一。爲強鄰所凌蹴。愛國者以祖國之山川國土人物之美麗雄壯。以激勵人民。使人人發達統一日耳曼祖國之思想。而同族聯邦之新國以成。日本自古。雖有外寇。無人能侵入其疆土者。人人有日本之日本根於性中。教育者因以礪之。而舊國益固。我國歷史錯綜綮變。特異之點甚多。世界萬國。君位獨高者。民位必低。久屈於君主專制。而人格未嘗見絀。文化未嘗稍患者。此必有弱點存乎其中。而優美材質。反以包羞。徵之古今。斷可識也。

特性之關於疆土者。我國寒暖適宜。平原衍沃。世界無匹。以最可愛之土地。而棄之如遺。歐洲政治家之言曰。寸土讓人。國非其國也。過亡國之墟。戾夫爲之垂涕。況身受其痛者乎。如此江山。萬國所未有也。此我國人所獨有之感情。有生所同具者也。因其特性。隨事以發明之。使童子之腦髓。人人有一國家之形質印乎其中。則民氣自强。民心自固。而國民之發達。無滯阻矣。

國民教育者。教成一國存立上必要之國民。存立必要之國民者。能盡其凡百之責務。無日不有進步之國民也。何以能成此國民。必發達其特性。特性何以發達。必注意於國體、歷史、疆土、三者。而確求其教育之方。

然則道德教育者。人類所公共。當博採萬國良法。而與之爭衡。國民教育者。乃一國所獨有。當自審其國體歷史疆土。而自立教育之本旨者也。

兩種教育。亦互相關係。人人皆有德性。則一國之秩序不紊。可以保全國之安寧。人人各盡責務。則大小團體。各有進步。而國力斯足。

國家富强之事。如一人致富。自富也。而國庫之入稅亦多。使人人皆富。則入稅愈多。而治內禦外公益之事。愈易爲力。然使人無道德。則已富而不顧人貧。甚或以求富之故。害及衆人。乃反有損於國家矣。人能致其力於一鄉一邑。擴而充之。即强及全國。然使但求一鄉一邑之利。而不顧他鄉他邑之利。壅水爲壑。反有害於國家。此無道德者不能爲國民也。有一人與一國利害相反者。如軍事。以一人言最重者生命。以一國言則最重者兵。殺敵致死。於全國有直接之利。於一人有直接之害。義當舍生以救國。又如納稅。以一人言。所納愈多。於己愈損。而國家得所納之稅。可廣興公益除公害。則自當損己以益國。是能盡國民義義務者。始足完對國家責務之道德。

雖然。與國家直接之利益。亦非無利於己也。國家滅亡。人亦何存。此國民教育之所以最可貴也。

智能教育者。所以發達人之腦力。以成生活必須之智識技能者也。上等人須有智識。其餘勞力者均所弗尚。此古人荒謬之言。當今萬國競爭。必人人有普通之智識。各爭進步。始足以成其技能。而自立於生存競爭之世。自機械滊電大興。不知理化者。往往工場中無所措手足。即以同有教育之國較之。近來德國興業進步。突過英國。因教育普及。人人有普通之智識技能也。其施教之方。必五官百骸。各適其宜。隨事隨時。使之發達。方有大益。若專用腦力思想。或專用體力行事。則發達終不完全。於普通教育之理大背。日本教育。留意於兒童身體之發達。但云留意。倘不足當歐美完全之體育。以健全之身體宿健全之智德言之。則體育自當與智德並列。故日本近今講求體育。日益鄭重。

以道德國民智能三者之教育比較言之。則國民教育最重。但言國民教育。而智德亦可包含在內。故日本小學國語讀本。或曰國民讀本。而德國小學塔。直曰國民學校。

國民教育有兩義。一教成此一種國民。一國民當實受此種教育。故此種教育。亦曰國家教育。

國家教育。與个人教育對言。兩項教育。其理俱深。各有重要。各國教育家議論不同。惟今日世界大勢。均注重國民一項。

我國第一弱點。在國民思想不見發達。造端伊始。其惟小學教育乎。

新民叢報告白

本報仿外國大叢報之例以教育爲主腦以政論爲附從採合中西道德以爲德育之方針廣羅政學理論以爲智育之本原務在考中國所以不振之故對症發藥使國民知所觀感備列各種門類如政治法律教育兵事財政等總計二十餘門撰述精美材料豐富洵爲中國報界中別開生面者也月出二冊每冊定價二角五分

日本橫濱山下町一百五十二番

發行所　新民叢報社

東京教育報主筆 日本 辻武雄著
東亞同文會員

新編東亞三國地誌

全兩冊　定價　一元二角

此書係日本名士劒堂辻先生所著識見高超叙事確實書中入彩色地圖數幅紙章潔白印刷精工發售以來流傳中國有志通時務者無不携備一卷以資研究是以出版未久而售銷者已及萬卷之多今重版新成校對更細四方君子請速賜顧遲恐售罄倘蒙惠購請就發售處或代售處函詢或面議可也

發售處　日本東京市日本橋區吳服町壹番地　株式會社普及舍

代售處　上海英四馬路老巡捕房隔壁　同文滬報館

江西廣智書莊

本莊設在省垣百花洲彭公祠內專選各種新譯新印書籍圖書平價出售以開風氣並代派各埠旬日報章彙編有願託本莊代售者請將章程樣本寄示自當照辦其價按時寄繳不悮

新書近譯豫告

留學日本東京法學院仝人啓

法學通論　法學博士織田萬著

法學通論所以說明法學之概念條論各法之綱要為治法律學者入門必要之書日本法學通論之著不下十種而是著為最新其特色在博采衆說而加以斷語行文又平易淺近一以普及法律思想為主誠為吾國人不可不讀之書也現仝人已分任翻譯期以三月成書特此預告

新法律字典　據三浦編纂原本

專門用字未易確定日本法律專門字多從西書譯出幾經審定大都的當可用近譯法律諸書大抵沿用日人定名驟閱之下恐難索解因亟編譯法律辭書聊為研究法律學者之一助

（君主主權說 國家主權說）憲法法理對照　川澤清太郎著

各國憲同不學說亦因之而異然大區別不外君主主權國家主權為兩大派是著闡明憲法原理兩說並列互相比較又旁采衆說以資參攷讀之能瞭然於憲法學說之異同不至執一偏之見誠善本也現在譯中不久出書

清國留學生會館招待規則

一　本館因東渡留學之士人地生疏故特設專部代為招呼一切凡有函致本館者本館即盡招待之義務

一　招待地方有二一在橫濱一在新橋凡由神戶起岸者本館幹事當至新橋招呼由橫濱起岸者本館幹事當至橫濱招呼其神戶上海天津三處均有本館贊成員代為經理

計開

神戶　馮君悅甫　神戶山下町清國領事館

又　孫君實甫　神戶海岸仲通清商益源號

上海　王君培孫　上海大東門內育材學堂

天津　張君亦湘　天津王皇閣前日日新聞社

一　各省東渡留學者可於就近本館贊成員諸處詢問購買船票一切情形於動身前七日先行函致本館以便至日前往招呼

一　天津航路至神戶起岸船抵長崎後可發一電致馮君或孫君言明乘坐何船何日何時可至神戶屆時二君代為照料神戶易車後可託二君代為電知本館（電費約二三角）車於何時抵京本館幹事即至新橋招呼

一　上海航路至橫濱起岸可由長崎或馬關函知本館船於何日何時至橫濱屆時本館幹事至橫濱招呼

一　東渡之士行李物件務以少帶為便其烟酒綢緞各項為入口應稅者萬勿攜帶免致多生枝節

一　到京後或入預定學校之寄宿舍或暫寓旅九均聽本人自便

一　本館招待幹事一切費用均由本館公款供給至本人一切費用由本人自理

一　本館各處招呼之人如有更動之號當隨時登報申明

日本東京神田區駿河臺鈴木町十九番地

清國留學生會館啓

教科書譯輯社廣告

本社創辦教科書專爲中學校之用曾刻有中學校輯譯述略一篇亮蒙閱者公鑒惟原定仿講義錄之例按月分類出書各處同志來函多有以時日太久未得全豹爲言者故同人公議改爲單行本出書陽歷四月間約可成書四五種以副同志期望之意至原定書目亦稍有增損之處茲重列如左閱者鑒之

倫理學
東洋史
中國地理
中地文學　矢津昌永著
初等幾何學教科書　長澤龜之助著
平面三角學　菊池大麓著
中等化學教科書
中等植物學　三好學著
新式礦物學　脇水鐵五郎著
體操教範
法制教科書
中等管理教授法

中國歷史
西洋史
中等萬國地理　矢津昌永著
算術小教科書　藤澤利喜太郎著
代數學　上野清著
中等物理教科書　水島久太郎著
普通生理教科書　片山正義著
中等動物學　石川千代松著
圖畫術
國民新讀本　英文
經濟教科書

本社發行所設日本東京本鄉區丸山福山町十五番地

本編代派所

上海新北門外　中西書室
上海北市拋球場　廣學會
上海三馬路望平街　中外日報館
上海後馬路盆湯弄　繩正學堂
蘇州養育巷北女冠子橋堍　東來書莊
蘇州元妙觀東首　開智書室
蘇州葑門內唐家巷　中西小學堂
蘇州葑門內盛家帶　湯宅
杭州城內銀洞橋　譯林
杭州城內菜市橋蒲場巷　浙江大學堂
湖州城內　開智書室
杭州城內大方伯　養正書塾
無錫崇安寺　三等學堂
蕪湖[illegible]陶觀前岸　晉康煤炭公司
江西馬王廟背後　賦梅山房主人
天津宮北玉皇閣前　日日新聞社
天津紫竹林　信遠洋行
北京米市胡同　日日新聞分社
北京東四牌樓什錦花園　溥宅
江西省城百花洲　廣智書室
汕頭鎮邦街下富中華夏布莊樓上　李道南先生
南京三牌樓西首馬路朋道別墅　沈叔美先生
安慶省城內近聖街葉宅內　前和州正堂葉公館
保定蓮池書院內知恥學社理事　籍亮儕先生
鎮江西門外天主街立生煙舖　徐翊雲
寧波東門內二鐃廟西首汲綆書莊　洪鞠裳先生
北京李鐵拐斜街陝西巷口　有正書莊
橫濱山下町一百五十二番　新民叢報社
東京神田區駿河臺鈴木町十八番地　清國留學生會館

明治三十五年六月廿二日印刷
明治三十五年六月廿三日發行

東京本鄉區丸山福山町十五番地
編輯發行者　胡英敏

東京本鄉區丸山福山町十五番地
發行所　譯書彙編社

東京淺草區黑船町二十八番地
印刷人　酒井平次郎

東京淺草區黑船町二十八番地
印刷所　東京並木活版所

上海大東門內北城根
總發行所　育材書塾

明治三十四年一月廿八日第三種郵便物認可
譯書彙編第二年第三期明治三十五年六月廿三日發行

Second year, No. 3.

THE YI SHU HUI PIEN.

A MONTHLY MAGAZINE OF TRANSLATED POLITICAL WORKS.

OFFICE:

No. 15, Maruyama-Fukuyamacho, Hongoku ;

Tokyo, Japan.

SOLE AGENCY

YU-TSAI SCHOOL.

SHANGHAI CHINA.

東京並木活版所印行

譯書彙編

一九〇二年第二卷第四期

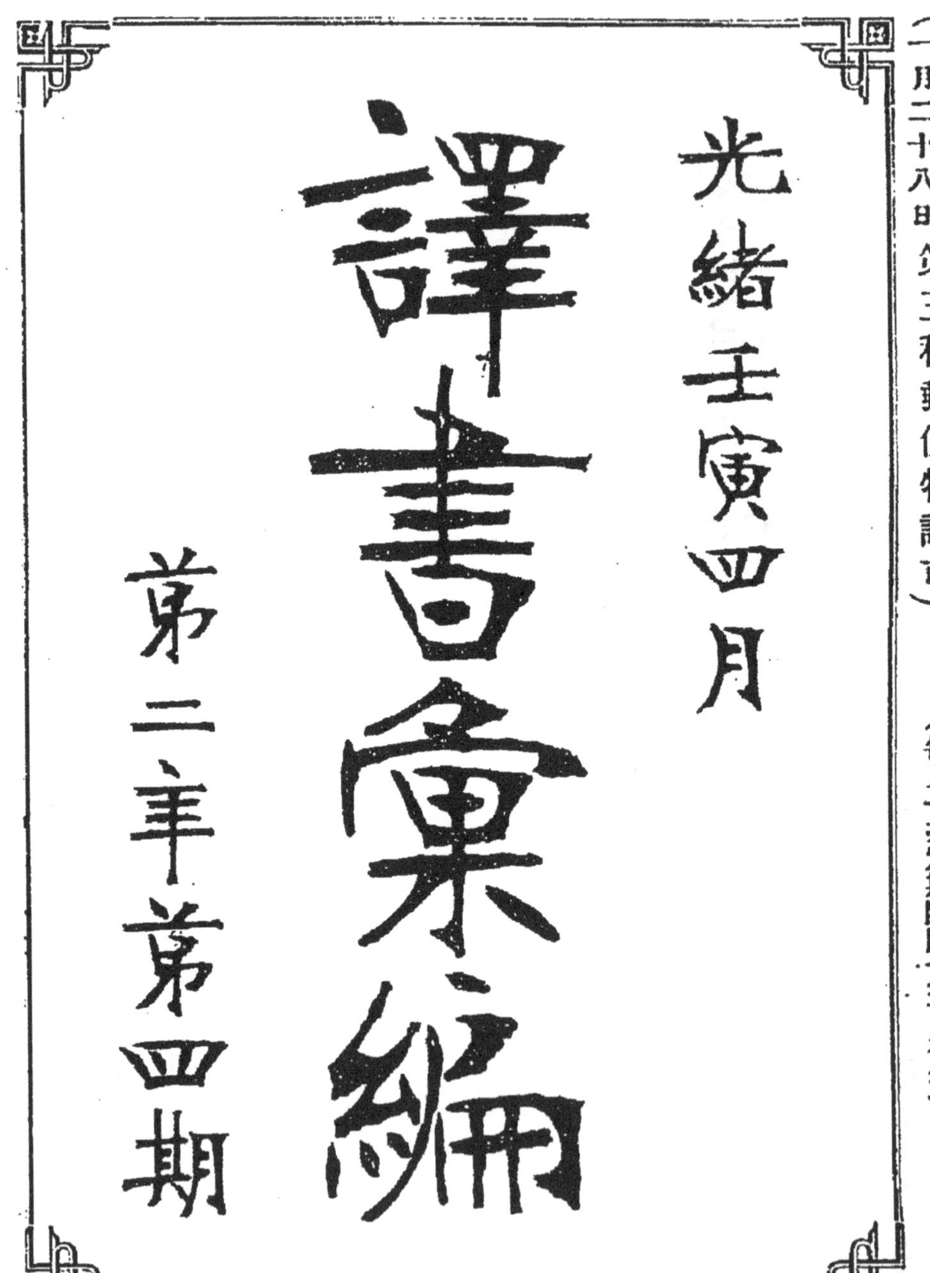

光緒壬寅四月

譯書彙編

第二年第四期

（明治三十四年一月二十八日第三種郵便物認可）

（每月一次定期陰歷十五日發行）

譯書彙編第二年第四期

目錄

本編價目表

全年十二冊	半年六冊	每冊
二元五角	一元三角	二角五分

外埠郵費視路遠近照加

廣告價目表

一頁	半頁	一行（四號十七字起碼）
五元	三元	二角

凡欲惠登告白者須於本編定期發刊之前五日交到價須先惠欲登長年半年者價當格外從減

第一高等學校卒業式

（東京並木活版所製）

上海務本女學塾

譯書彙編社發行書目

（已刊）

再版和文漢讀法（印刷中）　憂亞子增廣　全一冊　定價大洋三角

東語正規　房縣戢翼翬　香山唐寶鍔合著　再版增廣　全一冊　定價大洋一元

累卵東洋　憂亞子譯　政治小說　全一冊　定價大洋二角

物競論　無錫楊蔭杭譯　全一冊　定價大洋四角

日本遊學指南　烏程章宗祥著　全一冊　定價大洋二角

波蘭衰亡戰史　本社同人譯　第一冊（全書二冊）定價大洋二角五分

國家學原理　無錫稽鏡譯　全一冊　定價大洋三角

女子教育論　吳縣楊廷棟　周祖培合譯　全一冊　定價大洋四角

日本制度提要　本社同人譯　全一冊　定價大洋五角

和文奇字解　本社同人編輯　全一冊　定價大洋一元

無錫楊蔭杭譯
名學
全一冊 定價大洋四角

烏程章宗祥譯
國法學
（第二版出書）
全一冊 定價大洋六角五分

烏程章宗祥譯
各國國民公私權考
全一冊 定價大洋一角

歸安錢太守輯
財政四綱
（印刷中）
原版每部定價一元五角 縮版每部定價一元

本社譯
最近支那論
全一冊 定價大洋七角

嶺涯生編輯
歐美日本政體通覽
全一冊 定價大洋五角

嶺涯生譯
法律學論綱
全一冊 定價大洋一角

嶺涯生編
外國國勢一覽
（印刷中）
全一冊 定價一角五分

本社譯
歐美各國最近財政及組織
全一冊 定價大洋四角

政法叢書

第壹編

各國之政治其組織不同其起源亦各不同不明其組織起源則於其政治之長短利害未由而明國法學之範圍即以此爲目的凡國家如何成立及國家有幾種機關與機關之如何進行舉元首臣民與立法司法行政等項均包括在內日本各政治學校均以此科目列入首年其重要可見法科大學校亦然此書爲岸崎中村二君合著而二君學說均本於大學校故其議論考据均極精切完備實講求政治學者之基礎也爰急譯之以餉同志

烏程章宗祥譯

國法學

定價六角五分 洋裝二百頁

第二版出書

本書目錄

○緒論○卷一論國家之組織○卷二、論國家之機關、○卷三、論國家之機能○卷四、論國家之聯合、

發行所 日本東京譯書彙編社

發賣元 上海育材書塾

政法叢書

第貳編

本書詳叙德國、英國、法國、美國、墺匈國、日本國、之建國、政治議院組織等。行文極平易簡明。蓋以世界各國政體之大意。人人須知。無論何人。皆宜手置一編也。

歐美日本政體通覽

洋裝

每部定價五角

本書目錄

各國政治組織、德意志帝國（建國、帝國之組織 皇帝、聯邦參議院、國會、政府）阿美利加合衆國（建國、議會、大統領）墺太利亞……匈牙利王國（建國、王國之組織其性質、共同政治組織、墺太利亞帝國政治組織、匈牙利王國政治組織）佛蘭西共和國（建國國民議會、代議院、元老院、大統領、政府及內閣）英吉利王國（國王、國會、國務大臣）日本帝國（帝國之組織 皇帝 國會 政府）

總發售上海大東門內育才書塾

王國統一之後。業已寸土不存。查千八百七十一年五月十三日之保證法律。雖認羅馬焉
法王之身。及其住所。為神聖。而於執行宗教上之使命時。亦不無與以特權之處。要之
不外一敬遠主義。以使得專其利益耳。今日國際上之關係。斷不容僧正[illegible]際涉。然
之事也。伊公使此次抗議。雖皆出自本國事件。而於理論實際。實足為兩不具備。乃普國
外務省於千八百九十八年七月編纂年報。詳記其事曰。
駐劄普理西爾之外交使臣。特以禮讓承認羅馬法王之使節為首席公使。業將所議
於三月十二日通牒報告。
右決議之旨。由英國女皇陛下所派特命全權公使斐列泊司氏。於三月十二日通牒
報告。
伊大利國王所派之特命全權公使阿脫拿利伯。謂首席公使。照例應推到任最先之
公使。乃由斐列泊司氏呈於法王使節之書牘中宣布其旨。
由吾人觀之。此等事件駐劄普國之列國公使。不自知其本國千八百四十九年以來之常
例。致有此爭論也。使英公使而知向來之常例。固無俟伊國公使之抗議。而亦萬不至使阿

脫爾能司占居上席也。或謂阿脫爾能司之得占上席權者。由常例未定之故。然則此項事件。更不得不加入於維也納公會之決議中矣。

如上所述者。凡同一等級之使臣。其席次順序。以就任通牒之先後爲序。而就任通牒之之先後。以呈遞信任狀之先後爲斷。故雖謂使臣席次。由呈遞信任狀之先後而定可也。然或因本國政府遇有事變。或駐剳國之政府遇有事變。因而重行呈遞信任狀。如遇君主崩御之類。則仍以初次呈遞之日爲定也。

第四編　列國會議

第一章　公會及會合

列國會議。言列國之代表者相集會議也。其目的不僅關於政治上之事件。然本章所論列國會議中。其關涉於政治上事項者。亦復不少也。

蓋列國會議。乃會同列國之代表者於一堂。而直接談判。及國際公法上所謂居間調停也。Médiation. 夫強國擅用其權力。相形之下。恒覺其不可。故列國會議。所以決國際上之大問題。與定國際法上之原則。爲最覺便利。而其實例。亦時時相見也。

三 古來列國之會議。有公會 Congrès, Congress. 及會合 Conference. 之別。然二者之間。欲顯然分其界限。頗覺不易。茲舉其實例於後。以示區別之標準。千六百四十八年開公會於維斯脫利之孟士的爾。及澳斯納勃利。Münster and Osnabrück. 是爲公會之始。其後有千六百五十九年之比蘭那司 Pyrenees 公會。千六百六十七年之孛列達 Bredo. 公會。千六百六十八年之愛司拉甲比公會。千六百七十三年之坎侖尼 Cologne. 公會。千六百七十八年之尼曼搿 Nimegne. 公會。千六百八十二年之拉基司磅 Rrtisbonne. 公會。千六百九十七年之利斯淮克 Ryswick. 公會。千七百十三年之荷脫列基 Utrecnt. 公會。千七百十四年之巴達 Bade. 公會。千七百十五年之哈拿普魯公會。千七百二十二年之卡孛雷 Combrai. 公會。千七百二十八年之撒遜斯 Soissoins. 公會。千七百四十八年之愛司拉甲比公會。千七百七十九年之脫斯荊 Teschen. 公會。千七百八十二年之巴里 Paris. 公會。千七百八十四年之維沙列司 Versailles. 公會。千七百八十七年之拉斯達脫 Rastabt. 公會。千八百二年之阿密痕斯 Amiens. 公會。千八百七年之伊富爾脫 Erfurt. 公會。千八百十四年之希德侖 Chatillon. 公會。千八百十五年之維也納公會。千八百十八年之愛司拉甲比公會。千八百二十年之卡羅斯巴德及托拉砂 Carlsbad and Tnappna. 公會。千八百二十一年之雷比基 Laybach. 公會。千八百二十二年之維崙尼 Vérone. 公會。千八百五十六年之巴里公會。千八百七十八年之伯林公會。至若會合之事。其數更多。茲僅舉重大者如。千八百三十一年因白耳義國之獨立。而有倫敦會合。千八百五十四年至五十五年。因希臘戰爭鎮定事件。而有維也納會合。千八百六十四年因西雷司瓦克及霍魯斯他伊事件。而有倫敦會合。千八百六十七年。因魯格撒勃羅事件。復有倫敦會合。千八百六十四年及六十八年。有基奴跛之會合。千八百六十八年開禁止戰時破裂藥彈之會議於聖都。千八百七十四年因定戰時之法規及慣習。而有坡里撒羅之會合。千八百九十九年開平和會議 Conférence de la paix. 於拉赫。Lahaye. 此皆會合之最著也。

吾人常譯 Congres. 爲公會。Conference. 爲會合。冀避二者之混同。然於政府所慣用之名稱。又不能變更之。故以上有譯會合爲會議者。

公會與會合之區別。經多數學者之說。謂一國之元首或外務大臣列席者。謂之公會。若僅使使臣參席。謂之會合。然有時僅有使臣列席。而稱會合。元首列席。而稱會合者。足徵前說之未臻完備也。歷觀公會之實質。其所議事件。自此會合爲重大。故古來之公會。往往元首親自臨席。即不然。當使外務大臣參列也。因之人有以其實質而區別之。謂公會者。乃重大事件之會議。會合者。未必皆出於重大事件也。然所議事件之重大與否。頗難分別。故此說亦未足爲標準。又學者中有以議事之目的而類別之。曰、公會者。維持各國之平和。使戰爭終結。而有列國會議也。會合者。未必常爲此等事件也。執此說者。亦足定兩者之類別。然現今之公會。其目的不獨使戰爭終了。且有既結平和之局。而特開公會以維持其永久者。試觀千八百十四年至十五年之維也納公會。千八百十四年之巴里條約。皆爲固守其平和之局而設者。至千八百十八年之愛斯拉基巴公會。不過於維也納公會決議之後。而決議法國駐在占領軍隊之撤退也。又如千八百二十年之德拉巴公會。及千八百二十一年之雷巴哈公會。乃普澳俄三國之元首。會集商議伊太利革命之鎮壓事件。此爲豫防將來之危局而設者。故此說之區別。亦不能爲定論。又有學者謂決議世界永久平和之局。而開列國會議者。即謂之公會。然則千八百三十一年之倫敦會合。千八百六十七年之倫敦會合。及晚近荷蘭之平和會議。皆以維持世界永久平和爲目的者。又何說也。更有一派之學者。 五欲以參列員討論權之有無。而分其區別。請會合者。雖無討議權之國家代表者。亦得列席。若於公會時。則此等之代表者。往々不得臨會。然維也納公會。及伯林公會時。無討議權之代表者。固有參列其間。亦見此說之不足據也。

要之以議事之實質。爲區別之標準。最覺切近眞理。蓋列國之慣例。公會與會合本無甚區別。不過從外交官之意見。而隨時定名耳。二者間之根本。既無一定之標準。學者欲強別之。不亦僨乎。吾人唯以決議重大事件之列國會議。謂之公會。其決議事件較輕者。謂之會合。而此事件之重大與否。則一任外交官之考核而已。

第二章　列國會議之召集及豫定條約

加入於國際協同之各國。有召集列國會議之權利。然列國亦有拒集參列之權利。故一國欲召集列國會議。不可不預以一定之目的。而通告於各國駐劄本國之使臣。及本國駐劄列國之使臣也。

列國受會議召集之提議時。如其大旨。無反對之意見。則其徵細之處。縱有不能表同意者。即不可拒絕其參列。此乃尊重國際上之情誼也。若不能指出其反對之理由。而欲使其會

七

議不得成立。固不少概見。如千八百五十九年因確定伊太利之事件。其列國會議之召集。終得成立。亦一例也。

一國欲召集列國會議。其會場之選擇。亦一最難之問題。如因交戰而召集列國會議。則設其議場於戰地。必當在適中之區。是衡平維持之第一要義也。平時之列國會議。但須參列委員之勢力。然問題之關係重大者。即在一國之首府。常例。乃開於發案者之首府。顧其發案者。必係大國。故往往欲避其嫌疑。而開於永久中立國。或絕無關係之小國首府。如普爾克撒之會合。辣海依之平和會議。皆此類也。

平等權之原則。於此列國會議時。最宜愼重。故列國必須得同等之參列權討議權及表決權也。然因大國之利己心。而侵奪其權限者。亦復不少。如千八百十五年之維也納公會。及千八百七十八年之伯林公會。其有討議權者。只限於一等國。又千八百七十六年至七十七年之君士但丁堡會合。禁土耳其國之參列。是也。今日國際間正義之觀念。果存在與否。是吾人所不能無疑者也。

列國若承諾其參列。則得召集會議。然開會後或生種種之紛議。故先結豫定條約 Convention préliminaire. 以維持之。而戰後之列國會議。尤宜愼重。列國以交戰國所負擔條件之大概、會所討議之法、使臣不可侵權之保證、及會議之禮式等。皆一一預定之。如白耳義戰爭後之伯林公會。其平和條件五條。即豫定條約也。

列國會議。乃決籌重大之事件。故各國之任選參列員。頗出愼重。若元首親列席者。其國之外務大臣及第一等之官員。必隨侍之。無元首列席時。必派遣代表者數名。此代表者卽全權委員 Plénipotentiaire, Plenipotentiary, 或委員 Délégué, Delegate. 是也。列國會議之委員。常有不止派遣一人者。如千八百十五年維也納公會。各國派遣全權委員。英、法、各四名。普、葡、各三名。澳俄各二名。千八百五十六年巴黎公會。各國皆派遣委員二名。千八百七十八年伯林公會。俄、英、澳、德、法、各三名。伊、土、各二名。此其證也。此等之委員。必各有所長。或通國際之慣例。或品位最高而有延攬人心之才。或長於國際法、及外交史。或善作文書之類。故得各掌其事項。而遂有種種之名稱。如全權委員。副委員。第一委員。第二委員。學術委員。專門委員。法律委員。是也。公會無元首列席時。則任命外務大臣爲第一全權委員。駐劄其國之使臣爲第二全權委員。會合時。則以其開會地。或駐劄附近地之大使。爲第一全權委員。而命公使爲第二全權委員。此通常之例也。此等委員。其行動皆從本國政府之訓令。而其協議事項。能否主任於一人。一任本國政府之意見而已。

第三章　列國會議之開會

第一節　委任之交換及議長之選舉

列國之全權委員。及其期日。參集於指定之會所。照常例。先行外交上之訪問。此禮式終。乃開列國會議第一會期。各國全權委員。先呈示本國政府所授之委任狀。以證明其權限之適當。若委任狀有不完全之時。可拒絕其列席。全權委員既承認其權限之適當。則對使臣。皆當享有其不可侵之特權。蓋此等特權之享有。乃列國會議時各委員討論中之最要者也。

委任狀之交換既終。乃於會議所定討論之方法、儀式、及席次、（無豫定條約締結時。已如前章所述）古者凡關於是等之事項。往往有非常之激論。現今之常例。皆有一定之席次。而以法語要皮西 Alphabétique francais. 順序之。

其次行議長之選舉。照古來之常例。常推開會國之外務大臣。或其第一全權委員爲議長。

以表敬意於其國家。如千八百五十五年維也納會合之議長。乃澳大利外務大臣伯爵波瓦爾 Buol. 也。千八百五十六年巴里公會之議長。乃法蘭西外務大臣伯爵瓦婁斯克 Walewski. 也。又千八百七十八年伯林公會。英得辣撒伯 Andrassy. 亦從常例推舉士馬克公 Bismork. 爲議長。曰、

諸君、余以畢士馬克公殿下。得推薦於諸君。爲公會之議長。是余之光榮也。此事不獨依照向例。並賜非常之欵待於歐洲列國之代表者。以表其對元首恭敬之意。今茲提議。余致信其全會一致迅速可決。夫以公之品性卓越。以鼓舞吾人之事業。必能有最適當之指揮也。

雖然。是等開會之際。列國會議之議長。必選舉大國之委員。是使爲小國者。永在中立之地位。而終不能有一日爲其會議之發意者也。試視千八百七十四年之坡里撒羅會合。爲議長者。乃俄國全權委員也。千九百九十九年之平和會議。爲議長者。亦俄國全權委員也。或謂此等未可概例。今舉平和會議議長斯達爾 Staal. 男之演說以明之。

（上略）今茲余蒙荷蘭國外務大臣過分之贊辭。實深感謝。余本希望勃斐羅閣下自爲

二

議長。以整理此會議。並閣下如占議長之席。不獨爲本會議先例之旨示。而閣下方執掌和蘭之外政。由其所設施者觀之。必當勝任愉快。且吾人推戴閣下爲議長者。正所以表敬意於君上也。請俯體此意。以副吾人之深望。

又曰、外務大臣推荐余爲議長。認余有皇帝陛下全權之資格。而爲此次會合之發意者。凡參列各大臣。皆承認此推荐。余負此名譽。敢不奮勉從事。以答諸君之信任。但余以年老之身。一旦負此重任。深恐有隕越之虞。尙求藉諸君之力。以匡不逮焉。

議長者。掌握議場之規則。並與各委員發言之許可。而進行議事者也。然於當然職務之外。初無別種之特權。即署名於會議之決議書。亦未必定占上席也。

議長之選舉既終。乃行書記之選舉。照常例。大概由議長指名。以求各員委之承認。若得承認後。議長乃導之以紹介於各委員。然後問其能否秘密記事。

以上所述者。乃列國會議第一次之大略情形也。是等之準備既終。議長於是議定其第二會期。而於此會期前。許各委員互相交通。以示親密之意。但指定開會之期。却無一定。如伯林公會其第二次會期。乃延緩至次星期之第二日也。

第二節　討論、會議錄、及決議、

會議之準備既如上節所述。此節乃先就會議之目的而討論之。夫參列各國之全權委員。固得自由討議其問題。並有平等之表決權。但事項之採決一國祗限一票。而所附隨之不甚重大問題。除各國同意外。皆用多數決定之制。然特別之合意。往往與國家平等之觀念。不能相容。故列國會議。概從全員一致之制度。而一國之委員。或有不預其問題之決議者。如千八百十五年之維也納公會。西班牙全權委員拒其決議書之調印。千八百二十二年維羅拿公會。英國委員不認干涉主義。是也。故全權委員可拒絕自己之投票。並對其決議。得力陳其反對之說。然不能牽制他國委員之自由。及妨害其投票也。

列國會議。所以維持戰後之平和。故當得列國之同意而召集之。設斯時有生異議而須重行規定者。則謂之平和豫定條約。"Traité préliminaire de paix, preliminary treaty of peace." 其會議之決議。不能一次終結。而須更定期日。以開列國之會議者。亦復不少。如千八百十四年之巴里會合。則以維也納公會爲豫備會議。千八百五十年維也納會合。則以巴里公會爲豫備會議。然最初之會議。或列國不能表同意者。則其會議勢必不得成立。如千

一三

七百二十五年之卡麥勒雷公會。千七百二十九年之撒遜公會。千七百九十九年之拉斯他德公會。千八百十四年之希基命公會、皆此類也、

列國會議之各會期既終結。當作會議錄以表明其開會中所議之事。會議錄。古者謂之 Procès-verbal. 維也納公會之後。皆用 Protocole. 之語。然與議定書不可混同。

書記於各會期時。以前會期之會議錄。報告於列國之全權委員。其書式。但求簡明白。而於要事之記載。不使之遺漏耳。如開會時無甚決議。列會議錄中唯錄其討議之事。而書其意見。其記載也。摘錄其全權委員之有無異議。至後全權委員各簽署其名。今舉一例。如千八百七十八年伯林公會最後之會期。揭載其會議錄於左。

伯林公會關於東洋事件之會議第二十號千八百七十八年七月十八日之會期

總全權委員列席

三時開會

議長以會議錄第十八號。歸入於會議錄第十九號。而呈遞於列國全權委員諸君。由各

一九四

全權委員檢閱其會議錄。然後各自簽名。當日畢士馬克公於署名以前。對列國全權委員諸君曰。伯林駐劄該國大使。其署名於此等會議錄之權根。不可不先行提議。此發案既決。可議長乃以署名條約之事。請求於全權委員。

阿脫拉西伯先起而演說曰。

諸君、今日以吾人之盡力。得此非常之親睦。須知吾人經營此事業。不得不表敬意於卓越之政治家（指畢士馬克公）也。

公以確保平和調停分離爲已任。且注全力以使歐洲重大事件之速成結果。

吾人之對平和事業。亦既各表同意。以期功業之速成。然非吾人之議長具堅忍不拔之精力。以指揮吾人者。詎能臻此。

故吾人不得不感謝於畢士馬克公殿下。今日余之提議。凡列席之各委員諸君。皆當有同意焉。

吾人受德國皇帝陛下及其皇族非常之款待。自當先表其感謝。凡吾同人。必同具此熱誠也。

一五

畢士馬克公答詞曰

余聞阿脫拉西伯之演說。實深感激。即余之同僚。凡由此次事業之經過中者。莫不以仁恕寬大之意。以表其感謝之忱。茲吾甚望各全權委員。以懇篤之精神。互相親睦。使本公會相安無事。以告終局。是則余之所希望者。而今日諸委員待余之眞誠懇摯。更足使余歷久而不忘也。

公會中各國委員既署名於七條約書。議長復起而演說曰。

今日公會之事。既已終結。而議長最後之義務。當代全權委員諸君表公會之感謝與台斯普蘭氏及霍亨路公也。且此次之會集。深蒙書記及特別事務之吏員相助爲理。余又不得不爲同人表其感激之忱也。

諸君、今茲吾人當散會之際。宜以本會所議定者。切實奉行。以副輿情之希望。幸得列國全權委員。和衷共濟。力圖增進歐洲之惠福。此會之結果。凡因黨派心而忽生異議者。余可力證其必無。天祐歐洲。使列國永相親睦。則此公會之成立。由吾人之信實而關係及各政府者誠匪淺也。

抑余更以懇篤之忱。以謝余之同僚。今當公會之最後會期。凡吾同人。皆當維持此感謝 一九六
之情也。
此會期。各國全權委員。於五時散會。

畢士馬克手署
比　倫手署
霍　亨　路手署
卡　路　依手署
瓦　荆　登手署
維　利　耶手署
辣　撒　爾手署
路　納手署
掰　羅　甲　哥手署
德　坡　利手署

一六

卡拉丹特林手署

沙 德 拉手署

Protocole no 20 du Congrēs de Berlın sur les Affaires d' Oaient.

(Séance du 18 Juillet 1878)

(Etaient prèsents tous ןes plénipotentiaires).

La séance est ouverte ā trois heures.

Le Prèsident fait remarquer que le Protocole no 18 a été districue et que le Protocole no 19 sera entre les mains de M M. les Plénipotentieires daus le courant de la Jouanée. Les deux Protocoles seront donc examiés par tous les membres de la haute Assmblée. Mais, comme il ne sera plus possible de recueillir tontes les signatures pour les copies. défies définitivement arrētées, le Ppince de Bismarck propose que M M. les Plénipotentiaires qui partiraient avant la signature autorisent Leurs Exc. M M. les Ambassades accrédités ā Berlin de signer les derniers Protocoles en leur nom.

Cette proposition est adoptée.

Le Président invite les Plènipotentiaires ā vouloir procéder ā la signature du traité.

Le Comte Andrassy prononce les paroles suiqvates:

" M M. Au moment oū nos efforts viennent d' aboutir ā une entente générale, il nous serait impossible de ne pas pendre hommage ā l' homme d' Etat éminent q-ui a dirigé nos travaux.

" Il a invariablement en en vue d' assurer et de consolider la paix. Il a voué tous ses efforts ā concilier les divergences et ā mettre fin le plus rapidement possible ā l' incertitude qui pesait si gravement sur l' Europe.

" Giace ā la sagesse ā l' infatigable énergie, avec lesquelles notre Président a dirigé nos travaux, il a csntribué ā un hant degré ā la prompte rétssite de l, oeuvre de pacification que nous avons entreprise en commun.

" Je suis done sûr de rencontrer l' assentiment unanime de cette haute Assemblée, en vous proposant d' offrir ā S. A. S. le Prince Bismarck notre plus chleureuse gratiude.

" Sur le point de nous séparer, je crois le mieux répondre cudore ā vos sentiments en témoignant notre respecteuse reconnaissance de la haute bienvaillance et de la gracieuse hospitalité dont nous avons été l' objet de la part de S. M. l' Empereur d' Allemagne et de l' auguste famille Impériale."

Le Prince de Bismarck répond :

" Je suis profondément sensidle anx paroles que le Comte Andrassy virnt de prononcer au nom de cette Assemblée. Je remercie vivement le Congrēs d' avoir bien voulu s' y associer et j' exprime toute ma reconnaissaissance ā mes Collēgues de l, indulgence et des bons sentiments qu' ils m' ont témoignés pendant le cours de nos travaux. L' esprit de conciliation et la bienveillance mutuelle dont tous les Plénipotentiaires ont été anmes m' ont facilite une tâche que, dans l' état de ma santé, j' j' espérais ā peine pouvoir mener jusqu' ā son terme. En ce moment oū le Congrēs, ā la saisfaction des gouvernements représentér et de l' Europe entiēre, abontit au résultat espéré, je vous prie de me garder un bon souvenir; quant ā moi, la mémorable époque qui vient de s' écouler restera ineffacable dans ma mémoite."

Le Congrēe procēde ā la signature des sept exemplaiaes du Traite. Cet acte etent accompli, le Président repaend la parole dans les termes suivants:

"Je constate que les travaux du Congaēs sont terminés. Je regarde comme un dérnier devoir du Président d' exprimer les remerciements du Congrēs ā ceux lés Plenipotentiaires qui ont fait partie des commissions, notamment ā M. Desprez et ā M. le prince de Hohenlohe. Je remercie également, au nom de la haute Assemblee, le secrétariet du zéle dont il a fait preuve et qui a contribué ā faciliter les travaux du Congrēs. J' associe dans l' expression delcette reconnaissance les fonctioanaires et officiers qui ont pris part a x études spéciales de la haute Assemblée.

" M M. Au moment de nous séparer, jene crains pas d' affirmer que le Congrēs a bien mérité de l' Euaope. S' il a été impossible de réaliser toutes les aspirations de l' opinion publique, l' histoire dans tous les cas rendra justice ā nos intentions, ā notre oeuvre, et les Plénipotentiaires auront la conscience d' avo'r, dans les limites d possible, rend et ass ré ā l' E rope le grand bienfait de le paix si gravement menacée. Ce rés ltat ne sa ra être attén é par a c ne critique p é l' esprit dé parti po rra inspirer ā la publicité. J' ai le ferme espoir que l' entente de l' Europe, avec l' aide pe Dieu, restera durable, et que les relatiohs personnelles et cordiales qui, pendant nos travaux, se sont établies entre nous, affirmeront et consolideront les bons rapportsentre nos Gonvernement.

" Je remercie encore une foi mes colēgues de leur bienvaillance ā mon égard 'et c' esten conservant cett impression de haute gratit de, que je leve la dernsēre séance du Cugrēs."

Les Plénipotentiares se separent ā cing he res.

Signé : V. Bimarck.

B. Bülow.

C. F. v. Hohenlohe.

Karolyi.

Waddington.

Saint-Vallier.

Odo R ssell.

La nay.

Gortchacow.

P. D' O bril

Al. Carathéodoay.

Sapoullah.

各委員以其完全之理由。或列國委員所論議者。記載於會議錄。若關於一已之發言。則附加字句。亦載入其中。此名爲意見書。Opinion ou vote. 意見書。與會議錄皆當保存。而其書式。殆與記憶書 Memorandem. 無異。

全權委員以其議事之現狀。並會議錄之謄本。送達於本國政府。由本國政府查照。而發種種之訓令。故通信事業益益發達。則全權委員。亦愈受其制限矣。

經數回之會期。其會議益益進行。以至其會議之散閉而總括之。乃作終結條約。Acte final. 如千八百十五年六月九日之維也納條約。千八百五十六年三月三十日之巴里條約。千八百七十八年七月十三日之伯林條約。即此類也。其形式與普通條約無異。至其内容。則隨會議之性質而異。不能槪例。且不僅關於會議之決議。凡參列各國間其締結條約之効力。亦當規定也。如維也納條約第百十八條中。乃記載俄、澳條。澳、俄、普條約。澳、普、俄條約等之效力也。

第四章　外交上之用語

外交上該用何國語之問題。尤當商定。蓋列國會議。乃列國之使臣相聚一堂。故此問題頗爲緊要。吾人於本編之一章。但從其便宜上論之。而其議論之內容。與列國會議之範圍。固有不能一致者。若一國由平等獨立而論。則使臣各國自國之國語。固自不妨。所謂外交上之用語。亦可不論。然各國之代表者。於商議之時。使各委員各用自國之語言。其不便熟甚。若謂以各國最通行之國語。爲外交上之用語。不過爲便宜上之問題而已。

第十七八世紀之交。歐洲外交社會最通行羅馬語。故此時代。外交上之用語。亦用羅馬語。千六百七十八年尼曼古公會。千六百七十九年里斯維克公會。千七百十三年烏脫雷依公會。千七百十四年巴德公會。皆用羅馬語。以互相討論也。然自魯意十四世以來。文學之餘光。當推法蘭西。各國朝廷及貴族之間。皆盛行法語。於是外交談判條約等。皆用法語。爲外交上之用語。千七百四十三年伯林條約。千七百四十六年脫蘭斯丁 Traite de Drede. 條約。千七百六十三年希伯爾梯司奔 Traite de Hubertsbourg. 條約。千七百七十九年脫西亞條約。皆用法文。即此亦足以證其事實也。但使用一國之國語。不過爲一時之現象。一國不能主張使用本國國語之權利。故列國當使用一國國語之際。必豫防此混同。而申明其並非沿用成例之旨也。如千八百十五年維也納條約第百二十條。

本條約各謄本。皆用法蘭西語。凡締盟各國已承認此語之使用。將來並不生何等之效果云云。

"La langue franchise agant été exclusivement emplogée dans toites les copies du present traite, il est reconnu por les Puissanbes fui ont concouru ā cet acte pue l' empioi de cette langue ne tirera point a cousefuence pour l' arcnir.................."

以上所規定者。即不外此主意也。

各國當從便宜上而以商議者通行之多數。即使用其國語。然因各國之自重心。及條約之解釋有關於利害者。一國政府所發之訓令。仍用本國國語。因此普通之法。以各國通用語之繙譯文。添入於該條約中。如千八百十七年佛朗克福會合德意志聯邦皆用德國語。唯於決議中添入羅馬語、及法蘭西語之譯文而已。又使臣止用本國國語。而並不添附繙譯文。如千七百九十七年至九十九年之拉司他脫公會德國代表者。以自國之國語。作書以通法蘭西公使。法公使答書。亦用法語是也。又英國久創廢棄使用法語之說。既而猶倫維衛卿 Lord grenville. 對駐在倫敦之外國使臣。於外交上用語。命盡用英語。根尼衛卿並發訓令使公文等全用英語。而禁止其飜譯文之添附。恐其解釋拘於其譯文也。至北美合衆國。自專用英語。然二國間之締結條約。則仍用締盟兩國之國語。此通例也。譬如日本與法蘭西締結條約。則作日文條約、及法文條約、各二通。兩國交換其一。各以其原本爲自國文之條約。以之對照解釋之。但僅用兩締盟國之文。常不免有紛議之虞。故往往用第三國之文字繙譯之。以作條約之解釋。

至商議之用語亦同。英美二國。暫置不論。歐洲大陸之外交社會。今日猶專用法語。列國使臣用自國之語言者。自不得不倚賴乎通譯官。故遇複雜之交涉。頗多周折。夫機敏者。外交上第一要義也。若事事藉通譯官之轉譯。常不免落人後者。故爲外交官者。不可不知法蘭西語也。

第五章　外交談判

國家派遣外交官於列國。所以維持國際間之友誼。而增進己國之利益也。故外交官每當一事之起。與其駐劄國政府。自有商議之職務。至派遣列國會議之外交官。則其商議。乃唯一之職務也。今將關於外交談判者。Negociation diplomatique. 如商議之方法。及外交官取可之態度。一一論述之。

外交談判之優絀。專持其外交官之經歷。與其天稟之才能。若紙上空論。毫無所益。故當外交談判之際。其原則之大要。外交官當服膺而勿失也。試揭載二三先賢之說。以備參考。

外交指針 Gnide diplomatibue. 之著者國際法學者、又外交家之馬羅丁斯男爵曰。談判者。是論議其極端也。兩國之意見相衝突。於是有談判。若此國已不得不應彼國之請求。則談判亦歸於無用。故其主張之兩極端。常互相關係。而當事者各自信其主張。於是談判始開。但於先事須熟攷其取可之方略。慎重之外交家。常確守而不敢忘也。其關於談判也。不可不認明其何者爲要點。何者爲附隨之事。若注全力於要點。則事成而附隨者不勞而得。且欲成就其主要之要求。須時時提議其意外之請求。以探相對者之意見。然須先定程度。乃不至有蹉跌之虞。至請求之件。一時有不得成功者。萬不可挫折其勇氣。又談判進行中。常有意外之問題。當此之時。外交家當安然處之。恃以百折不回之精神。而始終不稍讓步外交者有但視自國政府之利益。而強行要求者。乃其大缺點也。夫利益者。非祇就一時而言。如行强硬之要求。致害一國之感情。其失策亦甚矣。故善於外交者。遇此等之事。寧去其一部之小利。以俟將來之機會也。談判之語言。尤宜注意。如徒以誇大之詞以强迫之。適足妨害其成功耳。至談判之方法。亦不可徒用其狡猾手段。外交所最重者信實。外交家當奉為格言也。Le Bronch. de Marten : Le G de diplematifue, 1886, T, I, chap. VIII, §. 53, P. 168, 173. et suiv.

國際公法學者赫脫衛氏曰。外交家之第一要義。在確知談判之目的。而熟籌其處之之法也。彼奉其本國之訓令。凡一事之經過。必報告於本國政府。有涉疑義者。又不可不仰給其訓令。然事當緊急之際。亦有不待其訓令。而先行提議者。外交官於其駐在國之政府。當談判開始時。宜明辨其要求之由來。而其態度必出於温厚。萬不可稍形憤怒之色。但其言辭舉動。而與要求之目的絕不相對者。亦事所不宜也。故不妨稍用手段。以期貫徹其要領。遇有重大之障害者。當爭與否。外交官所最宜熟慮者也。若當紛議之際。不究其事之原委。而苟焉從事。其不致非鹵滅裂者幾希。自古著名之外交家。其對於要求也。已有十分把握。往往有權作一時之退步者。故曰。期永久之成功者。寧去其一部之小利。以圖將來之機會。

二九

也。Heffter : Le droit international de l' Europe, 1818, no 238, P. 440, 441.

格羅西維卡男曰。外交官於談判時所當服膺之第一義。訓令是也。當談判開始之際。凡種種之要求。必俟本國政府之命令。乃能決定。外交官無擅自拒絕變更之權限。故提出一問題。不可不確定其時期及其措置之方法。再按其訓令之範圍與其程度。而一一決擇之。惟關於權利問題之訓令。往往留外交官自由決斷之餘地。要之外交官之責任。自要求之最小限度以及讓步之最大限度。皆須俟本國政府之訓令者也。Le Boron de Jarcia de La Vega : Juide pratifue des agents politifues, 4. ed, 1899, P. 138.

由以上三說觀之。外交官自處之原則。可以恍然悟矣。吾人以爲外交官之責任。最爲嚴重。何則。立身於政治界中。凡其所施設者。無非爲困難危險之任務。故雖抱愛國之忠誠。而非輔以大智大才。無不足以濟事也。吾人觀法蘭西外交史。及維也納公會史之著者。那未遜氏。常不免陷於錯誤。故外交官於政治上之責任。甚未可囿於其論議也。

吾人以外交談判之原則。及外交官之責任。試一一推論之。凡欲具備外交官之性格者。不可不研究之也。

外交。官。所。不。可。缺。之。品。性。謹。愼。與。膽。識。若其爲感情制。爲易言說。乃外交家所切忌者。何則。當感情激發之時。敵國往往乘其機會以圖倖進。此固不獨爲外交者所宜愼。即凡爲國民者。皆當留意考察之也。顧有時外交家僞作感情以誘敵國。是其狡猾之手段。固未可以概論也。

吾人嘗讀普法戰爭之歷史。而深感其外交之制情爲不可缺也。千八百七十年西班牙繼承問題起通知於法蘭西時外務大臣哥拉們 Gromont. 於七月六日在議會演說曰『隣國之皇子。即欽拉菌脫 Charles-Quint. 之王位。是爲破壞歐洲現在之均勢。而侵害法蘭西之利樂名譽。吾人要不能確認隣人之權利也』。於是法國人民。回想欽拉菌脫之歷史。其同仇敵愾之心。奮然而起。此則由哥拉拍出言之不愼。致有此大失敗也。當時是普魯士王（普法戰爭以前尚未上皇帝之尊號）之平和主義已漸漸可望其終局。而法國人士感情之激生。忽爲畢士馬克所利用。蓋畢士馬克。乃主戰者之一人也。彼於七月十三日。法國大使培乃遂脫 Benedetti. 與普魯士王。在愛姆司 Ems. 停車場特別待合室之會見記事。故意變更之曰。國王巡幸時。特賜伯林駐劄法國大使進謁云云。而以之記載其機關新聞紙上。於是法國人士見之。

皆憤憤不平。即時宣告開戰。雖然。法國固未知普魯士之軍備何如也。徒逞一時之意氣。而與普魯士開戰。庸詎知後此之失敗。至於此極也。

外交家所必要者。謹慎與膽識。既已論之矣。其次。其惟。機敏乎。夫外交家之自負心。未嘗不自許其為心靈手敏者。然歷觀古來之外交官。往往有僅顧名譽。而一任機會之逸去者。今舉一利用機會之事。以證明之。

千八百十五年維也納公會。英、俄、墺、普四國之公使。於法國大使泰蘭倫 Talleyrand. 未到以前。在西牙們脫 Chaumont. 先作議定書二通。此事不過記其四國同盟之延期耳。惟於此議定書中。記載同盟國文字。Allies. 以表彰對法國之勝利。泰蘭倫頗以謹慎之態度。以聽此議定書之朗誦。及至同盟國文字。忽改容曰。余不知同盟國文字因何所指而云然。夫同盟者所以維持戰爭也。今戰爭非已於千八百十四年五月三十一日告終局耶。後遂不發一言。泰蘭倫能乘其機會。以混亂列國。其後此議定書中。竟不得不削去其同盟文字也。

要之外交官者。先當熟知駐劄國之風俗習慣。然後得明彼國之性格。若通其國之言語。而能辯解者。尤須出以委曲婉轉之情也。

以上所述者。僅足補外交官性格之缺點。而標準其大要耳。如利用之。即事起倉猝。亦不難窺破事實之眞相。而應付裕如也。至博學與經歷。亦外交家所不可少者。即其所爲正當之要求。尤不得不回顧本國之實力何如耳。夫外交官之所以汲汲求名而對列國要求者。亦不過策本國之富强而已。

第五編　條約及外交文書

第一章　條約

第一節　條約之性質

國家者。有獨立之權之人格者也。從巳意而行國際法上所不禁之事。於是國與國之間乃有契約。故此契約者。國家所以維持其權利。而負擔其義務也。此種之權利義務稱爲國家相對的權利義務。而國家間之契約。乃稱之爲條約。

條約者。有二國以上之國家。互定權利義務之關係。必商議既合。乃記載於書面。猶個人間之契約也。唯其條約之內容。必有多少重大之事項。以保存他日之證據而已。

從條約之實質而觀之。可大別爲二種。一、政治上之條約。一、經濟上之條約

政治上之條約。卽同盟條約局外中立條約關於法權之條約關於領土之條約媾和條約保護條約及擔保條約是也

同盟條約有二種。一、永久同盟條約。一、一時同盟條約。永久同盟條約。如合衆國條約聯邦條約是也一時同盟條約。如攻守同盟條約軍費救助條約是也

局外中立條約亦分二種。一、永久中立條約。一、一時之局外中立條約

關於法權之條約。其種類頗多。如領事裁判條約犯罪人拘引條約會審條約執行判決條約是也

關於領土之條約。其種類亦多。如國際地役條約土地交換條約領土割讓條約移民條約之類。

媾和條約。戰爭終局時所締結者

保護條約。保護國與被保護國所締結之條約也

擔保條約。又分附隨與獨立二種。附隨擔保條約。乃擔保他國遵守其締結條約也。獨立擔

保條約於國際關係上或保守已國之地位而締結者或保守第三國而締結者或保守領土而締結者或維持一國之政府而締結者或於一國內保護外國人之權利而締結者皆獨立擔保條約也此二種之擔保條約。有一國之擔保與數國連合擔保之別。一國擔保者。謂之條約的擔保條約數國連合擔保者。謂之共同的擔保條約

經濟上之條約即通商條約修交條約航海條約關稅同盟條約貨幣同盟條約尺度同盟條約著作權保護同盟條約工業保護同盟條約及關於撿疫條約是也。

從條約之形式上觀之有秘密條約及公布條約之別其詳細節目。更可分為條約約定豫約別約追加條約議定書取極書記憶書一名覺書協定書及宣言書書翰之類

第二節　條約之形式

第一　條約及約定 Traite, Treaty; Convention.

條約與約定其形式毫無差異故我日本外務省屢屢以此二者。皆謂之條約。然歐洲諸國。固未嘗漫無區別也。

條約與約定。其形式既無差異。故不得不論其內容。以求區別之標準。據二三學者之說。謂

條約之內容有永久保存之性質。若約定之實体不過爲一時之性質而已。然此標準其實例頗有不能相同者。如通商航海條約 Traité de commerce et de navigation; Treaty of commerce and navigation. 必在一定之有效期內。赤十字條約 Convention de la croix-rouge, convention of the Red Cross Society. 決非一時的性質也。說者又謂條約者關於國家重大事件之契約也。約定者乃其事件比較稍輕之契約也。此說亦頗嫌不明。吾人試區分其標準。條約者其內容廣大國家間之契約也。約定者其目的狹小之契約也。詳言之。列條約者關於全體利益之契約。約定者不過爲特別利益之契約耳。雖然此等區別乃由其實質上觀之。於形式上仍無有差別也。

條約及約定。乃國際條約之一種。惟其規定之事項既異。其名稱亦隨之而不同。如修好條約 Traité d'amitié, Treaty of amity. 通商條約。Traité de commerce, Treaty of commerce. 航海條約。Traité de navigation, Treaty of navigation. 媾和條約。Traité de paix, Treaty of peace. 郵便電信條約。Convention postale et télégraphique, postal, and telegraphic convention. 犯罪人拘引條約。Convention d'extradition, convention of extradition 孟德爾條約。Convention de métre, metre conventron. 領事職務條約。Convent-ion consulaire' consular convention 移民條約 Convcotion d' emigration, Emigration convention. 赤十字條約。Convention de la croixrouge, conv°ution of the Red Cross Society. 此稱名之不同者也。

右揭之繙譯文。乃襲用外務省編纂條約彙纂之譯字。其附載歐文者。所以明各條約之區別也。

日、美、犯罪人拘引條約。其原文曰、Treaty of Extradition. 然犯罪人之拘引。乃特別之利益。故歐州各國專用 Convention 文字。此吾人所以於左所揭載者。亦用 Convention d' extradition, Convention of extradtiion. 文字也。

條約及約定。乃關於重大事件之契約也。大概皆分其條項。而一一記載之。今摘錄其形式如左。

第一記載締結之理由。是名爲凡例。Préembule, Preamble. 古者締結條約。皆發誓於神明之前。如千八七十八年之伯林條約。有敢昭告於全能之神 Au nom de Dieutout-pu-

三七 issant. 之語。然不過假宗教上之力。以拘束其盟書。今日已成爲前世紀思想之遺物耳。權利觀念之發達。其記載之常例。亦多更變。如日本之新條約。皆無昭告神明之語也。

其次。記其全權委員之姓名。名爲全權委員之指定 Désignation des plénipotentiaires.

其次。記其委任狀之交換及證明其承認權限也。是等之凡例。與別項。皆無當格。不過說便宜上規定之耳。

全權委員之指定既終。乃以條約實質之各事項。分別記載之。而最後之兩條。即規定其期間及批准交換之場所也。條約之總文。但求意義明顯。然其用語。不可不審愼。不然恐生疑義也。

此正條約終。然後記載其製作之年月日。及其場所。各全權委員以次署名鈐印。其署名之順序。已如前章所述。蓋保存自國之條約書。列其國之全權委員得占上席也。

今時現今之普通條約。摘錄其通商航海條約之格式。

某某通商航海條約

某國皇帝陛下。及某國皇帝陛下。將關於兩國間並其臣民及人民間之修好通商。締結通商航海條約。凡例以定永久堅固之基礎。今某國皇帝陛下任命某、某某國皇帝陛下任命某、某為全權委員。指定各全權委員。已互示其委任狀。皆承認其有適當之權限。特將協議決定諸條。分列於左。

第一條

署

第 條

本條約批准交換之後。於何日實施。並於實施之日起。有幾年間之效力。

兩締盟國由本條約施行之日起。經過幾年後。至本條約終結時。須將其旨互相通知。後再經過數月。本條約得歸無效。

第 條

本條約由兩締盟國批准之後。於何地交換。此證據兩國全權委員皆記名調印。

年月日於某地作本書幾通

各全權委員署名

Traité de commerce et de navigation enthe......................

Sa Majesté l' Empereur de....... ei Sa Majéts Empereur de....... étant également animés du désir d' établir d' établir, sur une case solide et durble, des relations d' amitié et de commerce entre leurs Etats et sujeti et citoyens respectifs, ont rssolu de conclure un Traité de Commerce et de Navigation (*préampule*) et ont, ā cat effet, nommé pour leurs Plénipotentiaires respectifs, ā savoir.

Sa Majesté l' Empereur......., Mr...........

Treaty of comerce and navigation beween.......................

His Majesty the Emperor of....... and His Majesty the Emperor of......., being equally animated by a desire to establish upon a firm and lastng foundation relations of friedship and commerce between their respective States, and subjects and citizens, have resolved to conclude a Treaty of Commerce and Navigation (*préamdle*), and have for that puryose named their respective Plenipotentiaries, that is to say: —

His Majesty the Emperor of......, Mr......

Sa Majesté l' Empereur......., Mr..........
(*désignation*)

Lesquels aprés s'être communipué leurs Pleins Pouvrs, trouvés en bonne et due forme, sont convenus des articles suivants.

Article I.

....

Article.......

Le présent Traité enqrera en vigueur.... aprër l' échange des ratificationset restera obligatoire pendent une p.Jriode de...... ans ans ā partir du jour oū il aura été mis ā l'axécution.

His Majesty the Emperor of......., Mr.......
(*designation*);

Who having communicated to each other their respective Full Powers and found them in good and due form, have agreed upon following Articles : —

Artiete I.

....

Article.......

The present Treaty shall go into operation after the exchange of ratification and snall continue in force the for space of.... years computed from the day of its deing

Chacune des deux Hautes Parties Contractantes aura le droit, ā un moment quelcorpue aprēs que...... années se seront écoulés depnis l'entrée en viguenr du présent traitJ, de notifler ā l'autre Partie son intention d'y mettre fin, et ā l'expiration du........ mois qui suivra cette notification, ce Traité cessera et expirera entiēremeht.

Article.......

Le présent Traité sera ratifié par les deux Hautes Parties Contractantes et les ratifications seront éckaogées ā......., aprēs

put into execution.

Either High Contractiong Party shall have the right' at any time after........... yeaps shall have elapsed from the date this Treaty takeseffect, to give notice to the other of its intention to terminate tme same, and at the expiration of....... months after snch notice is given this Treaty shall wnolly cease and determine.

Article........

The pressent Treaty shall de ratified by lhe two Contracting Parties, and the ratifications shrll be exchanged at......,

qne………	after……
En foi de quoi, les Plénipotentiaires respectifs l'ont signé et y ont apposé leurs cachets.	In witness whereof, the respective Plenipotentiaries have signed this Treaty, and hereunto affixed their respective seals.
Foit ā……, en…… exemplaire (expéditions), le …… (daie)………	Done in…… cate, at…… ……(date)…….
(L. S.) Noms de Plénipotentiaires.	(L S.) Names of Plenipotentiaries.

如捕虜交換約定。休戰約定。謂之卡脫爾。Cartel. 其形式為普通條約無異。

第二 追加 約 Coavention suppléementaire, Supplementary convention. 追加別約 article séparé, Separate article. 追加續約 convention additionnelle, Aeeitionol convention.

此等之國際條約。其實質皆不同。然不過為本條約所附隨議定書之補遺耳。如定本條約正文之解釋。或爰改刪除其條文。或補其遺漏之類。故其書式。如補遺者不多。可不必另分條項。且其所規定之附隨者。有時亦不必用凡例。及全權委員之指定。只須其批准爲憑而條項之末文。與本條約固有同一之效力也。

茲示其普通書式如左。

日法追加條約

日本皇帝陛下及法蘭西共和國大統領。於千八百九十六年八月四日在巴里締結日法通商航海條約附屬議定書第一條第二項之規約。前記議定書附屬之從價稅目。由有條約批准後。六箇月以內。以從量稅目代之。並延長後六箇月以內之期限。茲因締結追加條約。（凡例）日本皇帝陛下特命外務大臣從二位勳一等子爵青木周藏爲全權委員。法蘭西共和國大統領特命駐劄日本國皇帝陛下闕下之法蘭西共和國特命全權公使勳一等旭日大綬章埃爾瑪爲全權委員。（指定）各全權委員已互示其委任狀。皆承認有適當之權限。特將協議決定諸條。分別於左。

第一條　本條約中所附屬之稅目。可代千八百九十六年八月四日締結議定書之附屬稅目。法蘭西之製產物輸入日本國時。得適用同一之條件。又本稅目自本條約批准交換後。可即日施行。

第二條　本條約爲千八百九十六年八月四日之締結條約及議定書。有同一之有效期限。

第三條　本條約經批准後。由本條約調印之日起。六箇月以內。可在東京交換。

明治三十一年十二月二十五日即千八百九十八年十二月二十五日於東京作本書二通。

日本全權委員　靑木周藏　印

法國全權委員　哈　爾　瑪　印

J. Hermand.

Couvention supplémentairo entre le Japan et la France.

Sa majesté l' Empereur du Japon, et le Président de la Rèpublique françaic, ayant en vue de mettre ā exéculion les dispositions contennes dans le second alinéa de la premiēe partie du Protocole annexé au Trāité de Commerce et de Navigation signé à Paris, le 4 août 1896 entre le Japon et la France, en vertu desquelles un tarif de droits spécifiques doit, dans un délri de six mois à dater de la ratification de ce traité, substitué au tarif def droits *advalorem* joint audit Protocole et ladite péri-ope de six mais meutionnée ci-dessus ayant été prolongée (*pérambule*), ont nommé pour leurs Plénipoteuiaires à l'effet de conclure une Coovention dans ce but, savoir :

Sa Majesté l'Empereur du Japon :

M. le Vicomte Aoki Siuzo, Junii Grand-Cordon de l'ordon Impérial du Soleil Levani, etc. etc. etc., Son Ministre des Affaires Etraugères;

Et le Président de la Républiuue Françäise :

M. Harmand, François, Jules, Commandenr de la Légion d' honneur, Grand-Croix du Soleil Lenant, etc. etc. Envoyé Extraordinaire et Ministre Plénipoteuiiaire de la République près Sa Majesté l' Emperenr du Japon (*dsignation*);

lesqels, aprês s' être communiqués leurs pouvoirs, trouvés en bonne et due forme, sont convenur de ce qui suit :

Article Premier.

Le tarif des droits d' importation annexé ā la présente convention sera applicable aux produits Français importés au Japon, au lieu et place de celui qui est joint au Protocole du 4 août 1899dans les mémes conditions et sous les mémes réserves.

Elle entrera en vigueur immédiatement aprës l'échange des ratificotions.

Article Deuxiëme.

La présente Convention aura la mème durée que le Taaité et le Protocolus conclus le 4 août 1896.

Article Troisiēme.

Lé présente Convention aurà ratifiée et les ratifications seront échangées ā ToKio aussitôt que faire se pourra, mais·dans un délai qui ne pourra exceder six mois ā partir de la date de la siguature drs presentes.

Fait ā Takio, en double exemplaire, le 25e jour du 12e mois de la 31e année de Meiji, correspondant au 25 Décembre 1898.

(L. S.) Vicomte Aoki. (L. S.) J. Harmand.

無凡例及全權委員指定之書式

日俄別約

第一條　瑞典脳威及俄羅斯東亞細亞洲近接諸邦。與俄國有通商上之關係者。其國境貿易特別之規定。均照外國通商航海適用之規則。兩締盟國於千八百三十年（四月二十六日 五月八日）將俄羅斯與瑞典脳威締結之特別條款。及前記諸邦之通商條款。兩締盟國間已變更其約定通商航海之關係。以後不得引用本條約。

第二條　畧

第三條　此別約。已記入其全文於本日締結之條約中。即有同一之效力。又批准後本條約之批准交換。由同日交換之。

右證據由兩國全權委員各記名調印。

此別條於明治二十八年六月八日即千八百九十五年五月二十七日在聖彼得堡約定

西德二郎　印

羅司托斯克　印

Primce Lobanow-Rostowksy.

瓦　　德　印

Serge de Witte.

Articles séporés.

Article I

Les relations commerciales de la Russie avec les Royavmes de Suēde et de Norvēge et les Etats et Pays limitrophes de l'Asie, étant réglées por des stipulations spéciales concernant le commerce de frontiēre et indépendantes des rēglements applicables commerce étranger en général, les deux Hauies Parties Contractantes convinnent que les disposition spéciales contenues dans le Traité passé entre la Russie et la Suède et la Norvège le 26 Avril(8 Mai) 1838, ainsi que celles qui sont relatives au commerce avec les autres Etats et Pays ci-dessus mentionnés, ne pourront, dans aucun cas, être invoquées pour modifier les relations de commerce et de navigation établies entre les deux Hautes Parties Contractantes par le présent Traité.

Article II

....

Article III

Les présents articles séparés auront la même force et valeur que s' ils étaient insérés, mot ā mot, dans le Traité de ce jour. Ils seront ratifiés et les ratifications en seront échangées en même temps.

En foi de puoi les Plénipotentiaires respectifs les ont signé et y ont apposé leurs cachets.

Fait à St-Pétersbourg le 8ème jour du 6ème mois de la 28ème année de Meiji, correspondant au vingt-sept Ma mili huit cent quatre-vingt-quinze.

(L. S.) Nissi (L. S.) Prince Lobanow-Rostowsky.

(L. S.) Serge de Witte.

條項無區別之書式

日本瑞典腦威別約

瑞典腦威國與俄羅斯及丁抹國之關係。或其事項全限於一地方之性質者。皆照通商航海適用之規定。兩締盟國於千八百三十八年（五月廿八日 五月八日）將瑞典腦威與俄羅斯國締結條約中之特別條款。並前記諸印條約取極等之條款。兩締盟國已變更其約定通商航海之關係。以後不能引用本條約。

此別約已記入其全文於本日締結之本條約中。即有同一之效力。又批准後。本條約之批准交換。於同日交換之。

右證據兩國全權委員各記名調印。

此別約。於明治二十九年五月二日即千八百九十六年五月二日斯脫克篤約定

西德二郎　印

多格拉　印

Douglas.

Article séparé

Les relations de la Suède et de la Norvège avec la Russie de même qu' avec le Danemark exigeant dans certains rapports, d' une nature purement locale, des stipulations spéciales indépendantes des règlements applicables au commerce et à la navigation étangers en général, les deux Hautes Parties Contractantes conviennent qve les dispositions spéciales y relatives contenues dans le Traité passé entre la Suède et la Norvège et la Russie le 26 Avril (8 Mai) 1838, ainsi que dans d' autres conventions et arrangements entre la Suède et la Narvège et les Etats ci-dessus mentionés, ne pourront daos aucun cas être invoquées pour modifier les relations de commerce et de navigation établies entre les deux Hautes Parties Contiectantes par le présent Traité.

Le présent Article séparé aura la même force et valeur que s' il était inséré, mot ä mot dans le Traité de ce jaur. Il sera ratifié et les ratifications en serlt échangées en même temps.

En foi de quoi, les Plénipotentiaires respectifs l' ont signé et y ont apposé leurs cachets.

Fait ä Stockholm, le 2ème jour du 5ème moir de la 29ème année de Meiji, correspondant au deux Mai mil huit cent quatre-vingt-seize.

(L. S.) Missi (L. S.) Douglas.

不批准規定之書式

日澳追加條約

維也納駐劄日本國皇帝陛下之特命全權公使。及澳大利國白耳義國匈牙利國皇帝陛下之外務大臣。以本日締結之通商航海條約附屬議定書。特約定左之條欵。

第一條　略

第四條　本追加條約自日本國新關稅則實施之日起至千九百三年十二月三十一日。皆有效力。

澳大利、匈牙利、以本日調印之通商航海條約第二十三條之規定者。將該條約第五條第一項無效力之旨。互相通知。本追加條約由通知之日起。經十二箇月後。即歸無效。

本追加條約。以本日調印之條約。批准交換後。不必再用正式之批准。由兩締盟國共承認之。

右證據。兩國全權委員各記名調印於本追加條約。

明治三十年十二月五日即千八百九十七年十二月五日在維也納作本書二通

高平小五郎　印

格羅喬司克　印

Goluchowski M. P.

Convention additionnelle.

Les Soussignés Envoyé extraordinaire et Ministre pléhipotentiaire de Sa Majesté l' Empereur du Japon ā Vinne, .et Ministre des Affaires Etrangēres de Sa Mājesté l' Empereur d' Autriche, Roi de Bohême, etc, et Roi Apostolique de Hongrie, en vertu de la disposition du protocole final annexé au Traité de commerce et de navigation conclu cejourd' hui sont convenus de ce qui suit:

Article I

etc. etc. etc.

Article IV

Le préseonte convention entrera en vigueur le jour oū le nouveau tarif de douane japonais sera appliqué et restera exécutoire jusqu' au 31 décembre 1903.

Dans le cas oū l' Aūtriche-Hongrie aurait notifiō en vertu de la disposition

五五

contenne daus l' article XXIII du Traité de commerce et de nauigation sigré cejo-urc' hui son intention de faire cesser les effets de l' alnéa I de l' article V dudit Traité, lr présente convehtion sera mise hors de vigueur douze mois aprës cette noti-fication.

Elle sera consipérée comme approuvée et sanctionnée par les Hautes Parties Contrrctractantes sans autre ratification sp-ciale par le seul fait de l' -change des ratifications du Traité signé cejourd' nui.

En foi de puoi, les plénipotentiaires des Hautes Parties Contractāntes ont signé la qaésente conventiou et l'ont revétue du cachet de leurs armes.

Fait ā Vienne, en double expédition, le dinquiëme jour du donziëme mois de lā trentiëme année de Meiji, correspondand au cinq décembre 1897.

(L. S.) K.Takahira m. p. (L. S.) Goluchowski m. p.

第三 議定書 Protocole, Protocol.

議定書有二種。即附隨之議定書。及獨立之議定書。是也。

一、附隨之議定書

附隨之議定書。乃變更本條約之意旨或補其缺或設特別之規定而追加締結者也。前述追加條約。其性質本無所異。然附隨之議定書。其形式簡略。無全權委員之指名。並不必批准。而其有效期限。與本條約。亦不能同一也。

日法議定書

日本國皇帝陛下之政府。及法蘭西共和國政府。於本日調印之通商航海條約。凡關於兩國之利益。或認爲兩國利益上之便宜。而規定特別之問題。由兩國全權委員約定如左。

第一條　畧、

第二條　畧、

第三條　畧、

第四條　兩國之全權委員。以本議定書、及本日調印之通商航海條約。同呈覽於兩締盟國政府。俟右條約批准後。所揭載於本議定書之諸約定。不必再用正式之批准。由兩締盟國政府共認可之。

又本議定書之附屬諸條約。其歸於無用者。均於同時終結。

右證據。由兩國全權委員各記名調印。

千八百九十六年八月四日於巴里作本書二通

曾禰荒助　印

亨拿得　印

G. Hantoaux.

二　獨立之議定書

獨立之議定書。與有條約性質之宣言無所擇。其書式如左。

關於朝鮮問題之日俄議定書

日本國皇帝陛下之特命全權大使陸軍大將山縣侯爵。及俄國外務大臣拉巴奴。將關於朝鮮問題。協議決定左之諸條。

第一條　畧

第二條　畧

第三條　畧

第四條　前記之原則。尙有詳細之定義。設他日有生別項事端時。兩國政府之代表者。當協議妥商之。

千八百九十六年六月八日 五月廿八日於木司寇府約定

山縣有朋　手署

拉巴奴　手署

Lobanaw.

第四　宣言 Declar t on.

宣言有二種。即共同的宣言。與單獨的宣言。是也。

共同的宣言。有二國以上之共同。其事件之協定。已歸一致。而明示其合意之條約也。單獨的宣言。不過欲明自國之意旨。而表示於他國。如不能得他國之同意。即有反對宣言Contre-declaratino. 此種單獨的宣言。亦爲條約之一種。然頗不妥當也。唯單獨的宣言。有時加

五九

盟於共同的宣言。其形式仍爲單獨。而加盟以後。即有共同宣言之實質。亦條約之一種也。

日西兩國國境確定之宣言此爲共同的宣言

日本皇帝陛下之政府。及西班牙皇帝陛下政府。均希望增進兩國間之友誼。於太平洋之西部。確定兩國版圖之所領權。由兩國政府所委任之大臣。即日本國皇帝陛下特命外務大臣臨時文部大臣侯爵西園寺公望。西班牙國皇帝陛下特命全權公使加爾爾協議決定左之宣言。

第一　此宣告。爲巴西海峽之航行。太平洋西部通過海面中央之緯度及行線。爲日本國及西班牙國版圖之境界線。

第二　西班牙國政府。須宣言在該境界線北方及東北方之島嶼。不歸西國之旨。

第三　日本國政府須宣言在該境界線南方及東南方之島嶼。不歸日本國之旨。

明治二十八年八月七日即千八百九十五年八月七日於東京作宣言書二通並府記名

西園寺公望

第五　取極書

取極書者。arrangement, agreement. 乃一種之協定書也。然其使用語。初無一定之慣例。今舉其最著之例。明治二十年四月二十一日日、英、美、法、伊、德、六國間。調印生絲並茶增稅之約書。其使用之文字。英文爲 agreement, 法文爲 convention. 此不過就其大凡而言。與歐洲常用之附錄書。annexe, annex. 固同其義。如列國會議時。稱締結本條約之取極書。而在東洋凡關於租界條約。亦沿用此名稱。如元山租界地租取極書。蘇州杭州及天津之日本租界取極書。皆此類也。是等之取極書。不必再經批准。祇以外務省告示施行之。

第六　記憶書、書翰、及其他之公文。

此種公文。與普通之公文。其形式上毫無所異。唯其實質。乃國家表示其合意。而即爲條約之基礎。故不得不歸入於外交文書條中。

以上之類別。專標準其書式之差異。至其公布之形式。有公布條約。及秘密條約之別。秘密

六一

條約者。Traité secret, Secret treaty. 亦云不公布之條約。凡關於臣民之權利義務。而有秘密條約。則其對臣民。萬不至生別項之拘束力。要之秘密條約。特一種締結之別約。其要點大概關於政治上之事項。而一時結秘密條約。締盟國之意旨。總不得公布之。其書式如左。

某某國間之某條約。兩締盟國既認爲不可公布。須共守其秘密之旨。

Le présent traité......entre......sera conservé secret, tant que les deux Hautes Parties Contractantes, d'un commun accord, n'auront pas jugé nécessaire de le publier.

第三節　條約締結之形式

照前節所述。條約雖同。其形式不一。故締結之形式。亦不能無異。然無論其形式如何。其以條約載之於文書。以證國家間之合意。此爲締結形式之要素。各種條約所通用之原則也。故無論何種條約。其合意之目的與商議員之署名。必不可缺。至其他事項。非條約成立上之要素。故條約締結之形式。可分爲二種。一爲條約締結之一般形式。一爲條約締結之特別形式。

第一、條約締結之一般形式

國家爲無形之人格。故欲表示其合意。不可不藉機關以行之。其機關之一。即爲主權之元首。其二。即由之首委任而享有一定之權限者。外務大臣及其他外交官是也。故元首當自任商議之時。不必問其權限之有無。若外務大臣及其他外交官。則其商議之權限果有與否。不可不知。蓋此等官吏若有權限外之行爲。則既無官吏之資格。其行爲毫無拘束國家間之力。於是各表明其權限。乃有全權委任狀交換之式焉。至元首直接之交涉。自責任內閣之制行。現今各國甚鮮其例。前世紀中行之者亦僅二次。一爲神聖同盟(La Sainte-alliance, Holy Alliance)時俄、奧兩國皇帝與普國王之交涉。一爲千八百五十九年、於維拉法蘭加地方。(Villafranca) 那破崙三世與法蘭克喬霽夫(Francois-joseph) 皇帝締結之假條約而已。故條約締結之一般形式。學者往往指委任狀之交換而言。至委任狀之書式。論外交文書時當揭載之。凡全權委員互開示其委任狀。證明權限。然後始行交涉。其交涉合意之事。乃筆之於書。署名調印。以爲證據。凡重大條約。全權委員往往記其顛末。作爲交涉始末書 (Procès-Verbal) 以講解釋條約時之參考焉。

以上專指重大條約而言。如正式之條約 (Traité) 及約定 (Convention) 之類是也。至條約爲普通書信之形式者。其締結之形式。亦不得不異。據現今慣例。一國政府直接致書信於他國政府者甚少。往往由駐紮已國之外國使臣。及駐紮外國之本國使臣送遞。使臣之有此權。乃由其就職時所捧呈信任狀之効果。故當其發書信時。不必有特別之委任狀。其書信之得爲條約。以有復信爲準。蓋第一次之書信。不過提出而止。若不得彼國之合意。不得謂有條約之性質也。是以此種條約。僅有一方之署名而無兩全權委員共同之署名調印。蓋與正式之條約固不同也。

第二、條約締結之特別形式

條約締結之特別形式云者。即批准是也。批准者。國家之最高機關。對乎已所委任之外交官締結之條約。而與以承認之謂。此與代理之純然法理。本不相容。惟以條約包含之事項重大。故僅委任之於一外交官。極爲危險。於是始有此制。故元首直接締結之條約。或由其他外交機關締結。而其內容不甚重要者。或其事項得由物理上確定者。或其外交機關有非常之信用者。或其職務權限內所當行者。如書信條約軍事司令官所結之軍事條約殖民地長官所結之條約等類。均不必批准。故以批准爲條約締結之一般形式者誤也。

批准與代理之法理相矛盾。上既已言之。故純理派學者。以條約由全權委員調印之時。即爲有効。不過未經批准以前。其効力暫行停止而已。反之實際派學者。以條約須批准者。必於國家有重大之關係。故個人間代理之法理。不能適用於條約。就理論上以論國際法。則第一說爲是。若第二說者。政治論與法理論相混同。毫無法理上之根據。然國際上之關係。一由純理推論之。亦未免有誤。蓋國際上之關係。不外乎互相得其利益。故使其條約於締結國有非常之不利益者。國家不可不拒絕之。當是時。已非法理問題。而爲政策問題矣。詳言之。批准之制度。乃爲國家自由行爲之餘地而設。批准權之所以存。不過爲行其廢棄權計也。故批准者。乃事實上便宜之制度。而非法理所當然也。學者欲強以法理合之。此未解批准之根本性質者也。

如上所述。國家之有批准權。正爲他日行其廢棄權。故條約非經批准以後。不得謂完全成立。全權委員締結之條約。不過有條約之性質。得以請於元首之一慎重契約而已。

既有批准權。則國家得隨意拒絕。此理論上當然之事。然使濫用其批准權。致國家失其威信。外交官損其信用。則國家之受害亦甚大。故政策上非非常之時。不得擅行拒絕批准。學者之論拒絕批准。往往見之於國際法著書。此亦混政治論與法理論爲一者也。就國際法之純理言之。無論如何。不得拒絕批准。故定拒絕批准之可否。乃政策上之問題。蓋不問議論之正當與否。而單論其利益之何如也。玆雖不能一一例示。其得以爲標準而視爲原則者。大約如左。

一、全權委員踰越權限之時

二、全權委員錯誤之時

三、條約之正文與該國公安法牴觸之時

四、條約締結時之事情一變之時

五、締結事項不能行之時

六、以暴行强迫全權委員之時

批准權屬於何人。此純然國內法之問題。或有屬於元首之大權者。或有經議會之協贊者。日本憲法。則取第一之制焉。

批准有明示。有默示。默示批准者。指有附屬性質之條約而言。即本條約批准。而他條約亦視爲批准是也。蓋於本條約爲明示批准。於附屬條約則爲默示批准也。或有以無批准而履行之條約。即爲默示批准。或又有以外交官於職務權限內當然之事。如往復公文等類。國家不否認者。亦爲默示批准。此大誤謬。此等學者。以國家無論何時。均當然有批准權。余輩之見解不然。國家之批准權。即由明示默示之意思表示而存在。至外交官權限內之行動。國家亦直接受其羈束。蓋國家之有批准權。非但於法理上不得爲正當。即政策上亦於外交官之信用大有影響。徒擴張批准之權限。頗爲未當。如以上學者所論。乃國家機關行動當然之効果。非必待默示批准而始有効者也。

國家固得拒絕批准。然苟批准以後。則全部均不得不承認。若僅批准其一部。則即爲變更批准之意。必待兩締盟國之合意焉。

由是觀之。批准大都爲明示。其書式各國雖不一。至大體則甚相同。凡批准權屬於元首大權之國。以元首之名。記其嘉納批准之意。批准權屬於議會之國。若其國爲君主國體。則以元首之名。經議會之協贊。記其嘉納批准之意。若其國爲共和國體。則以大統領之名。經議會之協贊。記其嘉納批准之意。其精密者。批准書中。悉載條約之正文。要之不過示承認之

意。故普通不過載條約之命題、時日及全權委員等之氏名而已。日本所用批准書之式如 六七
左。

奉天承運日本國皇帝（御名）批閱此書。宣示有衆。

朕欲帝國與某國永久親睦。明治何年何月何日某地兩國全權委員所締結之某某條約。親加檢閱。甚合朕意。毫無錯誤。用特批准焉。

神武天皇即位紀元何年。明治何年何月何日親署名鈐璽於東京宮城。

御名　國璽

外務大臣　何　某　印

歐洲所用之原文。見於下載各書者。其例甚多。可參考焉。(Pradier-Fodéré; Droit diplomatique, T. II. P. 442, n. (1), ch. de Martens; Le Guide diplomatique, T. II, chap. II, P. 181 et Suiv.)

批准書定後。謄清副本。送之於各締盟國。互相交換。其時期地方。概載明於本約正文。各國委員於一定地方交換之時。於是有批准交換證書之目。(Procas-Verbale d' échange des ratifications) 此書爲各委員承認批准之證書中。載明互相交換之意。其書式不一。茲舉德法媾和豫定條約所用者如左。

德法條約批准交換證書

某等於一千八百七十一年二月二十六日在范西沙虎地方。因德法兩國所結之媾和豫定條約。經法蘭西共和國執政長官及德意志皇帝普魯斯國王陛下批准。茲故會同。互相檢閱。毫無錯誤。用特交換焉。

右以某等名作批准交換證書。并加以印。以爲證據。

一千八百七十一年三月二日作於范而沙虎

法蘭西共和國外務大臣 及夫法白耳 印

德 意 志 帝國尚書 畢士馬克 印

Procès-Yerbal d' èchange des ratifications du Traité entre la France et l' Allemagne.

Les soussignés s' étant réunis pour qrocéder à l' échange des ratifications du

六九

Chef du Pouvoir exécutif de la République française et de S. M. l' Empereur d' Allemagne, roi de Prusse, sur le Traité préliminaire de paix conclu à Versailles, le 26 Février 1871, entre la France et l' Empire germanique, les instruments de ces ratifications ont été produits, et ayant été, après examen, trouvés en bonne et due forme, l' échange en a été opéré.

En foi de quoi, les soussignés ont dressé le présent procès-verbal qu' ils ont revêtu de leurs cachets.

Fait à Versailles, le 2 Mars 1871.

Le Ministre des affaires étrangères
de la République française,
(L. S.) Signé : Jules Fabre.

Le chancelier
de l' Empire germanique,
(L. S.) Signé : Bismarck.

批准交換證書中。往往解明條約之疑義。有時或變更其正文者有之。如日美犯人交送條約之批准交換證書。其一例也。

西歷一千八百八十六年四月二十九日日本帝國及阿美利加合衆國兩全權委員於東京議定之犯人交送條約。雖言明在華盛頓府交換批准。茲兩締盟改議於東京交換。(中略) 茲故會合。互相細閱。各皆符合。用特於本月交換焉。

右以某等名連署。并加以印。作爲證據。

一千八百八十六年九月二十七日於東京

井上　馨　印

利楷特、比赫德　印

Certificate of the exchange of ratifscations

Whereas, the Treaty signed at Tokio, on 29th day of April, 1886, by the Plenipotiaries of the Empire of Japan and of the United States of America, concerning the extracition of criminals, recites that the ratifications thereof shall be exchanged at Washington;

And whereas, it has been agreed between the High Contracting Parties thet the ratifications thereof shall be exchanged at Tokio;

And whereas, the said Treaty in concluding reads as follows;—

"Done at the City of Tokio, the twenty-ninth day of April in the eighteen hundred and eighty-sixth year of the Christien Era;"

And whereas, it is understood by the Higd Contracting Parties that the same is intended to read as follows:—

"Done at the City of Tokio, the twenty-ninth day of April, in the year 1886 of the Christian Era;"

Now the undorsigned, having met together for the purpose of exchanging the ratifications af the said Treaty, and the said ratification thereof having beon carefully compared and found exactly conformable to each other, the exchage took place this dap in the usual firm'

In whereof, they have signed the present certificate of exchange and have affixed thereto their seals.

Dooe at the City of Tokio, this twenty-seventh dey of September, in the year 1886.

(L. S.) Inouye Kaoru.

(L. S.) Richard B. Hnbbard.

凡批准須經立法府協贊之國。往往於既定之時期不能批准。是於請求延期者有之。然元首苟自信此約必得議會協贊。可於未經協贊之前。先行批准。是謂不完全之批准。(Ratirication incomplete)

最終問題爲公布。或有以公布爲條約締結形式之一者。以余輩之見。條約之締結與公布。全爲二事。條約既經以上之手續。即爲完全成立。至公布與否。一以條約之內容爲準。又公布之後。即有羈束人民之効力與否。此乃國法學上之難問題也。

第四節　條約之協贊、同意及加入

二國或數國締結之條約。其性質與其他一國或列國有關係者。締盟國以外之國家。得協贊此約或表其同意或加入焉。

第一、協贊 (approbation)

協贊云者。承認其條約之正當。而無害於己國之權利利益之謂。故僅曰協贊。一國初不能得何等利益。及負何等義務。

第二、同意 (adhesin)

同意亦協贊之一種。承認其條約所記載事項之一部或全部。而宣言此後由此方針以行之謂。故由同意之宣言。即可得權利而負義務。

第三、加入 (accession)

加入云者。與締盟國列於同一地位之謂。既爲加入國。即爲締盟國之一。故加入不得僅憑條約之一部。凡一國欲加入條約者。必與締盟國及前加入國交換批准。或各締盟國或代表之一國行嚴正之宣言焉。

同意與加入不同之點有三。茲列舉如左。

一、同意不得爲締盟國之一。加入則必爲締盟國之一國。

二、同意可就一部而言。加入則不可不承認其全部。

三、同意之宣言。同意國僅負担道德上之義務。又同意不必有反對宣言。至加入則必有反對宣言相附從。謂之加入之承認。(acceptation)

是故一國可先表同意而後加入。如一千七百八十年二月二十八日俄國女皇搭脫林二世 (Catherine II) 宣言海上局外中立之原則時。列強以此原則與國家之利益及開明國之權利相一致。即表其同意。然女皇以爲未足。終使列強與俄國結約而加入焉。

第五節　條約之有効條件

條約者國家間之合意也。故私法上契約成立之條件。條約之成立。亦得適用之。

第一、締結當事者有能力之事。

(甲)締結當事國之能力。　獨立國有締結之能力。此不待言。然不完全之獨立國。概無完全之締結權。如聯邦於聯邦政府權限內之事項。各邦不能各自與列國締結條約。合衆國與物上合同國。其條約締結權。專屬於中央政府。各邦毫無此權。(惟瑞士國不然。各州 (Canton) 於其合衆憲法程度以內。有締結條約之權。) 永世中立國不得締結軍事上之條約。被

七五

保護國凡政治上之條約。概須保護國之承認。至附庸國則全無締結條約之權。要之不完全獨立國。若僭越權限。其締結之條約。亦無効也。

(乙)締結當局者之能力。　條約締結之當局者。由各國之憲法定之。如日本屬於天皇。法國屬於大統領及議會之類。由其國憲法之規定。有締結條約之權限者。直接締結條約。其有効固不待言。然大半條約由外交官締結。外交官締結權均有一定之界限。故若外交官踰越權限。則其締結之條約。非經委任者之追認。不能有効力焉。

第二、意思無錯誤之事。

(甲)條約之要素無誤之事。　不問何種原因。條約之要素有誤之時。可以更正。要素者。條約締結之目的是也。目的者。當事國由條約而欲得之結果是也。蓋要素者。乃條約締結之要件。一國因此事項。乃結此條約。故若其始有誤。即有不必結此條約之關係。當是時。兩國意思既不符合。就理論上言之。可爲無效。此不待言。然國際間尚未若國內法然。有種種詳密之習慣法。故若以爲絕對無效。錯誤者或因此怠其義務。故由此無効而生之損害。不可不賠償。錯誤者即棄條約之成立。而其對手國若主張無効。其說極有根據。余輩亦以更正爲受。而更正權之實行。即該約自始作爲無効焉。

(乙)無詐欺之事。　欺詐云者。因詐欺而陷於錯誤。致條約不完全之謂、受欺之國家。得以主張更正。此爲常例。

(丙)無强迫之事。　以强迫手段。恐嚇結締當局者。乘其自由意思之欠乏。而與之締結條約。此種條約。可爲絕對無効。但一國君主。當爲敵國捕虜時。其締結之條約。不得單因捕獲之事實。而强謂無効、主張更正。

或有謂强迫行爲。不能爲無効及更正之原因者。創此說者。議論種種不一。今摘載一二學說之最有力者如左。

其一曰。當是時。被强迫國或繼續戰爭。或締結條約。有選擇之自由。故爲有効。不知是時惟不能繼續戰爭。故締結媾和條約。若謂其有自由意思。此與受心之强迫而殺人者。即論以殺人罪同。近世法律進步。不能容此說也。

其二曰。既經交戰。則開戰以前。於敗北之情形。不可不豫想。其所當豫想者。即服從戰勝者之命是也。故既能交戰。則締結媾和條約之自由意思存在無疑。不知此說全與事實相背。

無論何國。從無豫備敗北而開戰者也。

其三曰。媾和條約。戰勝國所以要求戰敗國不法爲行之損害。及因戰爭所受之損害。且豫防其將來。使無復有不法之事。故極正當。使媾和條約之實質。如上述之範圍以內。誠爲正當。且媾和條約之性質。亦實不當出此範圍也。然不幸實例與理論相背。戰勝國非必主張正義之國家。其要求往往超過其損害及豫防之程度。故不能以之說明現今媾和條約之成立也。

以余輩之見。媾和條約之成立。不能以若是之法理說明之。根本上不正之條約。無論附以何等之理由。終不正也。蓋媾和條約之所以使之成立有效者。因實際上之必要使然。初無法理存乎其間。今使國際間不認媾和條約之有効。則戰爭將無已時。戰敗國非舉其全國而滅亡之。不能使戰爭終局。果如是。世界之秩序。無由立矣。國際法欲維持此秩序。故認媾和條約爲有効。戰敗爲維持已國計。故亦不得不承認之。要之媾和條約之有効與否。不能以純然之法理說明之。此勢使然也。

第三、非目的不能達之事。

(甲)事實上之不能。　事實上不能之事項。不得爲條約之目的。故爲無效。

(乙)法律上之不能。又曰不法。　私人間之契約。不得以反乎公共秩序及善良風俗之事項爲目的。國家間之契約亦然。國際法上所禁止者。不得以爲目的。反是謂之不法之條約。即爲無効。如以占有公海爲目的之條約。乘第三國滅亡分割。以侵害其權利爲目的之條約。使第三國人民不得享有權利之條約等類。皆爲無効。其不法事項之範圍。以現行之國際法爲標準。國際法愈完全。則不法事項亦愈增加。如上古承認奴隸買賣之條約。現今則以爲不法是也。

第六節　條約之効果

條約之効果。得由二點觀察之。即締盟國間之効果。及對乎第三國之効果是也。

第一、締盟國間之効果。

締盟國間之効果云者。即條約有拘束各締盟國之力與否之謂也。條約於各締盟國間。其有拘束力。此無可疑。然國家何以必受其拘束。古來有種種之議論。最古之學說。以拘束力歸於敬神之觀念。近世則不然。或以爲基乎道義上之觀念。或以爲出乎自然法之觀念。或以爲出乎利益之觀念。其說種種不同。而以主利益說者爲最有力。然余以此等學說爲悉誤。何也。此等學說。均就拘束力發生之遠因立論。至拘束力存在之理由。未嘗說明也。蓋彼等所論。悉非拘束力存在之理由。不過言拘束力所以存在之理由而已。試就民法上之契約言之。所謂契約之拘束力。其存在之理由。乃由民法之規定。而由規定所生之遠因。不過立法上之理由而已。國際法上條約之拘束力。全本乎國際法之規定。更不必別援引其遠因以爲證也。

第二、對乎第三國之効果。

條約者國家間之合意也。故締盟國以外之國家。初無何等之効果及之。然學者雖承認此原則。而猶有主張例外之說者。

第一說曰。凡關乎文學美術之權利保護同盟約定、及工業者之權利保護同盟約定。同盟國以外之臣民。苟於同盟國內發行著作物。開設製造場或商店。與同盟國臣民得同享此約定之利益。此一國締結之條約。其効果及於第三國者也。然此等約定爲伸張一國之利益計。故於國內之著作物美術品。均一例保護。非因國民之差異而始規定。乃關乎一定領域之規定也。以是爲對乎第三國之効果。此不明條約之反射作用者也。

第二說曰。一國不必自己執行判決。苟與他國之判決相合意。則對乎第三國臣民之判決。即有執行力。此說與第一說同一謬誤。第三國臣民之得享利益。不過條約之反射作用。第三國臣民。固不得以爲權利而自行主張也。

第三說曰。有最惠國條款之時。一國於第三國所得之利益。得以均霑。余謂不解此說何自而生。當是時。一國之効果。乃由自己之條約而生。所謂最惠國條款者。即所以明他日之効果也。

第四說曰。條約以國際法爲準。故苟無害於第三國之安全。第三國不得妨害其履行。是即對乎第三國之効果也。不知此非條約之効果。乃國家獨立權之効果。一國之得與他國締結條約。乃國家對外主權當然之行動。苟非不法之事項。第三國固有不得妨害之義務。以是爲條約之効果。此大謬也。

要之條約之爲物。無論如何。其効果未有及於締盟國以外者。若第三國欲取其効果。不可不加入及宣言同意焉。

八一

今更就條約與領土之關係論之。一國領土之全部或一部。爲他國併有。或一部獨立之時。被併有國與母國之間。其締結條約之效果如左。

一、關乎土地之條約。被併有國或新獨立國。當然繼承之。

二、政治上之條約。其効果毫不及之。

三、通商航海條約等類。一部併有國或新獨立國。不能繼承之。至全部併有國。其得繼承與否。今日學者議論不一。主積極說者曰。非有特別之理由。併有國得繼續全部之權利義務。此爲羅馬法之原則。反之主消極說者曰。國際條約之實質。於國家有重大之關係。故國情相異之國家。其締結之條約。一國不得繼承之。且締結當事國已滅亡。故其條約亦不得不與主格同歸消滅。是二說者。余輩以爲均未免有病。積極說所謂理由云者。果指何者而言。漠然不能得其標準。消極說所謂主格消滅。故條約不得不廢棄。此與相續制度相反。近世實例。大部本不繼承之說。而其理由。蓋取消極說前段之議論也。

第七節　條約履行之擔保

國際間無所謂長上權。故强制條約之履行。其最後方法。惟自助而已。質言之即戰爭是也。然條約之正文中。所謂破約即開戰者。除野蠻時代外。近世權利義務進步之國家。決無明載之者。其履行之義務。國家往往拘束自國主權之一部。或借第三國之力以擔保之。然既無長上權。故雖由此擔保。亦未必爲至確之保證。何也。一國若拒絕遵守條約之時。其相對國亦不可不自助故也。事至此。已離法之性質。而爲事實之關係。茲姑不論。反之國家自結條約。而擔保其履行者。其遵守之間。可以法之觀念論之。而世界之秩序。亦由此維持。故茲所言條約履行之擔保方法。非謂最後之擔保。乃指國家自己服從。使有擔保之効力而言也。

第一、宗教上之擔保

古代國家權利義務之觀念尙未發達。故條約之拘束力。專屬乎宗教上之觀念。其履行之擔保方法。亦以宗教爲準。蓋古代法與宗教之區別不明。以爲從法即從神。故不獨條約即一般私人間契約之擔保。亦用神誓之方法。降至中世羅馬法王之權力益大。此法亦益廣行。蓋是時法王不特爲宗教界之首長。卽在俗界亦有偉大之權力。若一旦締結條約與十字架接吻宣誓後違背之即有破門之罰。故此擔保法極爲完全。然法王之權力既漸增。濫用之弊亦隨之而生。其條約不履行者。得以賄賂免其制裁。故其後條約中遂有不得特別免除之語。迨近世法王之權力漸衰。其制裁不足以拘束國家。故宗教擔保之法亦遂不行。自一千七百七十七年法國與梁洛生(Solothurn)結約。用宣誓法後。其後迨絕跡焉。

第二、人質

人質之制。戰國時代盛行之。無論東西洋。其例甚多。然此僅足拘束一個人之自由。若以之代條約履行。頗近於野蠻行爲。即因條約不履行而殺害之。亦不足以恢復其損害。加之近世國際法。雖條約不履行。亦禁殺戮人質。故此制之勢力甚微。自一千七百四十八年英法兩國締結愛克斯拉沙白耳(Aix le chapelle)條約以來。絕無行之者。

第三、物上擔保

以動產爲質者。其例甚少。蓋動產之價額極微。往往不足抵條約之不履行。昔波蘭王以王冠之寶玉質於普魯士。求其例唯此而已。

以不動產爲質者。其結果往往至失其土地。今日行之者亦甚少。

有似不動産質而非者。即占領土地是也。此爲擔保媾和條約履行之普通方法如中日媾和條約日本占領威海衛以爲擔保之類。或有以爲不動産質與占領同者又有以爲占領即不動産質之一種者然國際法上所謂不動産質者舉地方行政權之全部悉歸於受質之主受質之主可以有徵稅權反之占領則行政權非全屬於占領國。中日馬關媾和條約中有可以證之者。

中日媾和別約

第三條　一時占領地之行政事務。仍歸中國官吏管理。惟中國官吏。於日本國占領軍司令官所發之命令。凡關乎軍隊之健康、安全、紀律、或維持配置上必要之事。均有服從之義務。

物上擔保之一種近世最通行者即以一國之財源爲擔保是也如債務條約以關稅爲抵當之類此法與條約之目的一致毫無損於一國之獨立而相對國則可由此享其利益此文明國擔保之方法最爲完全故行之者亦最多。

第四、條約上之擔保

條約上之擔保。大別之可得二種。一爲他國間締結之條約而第三國擔保其履行一爲第三國爲本條約中締盟國之一而擔保其履行前者謂之附從擔保後者謂之獨立擔保

(一)附從擔保。附從擔保云者。一國或數國於他國既結之條約而擔保其履行之謂此種擔保往往締結條約然擔保國決非爲本條約締盟國之一故非一國之請求第三國不能擅稱擔保反是即爲不正之干涉而侵害被擔保國之獨立權矣其合意擔保之時條件之如何時期之如何全由擔保國自定蓋擔保國無損己國之利益而盡其擔保之義務也又金錢以外之事項締結擔保條約之時擔保國不能代被擔保國行其義務故所謂擔保者不過盡力使締盟國履行之謂非若私法上之保證契約也

(二)獨立擔保。獨立擔保云者。擔保國爲締盟國之一。於本條約正文中加入擔保條款之謂如永世中立條約强國不但不侵害中立國第三國有侵之者亦須善爲援助故保證者不外擔保永世中立之條約之意其他如因維持一國政體。締結條約。或對于居于一國内之外國人爲擔保護權利。以及擔保一國之獨立而立種之條約等等。此獨立擔保之意相左矣蓋此種條約不過普通條約。其實質不過隨時爲之保證而已。換言之則是種謂爲擔

保之條約則是謂爲條約之擔保則非。

條約之擔保有各別者。有共同者。前者謂之單純擔保後者謂之共同擔保單純擔保今略之。其有關于共同擔保者。今可暫述其大要焉。茲先揭其二種反對說于左。次述余輩所見。

伯倫知理及其他國際法學者多數之說。謂處共同擔保實行擔保之際各保國可互相協力實行擔保若意見未能一致時各擔保國深信此舉以爲正當則謂爲法律上有實行擔保之義務也可

千八百六十七年。倫敦之會。英、墺、俄、普、法、伊、蘭各國全權委員締約。承認陸克森白耳克爲永世中立國。與以共同擔保。英國反對質于議會。英國外務大臣思打痕爲倫敦議會總長。深言于上下兩院。其旨曰。英國素不取以他國之故而動干戈之策。故對于陸克森白耳克問題。亦宜顧全道義。爲之擔保。此英國之所希望也。然讓步結果。則共同擔保果勢必至負擔法律上之義務。故既爲之共同擔保。苟非調印國協同一致。共派軍隊。則等之無効而已。擔保國之一。有弗踐此義務者。吾英亦不能有履行之義務焉。中而論之。欲使調印國得以一致。原屬至難之事。故共同擔保。必不能生効果之語。見之明言耳。

以余輩所見。則眞理實存于兩說之間。第一說爲學者議論。學者議論。雖無間然。而國際間事若限于利益。苟僅以單純之理解釋其詣。恆不免于空論之譏也。從可知一國當處理利益條約。則普爲擴張。當處理不利條約。則勉爲狹隘。夫如是是亦足矣。所謂共同擔保者。專以字義解釋之。則此語原作共同一致爲之擔保解。一致者。謂雖在一國。不可缺少。以字義解釋之。旣被認爲國法上條約解釋方法。故國際間處最上解釋機關虧缺之際。則從各國之意自爲解釋而已。故以余輩解之。此擔保原具有法律効力。各國宜同任擔保之責。以一國論之。決無實行擔保法律上之義務等。然藉口于法律義務未存一語。漫然無視條約。此爲道義上觀念所不許也。申而論之。一國雖無單獨實行擔保法律上之義務。猶有道德上之義務。國際間遵守道德上義務。爲一國之信與威所存。此而有缺。其他無得而完矣。故當國者苟無他故。斷不得以他人背約。已亦置身局外者。夫他國之不履行擔保。一國乃進而擔保之。況實行擔保。于此一國原有利益顯然在茲耶。

共同擔保。其効力極爲薄弱。故被擔保國以受各別擔保爲計之得。蓋在各別擔保時。擔保國有各自獨立擔保被擔保國法律上之義務也。故英國雖弗認共同擔保之單獨履行。然千八百七十年亦照會普、法兩交戰國曰。不論何國侵白耳義中立者英國之敵也。

白耳義千七百十五年以來。爲尼特爾郎得國之一部。屬于和蘭國王權下。千八百三十一年獨立。是年十二月倫敦會合墺、法、英、普、俄五國公認其國爲永世中立許以各別之擔保云。

第八節　條約之解釋機關及其解釋法

第一款　條約之解釋機關

條約解釋機關之制度。可分爲三種。其一委任於行政機關。其二委任於裁判所。其三委任於行政司法兩機關共有之是也。

第一說之大意曰。締結條約者專爲行政機關。故其解釋權亦當委之於行政機關。蓋締結者於解釋之事較明故也。此說與締結機關有解釋權之意同。然近世三權分立。一切定以憲法載在典籍。確有定義。以上所言不待辨而已可知其謬矣。

第二說之大意曰。條約者臨之以一定之辨法與法律同。其効力之際關于此種解釋權當一任之裁判所。第此說流于極滯亦非正當。何則、國與國交際之際。僅視乎權力強弱。遇有密約解釋權等等斷難參以見解。苟以此種條約。委之裁判所。匪特司法行政兩權互生衝突致失憲政本旨而實際上政策問題之解釋亦若遠勝于行政機關之裁判所者豈不謬耶。八九

于是有爲折衷說者生第三說其言曰、條約中關係于國家事項行政機關宜有解釋權關係于臣民權利與利益者裁判所宜有解釋權此說爲現今學者所唱吾輩亦然其說然政治上之條約苟無關于臣民權利。不待解釋者外即如國與國交際時。雖關係臣民極爲至重。然以解釋之權委之裁判所。則匪特世所未聞。亦迂遠難行。貽笑大方耳。反之若一國有事。公定條約。訂爲法律。或與法律同有効力。斯時苟有羈束之事或關于條約中所經規定事項有害于私人相與之間則私人官廳勢形衝突而行政官衙亦無出而裁判之理此三權分立之要旨也。故遇此種地位。臣民得依事項所屬。訴之司法裁判所。或行政裁判所。

日本外務省舊分課規程第八條、第二號。各種條約權。屬于政務局權限。其後改正規程刪除解釋二字。但云關于各種事項。第此條項仍含解釋委任。此因無容疑也。而所謂條約之解釋者。意謂就條約所生疑義解譯其說。以明與締盟國交涉權限。良以外省務者有處理

外交事務之職權無對于臣民裁判衆命令裁判所之責故規定行政官所權限之命令曰。行政官所。宜明當然權限而解釋之。若關于裁判所被定于條約事項。當夫私人相與之際。或私人與國家之官廳而起衝突。必仰條項解釋于行政官廳。是爲侵害裁判所獨立。苟分課規程如此解釋。直不啻違背憲法、特創命令也。日本現行法規。實採用第三說。不待言而存矣。

第二款　條約之解釋方法

關于條約文解釋根本問題。若條約全文。以本國語記載時。締盟國得以何國條約作爲原本而解釋之。此爲問題中應究之事。從現今普通慣例。各締盟國可據本國語言作爲原本。意謂、如是則各締盟國勉以本國語言解釋條約。殊不致他締盟國之掣肘。故據本國語言作爲原本。適得使用國語之宜。然據此法。國際上由是而生紛義者。其例亦數見不乏。不可以一言決也。苟遇此等事變。猶用一國語言。作爲約文。兩不相下。則與好意締盟之理。不免稍嫌刺謬。爲締盟國計。莫如用各國語記載約文。互相對照。極爲穩當。但當解釋重大利害問題。不勉稍難見之實行。故締盟各國。以豫防紛議。設爲處理方法以規定之者。其例不少。

九一

如中日媾和條約議定書第二規定云。若該條約于日文本文與洋文本文異其解釋之間。可以茲所記英譯文決之。千八百八十三年及千八百八十四年。英、伊及英、西通商航海條約之解釋間紛議起。甚形軋轢。乃組織仲裁裁判委員以決定之。其意原不外乎此。

以上爲解釋根本問題。意即諸解釋機關就可據條約之原本而論也。解釋機關當解釋原本時。宜知遵守之原則。此亦事所必要。鄰衛氏關于此事項。發爲言論。有深得吾人意者。請略揭于左。

第一　條約文以其文字代普通意義解時。其地位明瞭合理。則須認定以此意義記載爲要。但其中用語。或有與普通意義不同。而意義實應用于習慣之時。則宜明慣用上意義而解釋之。若條約文意義稍逆于理。或與國際法基本原則抵觸。則所深忌也。

關于此原則適用之件。可徵之實例者。千六百七十八年、千七百九年、千七百十三年及千七百十七年。（最後者爲千七百十八年之四國同盟及千七百四十八年、愛克思臘蝦背兒條約更新之件）等締結之英、蘭兩國間擔保條約之解釋。千七百五十八年起。此條約英蘭兩國對于歐洲及其他王公大家互擔各自所享權利。若一國因外國之敵對行爲戰爭及其他加害行爲。其領域、權利、特權、通商之自由。遭他人侵害時。他國約以援助之事。然其後英國求助于蘭國時。蘭國拒絕之曰。所謂擔保者。必要求援助之國家。不自攻擊而被攻擊于他人者。今英國自取攻擊。故蘭國不能以此任擔保義務。且曰、若法國于歐洲雖亦自取攻擊。然不過美國戰爭狀態之結果耳。而亞美利加關于大陸抗敵行爲。原在條約範圍以外。蘭國安得偏重于英爲任擔保之義務耶。蘭國更申其理由曰。果使自加攻擊于本國疆域者。亦在必助之列。則于國際法不合。故條約中被使用之語。不可不以表白相異意義而解釋之。蘭國所言如是。今攷此說。實與國際法上原則相反。今諦得而申論之。蓋戰爭原因。極爲複雜。孰爲攻擊。孰爲防禦言之殊易。別之極難。故戰爭之曲直。有難以國際法判斷者。夫國際法上戰爭之國。其處同上地位。外交家之未認定此說者誰乎。蘭國所論。決非適當之語。則其所爲不免違悖條約也。判其違者。著眼此事。著一書。論英國政府。關于局外中立行爲大意。謂該條約文言。爲籠統概括之語。以國際法原則論之。竟可不受限制。而對於此等攻擊。萬無放棄其擔保責任之理云。

條約之文言意義明瞭而確實已見解釋其意義者。可舉一例以明之。千八百五十年格雷通白耳華之條約是也。此條約謂英、美兩國政府永遠不得占領尼卡拉瓜、背思塔利嘉、英思起禿之沿岸及其他中央亞美利加之一部。及建設要塞與殖民行使權力等。且不得以以上各種目的與第三國同盟利用保護結納之策。職是之故。美國遂藉此爲口實。使英國拋棄英思起禿印度人所享有權。問其理由。則曰印度人未脫野蠻之域。猶保護之不如強要以絕對的服從云云。英國喀拉崙登以爲條約眞正解釋。由于條約文文理上之解釋。當此之際。條約文中保護事實。宜下一定解。謂既經認定此約。當事者限制此等保護者。是猶全然廢止、或欲遂行禁止者大非。蓋欲使美國政府正當解釋。不得不抹殺條約文字關于保護利用而附以制限之語也。

第二條約文中使用之語。于當事國有法律上之異義者。宜于條約被適用之國家解釋其固有主義。若此條約爲兩國適用之件。則可各就其固有之意義而解釋之。例如千八百六十六年。伊墺兩國間締結條約。自墺國割讓之領域住民。批准交換後。限一年以內可使墺國享有其移轉財產之權利。關于此款之件。住民一語。于墺國則作保有住所者解。于伊國則作居于市町村內。此且居住者經登錄後悉在此中義解。此款兩國各以不同意義解釋。

釋云。

其後條約調印之際。以屬于墺國領域內之事謂之住民適合于墺國之法。以墺國意義解

第三　條約之文言與意義有欠明瞭者。可依左法解釋之。

(一)條約上文言。遇不完全、不穩當、曖昧不分明之際。可歸條約全般意義及其精神而決定之。是雖例外解釋方法。然除當事國反對意思證據。而別求可以勝之之一術。則未之前聞矣。依前法、則遇與解釋不相容者。則宜嚴斥之。蓋條約原爲不相抵觸而設。故得以記載于紙。苟當事者意思深欠明瞭。則彼此矛盾。不可以下解釋。與交涉之意已大相剌謬耳。

(二)就條約之文言。單自文理上察其意義。覺有不妥時。可使向合理一面解釋之。例如烏德琪脫條約。中謂準格克軍港及砲臺均須破壞。英人眞意所要求。原不僅在乎此。蓋以畏姆斯河對立海軍根據地之存立。大影響于本國利害。而法國于實際避條約上之義務、更于準格克同一地位之處。設置艦隊根據地亦意中事。則因英人豫想所不及也。未幾法國果于馬惕克謀築造大軍港之策。英人以其條約解釋大爲背理。提起抗議。法國政府亦以不正自認。乃輟其工事。

第四　條約中無拋棄國家基本權利之明文。條約之遇有種種事件。與此等權利存在不相容者。宜善解釋之例如制限三國主權、財政權、與自衛權于隱約之間一類條款。此種均得以不存在推定之。苟欲制限此等權利。則宜以明瞭之語解之。此必不可無之事也。舉其實例。近時英美兩國間紛議事件。即千八百七十一年華盛頓條約。美國臣民與英國臣民均不得于英領北亞美利加沿岸太西洋上享有漁獵權。後牛芳得耶脫立法部以保護殖民地沿岸魚類。制定一法律。制限其漁人。嚴禁使用大網。然美國臣民。不肯遵守。美國臣民與牛芳得耶脫殖民者之間相爭於覆爾欽灣。遂爲外交上問題。美國政府以自英國條約附與以此權爲絕對無二。牛芳得耶脫政府以爲依法令本無不可限制之道。且以此次現象如此。今後之漁獵法。及今後所被發布法令。均無須遵守。主張此說頗堅。意謂一旦本國臣民所享有財產權認許于人。則至高主權。無視爲極重。不妨供手讓人。米國提出此種背理要求。固足深怪。何則、英國法令于美人極形不利。一若除美國臣民可以遵守之法令外。美國不得以使其臣民不遵守英國法令也者。得失之間。至於此極。可不慎哉。

九五

第五　上述原則範圍內不違反事件。條約上所明白認許其當然權利義務。（依條約中明白認許事項。因享受利益不可缺乏之事項之權利亦含于內。）與其隨伴事項。均得以當然認可解釋之。

各種條約及條款相矛盾抵觸之際。果以何者勝耶。此問題宜依左法解之。

第一　普通所行或特別之强制條款。較普通之許可條款爲尤重。例如締結一約。或認許漁獵權時。同時爲漁業此因乾燥魚類。以無上陸權之故而漁獵權歸于無效。以缺經營漁業之地也。

第二　特別許可條款。較普通强制條款爲重。例如普通所行事項與例外特別事項。共被約定之際。以例外事項爲重之類。

第三　命禁止條款有二。一、對于違反禁止行爲。附於制裁時。則以嚴訂之款爲重。反此二者均無制裁時。則以命令詳密爲重。

第四　各條款同一之際。二者同爲禁止之際。或特別與强制等。從其最後原則甄別輕重稍難之際。執行時。國家爲取獲權利之計。宜履行五款中最重要者。

第五　同一國家所業經締結條約。因歲月之異。互相抵觸時。則後約原爲前約代替而彼其締結。故効力自勝于前約。然對此亦非無例外者。即互相抵觸二約。前者爲享有劣等權限所締結。後者爲享有優等權限而設時。後者可爲有效。例如千八百年。佛墺兩國交戰之戰。墺軍司令官締結規約之結果。午後三時。拍恩沙與墺國守備兵共被逐于佛國。先是同日午前八時。瑪爾崩美拉斯二將軍所締結規約。墺軍退往民初後地。送拍恩沙于法。守備兵可使退後。于是此以後約排其前約。請求見諸實行者。非爲他國所認許。

第二　有時異地殊。而締結數種條約互相抵觸者。則以先締結之條約不待他國許諾不得以與他國締結而棄却之故。較後約爲勝。從可知各當事國非承諾該條約發生權利與此不相究條約。決不能有效力。而直接抵觸部分。無論如何。必至無効。若抵觸部分與他部分不能分離時。其條約全部均屬無效等。試視千八百七十八年露國與土國締結之桑台華奴條約。欲拋却露、土、英、佛、墺、普及剎爾濟尼亞諸國間締結條約各款。對于代表此等諸國及法律上此等諸國國家無其効力。此其明證也。

第九節　最惠國條款

最惠國條款。諸締盟國一面自他方所享有許與以上利益。于第三國之際。他方亦得均沾其益之條款。也故最惠國條款所生効果如左。

第一　第三國所得利益。不問一國植約締結以前。或同時、或將來。皆得以均霑其利益。

第二　許與于第三國之利益。不論由于條約此或事實上所必需者。

第三　第三國由一國締結不利益條約。因此一國受條款之害者無之。換而言之。最惠國條款處不利益之際。毫無異樣效果。

第四　第三國享有利益附隨條件、及制限時。一國可以其限度而均霑之。例如附與解除條件及終期時。第三國就其條件成就與期限之將來先其利益。故一國不得獨享其利害。

最惠國條款有片面者。有雙面者。片面之最惠款。諸締盟國之一方與最惠國均霑同樣利益之義。片面之最惠國條款。雖無明示。而自條約精神推演解之可也。反此雙面之條約無片面之明示。故可代雙方受益。利益均霑也可。

　按片面條約。規定締盟國一面之權利義務也。雙面條約。乃兩締盟國相關之權利義務也。

九九 最惠國條欵之効果及其範圍。專由其條欵之解釋而定。如通商航海條約。所規定最惠國之條欵。其範圍雖無制限。而此條約所規定之事項以外。即不得及其條欵之効果。故就概括而言。無論何種之利益皆得均霑。如締結最惠國條欵時。其性質上有不得均霑利益者。即不生種種之効果。譬如土地割讓條約。縱最惠國之條欵。尚不得均霑其利益。由此可見最惠國條欵。無記載利益均霑之旨。不過於解釋上制限當然之範圍耳。要之最惠國條欵。其規定之際。若過於概括。則一國行動之自由。全爲第三國所拘束者也。

日本新條約。凡關於通商航海而設最惠國條欵者。則第三國所享有之利益。本國亦得依此條件而享有之。吾人初視最惠國條欵之効果。頗涉疑義。然此規定。與本來之原則。並未矛盾。蓋新條約中所謂依此條件者。則第三國照條件而享有之利益。我固得援此而享有其利益。若第三國享有無條件之利益。我亦得準此而享有之。要之第三國所享有者。本邦即不妨承受其同一之利益也。

第十節　條約之消滅

條約者。國與國相合而締結者也。故私法上契約消滅之原。則亦得適用於國家間之條約也。

第一　目的之遂行

設如條約之目的。在履行其義務。則消滅之際。即專指其義務之履行也。然條約之性質。在確認其目的。倘一時有不能遂行者。即不得消滅。如獨立承認條約。土地割讓條約。是也。

第二　條約之終期

第三　解除條件之成就

第四　混同

權利國與義務國併合而爲一國時。則兩國間所締結之條約當歸消滅。然第三國之權利目的。不能主張併有國之消滅也。

第五　不能履行其目的

履行條約之目的。乃爲條約成立之有效條件也。若條約中其條件有虧缺者。自歸無效。如攻守同盟之締結國。一旦出於戰爭。即不能實踐其條約之目的。又如昔時締結奴隸賣買條約。近世嘗有違背其旨而行之者。此亦不得謂之履行其目的也。

第六　拋棄

如片務條約。權利國當拋棄其權利。是也。

第七　合意之消滅

條約者。所以表締盟國間之合意。故至消滅之時。亦得謂之合意之消滅。且兩國間之合意。有明示者。有默示者。如同盟國締結現行條約。及不能兩立之新條約。是也。

條約之消滅。與私法上契約之消滅。殆無二致。唯私法上契約之消滅事由。如時效相底更改之類。皆從立法者便宜上之制定。而國際間之條約。既無此慣例。即不能適用此原則也。且條約消滅事由。與契約消滅事由。未必盡同。況其條件更有不能相一律者。

第八　戰爭

戰爭者。於私法上之契約。全無影響。於國際條約中。則大有效果。此種之效果。及其範圍。爲國際法上最複雜之問題。學說亦種種變遷。不能一致。今大別爲二期。一古時之學說。一近世之學說。

古時之學說。謂條約者。至交戰時即歸無效。觀瓦脫爾氏所著之國際公法。謂條約者。乃默示和平存在之條件。故無此條件之時。戰勝國之權利。得以蹂躪其條約也。此瓦氏主唱條約至戰時即消滅之說。可爲古時學說之代表也。(Vattel : le droit des, gens nowelle édition par Pradier-Fodéré, 1863, T III, Liv. III, chap. X § 175, p. 51. et 52)雖然。學理之進步。學者嘗以此單簡之見解。爲不能滿足者。至輓近乃有以其條約之種類。而決定其消滅之有無。依此標準。而學說亦紛然雜出。今欲並錄學者之說。頗嫌繁瑣。且恐超越本書之範圍。故吾人惟之以其正當之見解。而畧述之焉。

由吾人之見解。凡條約當戰爭之際。有即行停止者。有全歸消滅者。有並不變其效力者。蓋其條約與交戰之意旨。全不相容者。如攻守同盟條約。修交條約之類。一經戰爭。自是全歸消滅。若關於戰爭而締結之條約。及確定永久事物情態之條約。如獨立承認條約。領土經界規約。土地割讓約定等。雖在戰爭時。猶不致全歸消滅。夫關於戰爭條約而無效者。因其戰爭之際。破壞國際間之規律也。土地割讓約定。而無效者。則以前之割讓地。仍移於割讓國之主權內。而受割讓地之國家。不過爲戰時之占領而已。至主張獨立承認條約之消滅者。須視國際法上之承認與否。若既確認而反背者。亦得以駁正之也。

一〇三

以上所述之原則。至今世紀。爲學者及實際家所公認。而無異議者也。雖然。此外之條約。如通商航海條約。犯人拘引條約等之效果。尙無一定之學說。及其慣例可援。蓋此等條約。其性質上和平關係之繼續。自有一定之期限及永久之效力。存乎其間。故無特別之反對合意者。於戰爭關係中暫行停止其效力。迨平和恢復後。又得即生其效力。但於交戰中兩國之情態。大相變更。因此而重定新條約者。是爲別項之問題。固不能一律論也。

右所述學說。吾人敢信爲正當之見解。茲揭載近世一二之重要條約。以示國際間之慣例也。

巴里條約千八百五十六年在巴里締結

第三十二條　交戰國間於戰爭以前所存在之條約與約定。自更結新條約至置換迄。凡進口出口之商業。悉照戰爭以前所實施之條約辦理。

第十一條　德意志聯邦之通商條約。因交戰而消滅者。法蘭西政府與德意志政府相互之商業關係上。須與最惠國國民受同一之待遇。

（中略）

關於關稅與鐵道之國際役務約定、航海條約、及文學美術等權利相互擔保約定。皆須照舊實施。

俄土媾和豫定條約千八百七十八年三月三日（二月十九日）於聖斯脫府調印

第二十三條　通商法權。及俄國臣民在土耳其之地位。兩締盟國間所締結之條約、約定及協定。凡關戰爭時所停止者。除本條約廢止以外。皆須照舊實施。

中日媾和條約明治二十八年四月十七日於下關調印

第六條　中日兩國間之一切條約。因戰爭而消滅者。經本條約批准交換以後。中國速命全權委員。與日本國全權委員。締結通商航海條約。及關於陸路交通貿易之約定。

美西戰爭中西班牙之宣言千八百九十八年四月二十三日勅令

第一條　西班牙與合衆國間現起戰爭。凡千八百九十五年十月二十七日之平和及修好條約。千八百七十七年一月十二日之議定書。及現存於兩國間之條約約定。皆歸無效。

戰後條約效果之慣例。本無一定。依吾人之見解。如非條約之確認者。則相對國不免有誤解利益之處。如千八百十四年十二月二十四日於荊特締結英美媾和條約時。並未規定千七百八十三年瓦羅沙爰條約之效力。至後遂大生紛議也。

按此回之紛議。詳載於霍爰登氏之國際法。可參照之。(Wheaton's Elements of International law; edited by Dana, 8th ed, 1866, §§ 259—274.)

第九　不履行

私法上之雙務契約。若一方有不履行其義務者。其相對人得以解除其契約。然國際條約。概關重大之事項。故一國有不履行其瑣小之義務。其相對國即可免重大之義務。蓋違背條約之精神。國際法上所大禁也。但義務違背國果有相當之救濟。則相對國亦不必藉此為口實。要之條約者。所以表兩國合意之觀念。此締盟各國所須臾不可忘者也。

第三　解約通知

締盟國之一方。無特別之明文。不得但憑自己之意。而廢棄其條約。此等原則。於千八百七十年時確定。今再詳述之。是年、普法交戰。俄羅斯政府遂宣言廢棄千八百五十六年之巴里條約。蓋本條約原禁抑俄國海軍不得出黑海。俄羅斯久望解除此制限。適值普法二國有戰爭之事。乃乘此機會。公然宣言解約。夫俄國自千八百五十六年以來。見土耳其及其他諸國皆有艦隊於地中海。即他國之軍艦。通過海峽而進入於黑海者。亦復不少。因此廢棄巴里條約之策。愈形迫切。然此宣言。毫無論據之見。故巴里條約之調印各國。皆反對之。謂無論何國。不得相對國之合意。即不能解除條約上之義務。與變更其條約。此國際公法之大原則也。其後開倫敦會合。勉允俄國要求之一部。然終不得消滅其解約通知也。

以上爲不動之原則。此外復有二例。有不得不認許者。(一)其條約與國家之自衛權。有不能相容之時。如締結保護條約之一國。與第三國開戰。而當勝敗難期之際。被保護國。須依賴兵力上之保護。保護國則免此義務。(二)條約無特別之明文者。則於條約以外。不能制限締盟國之自由意思。故締盟國之一方。加入於合衆國等。其以前之條約(除關於領土條約外)皆得廢棄之。

第十一節　條約之確認、延期、及更新、

條約之確認 Confirmation des traités. 言締結新條約以前。承認條約之效力也。即以前之條約。其存立與否。尚有多少之疑義。故不得不先認定其條約之有效。如國家因革命而

一〇七 設之新政府當確認前政府所締結之條約又交戰後兩國間之通商條約須確認其復有效力也

條約之延期 Prorogation des traités. 乃外交上一種之意義然延長條約之期限須在某期到來以前明示其合意也

條約之更新 Renouvellement des traités. 言條約當滿期之際或明示或默示其合意而依然繼續也然默示而更新其條約於解釋上常不免生困難之問題須熟考當時之事情行爲之性質及往復文書等而決定之

以上所揭延期與更新之區別專從普拉基斐特來氏之說然唱兩者合一而更新之學者亦復不少(Prodier-Fodéré : Droit diplomatique, 1881, T. II, P. 460, 461. Rivier : Principe de droit des gens, 1896, T. II, P. 143.)

第二章　外交文書

第一節　信任狀

信任狀者 Lettre de créance, Lettre of credence. 當派遣通常使臣 Ministre ordinaire.

及參列於儀式之特命使臣時由任命國之元首與外務大臣先發一書翰與駐劄國之元首及外務大臣而紹介其信任之目的並使臣之姓氏官位性質等其所記載之旨不過希望其信用耳要之信任狀者以其使臣之任命而通知於駐劄國政府之公文書也。

代理公使受本國外務大臣之書翰而以之呈遞於駐劄國之外務大臣故此等書翰亦稱信任狀唯微嫌簡畧耳歐洲近世亦有稱爲 Lettre de créance. 者故吾人依此慣例。而直稱之爲信任狀云。

使臣自任命後雖與本國政府即生關係然其對駐劄國而欲得職務上之效果者不可不俟信任狀捧呈以後故使臣既捧呈信任狀然後得享有完全之代表權也。

信任狀之書式可由各國隨意定之唯其內容固無所異茲揭載日本國信任狀之書式如左。

特命公使之信任狀。

保有天佑、踐萬世一系之祚之

大日本國皇帝、(御名)敬告威望隆盛之良友

某國皇帝某陛下、曰、

朕今欲兩國間存在之好誼友情、益益鞏固親密、特信任某位勳某等某爵某某爲特命全權公使駐劄閣下、以繼發在閣下之特命全權公使某位勳等某爵某某之後任、某某忠誠篤實、奉公勤勉、執事敏達、固朕所素知、而蒙陛下之寵眷、自無容疑、某某以朕名陳述陛下、深冀陛下信用而聽納之、今茲朕表敬恭親愛之衷情、並祈陛下之康寧焉、

神武天皇即位紀元何年

明治　年　月　日於東京宮城

御名　國璽　　　外務大臣某位勳某等某某　印

辦理公使之信任狀。

其書式與全權大臣相同。今畧之。

代理公使之信任狀

謹啓、敝國皇帝陛下、今望兩國間存在之好誼友情、益益親密、特任某位勳某等某某爲代理公使、駐劄貴國政府之下、某某誠實敏良、能稱其職、爲本大臣所深信、幸閣下優遇

之、某某以敝國政府之名、陳述於貴政府、從此兩國間之交際、益益鞏固、尙希閣下信聽之焉、

明治　年　月　日

日本帝國外務大臣某某　印

某國外務大臣某某閣下

此書式。現今所採用者。頗有異同。茲揭載白英兩國之信任狀於左。以備參照。

Lettre de créance

d' un Ambassadeur.

Monsieur mon frēre voulant donner un caractēre plus solennel aux rapports diplomatiques si heureusement établis entre le royaume de Belgique et......, et ayant vivement ā cœur de maintenir et de resserrer les liens d' amitié qui unissent nos denx Cours, j' ai fait choix du......, et lui ai confié le haute mission de me représenter auprēs de Votre Majesté comme mon ambassadeur.

110

Je lui ai recommandé trēs particulièrement de ne rien négliger pour se concilier l' estime et la confiance de Votre Majesté, et la connaissance que j' ai, dēs longtemps, acquise de sa fidélité, de son zēle pour mon service et de ses talents, ainsi que des autres qualités personnelles qui le distinguent si éminement, me persuadent qu' il y réussira en s' acquittant, ā mon entiēre satisfaction, de la tâche honorable qui lui est imposé. Je prie Votre Majesté d' ajouter une foi entiēre ā toutes les communications qu' il sera dans le cas de lui notifier de ma part, surtout lorsque, conformément ā mes instructions les plus pressantes, il lui renouvellera l' expression des sentiments de profonde estime et d' inviolable amitié avec lesquels je suis,..........

Bruxelles, le..........

Lettre de créance pour un Envoyé extraordinaire et Ministre plénipotentiaire.

Monsieur mon......., voulant ressérer de plus les liens d' amitié si heureusement établis entre nos Etats, j' ai fait choix du sieur......., pour se rendre auprēs de Votre

Majesté comme mon envoyé extraordinaire et ministre plénipotentiaire. Les qualité qui le distinguent, son dévouement ā ma personne, les talents et le zèle dont il a donné de si éclatantes preuves dans les hautes fonctions qui lui ont été précédemment confiées, me persuadent que Votre Majesté voudra bien l' accueillir avec bienveillance et accorder foi et créance en toutes les communications qu' il sera dans le cas de lui adresser, conformément ā ses instructions, lesquelles auront principalement pour but de rechercher les moyens les plus propres ā maintenir et ā consolider les relations de bonne intelligence qui subsistuent entre nos deux Cours.

Je saisis avec empressement cette occasion pour renouveler ā Votre Majesté les assurances de la haute estime et de l' inatérable amitié avec lesquelles je suis,.........

Lettre de créance pour un ministre résident.

Monsieur mon frēre, ayant ā Cœur de maintenir et de resserrer de plus en plus les liens d' amitiē qui unissent nos deux Cours, j' ai fai choix du sieur......., pour se rendre auprès de Votre Majesté comme mon ministre résident. Les qualités qui le distinguent, son dévouement à ma personne, ses talents et son zèle me persuadent qu' il s' acquittera de sa mission de manière à se concillier la bienveillance de Votre Majesté. Dans cette assurance, je la prie de vouloir bien l' accueillir avec bonté, et d' ajouter foi et créance à toutes les communications qu' il sera dans le cas de lui adresser de ma part, surtout lorsqu' il présentera à Votre Majesté l' expression des sentiments d' estime et d' affection avec lesquels je suis..........

Lettre de créance pour un Chargé d' affaires.

Monsieur le ministre,

Le vif désir qui anime le Roi, mon auguste souverain, de consolider les liens d' amitié et de bonne harmonie qui unissent la Belgique au royaume de...... l' a detérminé à régulariser, do son côté, les relations diplomatiques entre les deux Etats. En conséquence, M.......... a reçu l' honorable mission de remettre à Votre Excellence les présenter lettres do creance, ā l' effet d' être accrédité, comme chargé d' affaires, auprēs du gouvernement de Sa Majesté..........

La connaissance particulière que le Roi a dēs longtemps acquise qualités personnelles de cet agent diplomatique, de ses talents et de son esprit de conciliation, me persuade que Votre Excellence accueillera M.......... avec bienveillance, et qu' elle voudra bien lui accorder foi et créance en toutes les communications qu' il pourra lui adresser dans les limites de ses instructions, qui tendront principalement ā rechercher les moyens les plus propres ā affermir et ā développer les relations entre les deux gouvernements et les deux pays.

Je suis heureux de pouvoir saisir, cette premiēre occasion de présenter ā Votre Excellence les assurances de la trēs-haute considération avec laquelle j' ai l' honneur d' être,

(Monsieur le ministre'

11四

De la main du ministre : { De Votre Excellence,
Le trēs-humble et trēs-obeissant serviteur,

suscription : A. S. E. M. le ministre des affaires étrangère de S. M. le Roi de..........

Letter of Credence of an Ambassador.

Sir, My Brother,— Being anxious to maintain without interruption the union and good understanding which happily subsists between Great Britain and......., I have selected......., ..., to reside at Your Imperial Majesty's Court in the character of My Ambassador Extraordinary and Plenipotentiary. The long experience which I have had of his talents and zeal while employed in other highly important Posts in My Diplomatic Service, assures me that the choice which I have made will be perfectly agreable to Your Imperial Majesty, and that he will discharge the duties of his Embassy in such manner as to merit Your approbation and esteem, and to prove himself worthy of this new mark of My Confidence.

I therefore request that Your Imperiyal Majesty will give entire credence to all that (*name*) shall communicate to You on My part, more especially when he shall assure Your Imperial Majesty of My invariable attachment and esteem, and shall express to You those sentiments of sincere friendship and regard with which I am,

Sir, My Brother,

Your Imperial Majesty's

Good Sister,

....

Letter of Credence of an Minister.

.... by the Grace of God of the United Kingdom of Great Britain and Ireland, Queen, Defender of the Faith, Empress of India, etc., etc., to the Most High and Glorious Prince His Majesty the Emperor of..........., Our Good Brother and Cousin, Greeting! Being desirous to maintain without interruption the relations of Friendship and good understanding which happily subsist between Our two Empires, and to promote commercsal intercourse between Our Subjects and Dominions and those of Your Imperial Majesty, We have selected Our trusty and welt beloned........ (*name*) ...., ... to reside at the Court of Your Imperial Majesty in the Character of Our Envoy Extraordinary and Minister Plenipotentiary. .... (*name*) .... is fully informed as to all matters which concern the interests of Our subjects trading to or residing in, the Dominions of Your Imperial Majesty and he will use his best efforts to perpetuate that hamony and friendly intercourse which it is Our earnest desire should ever prevail between the two Great Empires.

We therefore request that Your Imperial Majesty will receive Our said Envoy Extraordinary and Ministir Plenipotentiary in a favourabie manner, that You will grant him free access to Your presence, and that You will give entire creience to all that he shall have occasion to represent to You in Our name.

And so We recommand Your Imperial Majesty to the Protection of the Almighty.

Given at Our Court at ......, the ...... (*date*) ......, and in the ...... Year of Our Reign.

Your Imperial Majesty's

Good Sister and Cousin

(*Signed*) ....

(*Countersigned*)..............................

法王大使。即蘭格及農斯者。不受此種之信任狀。唯由羅馬法王所發之書翰以相紹介。此書翰。即稱爲巴爾 Bulle. 是也。

授三級以上使臣之信任狀。常例。僅添其謄本於元首之信任狀中。此謄本當使臣請求謁見之際。豫呈遞於駐劄國之外務大臣。以證明其信任狀之完全也。

按普通之例。駐劄國之元首。須報答其信任狀。不能僅發一公文以爲了事。然有特別之理由。如對參列儀式大使之信任狀等。有時亦不妨僅發一公文也。

派遣國與接受國變更國君。或遇兩國間改革政體之際。須更新其信任狀者。則可詳述於使臣之任命及終任之條之中。而參照之。

信任狀之一種。有稱爲假信任狀 Lettre de créance provisoire. 者。使臣因事故而命公使館一等書記官代理之際。可證明其爲臨時代理公使而通一書翰於駐劄國之外務大臣。

推薦狀 Lettre d' adresse ou de recommandation. 者。通紹介書於駐劄國之皇族及貴顯等也。在歐洲各國本無此慣例。唯派遣於土耳其之使臣必用推薦狀與其首相 Grand-vizir 及州知事 reis-effendi. 也。

第二節　委任狀

委任狀 Plein pouvoir, full powers. 者。因證明政治上特命使臣 Ministre extraordinaire. 之權限而所發之公文書也。詳言之。當協議之事件。國家派遣臨時會議之使臣。或通常使臣交涉權限以外之事件。故由本國元首特發親書。以證明其使臣之權限也。

使臣當事件交涉之始。須交換其委任狀。以證明其權限之適當。唯其事件之實質有異。故委任狀之權限亦因之不同其權限有普及者有特別者有無限者有有限者權限之普及者凡商議目的中之各項事件皆得交涉之權限之特別者僅限目的中之某事件而商議之無限之權限其使臣之調印不批准而直及其效果於本國有限之權限經批准後而始生效力也故如此國之使臣有普及之權限而他國之使臣僅有特別之權限則此國使臣對他國使臣其權限不能相同可拒絕其交涉現今之慣例與使臣以普及權限而留保其批准權即今日所謂全權委員者有普及之權限並爲有限權限也要之關於各項事件之商議全權委員自有其權限惟不經批准後終不能生締結事項之效力耳

委任狀之書式如式

保有天祐踐萬世一系之祚之日本國皇帝（御名）今以此書、宣告有衆曰

朕今茲帝國與某國之間、因某某事件、與某國政府之全權委員、會同商議、締結右之條約、朕特與某官某位勳某等某爵某某、以記名調印之全權、其議定之各條目、朕親加披覽、認爲善良後得批准之、

神武天皇紀元何年

明治　年　月　日於東京宮城親自署名用璽

御名　國璽

外務大臣某位勳某等某某副署

現今之慣例。常與使臣以普及權限。然有時亦有不得不與特別權限者。夫特別權限不過有談判拒絕之理由耳。而普及權限與特別權限之使臣皆當稱之為全權委員。何則受特別權限之使臣凡關於權限內之事項可照自己之意而決定之即所議之各事項於表面上且不必與本國政府相交涉要之內部之訓令不得不遵守而對於根對國自可照一己之意思而有決定事件之權限故得稱之為全權委員也

一國當派遣談判委員之際苟不付與全權職任則接受國可不與交涉而拒絕之即付與談判委員之委任狀亦必以其交涉事件之全部或一部並條約中記名調印全權之旨一一記載之

此事在歐洲。毫無混同之意義。蓋歐洲各國本稱委任狀為Plein powvoir, pleins powvoirs, full powers. 可見有完全之權限也夫委任狀與全權於根本的觀念自不得分離

然日本常認委任狀爲普通之名詞。故於全權二字。不得不特別說明之。明治二十八年中日媾和談判之始。日本全權委員。不與中國委員交涉。而拒絕之者。即不外此原則之適用也。今從會議報告書中。揭錄其顛末如左。

日本委員與中國委員。照常例於交涉開始以前。行委任狀之交換式。

日本委員之委任狀

保有天祐踐萬世一系之祚之大日本皇帝、(御名)今以此書宣告有衆曰、

朕欲回復帝國與大清國之私好、保持東洋全局之平和、特簡命內閣總理大臣從二位勳一等伯爵伊藤博文、外務大臣從二位勳一等子爵陸奧宗光、爲全權辦理大臣、與大清國全權委員、會同協議、便宜行事、訂結媾和預定條約、而與以記名調印之全權、其議定各條項、朕親加檢閱、認爲妥善、後批准之、

神武天皇即位紀元二千五百五十五年明治二十八年一月三十一日於廣島行在所

親自署名用璽

御名　國璽

一三三

內閣總理大臣伯爵　伊藤博文副署

中國委員之委任狀

朕今命尚書銜總理各國事務大臣戶部左侍郎張蔭桓、頭品頂戴署理湖南巡撫邵友濂爲全權大臣、與日本派出之全權大臣會商事件、該大臣等仍一面電達總理衙門、請旨遵行、其隨行之官員聽其節制、該大臣等其殫精竭慮、無負朕之委任、爲特諭、

此公文。殆無委任狀之形式。不過爲內部之訓令而已。故日本全權委員發左之照會與中國委員。

大日本帝國全權辦理大臣、今照會於大清帝國欽差全權大臣、敝國全權委任狀、凡關於媾和條約之件、由大日本國皇帝陛下付一切之權限與該全權辦理大臣、茲因避他日之誤解、大日本帝國全權辦理大臣、特知照大清帝國欽差全權大臣、貴國全權委任狀、未經查驗大清帝國皇帝陛下、曾付一切之權限與該欽差全權大臣否、希爲詳復、須至照會者、

明治二十八年二月一日於廣島發

大清國欽差全權大臣之回文。

光緒二十一年正月七日與貴大臣面會時所交與貴國大皇帝之勅旨一通、並節略一通、本大臣已一一敬悉、今諭問本大臣所奉之全權職任、本大臣出使貴國所奉之勅旨、已與貴大臣即日交換、本大臣由本國大皇帝授與記名調印之全權、會商媾和締結條欵、一面電奏本國、請旨定期調印、以期辦理迅速、其所議之條約書、當齎歸本國、恭請大皇帝親加披閱、果認妥當、即可批准施行、

光緒二十一年正月八日

尚書銜總理各國事務大臣戶部左侍郎　張

大清國出使全權大臣　頭品頂戴湖南巡撫　邵

大日本帝國欽命全權辦理大臣伯爵伊藤

大日本帝國欽命全權辦理大臣子爵陸奥　閣下

於是日本全權大臣伊藤伯爵對中國委員演說曰。

本大臣與同僚今回之處置。於論理上實有出於不得已者。本大臣固不能任其咎也。從

來中國與列國全然睽離甚而與列國相交際其所享受之利益往往有不能自顧者故中國常取孤立猜疑之政策而於外交上之關係所謂善隣之道在公明信實者蓋缺如也。

清廷之欽差使臣。於外交上之盟約。有既表合意而不欲調印者有既結條約而無端嚴拒之者徵之往事歷歷可數清廷專恃其狡猾手段而不能表誠實之意者固不一而足乃至簡命使臣開談判之局而亦不委任其適當之權利此等事實誠不能不啓吾人之疑也。

今日之事。吾帝國政府鑑於既往之事。以不協全權定義決意不與清廷之使臣開媾和談判之局故清廷之委任者對媾和締結不可不明示其有無全權今預立一條件。若清廷能恪然遵守。速派全權者至我國而確認擔保。則我大日本天皇陛下所委本大臣及同僚諸臣。即與中國之全權者。締結媾和豫定條約。而以全權相調印焉。

清廷既不認擔保。而兩閣下之委任狀。又不完備。是足徵清廷求和之意並非出自本誠也。即昨日兩國交換委任狀之際。一見而知其輕輕之甚。雖然本大臣一一指摘。亦徒覺空言耳。要之開明國所慣用之意。若一國之全權委任其相關各項有缺乏者。總不能開談判也。今兩閣下所交換之委任狀。既未明示何等訂約之權利。於中國皇帝事後批准之外。一無所言。是兩閣下所委之職權。不過以本大臣及同僚諸臣所陳述者。時時達諸貴國政府而已。似此辦理。本大臣等快不能繼續此談判也。

或曰。今回之事。清廷固援從來之慣例也。果爾。則本大臣愈不能不有所言也。夫中國內地之慣例。本大臣原無容喙之權。至與我國有外交上之案件。而欲以清國特殊之慣例。凌駕國際上之法則。則不獨本大臣之權利不能受其裁抑。即本大臣之義務。亦不敢聽其便宜也。

且恢復和平。至重至大之事也。今欲再啓輯睦之道。其目的固不僅在締結條約。是必以眞誠懇篤之情。以期他日能實踐其締結也。

媾和之事。即由我帝國進求中國。我帝國固當行開明主義。使清廷履至當之道。軌此我帝國代表者所應有之義務也。若爲無功之談判。或僅參與締約。以備將來謝絕地步。我帝國以其所締結之條件。必能實踐。如請中國亦照此履行。中國固不可不遵守之也。

一二七

故中國固出於切實懇摯之情。以求和局。則其委任之使臣必付與全權職任而足以擔保其締結條約之實踐也今請重簡有名譽官爵者。以當此任。我帝國自不再拒其談判也。

右伊藤伯爵演說畢。以其謄本交付中國委員。旋發出談判拒絕之通告。如左。

大日本帝國政府。前由駐劄東京及駐劄北京之亞美利加合衆國特命全權公使之調停。清日兩國締結媾和條約。將簡命委員帶有全權之旨。業經聲明在案。本月一日。大清帝國欽差全權大臣。照會大日本帝國全權辦理大臣之命令狀。本國政府詳加覆核。極不妥當。查該命令狀爲普通之委任狀。所有全權之要件。殆不具備。大日本帝國政府因與前亞美利加合衆國特命全權公使之聲明者。並不符合該大臣等所帶之命令狀。不過欲與大日本皇帝陛下授與全權委任狀之大日本帝國全權辦理大臣。會商事件。時時咨報總理衙門。請旨遵行。因此本大臣不能承諾與大清帝國欽差全權大臣會議。大日本帝國全權辦理大臣。今次宣言會議之中止。蓋出於不得已也。

明治二十八年二月二日在廣島發

第三節　解任狀及答書

本國政府欲召還其使臣。須先送一解任狀。Lettre de rappel, letter of recall. 使臣照其等級。而呈遞於駐劄國之元首與外務大臣。其儀節與呈遞信任狀無異。解任狀之書式。由其國家或由其召還之原因。殆不一致。若使臣因轉職而召還者。解任狀中可表使臣在勤時。受駐劄國元首及政府優待之謝忱。倘其召還之原因。由於兩國傷感情而起。則解任狀中。不過推託有疾病等語。從無出不穩之言。蓋總以維持和平為主旨也。

解任狀之書式

保有天祐踐萬世一系之祚之

日本國皇帝(御名)敬白威望隆盛朕之良友

某國皇帝某陛下曰

朕擬簡某位某勳某爵某某為特命全權公使駐劄闕下今解其任某某在闕下能體朕意克盡其任使兩國交情益益深厚而又辱承陛下之寵眷朕所深喜也茲當解任之際朕特表敬恭親愛之衷情併祈陛下之康寧焉

神武天皇即位紀元幾年

明治　年　月　日於東京宮城親自署名用璽

御名　國璽

外務大臣某位勳某等某某印

............, par la Grace du Dieu, de......
................,

Au Très Haut et Très Puissant Souverain Sa Majesté............, de............,Norte Bon Ami,

Très Haut et Très Puissant Souverain, Nous avons jugé propos de rappeler.......... (*nom*)............, que Nous avions accrédité auprès de Votre Majesté............ en qualité

............, by the Grace of God, of..........
............,

To the Most High, Mighty and Glorious Prince His Imperial Majesty the Emperor of .... Our Good Brother and Cousin,

Greeting! High and Mighty Prince! Our Trusty and Well-beloved..............(*name*)............, who has for some time resided at the Court of Your Imperial Majesty in the

de Notre Envoé Extraordinaire et Ministre Plénipotentiaire. En informant Votre Majesté............... de cette décision Nous sommes heureux de constater que, pendant le temps qu' il a résidé auprès d' Elle, il a consacté tous ses efforts, en s' inspirant toujours de Nos intentions, ā l' accomplisse-Ment de sa mission dans le but de resserrer de plus en dlus les liens de bonne harmonie qui unissent si heureusement Nos deux Pays, et qu' il a pu mériter ainsi la haute bienveillance de Votre Majesté............ Nons saisissons cette occasion pour experimer ā	character of Our Envoy Extraordinary and Minister Plenipotentiary, having been compelled on accont of ill-health to resign his post, We cannot omit to notify to You his Recal. Being Ourselves perfectly satisfied with the zeal, ability and fidelity with which...................(*name*)............... has executed Our Orders during the Course of his Mission, We flatter Ourselves that Your Imperial Majesty will also have found his conduct worthy of Your approbation and esteem, and in this pleasing confidence We avail Ourselves of the present opport-

Votre Majesté .... les sentiments de Notre haute esfime et de Notre sincere affection, en Lui rrnouvelant en même temps les vœux les plus ardents que Nous formons pour Son bonheur et Sa prospétité.	unity to renew to Your Imperial Majesty the assurances of Our invariable Friendship and highest esteem.
Donné au Château du ...., le .... (*date*)	Given at Our Court at ...., the........ .... (*date*) ....,
	Your Imperial Majesty's Good Brother and Cousin.
(*Signé*)........................	(*Signed*)......................
(*Contresigné*)..........................	(*Counter ségned*)........... ....

駐劄國之元首。須答其解任狀。而發還一解任狀答書。(Lettre de recréance.) 此常例也。(但日本尚無答書之慣例)

解任狀答書中。通常記載其解任狀之領收。該使臣之功跡。及對於君主之敬意。而平。時。與。公。使。有。不。和。之。感。情。者。答。書。中。必。不。載。之。要。之。答。書。中。之。使。用。語。須。與。解。任。狀。記。載。之。字。句。

針鋒。相。對。也茲揭載普通之書式如左。

保有天祐某國皇帝（御名）謹復威德隆盛朕之良友

某國皇帝（御名）陛下曰

朕領收陛下之親翰敬悉陛下之駐劄某國公使何位勳某等某某氏之解任某某在某國能遵守陛下之意使兩國間存在之友誼益益親密朕之信任得表證於陛下以見朕之欣喜也茲朕表懇親之誠意併祈陛下之康甯焉

年　月　日於某宮城

御名　　國璽（親署）

外務大臣某某　印

……………, par la grâce ne Dieu, ……………
……………,

A Très-Haut, Trèr-Puissant Prince, Sa Majesté ……………, Notre bon Frère, et

……………, by the Geace of God, of ……………
……………,

To the Most High, Mighty and Glorious Prince His Majesty the Emperor of ……………

Ami, Salut!

Nons avons reçu la lettre que Votre Majesté .... a bieo voulu Nous addresser afin de porter ā Notre connaissance qu' Elle a jugé ā propos de relever Monsieur............ de ses fonctions comme Son Envogé Extraordinaire et Ministre Plénipotentiaire prēs la Cour de .... Nous sommes heureux de pouvoir donner ā Votre Majesté .... l' assurance que ce diplomate, suivant les intentions de Votre Majesté n' a rien négligé pour consolider et resserrer de plus en plus les relations amicales qui

............, Our Good Brother and Cousin, Sendeth Greeting!

We have received the letter in which You acquaint Us that You have thought fit to recall Monsieur .... from the post of Your Imperial Majesty's Envoy Extraordinaty ānd Minister Plenipotentiarp at Our Court.

Monsienr ....'s Mission having therefore come to assure You that his language and conduct during his residence here have been such as to merit Our entire approbation and esteem, and have been

existant si heureusement entre le .... et le .... et qu'il a su mériter ainsi Notre entière approbation. En saisissant de Notre haute estime et de Notre amitié invariable ainsi que Nos vœux pour la prospérité de Son Empire, Nous prions Dieu qu' Il ait Votre Majesté .... en Sa Sainte en digne garde.

Donnè au ...., le .... (*date*) ....

(*Signé*) - ....

(*Contresigné*)........................

uniformly and zealously directed to the maintenance and improvement of the relations of friendship which happily subsist between .... and ...., and to which We attach the highest value. And so We commend Your Imperial Majesty to the protection of the Almighty.

Given at Our Courtat............the.......(*date*) ...., in the .... year of Our Reign.

Your Imperial Majesty's

Good Brother and Cousin

(*Signed*)...... ....

(*Counter signe*)............................

To

His Majesty

The Emperor of..... ....

Our Good Brother and Cousin.

第四節　訓令及報告

訓令 Instruction. 者。本國政府指示其使臣對駐劄國或列國會議間取用方針之命令也。詳言之。爲使臣者。當悉本國政府命意之所在。而從其主旨以執事爲。故訓令有時用口授者。然用文書之訓令。正復不少也。

訓令。有發自使臣任命之始者。有及其中間而始發者。古者交通不便。往往於任命之初。而即授訓令者。現今之世界。交通靈便。不必拘於一偏也。使臣既就職務以後。或定行爲之規則。或揭一切之標準。則於中間發訓令。更有因商議之經過或事件之發生。本國政府得以隨時傳示其訓令。惟任命之始與中間所發之訓令。則稱訓令。其隨時傳示者。稱爲附隨之訓令云。

訓令中之意義。不可不明白了當。倘涉疑義。使臣亦不得擅自臆斷也。

訓令。有公示者有秘密者。然不問其爲公爲秘。使臣既呈遞信任狀及委任狀後。以明其權限。即不妨開示其訓令也。若開示公示之訓令。命與駐劄國政府相交涉。此外更無附隨之命令。則使臣得由自己之意思。相度時機而開示之焉。

訓令常作二通。其一通。不附載秘密之部分。使臣以此可開示於相對國。然此後之處置。有更變者。相對國不可陷於錯誤。夫外交固不在陰謀。而其探知秘密訓令。尤相對國之最有利益也。故外交官之語言。可不慎歟。

使臣。不得違背其一切之訓令。然從之而有害邦交。有傷己國之利益者。不妨權變其訓令。以外之行爲。而要以不反本國政府之主義方針爲度。但此等行爲。使臣固負非常之責任。故非關於緊要事件。即不妨藉通信之利便而商確之也。

要之政府宜與概括的訓令。而留使臣以自由意思之餘地。使其相機辦理。最爲得策。使臣受本國政府之信任。而箝制其自由行動。是見其責任之重大也。使臣於訓令之範圍外處置事件。如擅行決議之類。此種行爲。尤宜審慎。故授使臣以訓令。當保存其批准權限。庶事件之承認或拒絶得以操縱之也。

訓令之書式。與普通書翰相同。惟其起結之敬語。有變更之者。

訓令普通之書式。

今關於某某之件……

準此(右)及訓示敬具

使臣諸訓書式

今關於某某之件……

准此(右)及稟訓敬具

回訓書式

今關於某某之件既承請訓……

准此(右)及回訓敬具

以上爲使臣及外務大臣之往復訓令書式也。若由外務大臣咨發公使舘一等書記官爲臨時代理公使之訓令。其結尾不用敬語。

外國文中用此等之文字。常不一定。然無非用訓示等語。Gouare hereby instruct d. 普通之書翰體。其起處用 Monsieur (Sir) 其結尾則用 Veuillez agréer, &c.……(I am &c.) 也。

報告者。使臣以其所觀察事件。通信於本國外務大臣也。其內容及種類。既詳述於使臣職務篇中。而其書式。亦與訓令相同。

今關於某某之件…………………………………………

准此(右)及報告敬具

右若用外國文。亦與訓令相同。乃普通之書翰體也。

第五節　宣言及反對宣言

共同宣言之意義。於條約形式之條。既詳述矣。茲僅關於單獨宣言。而論次之。

單獨宣言者。一國政府所採取之方針。或辯護其主義。或解脫其惡評。而以其措置報知於他國政府之公文書也。今揭一二之實例。以明單獨宣言之性質。及其書式焉。

臺灣海峽自由航行之宣言

日本帝國政府防國際通商航海之利便。發出左之宣言

一三九 帝國政府。認臺灣海峽爲各國公共之航路。茲特宣言該海峽不獨爲日本國之專有、並屬其管轄。

帝國政府約不割讓臺灣及澎湖島與他國。

臺灣平定後關於實施現行條約帝國政府之宣言

臺灣地方既平定以後、日本國政府對居住該地並往來該地之各締盟國臣民、人民、及船舶等。特許與左記之特典便益。

第一、日本帝國與締結通商航海條約之各國臣民、人民等凡。居住於淡水、基隆、安平、臺南府、及打狗地方者。皆得經營商業。又右等諸國之船舶。亦可停舶於淡水、基隆、安平及打狗諸港。且得輸運其進口出口之貨物。

第二、臺灣於情形上雖爲特殊之地。然日本帝國與各締盟國間所存在之通商航海條約、稅則、及其他之諸取極、皆得同一相視。即居住於臺灣及往來該地各締盟國之臣民、人民、並船舶等。亦一律適用之。惟享有前記之特典便益。須遵守臺灣之現行法令。

此等之宣言。常例由列國駐劄自國之使臣各通告於本國。如臺灣平定後。關於實施現行條約之帝國政府宣言。除中國外。皆由在外公使通告於締盟各國政府是也。

但秘露國尚無駐劄日本國之使臣。則由外務大臣以其宣言。電告於該國之外務大臣。右所發之宣言。本國政府自負多少之義務。故受其宣言之國家必發一反對宣言Contre-declaration. 此通例也反對宣言者。領收一國政府之宣言記述其承認之旨並自國政府之希望以對其宣言之內容也

第六節　記憶書及口授書

記憶書 Memorundum. 有二種。一共同之記憶書一單獨之記憶書

此二種之區別。出於吾人之創見。外交上從無單獨記憶書之文字。然普通所謂記憶書者。試檢查其內容。即可明此區別之理由也。

第一、共同之記憶書、

共同記憶書者。商議之始末書也。如其商議已能表示其合意。則其所記述者。即為一種之協定書也。其書式左如。

日白二國關於戰時買賣兵器及軍需品之記憶書

日本皇帝陛下之全權公使、與白耳義國皇帝陛下之外務大臣、今將調印日本國與白耳義國間之通商航海條約、兩締盟國、凡遇戰爭之際、各規定通過自國版圖之兵器軍需器貿買、認定絕無妨害其權利、且兩國協定關於本件之事、當擔保最惠國之待遇焉、
千八百九十六年六月二十六日於勃魯西爾

日本國全權公使子爵	青木周藏
白耳義國外務大臣	佛維拉
	P. de Favereau

Memorandum.

Les soussignés, Ministre Plénipotentiaire et Envoiyé Extraordinaire de Sa Majesté l' Empereur du Japon et Ministre des Affaires Etrangērés de Sa Majesté le Roi

The Undersigned, Minister Plenipotentiary and Envoy Extraordinary of His Majesty the Emperor of Japan and Minister for Foreign Affairs of His Majesty the

des Belges, sont d' accord pour connître que rien dans le Traité de Commerce et de Navigation qu' ils vont signer entre le Japlin et la Belgique ne porte atteinte au droit qu' ont les deux Parties contractantes de régler, en vue d' événements de guerre, le commerce des armes et munitions de guerre par leurs teritoires et possessins respectifs. Il est également entende qu' en cette matiere le traitement de la nation la plus favorisée est réciproquement garanti à chacun des deux pays.

Bruxelles, le 22 juin 1h96.

King of the Belgians, agree to recognize that nothing in the Treaty of Commerce and Navigation they are going to sign between Japan and Belgium affects the right of the two Contracting Parties to regurate, in view of events of war, the trade of arms and ammunitions for war through their respective dominions and possessions. It is also understood that in this matter the treatment of the most favoured nation is reciprocally guaranteed to each of the two countries.

Brussels, June 22d, 1896.

(L. S.) Vicomte Aoki. | (L. S.) Viscount Aoki.

(L. S.) P. de Favereau. | (L. S. P. de Favereau.

以上爲使臣互相交涉之情形也。至元首會合時。有請求元首作口頭陳述。記憶書面使臣爲之記錄之者其書式之條例。使臣用三人稱元首用一人稱而書翰之起處並不用何等之敬語。不過記自己之使命。以下即錄述其交涉事項而已。若當數國公使共同記錄之時。則其署名之位次必先自國之代表而以次順序也。

使臣用三人稱者。故外國文以 Soussigné, undersigned. 代之。元首用二人稱者。故以 Votre Majesté, your majesty. 代之。

又記載自己之使命。故署名某國皇帝陛下之公使接某命令云云。(Le Soussigné, envoyé............ de Sa Majesté l' Emperur............, ayanr reçu ordre............, The undersigned, envoy............ of His Majesty the Emperor............, having received the order............,) 或某國皇帝陛下命令某事件云云。(Sa Majesté l' Empereur............ a ordonné au soussigne............, His Majesty the Emperor have............ ordered to the undersigned..............)

第二　單獨之記憶書

單獨之記憶書。某事件之性質歷史及其他之使臣依之而闡明其態度或依之而論斷法律中之錯雜問題也蓋欲證明自己主張之正確由一國政府與其使臣咨告相對國政府及其使臣之公文書即單獨記憶書是也其議論精密。不涉長文。而此種之記憶書。常直徵發遣。或記載其事件之種類題目等。今揭其書式之諸要點如左。

一、記憶書之署名者。因表示自己。書中常用三人稱。

二、記憶書之起處。不使用何等之敬語。

三、記憶書之日期。總附載於書末。

四、邦語之記憶書。爲論說體。而不用書信式。

五、記憶書中。概不署名。

記憶書之答書。必依照其來文。然此事不獨爲記憶書之一種。即一切之外交文書。皆準此例。

記憶書之名稱有二種。即 Memorundum. 及 Memoir. 是也。或謂 Memoir 常用長文之通信。Memorundum. 則無定例。然其實際。殆無區別也。且現今更無用 Memoir. 之名稱者。

記憶書之書式。與普通之論說。殆無少異。唯其終結處。凡日期、地方、及姓名等。皆記載之。而其內容。常涉長文。故不揭其例。

口授書。Note Verdale, Verdal note. 者。其內容比記憶書為單簡。亦一種之公文書也。要之其事件復雜。內容須有論議者。則用記憶書。否則用口授書。其書式與記憶書同。但無署名。

第七節　書翰

書翰有二種。即 note 及 Lettre 是也。歐洲各國。於二者間之書式。甚相異。今揭其大凡如左。

一、(Lettre) 其署名。需用一人稱。(Note) 必用三人稱。

二、(Lettre) 其起處用敬語。(Note) 則用(下名云云)等語。

三、(Lettre) 之日期、及地方。皆於起處書明。(Note) 則於結尾處書之。以上爲歐洲習用之書翰形式也。然日本則常用尺牘體。其起處用（以、書翰、致啓、上候陳者、）結尾處用（茲、向閣下、重表、敬意、敬具、）云云。

(Note) 之書式

日澳通商航海條約之釋義由澳國外務大臣來柬

以、書翰、致、啓上、陳候者、澳大利匈牙利國外務大臣、今當澳大利匈牙利國及日本國間調印締結通商航海條約之際、凡商議討論中之數種問題、希望不生疑惑、謹以左記之意旨、調印於條約、並宣言之、

一、…………

二、…………

三、…………

四、…………

前記之事項。特承知於日本皇帝陛下之特命全權公使高平氏。日本帝國政府。以某時

本條約第二十三條第一項所揭載者。特相通知。茲重表敬意於高平氏。敬具

千八百九十七年十二月五日於維也納

伯爵　格羅坎克　印

Goluchowski M. P.

駐劄澳國日本帝國公使之往來

以書翰致啓上陳候者日本國皇帝陛下之特命全權公使。由澳大利匈牙利國外務大臣伯爵格羅坎克所啓送之書翰第一項至第三項。凡關於土地物權之取得。倉庫及保稅倉庫之建設外國人租界中之免稅。與既得權。自本條約消滅後言明依然存續之旨。本大臣皆相認爲適當。茲謹復貴大臣閣下。並賜光榮焉。

茲於伯爵格羅坎克來文後。凡關於問合之件。特發出左記之公文。

日本帝國政府。今當日本國與澳大利匈牙利國間所現存條約消滅之際。應認日本帝國各法典實施之利便。目下尚在調査中。至實施法典之各部。本日調印條約第二十三條第一項所記載者。特爲通知

茲重向伯爵格羅坎克閣下以表敬意敬具

千八百九十七年十二月五日於維也納

高平小五郎　印

Au moment de procéder ā la signature du Traite de commerce et de navigation conclu, en date de ce jour, entre l' Autriche-Hongrie, désirant mettre hors de doute plusieurs questions traitées dans le courant des négociations, déclare qu' il a signé ledit Traité dans les suppositions suivants : saqoir que :

1) etc. etc. etc.

………………………………………………………………

4) etc. etc. etc.

Le Soussigné, en priant M. l' Envoyé extraordinaire et Ministre Plénipotentiaire de Sa Majesté l' Empereur du Japon, M. Takahirff, de vouloir bien prendre acte de ce qui précēde, a l' honneur d' ājouter qu' il attacherait du prix ā ètre informé sur l' époque choisira le Gouvernemen Impérial japonas pour la notification prévue dans l' alinea I de l' article XXIII du Traité,

Le Soussigné saisit cette occ: sio, pour re, oreler ā M. Takahra l' assurace de sa haute consideration.

Vienne, le décombre 1897.

(L. S.) Goluchowski M. P.

Le Soussigné, Envoé extraordinaire et Ministre plénipotentiaire de Sa Majesté l' Empereur du Japon, *a l' honneur d' informer* Son Excellence Monsieur le Comte Goluchowski, Ministre Imperial et Royal des affaires étrangēres de l' Autrihe-Hongrie, en réponse ā Sā Note en date d' amjourd' hui, que les suppositions y énoncées sous les Nos. 1—4 et qui ont pour objet l' acquisition des droits réels sur les biens-fonds, l' établissement de magasins et d' entrepôts reels, l' exemption de terrain dans les concessions étrangēres et la conservation des droit aquis ā l' eqpiration du Traité, sont exactes en tous les points.

Pour ce qui concerne la demande de Son Excellence Monsieur le Comte Goluchowski, énoncée ā la fin de latide Note, le Soussigné a l' honneur de faire la communication suivante :

Le Gouvernement Impérial japonais, jugeant eésirable que les codes de l' Empire du Japon soient effectivement en vigueur au moment où le Traité existant entre le Japon et l' Autriche-Hongrie cessera d' être obligatoire, s' engage ā ne pas faire la notification prévue dans le premics alinéa de l' article XXIII du Traité signé cejourd'hui avant que les parties desdits codes qui sont soumises ā un nouvel examen ne soient entièrement mises en vigueur.

Le Soussigné saisit cette occasion pour renouveler ā Son Excelence Monsieur le Comt Goluchowski les assunances de ses sentiments de la plus haute rconsidéation.

Vienne, le cinq décombre 1897.

|卌O

一五一

(L. S.) K. Takahira M. P.

英國使用 Mote 之書式甚少。德意志國則常用 Mote 書式。以相往復也。

普通稅則之適用俄國外務大臣來翰

以書翰致啟上陳候者本年三月十七日（二十九日）由貴公使送呈之來書謹復如左

本大臣以俄羅斯帝國政府既承諸貴信中提議之件、茲特通告貴公使本日調印之議定書、凡關於兩國間有特別關係之輸出物品、特規定稅則設定之義、自本議定書實施之日起、不論何時、兩國皆得發議、若由發議通知之日起、於六箇月間不能締結約定稅則、則此國對彼國之輸入物品可照普通稅則辦理、又同時締結約定稅則以後、即停止最惠國主義之適用、

本大臣茲向貴公使重表敬意敬具

千八百九十五年五月二十七日(六月八日)於外務省

羅巴若

Lobarow.

特命全權公使西德二郎 閣下

St-Pétersbourg, le $\frac{27\ \text{Mai}}{8\ \text{Juin}}$ 1895.

Monsieur l' Envoyé,

En réponse ā la note que Vous avez bien voulu m' adresser en date du $^{17}/_{29}$ Mars a. c., *J ai l' honneur de vous informer que* le Gouvernement Impérial de Russie accepte la proposition du Gouvernement Impérial du Japon formant l' object de ladite note et consistant en ce que la substitution du traif convenntionnel, prévue dans le Protocole signé en ce jour relativement aux erticles d' exportation ayant un intérêt spécial pour chacun des deux Pays, pourra être proposée par l' un ou l' antre des deux Gouvernements, ā un moment quelconque, aprēs que ledit Protocole sera entré en vigueur, et, que, dans le cas oū le tarif conventionnel ne pourrait pas être conclu dans l' espace de six mois aprēs la communicotion de telle proposition, le traif général pourra être appliqué ā l' impnrtation des articles de chacun des deux Pays, en même temps qu' il sera sursis à l' application du principe de la nation la plus favorisée iusqu' à la nouvelle conclusion du traif conventionnel.

Veuillez agreer, Monsieur l' Envoyé, l' assurance de ma consideration la plus distinguée.

(Stgné) Lovanow.

A Monsieur Nissi

Envoyé Extraordinaire et Ministre Plépoteutiaire de Sa Maiesté li Empereur du Japon.

右歐文中起處用 Monsieur l' Envoyé. 者。非常例也。普通書式。則常用 Monsieur le Ministre. 云。

昆士倫 Queenland. 同一之條件加入於英國海外領地及殖民地新條約之來柬

以書翰致啓上陳候者昆士倫殖民地於千八百九十四年七月十六日在倫敦加入日本英國間所締結之通商航海條約中、茲將規定之議定書、本日閣下與本使互相調印、該條約第十九條列記英國殖民地及領地內聲明未加入該條約者、對昆士倫島以同

一之條件、加入於該條約中、日本國政府能否承諾、亦祈聞命。茲本公使向貴國外務大臣重表敬意。敬具

其千八百九十七年三月十六日於東京

大英國特命全權公使　阿奈斯脫沙德

外務大臣伯爵大隈重信閣下

H. B. M!.s Legation

Tokio, March 16th, 1897.

Monsieur le Ministre,

With reference to the Protocol signed by us this day providing for the accession of the Colony of Queensland to the Treaty of Commerce and Navigation between our respective countries, signed in London on the 16th July, 1894, I *have the honour to enquier* whether the Japanese Gyvernment agrees that any of the British Colonies and Possessions enumerated in Article XIX. of that Treaty, wich have not already declared their acession

一五四

may do so under the same terms and conditions as Queensland.

I take this opportunity to renew to Your Exellency the assurance of my high consideration.

Ernest Satow

H. B. M.'s Envoy Extraordinary

and Minister Plenipotentiary in Japan.

His Excellency

Count Okuma Shigenobu,

H. I. J. M.'s Minister for Foregn Affair.

外交通義終

新民叢報告白

本報仿外國大叢報之例以教育爲主腦以政論爲附從採合中西道德以爲德育之方針廣羅政學理論以爲智育之本原務在考中國所以不振之故對症發藥使國民知所觀感備列各種門類如政治法律教育兵事財政等總計二十餘門撰述精美材料豐富洵爲中國報界中別開生面者也月出二冊每冊定價二角五分

日本橫濱山下町一百五十二番

發行所　新民叢報社

東京教育報主筆　東亞同文會員　日本辻　武雄著

新編東亞三國地誌

全兩冊　定價　一元二角

此書係日本名士劍堂辻先生所著識見高超叙事確實書中入彩色地圖數幅紙章潔白印刷精工發售以來流傳中國有志通時務者無不携備一卷以資研究是以出版未久而售銷者已及萬卷之多今重版新成校對更細四方君子請速賜顧遲恐售罄倘荷蒞購請就發售處或代售處函或詢面議可也

發售處　日本東京市日本橋區吳服町壹番地　株式會社普及舍

代售處　上海英四馬路老巡捕房隔壁　同文滬報館

創設開明書店啓

世局日新文明大啓 朝廷孜孜求治各省官紳仰體上意設立學堂購備中外圖籍以開民智雖偏僻之地亦皆靡然向風而海內志士又復熱心愛國銳意於新學問凡所以開風氣增智識者無不興舉如編譯局藏書樓講習社等次第設立學堂科學日漸講求日漸完備而東英文書籍之研究傳譯進步益速此雖運會使然要非各省官紳海內志士之提倡曷克臻此顧辦有難者文化之進步尚在萌芽篳路藍縷自不能免顛頓困難之境譯書日多優劣參半未經提要源流不明不知何者當購何者不當購其難一也小品下乘已多傳述鴻編名著尚未流傳其弊也駁雜而難語精專瑣屑而不成片段志學之士得門無從其難二也書賈射利不無學識改頭換面妄行增删竄名而購之者往往閱之而大失所望其難三也東西書籍新舊迭更流派各別欲研究何學應購何書未經審悉抉擇多與遠隔重洋訪求未便其難四也英文之書浩無畔岸無論專門名家之作從未有人問津即學堂讀本書大半取法乎下致用其一不知其二而其他學科無論矣求一譯字讀之佳者不可得而其他文學之書無論矣其難五也原因至多不可以一言罄爰集同志在上海通商鉅埠創設開明書店專務各省官紳海內志士購辦東英文書籍及各地譯局之新書各學堂之課本又課本又代各省學堂配購中英文教科諸本等書并發行譯書彙編刊中學教科輯譯社泰東時務譯印局東洋留學生等所譯書育材學堂教科書凡上海各地新出之書無不全備冀以助維新之盛治開文化之新機緣述大凡以告同志

一凡各省官紳海內志士欲購何種書籍請即開單寄交本店或指明何書或代爲選購本店無不妥速代辦

一本店除代購外一切東西洋應用最緊之書無不置備

一代購西洋書須價在百元以外先付書價三分之二方可專寄倘爲數過微則俟集數彙購未能從速東洋書不在此例

一新譯各書本店均有寄售或寄售或躉批價均格外從廉以期廣開智識

一本店發行書報如各處有願代售者均照該書報代派例一律折扣

一各省新設學堂甚多內地見聞較滯所需中英文各種讀本教科書選購極難本店均可各就所宜悉心酌配無不盡善

一各地志士如有新譯新著書籍本店可代印代銷無不格外克己

一本店除售書外並隨時印行書目凡新出之書悉爲提舉綱要以告同志俾便選購

上海四馬路老巡捕房東首辰

字第十五號開明書店主人啓

新書近譯豫告

江西廣智書莊　本莊設在省垣百花洲彭公祠內專運各種新譯新印書籍圖書平價出售以開風氣并代派各埠旬日報章兼編有願託本莊代售者請將章程樣本寄示自當照辦其價按時寄繳不悮

留學日本東京法學院全人啓

法學通論　法學博士織田萬著

法學通論所以說明法學之概念條論各法之綱要爲治法律學者入門必要之書日本法學通論之著不下十種而是著爲最新其特色在博采衆說而加以斷語行文又平易淺近一以普及法律思想爲主誠爲吾國人不可不讀之書也現全人已分任翻譯期以三月成書特此預告

新法律字典　據三浦編纂原本

專門用字未易奪定日本法律專門字多從西書譯出幾經審定大都的當可用近譯法律諸書大抵沿用日人定名驟閱之下恐難索解因亟編譯法律辭書聊爲研究法律學者之一助

君主主權說 國家主權說 **憲法法理對照**　川澤清太郎著

各國憲法不學說亦因之而異然大區別不外君主主權國家主權爲兩大派是著闡明憲法原理兩說並列互相比較又旁采衆說以資參攷讀之能瞭然於憲法學說之異同不至執一偏之見誠善本也現在譯中不久出書

清國留學生會館招待規則

一 本館因東渡留學之士人地生疎故特設專部代爲招呼一切凡有函致本館者本館即盡招待之義務

一 招待地方有二一在橫濱一在新橋凡由神戶起岸者本館幹事當至新橋招呼由橫濱起岸者本館幹事當至橫濱招呼其神戶上海天津三處均有本館贊成員代爲經理

計開

神戶保晉甫　神戶海岸仲通清商怡源號

上海戢元成　上海新馬路登賢里出洋學生編輯所

又王君培孫　上海大東門內育材學堂

天津張君亦湘　天津玉皇閣前日日新聞社

各省東渡留學者可於就近本館贊成員諸處詢問購買船票一切情形於動身前七日先行函致本館以便至日前往招呼

一 天津航路至神戶起岸船抵長崎後可發一信致孫君寄明乘坐何船何日何時可至神戶屆時孫君代爲照料神戶易車後可託孫君代爲電知本館（電費約三角）車於何時抵京本館幹事即至新橋招呼

一 上海航路至橫濱起岸可由長崎或馬關函知本館船於何日何時至橫濱屆時本館幹事至橫濱招呼

一 東渡之士行李物件務以少帶爲便其烟酒綢緞各項爲入口應稅者萬勿攜帶免致多生枝節

一 到京後或入預定學校之寄宿舍或將寓旅舍均聽本人自便

一 本館招待幹事一切費用均由本館公款供給至本人一切費用由本人自理

一 本館各處招呼之人如有更動之時當隨時登報申明

日本東京神田區駿河臺鈴木町十八番地

清國留學生會館啓

教科書譯輯社廣告

本社創辦教科書專爲中學校之用曾刻有中學校輯譯述略一篇亮蒙閱者公鑒惟原定仿講義錄之例按月分類出書各處同志來函多有以時日太久未得全豹爲言者故同人公議改爲單行本陸續趕緊出書以副同志期望之意至原定書目亦稍有增損之處茲重列如左閱者鑒之

倫理學
東洋史
中國地理
中地文學　矢津昌永著
初等幾何學教科書　長澤龜之助著
平面三角學　菊池大麓著
中等化學教科書
中等植物學　三好學著
新式礦物學　脇水鐵五郎著
體操教範
法制教科書
中等管理教授法

中國歷史
西洋史
中等萬國地理　矢津昌永著
算術小教科書　藤澤利喜太郎著
代數學　上野清著
中學物理教科書　水島久太郎著
普通生理教科書　片山正義著
中學動物學　石川千代松著
圖畫術
國民新讀本　英文
經濟教科書

中學物理教科書第一卷出板

是書爲日本水島久太郎原著義烏陳榥譯補說理透闢措詞明達於數理公式尤所詳備洵理科之佳本也至其裝訂華麗繪圖精緻猶其餘事定價大洋五角準於華歷六月十五日出書特此佈告

本社設日本東京神田區駿河台鈴木町十八番地

本編代派所

上海四馬路老巡捕房東首　開明書店
上海新北門外　中西書室
上海北市抛球場　廣學會
上海三馬路昇平街　中外日報館
上海後馬路盆湯弄　緟正學堂
蘇州養育巷北女冠子橋境　東來書莊
蘇州元妙觀東首　開智書室
蘇州封門內唐家巷　中西小學堂
蘇州封門內儲家衖　湯宅
杭州城內銀洞橋　譯林
杭州城內菜市橋蒲場巷　浙江大學堂
湖州城內小西街　開智書室
杭州城內大方伯　養正書塾
無錫崇安寺　三等學堂
蕪湖箬澗觀南岸　晉康煤炭公司
江西馬王廟背後　賦梅山房主人
天津宮北玉皇宮前　日日新聞社
天津紫竹林　信遠洋行
北京琉璃廠　有正書局
北京米市胡同　日日新聞分社
北京東四牌樓什錦花園　溥宅

江西省城百花洲　廣智書室
汕頭鎮邦街下富中華夏布莊樓上　李道南先生
南京三牌樓西首馬路明遠別墅　沈叔美先生
安慶省城內近聖街葉宅內　前和州正堂姚公館
保定蓮池書院內知恥學社理事　籍亮儕先生
鎮江西門外天主街立生煙舖　徐翊雲先生
寧波東門內二鐵廟西首孟晉書莊　洪鞠裳先生
橫濱山下町一百五十二番　新民叢報社

明治三十五年八月三十日印刷
明治三十五年八月卅一日發行

編輯兼發行者　胡英敏
日本東京神田區駿河台鈴木町十八番地

發行所　譯書彙編社

印刷人　酒井平次郎
日本東京淺草區黒船町二十八番地

印刷所　東京並木活版所
日本東京淺草區黒船町二十八番地

總發行所　育材書塾
清國上海大東門內北城根

明治三十四年一月廿八日第三種郵便物認可
[illegible]第二年第[illegible]五年八月[illegible]

Second year. No. 4.

THE YI SHU HUI PIEN.

A MONTHLY MAGAZINE OF TRANSLATED POLITICAL WORKS.

OFFICE:

No. 18, Surugadai-Sugukicko, Kanda; Tokyo, Japan.

SOLE AGENCY

YU-TSAI SCHOOL.

SHANGHAI CHINA.